美国公共政策经典译丛

主　　编　　张国庆
副 主 编　　刘新胜
学术顾问　　布赖恩·琼斯（Byran D. Jones）

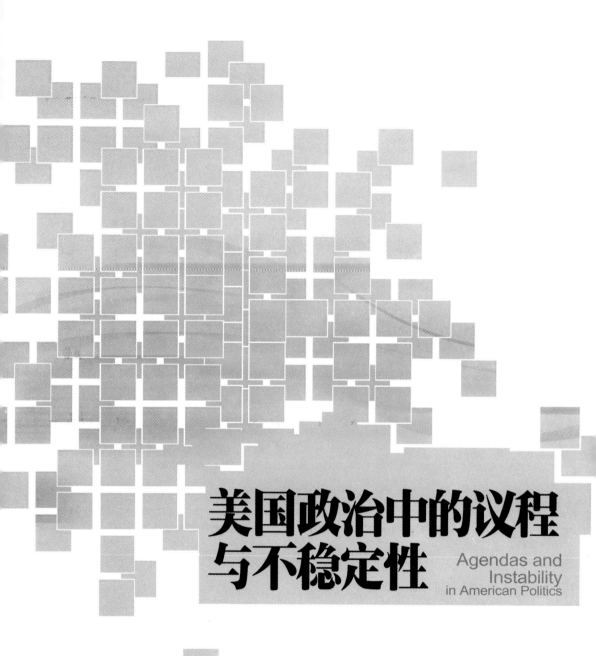

美国政治中的议程与不稳定性

Agendas and Instability in American Politics

〔美〕弗兰克·鲍姆加特纳（Frank R. Baumgartner）
布赖恩·琼斯（Bryan D. Jones） /著

曹堂哲 文雅 /译
刘新胜 张国庆 /校

北京大学出版社
PEKING UNIVERSITY PRESS

著作权合同登记　图字 01-2006-6695 号
图书在版编目(CIP)数据

美国政治中的议程与不稳定性/(美)鲍姆加特纳(Baumgartner,F. R.),(美)琼斯(Jones,B. D.)著;曹堂哲,文雅译. —北京：北京大学出版社,2011.7
(未名社科·美国公共政策经典译丛)
ISBN 978-7-301-19134-7

Ⅰ. ①美…　Ⅱ. ①鲍…②琼…③曹…④文…　Ⅲ. ①政策－研究－美国　Ⅳ. ①D771.222

中国版本图书馆 CIP 数据核字(2011)第 119051 号

Agendas and Instability in American Politics

by Frank R. Baumgartner and Bryan D. Jones

© 1993 by The University of Chicago.

Simplified Chinese Edition © 2011 by Peking University Press.

ALL RIGHTS RESERVED.

书　　　名：美国政治中的议程与不稳定性
著作责任者：〔美〕弗兰克·鲍姆加特纳　布赖恩·琼斯　著　曹堂哲　文雅　译
责 任 编 辑：耿协峰
标 准 书 号：ISBN 978-7-301-19134-7/D·2871
出 版 发 行：北京大学出版社
地　　　址：北京市海淀区成府路 205 号　100871
网　　　址：http://www.pup.cn　电子信箱：ss@pup.pku.edu.cn
电　　　话：邮购部 62752015　发行部 62750672　出版部 62754962
　　　　　　编辑部 62753121
印 刷 者：北京鑫海金澳胶印有限公司
经 销 者：新华书店
　　　　　　730 毫米×980 毫米　16 开本　19.75 印张　340 千字
　　　　　　2011 年 7 月第 1 版　2011 年 7 月第 1 次印刷
定　　　价：42.00 元

未经许可,不得以任何方式复制或抄袭本书之部分或全部内容。
版权所有,侵权必究
举报电话：010-62752024　电子信箱：fd@pup.pku.edu.cn

美国公共政策研究的历史回顾[①]

（代译丛总序）

公共政策是与公共权力主体和公共权威相伴随的现象，无论何种宪政和国家政体，公共政策作为政治系统的产出，都强烈地对社会其他子系统产生深刻的影响。公共政策的存在和人们对公共政策问题的研究和思考与人类社会的存在同样久远。无论是古希腊时代关于政体形式的争论，还是中国古代的诸子百家争鸣，抑或是近代重商主义与古典自由主义对政府经济政策的争论，都可以看作当时社会的人们试图通过影响社会舆论和公共权威而进行的政策问题的研究和思考。对政策的观察、解释、描述、影响和研究等等一系列交织着理性和感性的人类智力努力，已经在人类历史上留下了深厚的知识积淀。在此意义上，公共政策研究的历史可谓悠远绵长。

公共政策科学诞生以来，得到了革命性的迅猛发展，以至于德罗尔（Yehezkel Dror）将其看作社会科学界当中的范式革命和根本性转向。可以认为，公共政策是第二次世界大战结束后西方社会科学领域发展最迅速、影响最大、应用领域最广泛、实验性最强、社会效用最明显的学科之一。公共政策科学之所以会在较短的时间内迅速地兴起和发展，既与现代社会的特征相联

[①] 本文部分内容发表于白钢、史为民主编的《中国公共政策分析·2007》，北京：中国社会科学出版社2007年版。

系,也与公共政策的学科特征相联系。现代政府所面临的已不再是个别的、单一的、简单的和基本稳定或一再重复出现的社会矛盾和问题,而是大量的相互关联、相互制约并且愈来愈具有复杂性、尖锐性、普遍性、专业性、变化性和发展性的各种社会矛盾和问题。与此同时,社会公众所关注的问题和兴趣的焦点,也不再是抽象的理念或原则问题,而是那些与现实切身利益密切相关的特殊的公共政策问题,比如,犯罪与社会安全,公平与经济发展,种族与社会和谐,战争与外交方针,污染与环境保护,以及住房、卫生、社会保障、公共交通等一系列的实际问题。

一般认为,现代公共政策科学端启于第二次世界大战前后的美国。美国公共政策科学的兴起和发展伴随着二战后美国的强势发展,在塑造美国大国地位,推动美国政治、经济、社会、军事、外交、科技、教育和文化等领域的发展上都做出了直接而颇有成效的贡献。甚至可以认为,美国政策科学的发展见证和反映了美国战后的强盛与实现强盛的智力努力。这一持续的智力努力过程充分地展现了继文艺复兴和启蒙运动以来人类智力当中的理性维度、价值维度的璀璨力量,也充分地展现了这两个维度之间的冲突、交叠、紧张和交融。这一持续的智力努力也同时伴随着承载和配置智力资源的公共政策研究社会建制的形成、成熟和发展;这一智力努力更成为一种具有深刻哲学和科学意涵的范式流变,影响了社会科学的走向和世界知识的潮流。以下我们从美国政策科学(公共政策分析研究)的缘起,简要回顾一下这段璀璨的知识星空和思想筋流。

一、美国公共政策分析研究的缘起

(一)拉斯维尔的奠基

美国乃至世界现代政策科学理论的产生和发展首先归功于美国学者哈罗德·拉斯维尔(Harold Lasswell)。

1951年,美国学者拉斯维尔和丹尼尔·勒纳(Daniel Lerner)合作发表了《政策科学:范围与方法之最近发展》(*The Policy Sciences: Recent Development in Scope and Method*)一书。一般认为,该书标志着现代政策科学系统理论的诞生。在该书中,作者提出了政策科学应当具有的几个基本特征:(1)政策科学是关于民主主义的学问,它涉及个人的选择,必须以民主体制作为前提;

(2) 政策科学的目标是追求政策的"合理性",它必须使用数学公式和实证数据建立起可检验的经验理论;(3) 政策科学是一门对于时间和空间都非常敏感的学问,即它所选择的政策分析模型必须在时间和空间上加以明确地记录;(4) 政策科学具有跨学科的特性,它要依靠政治学、社会学、心理学等学科的知识来确立自己崭新的学术体系;(5) 政策科学是一门需要学者和政府官员共同研究的学问,后者的实践经验对于政策科学的发展具有重大意义;(6) 政策科学必须具有"发展建构"的概念,它以社会的变化为研究对象,所以必须建立起动态模型。[1]

1956 年,拉斯维尔在《决策过程》(The Decision Process)一书中,提出了情报、提议、规定、合法化、运用、终止和评价的政策过程七阶段理论。[2]

1963 年,拉斯维尔在《政治科学的未来》(The Future of Political Science)一书中,进一步提出:"政策科学要面向未来,就必须持有这样一种明确的立场,即以知识、高层次的政策思想与组织的创造力整合作为重要的出发点。必须认识到各种不同研究途径的有效协调业已为政治科学家提供了一种机会,即取得一种一致的看法——建立一门以社会中人的生活的更大问题为导向的、解决问题的学科,要知道过去这种机会仅仅局部地被加以利用而已。"[3]

1971 年,拉斯维尔在《政策科学展望》(A Pre-view of Policy Sciences)一书中,区分了"政策过程的知识"(knowledge of the policy process)和"政策过程中的知识"(knowledge in the policy process),并将政策科学家定义为那些意在掌控公共秩序的人和那些拥有明智的决策技巧的人。[4]

作为那个时代深深服膺于实证主义、实用主义和行为主义的时代巨擘,拉斯维尔用自己笃信的哲学信仰及相应的方法论,将公共政策的研究推到了一个新的水准。拉斯维尔的主要贡献之一,在于他阐述了政策科学区别于以往其他学科的三个特点:

(1) 跨学科的观察视角和情景设定。这使得公共政策的研究建立在宽

---

[1] Daniel Lerner and Harold Lasswell, *The Policy Sciences: Recent Development in Scope and Method*, Stanford, CA: Stanford University Press, 1951, pp.3—15.
[2] Harold Lasswell, *The Decision Process*, College Park: University of Maryland Press, 1956.
[3] Harold Lasswell, *The Future of Political Science*, New York: Atherton, 1963, pp.38—39.
[4] Harold Lasswell, *A Pre-view of Policy Sciences*, New York: Elsevier Inc., p.13.

泛的多学科基础上,进而与公共政策自身的复杂性、相关性、动态性、时效性等特征相一致。(2)明确的问题导向。这使得公共政策的研究具有现实倾向,进而围绕着问题的解决而产生了公共政策科学研究对特有的社会问题的解释力、应对力和内在的学术张力。(3)清晰的价值规范表述。价值标准、价值组合、价值对抗、价值假定、价值分析、价值判断、价值取向等等价值问题被引入公共政策分析的过程,而寻求价值、确认价值、实现价值、创造价值、分配价值构成了公共政策的价值追求。

(二)德罗尔的发展

叶海卡·德罗尔在1968—1971年间,出版了政策科学的"三部曲":1968年的《公共政策制定再审查》(Public Policymaking Reexamined)、1971的《政策科学纲要》(Design for Policy Sciences)和《政策科学进展》(Ventures in Policy Sciences)。1986年,德罗尔又出版了《逆境中的政策制定》(Policymaking Under Adversity)一书,大大拓展了公共政策的研究视角和研究领域,系统性地提出了许多新的公共政策理论,包括对政策科学的学科基础和发展方向的反思和前瞻,进而将政策科学的研究推到了一个新的阶段。

德罗尔在《政策科学纲要》一书中认同托马斯·库恩(Thomas Kuhn)的范式理论,他将政策科学看作一场科学革命,概括了政策科学的以下重要特征:

(1)政策科学并不直接探讨各种政策的实际内容,而是探讨怎样更好地制定政策以及改进相关的方法、知识和体制。其关心的重点是国家或社会的指挥系统,特别是公共政策的制定系统。

(2)政策科学关注的是宏观公共政策的制定系统及其产品,但也从制定公共政策的角度考察单个群体和组织的决策过程。

(3)政策科学在传统学科特别是行为科学和管理科学之间架起桥梁,整合了来自各学科的知识,以跨学科的方式集中研究政策的制定。

(4)政策科学在纯粹的学术研究和纯粹的应用研究之间架起了桥梁。

(5)政策科学除了使用常规的研究方法外,还将不证自明的知识和个人的经验当作重要的知识来源,这是政策科学区别于当代常规科学(包括行为科学和管理科学)的一个重要的特征。

(6)政策科学突破了当代科学与伦理学、价值哲学的严格界限,并将建立一种可操作的价值理论作为政策科学的一部分。

（7）鼓励和刺激有组织的创造性是政策科学的一个主题和重要的方法论。

（8）政策科学既强调历史,又强调未来。

（9）政策科学对于变化的过程和动态的情境十分敏感。

（10）政策科学在理性的基础上,明显地认识到超理性过程（如创造性、直觉、魅力和价值判断）和非理性过程（如深层动机）的重要作用。

（11）政策科学鼓励社会试验。

（12）政策科学强调认真核实和检查数据、配备专业人员从事政策制定工作以及认真坚持科学标准的重要性。

（13）自觉地、不断地监控和重新设计政策科学是政策科学不断发展的必要条件。

（14）政策科学尽管有种种创新,但它承启和发扬科学的传统（如证实和有效性）,仍旧属于科学。[1]

德罗尔认同库恩的"范式"概念的历史主义特征,进而不但从内在逻辑的角度看待政策科学,而且从政策科学的外在社会功能和社会建制的角度看待政策科学,因而大大丰富和深化了政策科学的学科内涵。

德罗尔在《逆境中的政策制定》中进一步反思了政策科学的发展,试图找到走出政策困境、重建政策科学的途径。德罗尔认为,政策制定与政策执行的无能、两难选择与悲剧性选择构成了当今公共政策的普遍的境况,因而"困境"是现今政府公共政策的主要特征之一。尽管这种困境不一定会造成灾难性的后果,但由此提出的挑战已经超出了现有政策制定系统的能力,由此产生的政策损失是显而易见的。[2] 在此书中,德罗尔认为政策科学需要突破与创新,并明确提出了公共政策研究中存在的一些问题和新的研究视角。

（三）关于公共政策和政策科学性质的探讨

关于公共政策和政策科学性质的探讨,大体上围绕着政策科学的工具理性和价值理性两个维度展开。

---

[1] Yehezkel Dror, *Design for Policy Sciences*, New York: Elsevier Inc., 1971, pp.50—53.
[2] 〔以〕叶海卡·德罗尔:《逆境中的政策制定》（王满传等译）,上海远东出版社1996年版,第242页。

1966年,西奥多·洛维(Theodore Lowi)在《分配、管制与再分配》一文中将政策划分为分配、管制与再分配三种类型,深化了人们对政策的认识。[①] 美国政策学家斯图亚特·内格尔(Stuart Nagel)在《政治科学和公共政策》一文中详尽地分析了政治科学的各个分支对政策科学所产生的影响和作用。[②] 赖特·米尔斯(Wright Mills)在1956年出版的《权力精英》一书则对权力精英对公共政策的影响和控制进行了深入的研究。[③] 诸如此类的研究非常多,这是由政策科学以及公共政策的综合性所决定的。

政策科学诞生后,与经济、政治和社会发展的需要相适应,美国公共政策的研究层次、研究领域、研究方法和研究工具的多样化和多元化成了美国公共政策研究的重要特征。与此相一致,整个人类文明的结晶、科学技术知识和人类的实践经验共同构成了政策科学的知识基础。比如,比较公共政策(comparative public policy)和发展公共政策(development policy)研究领域的兴起,大大拓展了政策科学的研究范围和研究视野;政策分析(policy analysis)、政策科学民主化(democratization of the policy sciences)研究则从工具理性和价值理性两个维度深化了政策科学的学科内容;政策过程(policy process)的研究形成了政策科学的基本框架;新政治经济学(new political economy)增加了政策科学的研究途径;政策工具(policy tools)、政策网络(policy network)和政策范式(policy paradigm)的研究使得政策科学迈向了更加微观和工具化的层面。近期,政策科学则出现了多元化和综合化共存的局面。以下将分别展开陈述。

二、政策科学研究领域的多样化与知识基础

(一) 研究领域的多样化

政策科学诞生之前,分门别类的政策研究已经较为普遍。自从罗斯福新

[①] Theodore J. Lowi, "Distribution, Regulation and Redistribution: The Functions of Government," in Randall B. Ripley ed., *Public Policies and Their Politics*, New York: W. W. Norton & Company Inc.

[②] Stuart S. Nagel, "Political Science and Public Policy," in Georg J. Mc-eall and Georg H. Weber (eds.), *Social Science and Public Policy: The Roles of Acedemic Disciplines in Policy Analysis*, N.Y., Port Washington: Associated Faculty Press, 1984.

[③] Wright Mills, *The Power Elite*, New York: Oxford University Press, 1956.

政强化了政府职能和政府干预之后,政策科学继承了以往政策研究的成果,在领域、内容和方法上将传统的政策研究推向了一个崭新的水平。从研究层次来说,公共政策的研究层次逐渐分化为元政策、基本政策和方面政策的研究。从研究的对象(或者研究的实质性内容)来说,不但公共政策的基础理论和宏观公共政策得到长足的发展,具体部门的(比如环境、交通、军事、健康、老龄化、社团、种族等等)公共政策研究也变得空前繁盛。从研究的方法来说,实证主义、后实证主义、制度主义、公共选择、系统论、信息论、控制论、协同论、非平衡自组织理论、混沌学、决策理论、宏观和微观经济分析、计量、统计、心理和人类行为等理论和方法都综合地运用到公共政策的研究当中。可以说,政策科学为自然科学、社会科学和人文科学的融合提供了一个自由驰骋的无限疆场。

我们具体看看经济、社会和人类事务方面的公共政策分析的发展。①

首先,随着政府经济职能的膨胀,以罗斯福"新政"为标志,西方国家放弃了强烈放任自由的自由资本主义政策,改变了政府传统的"守夜人"的地位,转而通过各种形式广泛地介入社会经济活动。譬如,政府通过中央(国家)银行制度控制货币投入量、利率和汇率,通过税率、税种、关税调整产业结构,通过国家投资引导企业行为取向,如此等等,成为强大的、主动的行为主体。各个领域的经济政策研究空前繁盛。

其次,随着政府社会职能的扩展,政府大大强化了其社会公共权力主体的地位和作用。政府在诸如社会公平、社会保障、社会安全、国民教育、公共交通、环境保护、自然资源保护等方面广泛制定了大量的公共政策。这一类的政府公共政策涉及的领域之广泛、程度之深刻、规定之细致,使得每一个公民从生到死都不可避免地生活在政府的影响之下。

再次,在人类事务等方面,政府公共政策的内容亦随着人类事务的日益增加而在日益丰富。新出现的人类事务包括诸如外层空间的开发和利用问题、公海的共同开发和利用问题、人类遗传和人体研究问题、核能的和平利用问题,以及防止和克服种种自然和人为危机问题。这类问题的出现是不会完结的,关于这类问题的政府公共政策亦相应不会终止。

按照拉斯维尔的说法,问题导向是公共政策研究的一大特征,无论是针

---

① 关于"经济、社会和人类事务方面的公共政策分析的发展"的内容引自张国庆:《现代公共政策导论》,北京大学出版社1997年版,第15—16页。

对具体问题的理论建构,还是问题的分析和案例研究,公共政策研究都紧紧围绕某一个具体的领域和问题展开。政策研究机构的专家往往都是某一具体领域的专家,或者是跨学科的专家,他们不会停留在泛泛而论的政策科学形式逻辑和学科概论的层次。总体而言,美国的政策研究机构往往也有所专长和特定的倾向。比如:哈佛大学肯尼迪政府学院就将其公共政策案例研究和教学划分为诸多子领域,分门别类地进行专门研究。即,基础理论和方法论、公民权利与种族关系、社团关系、竞争与私有化、国防与军事、开发、国家安全、经济学、教育、选举政治家和官员、环境、伦理、评估与计划、性别问题、健康、历史、住房、人力资源、执行、创新、利益集团和游说、国际、法律的强制执行、领导、谈判、非营利管理、组织与组织变革、出版和媒体、通货膨胀与紧缩、公共财政、管制、社会福利与社会服务、技术、交通等等。①

(二) 政策科学研究的知识基础

政策科学研究问题的多样性、复杂性和多重性决定了政策科学知识基础的广泛性、专业性和综合性。可以说,人类所有的智慧结晶和经验结晶都可以作为政策科学的知识基础。政策科学通过一定的程序和形式将这些知识整合起来,以解决特定的社会问题。因此科学技术的新观念、新思潮、新理论都会不同程度地影响政策科学智性结构和思考方式;社会科学当中的新概念、新范式和新理论也会直接地体现在政策分析的过程当中;哲学与人文科学关于人的价值、理性和本性的探讨也是政策科学进行政策研究和政策建议必须参考的基础。举例而言,自然科学当中的系统理论、生态理论、间断均衡理论(Punctuated Equilibrium Theory)、混沌理论等都曾经是人们建构政策理论、进行政策分析的借鉴基础。社会科学当中的民主模式、经济分析、管理心理等领域的理论和方法就广泛地应用到政策分析当中。哲学人文科学当中的范式理论、后实证主义、语言哲学等等也被政策科学广泛借鉴和使用。

我们可以简要地分析一下公共政策与社会科学、专业和政治之间的关系:②

首先,政策科学与社会科学之间的关系。政策科学以政策的全过程为研

---

① 资料来源:http://www.ksgcase.harvard.edu/search.asp。
② 关于"公共政策与社会科学、专业和政治之间的关系"引自张国庆:《现代公共政策导论》,北京大学出版社1997年版,第19—20页。

究对象,其直接目的在于更好地理解公共政策的过程并使之趋向于科学化。公共政策的这一研究目的增加了公众和政府对于公共政策的认识,增加了公众对政府运作过程的了解和政府对社会发展过程的了解,因而拓展了社会科学的研究领域,推进了社会科学理论和方法的发展。

其次,公共政策与专业。公共政策作为一门学科是现代社会科学的一部分,与此同时公共政策又是一门专业。科学的目的在于寻求真理、获取知识,专业的目的则在于将科学寻获的真理和知识运用于解决实际的人类问题。① 作为学科的公共政策,其任务既在于进行科学的探究,以发掘公共政策的规律性,积累关于公共政策的科学知识,又在于进行实证性的分析,以帮助政府正确确立政策目标以及实现政策目标的手段,有效解决实际政策问题。

最后,公共政策与政治。公共政策的基本功用在于帮助政府确定合理的目标,采取正确的政策。但对于什么是"合理的目标"、什么是"正确的政策",不同的个人和群体有不同的观点。这就不可避免地会涉及公共政策从业者的政治态度或价值标准的问题。公共政策可以通过人们希望的方式去提高公共政策的质量,借以实现公共政策的科学目的和专业目的,进而实现社会的政治目的。

三、在比较中拓宽:比较公共政策和发展公共政策

比较公共政策研究是20世纪60年代兴起的一个研究领域,它主要研究专业领域和国家间政策过程以及实质性的政策内容。比较公共政策在专业政策领域和国别两个方面拓展了政策科学的基础。比较公共政策研究有两大焦点:一是政治经济,二是民主理论。前者在于寻求对某个政策领域中能够显示与权力运作相关的各种原因的阐释,即寻求一个有关政策为何及如何随时空改变的全面而具体的模式。后者主要研究政党、政策、选举行为与政策之间的关系。②

发展公共政策侧重研究社会发展和公共政策问题,特别是发展中国家走向现代化的模式问题,主要关注政策在发展或走向现代化之途上的作用。事

---

① J.E.安德森:《公共决策》(唐亮译),北京:华夏出版社1990年版,第10页。
② 〔美〕罗伯特·古丁、汉斯-迪特尔·克林格曼:《政治科学新手册》(钟开斌、王洛忠、任内强等译),北京:生活·读书·新知三联书店2006年版,第854页。

实上,比较公共政策和发展公共政策是两个相互伴生的研究领域。学者们总是在比较中来提出和检验研究假设;研究的内容亦主要是围绕相似的政策为何在不同的国家会产生不同的结果,以及政策为何会出现多样性等问题展开。①"进入70年代以后,一些学者试图证明不同历史经验和文化积淀所形成的不同文化价值对公共政策制定和执行的影响。也有学者重新从历史—制度的角度研究不同国家的政策过程,把人的行为或组织的行为放在特定历史环境和特定制度安排中进行考察。"②

比较公共政策和发展公共政策研究具有两大特点:

首先,在研究内容上拓展了政策科学的研究范围和视野。一个国家的政治经济变量对公共政策的影响、政治和经济变量在政策过程中的交互影响、政策实际效果等方面,都被纳入了比较公共政策和发展公共政策的研究。比如,20世纪60年代瓦尔的摩·凯(Valdimer Jr. Key)对公共舆论与美国民主的研究,菲利普斯·卡特赖特(Philips Cutright)对政治结构、经济发展与社会保障计划的研究,托马斯·戴伊(Thomas Dye)对公共政策与政治、经济之间关系的研究都体现了比较公共政策研究内容的扩展。70年代和80年代诸如此类的研究也相当的繁荣。③

其次,在研究方法上促进了政策研究的科学化和本土化。比较公共政策运用适当的案例研究和量化研究的方法,在进行大量国别和政策比较分析的基础上,形成假设、检验假设、构建理论、进行预测,这些有助于推动公共政策的科学化和本土化发展进程。

90年代,一批关于比较公共政策方面的教材和专著相继出版。1990年阿诺德·海登赫姆(Arnold Heidenhemer)等人出版了《比较公共政策》一书。④ 1992年道格拉斯·阿什福德(Douglas Ashford)出版了《比较公共政策的历史和脉络》一书。⑤ 1998年弗朗西斯·卡斯尔斯(Francis Castles)出版了

---

① Gedeon M. Mudacumura and M. Shamsul Haque, *Handbook of Development Policy Studies*, New York Basel: Marcel Dekker Inc. ,2004.
② 徐湘林:《公共政策研究基本问题和方法探讨》,载《新视野》2003年第6期。
③ 〔美〕罗伯特·古丁、汉斯-迪特尔·克林格曼:《政治科学新手册》(钟开斌、王洛忠、任丙强等译)北京:生活·读书·新知三联书店2006年版,第852—869页。
④ A. Heidenhemer, H. Heclo & C. Adams, *Comparative Public Policy*, N.Y.: St. Martin Press, 1990.
⑤ Douglas Elliott Ashford, *History and Context in Comparative Public Policy*, Pittsburgh: University of Pittsburgh Press, 1992.

《比较公共政策:战后的转型模式》一书。① 诸如此类的文献大量地涌现出来,繁荣了比较公共政策领域的研究。

四、工具理性的张扬及其批判和超越

(一) 系统分析、政策分析与理性的极致

理性即人类在实现自己目的的时候,对人类本性所要求的规则的遵循,以及运用概念、推理和判断等逻辑形式和数学方法把握外在世界,实现人类目的的能力。人类的目的和本性要求的规则属于价值理性范畴;运用概念、推理和判断等逻辑形式和数学方法把握外在世界属于"工具理性"的范畴。事实上,理性精神、理性主义在人类历史上有悠久的传统,只是到了近代,理性精神作为对抗宗教蒙昧的力量而成为近代思想的主旋律。这一精神推动了西方社会工业化和现代化的进程,推动了科学技术的迅猛发展。

马克斯·韦伯(Max Weber)对"合理性"概念的阐释,使得理性精神变为了具体和可操作化的概念。韦伯将数学形式等自然科学范畴所具有的量化与预测等理性计算的手段,用于检测人们自身的行为及后果是否合理的过程,叫做"工具理性"。即通过实践的途径确认工具(手段)的有用性,从而追求最大价值的功效,为人的某种功利的实现服务。② 政策科学自诞生起就秉承了理性精神,并且政策科学本身就蕴含着对价值理性和工具理性的双重关注。

就政策科学的工具理性这一纬度而论,政策分析其实可以理解为对公共政策实质性内容的系统分析。正如德罗尔所言:"政策分析"这个术语对其似乎是适合的,因为它在一个较宽的政治意义上将各类系统分析与政策概念结合起来。③

早期的政策分析与系统分析是重合的,主要运用于二战期间军事作战研

---

① Francis G. Castles, *Comparative Public Policy: Patterns of Post-war Transformation*, Cheltenham, U. K.: Edward Elgar, 1998.
② 〔英〕尼格尔·多德:《社会理论与现代性》(陶传译),北京:社会科学文献出版社2000年版。
③ 〔以〕叶海卡·德罗尔:《政策分析员:政府机构中的一种新的职业角色》,载彭和平:《国外公共行政理论精选》,北京:中共中央党校出版社1997年版。

究。1944年"兰德计划"的签署和1948年兰德公司的成立①,以及兰德公司在50年代政策分析研究上获得的成功②,进一步使系统分析和政策分析的思想和方法成为当时政策科学研究的主流。

政策分析的黄金时代还体现在政策分析在美国政府管理实践当中的广泛运用以及出现了"政策分析员"这一职业称谓。60年代初,罗伯特·麦克纳马拉(Robert McNamala)出任美国国防部部长,采用系统分析的方法,设计了"计划、规划和预算系统"(Planning, Programming and Budgeting System, PPBS),大大提高了国防项目建设的经济、效率和效益。国防部的成功使PPBS进一步扩展到联邦政府的大部分行政机构。而进行PPBS工作的人员被称为系统分析员或政策分析员。"政策分析必须成为政府机构内一个重要的新的职业角色,政策分析人员的位置一般以最高行政长官和直线高级官员的顾问的身份正式行使职责,并实际上与他们建立一种共生的合作关系。无疑,联邦'计划、规划和预算系统'单位的专业人员该接受政策分析训练。"③

长期以来关于政策分析的文献和著作可谓汗牛充栋,其中既有技术性较强的学院式研究,也有学术性和现实性紧密融合的研究咨询报告,还有政府实施的政策和管理法律规章。其中,罗伯特·克朗(Robert Krone)在1980年

---

① 1944年11月,当时陆军航空队司令亨利·阿诺德上将提出一项关于《战后和下次大战时美国研究与发展计划》的备忘录,要求利用这批人员,成立一个"独立的、介于官民之间进行客观分析的研究机构","以避免未来的国家灾祸,并赢得下次大战的胜利"。根据这项建议,1945年底美国陆军航空队与道格拉斯飞机公司签订一项1000万美元的"研究与发展"计划的合同,这就是有名的"兰德计划"。"兰德"(Rand)的名称是英文"研究与发展"(research and development)两词的缩写。不久,美国陆军航空队独立成为空军。1948年5月,阿诺德在福特基金会捐赠100万美元的赞助下,"兰德计划"脱离道格拉斯飞机公司,正式成立独立的兰德公司。

② 朝鲜战争前夕,兰德公司组织大批专家对朝鲜战争进行评估,并对"中国是否出兵朝鲜"进行预测,得出的结论只有一句话:"中国将出兵朝鲜。"当时,兰德公司欲以200万美元将研究报告转让给五角大楼。但美国军界高层对兰德的报告并不感兴趣。在他们看来,当时的新中国无论人力财力都不具备出兵的可能性。然而,战争的发展和结局却被兰德公司准确言中。这一事件让美国政界、军界乃至全世界都对兰德公司刮目相看。二战结束后,美苏称雄世界。美国一直想了解苏联的卫星发展状况。1957年,兰德公司在预测报告中详细地推断出苏联发射第一颗人造卫星的时间,结果与实际发射时间仅差两周,这令五角大楼震惊不已。兰德公司也从此真正确立了自己在美国的地位。此后,兰德公司又对中美建交、古巴导弹危机、美国经济大萧条和德国统一等重大事件进行了成功预测,这些预测使兰德公司的名声如日中天,成为美国政界、军界的首席智囊机构。

③ 〔以〕叶海卡·德罗尔:《政策分析员:政府机构中的一种新的职业角色》,载彭和平等:《国外公共行政理论精选》,北京:中共中央党校出版社1997年版。

出版的《系统分析与政策科学：理论与实践》(Systems Analysis and Policy Sciences: Theory and Practice)一书中较为全面地阐释了系统分析与政策分析之间的关系,也对系统分析运用于政策分析的局限作了较为全面的归纳。①

（二）工具理性的批判和超越

随着政策研究与实践的进一步丰富化,人们亦愈来愈感觉到,在公共政策分析的领域里,尤其在宏观公共政策的关键性抉择方面,现行的理性主义分析方法不仅常常无济于事,在某些情况下还可能将人们导入误区。其中,PPBS 受到的批评和责难就是一个显著的例子。1964 年艾伦·威尔达夫斯基(Aaron Wildavsky)出版了《预算过程的政治学》(The Politics of Budgetary Process),又于 1969 年,在《公共行政评论》(Public Administration Review)上发表了《将政策分析从 PPBS 中拯救出来》(Rescuing Policy Analysis from PPBS)等文,强调预算的政治属性,指出政策分析中理性崇拜的偏颇。与学者的批评相一致,PPBS 因为其内在无法克服的问题而在 60 年代末期被其他的制度安排所代替。

概括来说,对理性主义公共政策分析的批评主要集中于它对主、客观条件的理想化的要求上。批评者认为,理性主义公共政策分析所要求的诸如知识的广博性、动机的纯正性、价值标准的中立性、数据（资料）的完整性、分析模型的真实性、政策方案的周全性、未来预测的准确性等等,都不是现实人类的知识和能力所能实现的。因此,理性主义公共政策分析的理念和分析方法不应当亦不可能是实际公共政策分析的唯一理念和唯一工具。尽管如此,批评者认为,如果进行适当的改进,那么理性主义的公共政策分析就可以成为基本的、重要的、现实可行的政策理念和政策研究方法。于是,人们开始研究如何弥补理性主义公共政策分析的某些不足,使之尽可能地克服局限性,以进一步适应实际政策的需要。研究的重点,则在于使理性主义的公共政策分析建立在"合理性"的基础之上。在对理性主义公共政策分析的所有批评中,查尔斯·林德布洛姆(Charles Lindblom)的渐进主义政策理论和赫伯特·西蒙(Herbert Simon)的有限理性政策理论最具代表性。

在对理性主义公共政策分析批判的同时,也有学者强调公共政策分析当

---

① 〔美〕罗伯特·克朗:《系统分析与政策科学》(陈东威译),北京:商务印书馆1985年版。

中应当纳入诸如判断、直觉、灵感、意志、隐含的知识、超感觉交流等等因素，这当中政策意志是一个非常重要的因素。①

总之，理性主义政策分析将政策科学的理性崇拜推向了极致，这势必引起人们对政策科学当中非理性以及作为理性对立面的价值理性、合法性、主体性和民主问题的关注。

（三）政策科学民主化研究

按照韦伯的阐释，价值合乎理性是人"通过有意识地对一个特定的举止的伦理的、美学的、宗教的或作其他阐释的无条件的固有价值的纯粹信仰"。"向自己提出某种'戒律'或'要求'。""行为服务于他内在的某种'对义务、尊严、美、宗教、训示、孝顺，或者某一种'事'的重要性的信念。""不管"采取"什么形式"，"不管是否取得成就"，"甚至无视可以预见的后果，"而"他必须这么做"。②

韦伯所讲的价值理性，与马克思所讲的"人的交往形式"，现象学者所说的"主体间性"，于尔根·哈贝马斯（Jürgen Habermas）所言的"合法性"、"交互理性"等范畴都是相通的。他们强调人的目的、自由和人与人之间的共识和规则。恰巧这一维度也是政策科学本身所倡导的一个方面，即政策科学倡导的民主、共识和发展的维度。对价值理性的强调是对仅仅强调工具理性的纠偏，如果说工具理性的政策分析主要是运用实证主义的研究方法，那么对价值理性的强调则属于后实证主义的研究方法。

政策科学民主化研究又称作民主的政策科学（policy sciences of democracy）或者参与型政策分析（participatory policy analysis）研究，旨在探讨政策科学的民主价值理性基础。

1988年，彼得·德利翁（Peter deLeon）出版了《建议和赞成》一书，1992年又撰写了《政策科学的民主化》一文，1995年发表《民主的政策科学》一文，1997年出版了《民主与政策科学》一书。③ 与此相应，1988年德博拉·斯通

---

① 参见张国庆：《公共政策分析》，上海：复旦大学出版社2004年版，第39—44页。
② 〔德〕马克斯·韦伯：《经济与社会》（上卷）（林荣远译），北京：商务印书馆1997年版，第56页。
③ Peter deLeon, *Advice and Consent*, New York: Russell Sage Foundation, 1988. Peter deLeon, "The Democratization of the Policy Sciences," *Public Administration Review*, 1992(52), pp.125—129. Peter deLeon, "The Policy Sciences of Democracy," *American Journal of Political Science*, Austin: Nov 1995, Vol.39, Iss.4; Peter deleon, *Democracy and the Policy Sciences*, Alhany: State University of New York Press, 1997.

(Deborah Stone)出版了《政策悖论和政治理性》一书。① 1991年,琳·凯瑟琳(Lyn Kathleen)与约翰·马丁(John Martin)发表了《强化公民参与》一文。② 1993年,弗兰克·费希尔(Frank Fischer)发表了《公民参与与专家的民主化》一文。③ 1993年,丹·德宁(Dan Durning)发表了《参与式政策分析:对一个社会公益服务机构的案例研究》一文④。1994年,路易斯·怀特(Louise White)发表了《作为话语的政策分析》一文⑤。1997年,圣安妮·斯切希德(Anne Larason Schncider)和海伦·英格让(Helen Ingran)出版了《针对民主的政策设计》一书。⑥ 2000年,乌达亚·维格尔(Udaya Wagle)发表了《民主的政策科学:公民参与的理论和方法问题》一文。⑦ 这些论著紧紧围绕政策与民主化之间的关系展开,在以往对实证主义和后实证主义探讨的基础上,讨论了民主化和公民参与在政策科学中的角色,探讨了政策科学中的价值、道德和民主化的制度安排问题,主张通过公民参与、对话和民主制度安排保证公共政策价值的实现。总之,政策科学民主化研究构建了政策科学的民主价值理性,主张必须在更为广泛的参与基础之上重建政策科学的理论和方法。

五、政策过程研究的展开

对于政策过程的研究由来已久,19世纪末期和20世纪初期威尔逊(Woodrow Wilson)和古德诺(Frank Goodnow)关于政治与行政、政策与行政的探讨就蕴含着对政策过程(功能)的关注。随着行为主义在社会科学诸领

---

① Deborah A. Stone, *Policy Paradox and Political Reason*, Chicago: Scott, Foreman, 1988.
② Lyn Kathleen and John A. Martin, "Enhancing Citizen Participation: Panel Designs, Perspectives, and Policy Formation," *Journal of Policy Analysis and Management*, 1991(10), pp.46—63.
③ Frank Fischer, "Citizen Participation and the Democratization of Policy Expertise: From Theoretic Inquiry to Practical Cases," *Policy Sciences*, 1993(26), pp.165—188.
④ Dan Durning, "Participatory Policy Analysis in a Social Service Agency: A Case Study," *Journal of Policy Analysis & Management*, 1993(12), pp.231—257.
⑤ Louise G. White, "Policy Analysis as Discourse," *Journal of Policy Analysis and Management*, 1994(13), pp.506—525.
⑥ Anne Larason Schncider and Helen Ingran, *Policy Design for Democracy*, Lawrence: University Press of Kansas, 1997.
⑦ Udaya Wagle, "The policy science of democracy: The issues of methodology and citizen participation," *Policy Sciences*, Amsterdam: Jun 2000, Vol.33, Iss.2, p.207.

域的兴起,考察实际的行为、心理、过程和功能成为社会科学研究当中的主流,政治学和政策科学也不例外。可以认为,政策过程的研究与政治过程的研究具有共同的方法论基础和研究旨趣,只是两者的分析层面、重点和焦点有所区别。

20世纪40—50年代,决策科学和政策科学当中的政策过程研究逐渐形成。西蒙的《行政行为》(Administrative Behavior)和《管理决策新科学》(New Science of Management Decision)以及拉斯维尔的《决策过程》都对政策阶段性的过程(功能)进行了区分和探讨。尤为值得一提的是,1956年拉斯维尔在《决策过程》一书中将决策(政策)区分为七个阶段,成为政策过程研究流派的雏形,后来关于政策过程的划分,基本上都建立在这一划分的基础之上。以下,我们按照政策议程、决策、执行和评估四个大环节,回顾一下美国公共政策过程研究的重要成果。

(一) 政策议程

1984年约翰·金登(John Kingdon)出版了《议程、备选方案与公共政策》(Agendas, Alternatives and Public Policies)一书,系统地阐述了政策溪流理论。该书"考察的不是问题怎样被总统、国会或其他的决策者权威性地决定,而是这些问题如何首先成为问题的"。金登教授就推动议程建立过程的明显力量提出了多源流的互动模型,模型回答了三个重要的问题:政策制定者的注意力是如何分配的、具体问题是如何形成的、对问题及其解决方法的发现是怎样和在哪里进行的。本书对公共政策领域的教学、研究和实践都曾产生深刻的影响。金登教授因此书而获得1994年度的"艾伦·威尔达夫斯基奖"。[①]

1993年,弗兰克·鲍姆加特纳(Frank Baumgartner)和布赖恩·琼斯(Bryan Jones)出版了《美国政治中的议程和不稳定性》(Agendas and Instability in American Politics)一书,提出了政策议程的间断均衡理论。间断均衡理论发源于古生物学领域,由奈尔斯·埃尔德里奇(Niles Eldridge)和斯蒂芬·古尔德(Stephen Gould)在1972年提出,用以解释生物进化过程中的发展差异,作为对查尔斯·达尔文(Charles Darwin)的平稳进化论的挑战。鲍姆加

---

① 〔美〕约翰·金登:《议程、备选方案与公共政策》(第二版)(丁煌、方兴译),北京:中国人民大学出版社2004年版。

特纳和琼斯注意到了政策议程领域发生的现象与生物进化现象的相似性,根据大量的实证和案例研究,提出了政策议程的间断均衡理论。间断均衡理论致力于解释公共政策过程中的一个简单的现象——在政策过程中,我们通常看到的是稳定性和渐进性,但是偶尔也会出现不同于过去的重大变革。大多数政策领域的特点是停滞、稳定而非危机和重大变革;但是,政策危机和重大变迁也时而发生。① "观察表明,稳定性和变迁都是政策过程中的重要因素,已经有政策模型来解释,或者至少对变迁和稳定性两者之一进行更加成功的解释。而间断—均衡理论则可以同时解释两者"②,间断均衡理论以大量的数据和比较研究的方法关注公共政策的长期变化,并用注意力、信息、政策形象、机构变迁等概念对政策的长期变化提出了合理的理论解释。③ 正是由于间断均衡理论可以同时解释政策和决策过程中的稳定性和变革性,一般认为这一理论是对西蒙有限理性决策理论的重要拓展和对林德布洛姆渐进主义理论的重大超越。鲍姆加特纳和琼斯教授因此书而获得2001年度美国政治学会的"艾伦·威尔达夫斯基奖"。2005年,琼斯和鲍姆加特纳又发表了《注意力的政治》(*The Politics of Attention*)一书,用大量的数据和分析对他们近年的研究加以总结并对其间断—均衡理论作了进一步阐释。

(二) 决策

1947年,西蒙发表了《管理行为》一书。西蒙运用逻辑实证主义的方法,严格区分价值和手段,认为理性就是在一定的价值之下对工具的选择,由于人们的注意力资源是稀缺的,所以理性是有限的,人们的决策(选择)行为最后只能遵循"满意标准"。④ 后来西蒙在《管理决策新科学》一书当中详尽地

---

① Frank R. Baumgartner, Bryan D. Jones, *Agendas and Instability in American Politics*, Chicago: The University of Chicago Press, 1993.
② 〔美〕詹姆斯·L. 特鲁、布莱恩·D. 琼斯、弗兰克·R. 鲍姆加特纳:《间断—平衡理论:解读美国政策制定中的变迁和稳定性》,载〔美〕保罗·A. 萨巴蒂尔:《政策过程理论》(彭宗超、钟开斌等译),北京:生活·读书·新知三联书店2004年版,第125页。
③ Frank R. Baumgartner, Bryan D. Jones, *Agendas and Instability in American Politics*, Chicago: The University of Chicago Press, 1993.
④ 〔美〕赫伯特·西蒙:《管理行为:管理组织决策过程的研究》(杨砾、韩春立、徐立译),北京经济学院出版社1988年版。

研究了决策的情报、设计、抉择与反馈模型。①

虽然强调人的理性有限,但西蒙仍然是一个实证主义者,在有限的理性当中,决策的方案和抉择活动仍旧是按照理性原则来进行的。1959 年,林德布洛姆一反政策分析的主流,在《公共行政评论》上发表了《"竭力对付"的科学》(The Science of Muddling Through)一文,彻底地批判了理性主义政策分析的弊端,提出了渐进主义的决策模型。林德布洛姆否定了决策信息和抉择过程当中的理性。他将政策过程视作一个与实际政治过程紧密相关的过程,认为决策是一个连续比较和渐进的过程。② 然而,林德布洛姆的渐进主义决策模型不能解释公共政策过程中重大变革和所谓的"突变"。

1994 年和 2001 年,布赖恩·琼斯教授分别出版了《重塑民主政治中的决策:关注点、选择与公共政策》(Reconceiving Decision-Making in Democratic Politics: Attention, Choice and Public Policy)和《政治与选择的架构:有限理性和政治管理》(Politics and the Architecture of Choice: Bounded Rationality and Governance)两书,书中继承了西蒙的有限理性理论并以稀缺的注意力为基础概念,详细地探讨了决策者个人和各种决策组织的有限的注意力与政策决策、政策变化、机构设计、机构变迁的关系。琼斯认为,有限的注意力和注意力的转移,是导致政策稳定和政策突变的基本原因。事实上,这一观点也是他和鲍姆加特纳的间断—均衡理论的基石之一。由于琼斯从有限理性和稀缺注意力的角度对政策决策过程进行分析并做出特有的贡献,这两本书分别获得 1995 年度和 2002 年度美国政治学会政治心理学的"罗伯特·莱恩奖"(Robert Lane Award)。2006 年,刘新胜博士出版了《建模双边国际关系:中国—美国互动关系的研究》(Modeling Bilateral International Relations: the Case of U.S.-China Interactions),书中运用琼斯教授的政策决策和注意力转移理论并结合博弈论和政治空间选择理论,定量分析了外交政策决策中的多维博弈的动态过程以及注意力分布与转移所引起的中美双边关系的稳定性和变化性。至今,关于政策决策的研究已经积累了大量的文献,成为一个繁荣的政策研究领域。

---

① 〔美〕赫伯特·西蒙:《管理决策新科学》(李柱流、汤俊澄等译),北京:中国社会科学出版社 1982 年版。
② 〔美〕查尔斯·E. 林德布洛姆:《"竭力对付"的科学》,载彭和平等:《国外公共行政理论精选》,北京:中共中央党校出版社 1997 年版。

(三) 政策执行研究①

大致从20世纪30年代开始,以"罗斯福新政"为标志,美国开始推行国家干预主义,直至"里根革命"之前,公共投资、政府管制和福利国家构成了政府管理的基本特征。其间,美国历届政府陆续制定了许多政府规划项目。按照古典执行模型,这些目的正当、公共财政投入巨大的工程理应达到预期的目的,但是结果却大多事与愿违。从20世纪70年代开始,一批学者通过对约翰逊政府的"城区新镇"(New Towns in Town)、"伟大社会"(Great Society)和"初等和中等教育规划"(Program of Elementary and Secondary Education)等多项政府项目的系统研究,逐渐开拓了"政策制定和行政执行结果之间的差异"这一"Implementation"所指称的研究领域。以1973年杰弗里·普雷斯曼(Jeffrey Pressman)和艾伦·威尔达夫斯基发表的《执行》(Implementation)一书为标志,政策执行成为一个特定的研究领域。至今政策执行的研究已经经历了三代的发展。

自上而下的研究途径(top-bottom approach 或者 top-down approach)是苏珊·巴雷特(Susan Barrett)和科林·富奇(Colin Fudge)对70年代初期到70年代末这一阶段政策执行研究主导途径的概括。自上而下途径的最早代表人物是佩尔兹曼和威尔达夫斯基,随后托马斯·史密斯(Thomas Smith)提出的政策过程模型(1973)、卡尔·范霍恩(Carl van Horn)和唐纳德·范米特(Donald van Meter)提出的系统模型(1975)、丹尼尔·马兹马尼安(Daniel Mazmanian)和保罗·萨巴蒂尔(Paul Sabatier)提出的执行综合模型(1979),都采用了自上而下的研究途径。②

自下而上的研究途径(bottom-top approach 或 bottom-up approach)是70年代末以来政策执行研究的主导途径。迈克尔·利普斯基(Michael Lipsky)对街道层官僚(Street-level Bureaucracy)的研究,理查德·埃尔默(Richard Elmore)对追溯性筹划(backward mapping)的研究,本尼·耶恩(Benny Hjern)和大卫·波特(David Poeter)对执行结构(implementation structures)的研究是这一代的主要代表。

---

① 参见张国庆:《公共行政学》(第三版),北京大学出版社2007年版,第261—285页。
② 景跃进:《政策执行的研究取向及其争论》,载《中国社会科学季刊》(香港),1996年春季卷(第14期)。

20世纪90年代至今是政策执行研究的第三代。第三代研究试图综合和超越第一代和第二代的理论,具有研究方法和理论工具的多样性的特征。"就执行研究而言,自上而下和自下而上的争论已经结束,取而代之的众识是两种途径各有优势。有一些理论研究已经试图将两者综合起来。"[1]第三代研究扩大了研究的范围,将执行扩展到府际关系的范围和分析层面。第三代研究涌现出了众多的、有代表性的执行理论、途径和模型。比如:唐纳德·门泽尔(Donald Menzel)的组织间模型(1987)、马尔科姆·戈金(Malcolm Goggin)等人的府际关系模型(1990)、保罗·萨巴蒂尔(Paul Sabatier)的政策变迁和学习模型(1993)、理查德·麦特兰德(Richard Matland)的不明确冲突模型(ambiguity-conflict)(1995)、文森特·奥斯特罗姆(Vincent Ostrom)的制度分析途径等等。执行研究现在已经进入了一个综合和多元的时代。

(四) 政策评估

测量和评估政策是管理学的重要领域,弗雷德里克·泰罗(Frederick Taylor)的科学管理思想就蕴含着对绩效进行测量和评估的内容。作为一个研究领域,政策评估到20世纪中叶以后才引起足够的重视。政策评估研究与政策执行研究既有交叉同源的地方也有自己独特的发展轨迹。两者共同来源于对政策目标与政策实际效果之间差距的认识,但是执行研究比较注重对政策执行过程中的相关因素研究,而评估研究则偏重对执行结果和过程的评价。90年代以来,政策评估进一步深化为对政府生产力和绩效的评估。

爱德华·萨奇曼(Edward Suchman)于1967年出版了《评估研究》(*Evaluative Research*)一书,倡导将评估作为一个独立的研究领域来看待。1970年,约瑟夫·豪利(Joseph Wholey)出版了《联邦评估政策》(*Federal Evaluation Policy*),1972年卡罗尔·韦斯(Carol Weiss)出版了《评估研究:项目有效性的评估方法》(*Evaluation Research: Methods of Assessing Program Effectiveness*),这些都促进了评估研究领域的独立发展。1995年,弗兰克·费希尔出版了《评估公共政策》一书,提出了后实证主义的公共政策评估范式,将政策科学当中的工具理性维度和价值理性维度进行了整合,提出了新的评

---

[1] Laurence J. O'Tool Jr., "Research on Policy Implementation: Assessment and Prospects," *Journal of Public Administration Research and Theory*, 2000(2), 10, p.283.

估框架。① 2002年斯图亚特·内格尔出版了《公共政策评估手册》,标志着公共政策评估进一步走向成熟。②

进入90年代以后,伴随着新公共管理和重塑政府运动的持续影响,美国政府绩效评估(公共政策的结果、公共项目、公共行为和官员行为)走向了法制化和常规化管理的阶段。法制化表现在1993年国会颁布了《政府绩效和结果法案》(Government Performance and Results Act),该法案推动和保障了政府绩效评估改革的迅速发展。常规化管理表现在以下两个方面:第一,为了执行《政府绩效和结果法案》,克林顿总统于1993年3月任命副总统阿尔伯特·戈尔(Albert Gore)主持新成立的国家绩效评价委员会(National Performance Review, NPR)的工作;第二,1993年9月,戈尔发布了《从繁文缛节到结果导向:创造一个运转更好、花钱更少的政府》(*From Red Tape to Result: Creating a Government that Work Better and Cost Less*)。在报告中,戈尔提出了很多具体的改进政府绩效评估的方法、原则、程序和操作指南,使其绩效和政策评估成为政府常规化管理的重要组成部分。

此外,在其他富有影响力的政策分析理论中,例如埃莉诺·奥斯特罗姆(Elinor Ostrom)的制度性理性选择(Institutional Rational Choice)、保罗·萨巴蒂尔等人的支持联盟框架(The Advocacy Coalition Framework)、弗朗西丝·贝里(Frances Stokes Berry)和威廉·贝里(William Berry)的政策扩散框架(Policy Diffusion Framework)③等等,也对政策过程的研究做出了拓展和贡献。

六、政策工具、政策网络与政策范式研究

政策工具、政策网络和政策范式是近些年来政策科学研究当中兴起的新研究领域。它们进一步体现了政策科学研究的综合性、复杂性和学科交叉性。

---

① Frank Fishler, *Evaluating Public Policy*, Chicago: Nelson Hall, 1995.
② Stuart Nagel, *Handbook of Public Policy Evaluation*, Thousand Oaks, Calif.: Sage Publications, 2002.
③ 参见〔美〕保罗·A. 萨巴蒂尔:《政策过程理论》(彭宗超、钟开斌等译),北京:生活·读书·新知三联书店2004年版,第125页。

(一) 政策工具

政策工具早已存在并得到广泛的运用,比如经济政策中的财政政策工具和货币政策工具,管理学中的管理工具等等。单是作为专门研究领域的政策工具研究的兴起就与政策执行研究的深化和细化有关,因为政策工具本质上就是连接政策目标与政策结果的桥梁。

20世纪80年代,政策科学、公共行政和公共管理之间的融合和交叉成为政策科学发展的重要趋势,政策工具的研究就体现了这一趋势。1983年,克里斯托夫·胡德(Christopher Hood)出版了《政府工具》,对政府工具进行了较为全面的阐述和分析。① 1998年,盖伊·彼得斯(Guy Peters)和弗兰斯·尼斯潘(Frans Nispen)主编的《公共政策工具》一书,较为全面地列举了一系列政策工具。② 2000年,伊曼纽尔·萨瓦斯(Emanuel Savas)在《民营化与公私部门的伙伴关系》(*Privatization and Public-private Partnerships*)一书中,将政府工具分为政府服务、政府间协议、契约、特许经营、补助、凭单制、市场、自我服务、用户付费、志愿服务等。③ 2002年,莱斯特·萨拉蒙(Lester Salamon)主编了《政府工具——新的治理指南》并将政府常用的治理工具划分为直接行政、社会管制、经济管制、合同、拨款、直接贷款、贷款担保、保险、收费、用户付费、债务法、政府公司、凭单制等。④

政策工具的研究方兴未艾,对于公共政策研究更加贴近实务提供了广阔的空间。

(二) 政策网络

网络的概念是20世纪80年代兴起的,来源于生物学、计算机科学、经济学和社会学等多种学科。政策网络研究侧重于分析政策参与过程中团体与政府的关系。政策网络(Policy Network)是指一群互赖行动者为了促成某种

---

① C. Hood, *The Tools of Government*, The Macmillan Press Ltd, 1983.
② B. Guy Peters and Frans K. M. van Nispen, *Public Policy Instruments*, Northampton: Edward Elgar Publishing Inc., 1998.
③ 〔美〕E. S. 萨瓦斯:《民营化与公私部门的伙伴关系》(周志忍等译),北京:中国人民大学出版社2002年版。
④ Lester M. Salamon, *The Tools of Government: An Introduction to the New Governance*, New York: Oxford University Press, 2002.

政策问题或方案的形成和发展而建立的具有一定稳定程度的社会关系形态。①

90年代以来,在汉斯·胡芬(Hans Hufen)、贝恩德·马(Bernd Marin)、雷娜特·迈因茨(Renate Mayntz)、格兰特·乔丹(Grant Jordan)、弗里茨·沙尔普夫(Fritz W. Scharpf)、劳伦斯·奥图尔(Laurence J. O'Tool Jr.)、梅利莎·理查森(Melissa Richardson)、埃里克-汉斯·克利恩(Erik-Hans Klijn)、沃尔特·基歇尔特(Walter J. Kichert)、彼得·博加逊(Peter Bogason)等为代表的学者们的持续努力下,政策网络已经成为超越官僚和市场机制的第三种治理机制;成为公共政策执行的要素,且有取代政策分析、新公共管理、新制度主义的趋势。政策网络具有多元、分割、相互依赖、相互调整、建立共识、合作与互动的特性。②

(三) 政策范式

自从1962年库恩发表《科学革命的结构》提出了范式(paradigm)概念之后,科学哲学转向了历史主义。虽然库恩的范式概念本身并不是确定如一③,但是范式概念却因为其内涵的丰富性和解释科学发展的革命性观念而受到自然科学界和社会科学界的广泛关注。德罗尔早在70年代就提出了政策科学范式的思想,但是将政策范式作为一种操作化的定义对公共政策实践进行研究的当属彼得·霍尔(Peter Hall)。霍尔认为,政策范式就是"政策背后的大致目标,决策者为了实现该目标必须解决政策背后的广泛的目标以及相关问题和难点,此外,在很大程度上将会用到各类手段以达到这些目标。这个理论框架就像一个格式塔(gestalt)一样日益强大"。④ 政策范式由政策

---

① 林玉华:《政策网络理论之研究》,台北:瑞兴图书公司2002年版,第61页。
② 同上书,第32—98页。
③ 英国学者玛格丽特·玛斯特曼(Margaret Masterman)在《范式的本质》(The Nature of Paradigm)一文中对库恩的范式观作了系统的考察,她从《科学革命的结构》中列举了库恩使用的21种不同含义的范式,并将其概括为三种类型或三个方面:一是作为一种信念、一种形而上学思辨,它是哲学范式或元范式;二是作为一种科学习惯、一种学术传统、一个具体的科学成就,它是社会学范式;三是作为一种依靠本身成功示范的工具、一个解疑难的方法、一个用来类比的图像,它是人工范式或构造范式。参见〔英〕玛格丽特·玛斯特曼:《范式的本质》,载〔美〕拉卡托斯、马斯格雷夫:《批判与知识的增长》(周寄中译),台北:桂冠图书股份有限公司1994年版。
④ Peter A. Hall, "Policy Paradigms, Experts and the State: The Case of Macro-economic Policy-Making in Britain," in Stephen Brooks and A.-G. Agonon, eds., Social Scientists, Policy and the State, New York: Praeger, 1990, p.59.

目标、政策工具和政策问题三个基本要素组成。常规变化模式与间断均衡模式是政策范式变化的两种模式。"政策范式"变化通常会经历以下几个阶段：(1)范式稳定性；(2)反常的积累；(3)实验；(4)权威的破灭；(5)争议；(6)新范式的制度化。与政策范式相关的研究是关于政策风格(policy styles)的研究。政策风格由杰里米·理查森(Jeremy Richardson)等人在1982年提出。政策风格就是"政府解决问题的方式以及政策过程中与其他行为主体之间的关系,及其互动"。[1]

政策范式和政策风格的研究是政策科学研究细化和贴近实际的重要表现。

八、公共政策的理论重构

政策科学经历了半个多世纪的发展,已经将初创时期的内涵的各个要素和内在张力充分表现了出来。人们至少可以清楚地认识到,政策科学已经并不是由单一的维度构成,其间存在工具理性和价值理性的内在紧张。为此,德罗尔就曾呼唤通过综合哲学基础与构建本体理论,引入现实主义研究方法与开创宏观公共政策分析,改进元政策与政策制定系统对公共政策进行理论重构。[2]

(一) 综合哲学基础与构建本体理论

哲学的贫困是造成公共政策质量不足的根本性原因之一。现代公共政策因其对象的广泛性和复杂性而要求为自身建立起具有综合特征的哲学基础。面向21世纪的公共政策要求：(1)在价值观方面构建一种能够作为各种政策途径、政策方法和政策技术基础的哲学；(2)在认识论方面构建一种非实用主义的科学哲学,并广为吸收已有的认识论的方法,包括在系统条件下认识现实的先验图式、类比图式,重视客观依据的思想方法,寻求因果关系的论证方法等；(3)在相关哲学的选择上继承和发展行动哲学的研究成果,

---

[1] Jeremy Richardson, Gunnel Gustafsson and Grant Iordan, "The Concept of Policy Style," in Jeremy J. Richardson, ed., *Policy Styles in Western Europe*, London: George Allen and Unwin, 1982, p.13.

[2] 〔以〕叶海卡·德罗尔：《逆境中的政策制定》(王满传等译),上海远东出版社1996年版,第139—280页。

包括对行动理论和决策逻辑的探讨,对实践理性、存在理性、合理性的探讨等。①

其实近期学者们已经在这方面做出了诸多的努力,最为突出地表现在综合哲学基础和构建本体理论这一高难度的任务上。可以认为,随着西方社会科学研究从实证主义走向后实证主义,以及后现代社会现实和后现代思潮的兴起,政策科学哲学亦发生了根本性的革新。这一革新的步伐是与整个西方哲学的转向和革新同步的。世纪之交,西方哲学发生了诸如语言学转向、经验主义转向、中立主义转向等革命性的变革,这些转向在政策科学领域也或多或少地体现出来。在哲学思维方面它们的共同点在于:对现代性思维的超越和否定,转而倡导主体间性、价值理性和工具理性的融合、现象学的认识论、解释学的方法论等等。比如,公共行政行动理论、全面质量管理、建构主义的公共政策评估、治理理论、学习型组织、对话民主理论、公共行政的话语理论、公共政策民主化理论、参与型政策分析,等等。②

(二)现实主义研究方法与开创宏观公共政策分析③

现实主义的价值取向及其相应的研究态度和研究方法是公共政策重构的重要任务。现实主义的公共政策研究主要集中在两个方面:其一,现实主义的价值取向,表现为对政策实践的极大关注,包括对政策实践进行经验性总结的浓厚兴趣,对在政策实践中检验政策理论的认同等;其二,现实主义的研究方法,表现为对实际政策过程的描述,对政策实践的经验性概括等。

强调现实主义的公共政策理念和思想将推动公共政策研究形成一次质的飞跃,德罗尔提出的宏观公共政策分析也许是这场革命性进步的第一个里程碑。所谓宏观政策分析是基于这样一种判断而提出的一种新的政策分析的创意:由于过分地强调规范性,强调理性(科学),强调技术分析(数量化)的可靠性,政府的公共政策正在丧失现实性,以至于在政府的关键性政策抉择方面,现有的政策分析方法基本上无能为力,从而需要一种以历史和理论

---

① 参见张国庆:《现代公共政策导论》,北京大学出版社1997年版,第362—363页。
② 参见曹堂哲、张再林:《话语理论视角中的公共政策质量问题——提升公共政策质量的第三条道路及其对当代中国的借鉴》,载《武汉大学学报》(哲社版)2005年第6期。
③ 关于"现实主义研究方法与开创宏观公共政策分析",转引自张国庆:《现代公共政策导论》,北京大学出版社1997年版,第364—365页。

假设为框架思考重大政策问题的分析方法,即宏观政策分析的方法。为了明确界定宏观政策分析的政策本质,德罗尔罗列了同时构成其特征的宏观政策分析的22条原则。这些原则包括了关于公共政策哲学基础的行动定位、超理性的应用、集中注意关键性抉择、历史的高度长期预测与动态预测、政策制定系统的构建、注重协调与沟通、创新与创造,等等。①

(三) 元政策与政策制定系统的改进②

元政策是关于"政策的政策"。因此,政策质量的提升首先取决于元政策质量的提升。从这个意义上说,关于元政策的正确、自觉、有效的改进,是提升公共政策质量的先决性条件。元政策是政策制定系统的系统运作的产物,因此,提高元政策质量的基本问题在于改进政策制定系统。

政策制定系统的改进存在着一种循环的逻辑矛盾:公共政策质量低下说明政策制定系统需要改进,而政策制定系统的改进又需要高品质的公共政策。解决这一矛盾的现实出路在于寻求和建立一种新的逻辑起点。其中,通过制度的安排(譬如选举制、任期制)引进新的力量对政策制定系统进行革新性改进是必要也是可行的。

政策科学的学科整合、创新和理论重构是一件值得探讨而引人入胜的领域。

九、美国政策科学的社会建制和社会功能

政策科学在美国被普遍接受且得到迅速发展,是在20世纪70年代。期间,不仅许多高校开设了政策科学的研究方向,社会上也涌现出了大量有关政策科学的专业性研究咨询组织和学术刊物。著名的政策科学杂志有《政策科学》(Policy Sciences)、《政策分析和管理杂志》(Journal of Policy Analysis and Management)、《政策研究杂志》(Policy Studies Journal)、《政策研究评论》(Policy Studies Review)、《政策与管理评论》(Policy & Management Review),等等。

---

① 〔以〕叶海卡·德罗尔:《逆境中的政策制定》(王满传等译),上海远东出版社1996年版,第314—340页。

② 关于"元政策与政策制定系统的改进",转引自张国庆:《现代公共政策导论》,北京大学出版社1997年版,第365—367页。

以美国为例,仅在 1975 年,各主要刊物就发表了有关文章 800 篇以上;同年,全美计划联合会出版的实用分析研究论文集,则开列了 4 000 份以上的社会计划的分析案例。① 在整个 70 年代,政策科学的理论和技术不但在许多国家的各级政府得到了广泛应用,而且由于其潜力和普遍的适用性,同时也在私营部门得到了推广。可以认为,政策科学是第二次世界大战以后,尤其是 60 年代之后最受注意的学科之一。进入 80 年代以来,政策科学的理论和方法已经成为工业发达国家政府乃至实业团体管理决策的基本方式,以至于形成了这样的现象:未作政策分析,不作政策决定。

政策科学诞生以来的发展还有一个趋势就是与政策咨询业紧密结合,一部分政策研究机构成为美国智库,影响社会舆论和政策走向。美国的智库相当发达,目前全美大约有两千多个从事政策分析的组织,仅华盛顿特区就有一百多个。智库与利益集团、公民和政府有广泛而直接的联系,影响着美国政治、经济、军事、外交等一系列重大决策。兰德公司(Research and Development Corporation)、布鲁金斯学会(The Brookings Institution)、战略与国际问题研究中心(The Center for Strategic & International Studies)、斯坦福大学胡佛中心(Hoover Institution)、传统基金会(The Heritage Foundation)、美国企业公共政策研究所(American Enterprise Institute for Public Policy Research)等等就是美国著名的智库。

政府的重大决策经过智库的政策研究和分析,发布相关的研究报告引起舆论的广泛讨论,然后进入正式政治议程得到通过和实施。这一机制充分保证了政策的科学性和民主性。

美国的公共政策研究从兴起、发展到逐渐成熟,经历了数十年的过程。今后如何发展,值得关注。

张国庆　刘新胜　曹堂哲
2007 年 5 月 25 日

---

① Arnol Katz and Julia G. Lear, *The Policy Analysis Sourcebook for Social Program*, Washington, D. C.: Hill Book Co., 1963, p. 70.

目录

前言 / 1

第一部分 理论起点

第一章 政治中的间断均衡 / 3
治理与议程 / 4
政策垄断 / 6
议程设置和均衡 / 9
本书的研究方法 / 22

第二章 政策形象与制度性议定场所 / 24
政策形象 / 24
政策议定场所 / 29
互动 / 33
形象—议定场所之间的互动和间断均衡 / 35

第三章 议程变迁的研究 / 37
研究设计问题 / 38
开发新的研究方法 / 46
结论 / 52

第二部分 追踪美国的政策变迁

第四章 政策垄断的建立和崩溃 / 55
核电的形象 / 56

管制环境的改变 / 64
国会监督性质的改变 / 67
州与地方政府日增的激进主义 / 69
金融市场回应的变化 / 70
核电公众形象的改变 / 73
关注核电问题的系列议定场所 / 74

第五章 议题扩张的两种模式 / 77
唐斯和沙特施奈德的两种动员理论 / 80
两种动员理论的检验 / 83
结论 / 92

第六章 媒体注意力的动力学 / 95
在多维度的辩论中选择单一的聚焦点 / 96
非抵触性的辩论 / 99
对媒体中杀虫剂和吸烟问题的再审视 / 101
媒体沉迷于风险或冲突？ / 109
不稳定的注意力和非均衡政治 / 115

第七章 城市——作为全国性政治问题 / 117
城市失序和系统性政治议程 / 118
正式议程 / 121
政策产出和正式议程 / 123
城市政策制定的浪潮 / 125
全国性的城市动议 / 131
城市动议的结束 / 133
机会之窗 / 134
结语 / 138

第八章 解决方案和问题的连接：三个单向性议题 / 140
毒品滥用 / 142
酒精饮料滥用 / 151
儿童虐待 / 153
结论 / 158

第三部分　政治中的结构和背景变化

第九章　利益集团和议程设置 / 165
美国利益集团系统的转变 / 169
环保利益集团的增长 / 173
议程设置和偏好动员 / 178

第十章　国会——争夺管辖权的战场 / 182
国会活动的长期趋势 / 185
权限侵蚀和政策变化 / 190
国会和次级政府的稳定性 / 202

第十一章　作为政策议定场所制度的联邦制 / 204
联邦的特征 / 205
联邦制度的长期变化 / 206
政策专门化 / 208
联邦制在正反馈和负反馈系统中的作用 / 214
政策次级系统中议定场所的联结 / 215
结论 / 219

第十二章　通过制度的瓦解进行治理 / 221
研究方法和发现的总结 / 223
政治中的周期和不稳定性 / 229
国民情绪和公共政策 / 231
间断均衡和偏好问题 / 234
有限的注意力范围和政府 / 235

附录 A　数据来源 / 237
附录 B　议程动力学的回归分析 / 255
参考文献 / 263
后记 / 276

图 表 目 录

图

图 4.1　关于民用核电的文章年度总数和编码为正面基调的文章占文章总数的百分比　/ 59

图 4.2　AEC/NRC 管制行为的增长　/ 65

图 4.3　国会核电听证中负面基调的增长　/ 69

图 4.4　核电公用事业的股票市场绩效及其与其它指标的比较　/ 72

图 5.1　《读者期刊指南》(1900—1986)每年关于吸烟的报道和烟草的消费　/ 85

图 5.2　国会关于吸烟的听证　/ 86

图 5.3　《读者期刊指南》每年关于杀虫剂的报道　/ 88

图 5.4　国会关于杀虫剂的听证　/ 91

图 6.1　《读者期刊指南》(1900—1987)当中关于杀虫剂报道主题的转换　/ 104

图 6.2　《纽约时报索引》(1964—1988)上关于吸烟和烟草报道主题的变化　/ 107

图 6.3　《纽约时报索引》(1946—1988)上报道的关于吸烟的政府行为基调的变化　/ 108

图 6.4　《读者期刊指南》(1910—1986)关于汽车安全的报道和交通事故　/ 113

图 7.1　《读者期刊指南》当中的文章数量和国会关于城市事务的听证　/ 120

图 7.2　国会关于城市事务的听证和联邦政府对州和地方政府的拨款　/ 124

图 7.3　国会关于城市事务的听证和联邦政府对州和地方政府的拨款（按照类别）　/ 127

图 7.4　美国面临的最重要问题调查：盖洛普民意测验的回复情况，仅限于国内议题　/ 135

图 8.1　国会和媒体对毒品使用的注意力　/ 143

图 8.2　国会对毒品滥用的听证　/ 148
图 8.3　国会和媒体对酒精滥用的注意力　/ 152
图 8.4　媒体对儿童虐待的注意力　/ 155
图 8.5　《纽约时报索引》(1900—1988)当中关于儿童虐待的四类报道　/ 156
图 8.6　国会关于儿童虐待的听证和《纽约时报索引》对政府行动的报道　/ 157
图 9.1　美国的贸易协会　/ 168
图 9.2　不同时期公民团体中营利团体的比率　/ 170
图 10.1　根据举办杀虫剂听证的委员会和次级委员会类型来进行分类的国会听证(1950—1988)　/ 194
图 10.2　国会关于航空运输的听证(1944—1989)　/ 200
图 11.1　国会关于政府间关系的听证　/ 207
图 11.2　联邦政府拨款对州和地方政府支出优先事项的影响　/ 211
图 A.1　《读者期刊指南》和《纽约时报索引》中对吸烟的报道　/ 243
图 B.1　根据城市事务听证推测的拨款的回归残差　/ 257

表

表 4.1　德州的公众(1006 人)对核电厂的反应　/ 59
表 4.2　国会核电注意力的扩展(1944—1986)　/ 69
表 4.3　政策次级系统消亡的轨迹：核能议定场所的相继替代　/ 74
表 6.1　《读者期刊指南》(1900—1988)当中关于杀虫剂报道的主题和基调　/ 103
表 6.2　《纽约时报索引》(1946—1987)当中关于吸烟和烟草报道的主题和基调　/ 106
表 9.1　营利、非营利以及公民部门非常感兴趣的主题领域　/ 172
表 9.2　环保集团创建的数据　/ 175
表 9.3　环保集团工作人员数量(1961—1990)　/ 176
表 9.4　一些集团成员数量的增长以及所有创建于 20 世纪 60 年代前后的集团的成员数量的增长　/ 177
表 10.1　国会成员的增长(1950—1985)　/ 187
表 10.2　国会杀虫剂听证的证人分布(1900—1988)　/ 193

表 10.3　议定场所和国会关于杀虫剂听证的基调(1900—1988) ／195

表 10.4　议定场所和国会对于毒品滥用的听证(1945—1986) ／196

表 10.5　1968 年前后在两个议定场所中国会对毒品滥用的听证 ／197

表 10.6　国会关于吸烟和烟草的听证的基调和议定场所
　　　　（1945—1986） ／198

表 A.1　媒体报道的编码概况 ／239

表 A.2　国会听证编码概况 ／245

表 A.3　《读者期刊指南》和《纽约时报索引》组成概况 ／248

表 B.1　《读者期刊指南》对城市事务的报道以及国会的城市
　　　　事务听证 ／258

表 B.2　每年国会听证的总量对联邦政府向州和地方的拨款数量的影响，
　　　　按不同类型的城市事务来分类(1959—1989) ／259

表 B.3　国会关于毒品滥用的行列式(1945—1986) ／260

表 B.4　州投资率与基于消费的联邦拨款的影响(1955) ／261

前　　言

从 1988 年开始,我们就有写一本基础性理论著作的雄心:我们打算在这本书中一反政治科学研究中只探讨短期和单一政策问题的通行做法,而采用量化和比较的方法来探讨涉及相当长时间范围内的一系列政策议题。然而,对多个事情进行"串行处理"(serial processing)的必要性,决定了我们只能以研究一个单一议题为开始。1988 年,德州农工大学能源与矿产中心(Texas A & M'S Center for Energy and Mineral Resources)资助我们研究核电产业。这项研究使我们变得冷静。我们很快回忆起一句谚语:"天使都不敢涉足的地方,蠢材会冲进去。"对我们而言,理解我们所选择的主要政策议题,以及将这些议题与我们开发出来的指标相匹配,是一件极其困难的事情。两年时间里,我们收集和编码了数据,在尝试去理解所选政策领域的细节的同时,我们也尝试去寻找一种进行跨议题研究的历时比较方法。我们阅读和收集了一批关于核能、杀虫剂、烟草、儿童虐待问题和其他一些本书所讨论议题的文章和著作。人们或许愿意承认这一点,即我们当中的每个人都比一般人更多地了解这些议题的细节和报道。在这段时间里,我们还指导了那些海量的数据文档的创建。通过附录 A 所提供的阅读材料,读者可以理解,在这段时间里,我们非常担心陷入这些材料所带来的沉重负担。

幸运的是,我们有一些能干的研究生助手帮助,项目进展得倒是很顺利,这使我们能够更多地聚焦于分析和提炼思维框架。我们的研究助手包括

Steven Barbell、Doug Jones、Susanne Mars、Chales McLemore、William Mitchell、Billy Hall 和 Jeff Talbert。需要特别提及的是 Billy Hall 和 Jeff Talbert，他们一直协助我工作到最后，并且出色地完成了应该完成的任务。Talbert 不仅在编码和收集数据方面做了更多的工作，而且协助督导其他人的工作，帮助开发出了在本书的数据和图表报告中使用的诸多方法。他本人的硕士论文也对我们开发的研究方法有一定帮助。

  从 1989 年开始，我们基于最初的一些研究结果，在一些学术会议上宣读了几篇论文。不同学者的评论使我们受益匪浅。令人欣慰的是，这些学者的大多数评论是帮助性的、激励性的和建设性的。这种方式有助于我们将早期的研究结论进行简洁而全新的表达。在意大利的一次会议上，我们的一些想法似乎遇到了一些方法论上的困惑，但是我们宁愿将此归咎于我们两位作者中的一位有阿拉巴马州口音，另一位在阐述内容时发音含糊不清。无奈的是，我们将论文编辑成册的恳求遭到了拒绝。这使我们明白还有一些重要的事情需要陈述，而且必须用其他人都能理解的方式来陈述我们的独特之处。

  Jim Anderson、Jeff Berry、Jon Bond、Chris Boss、Bob Bornton、Roger Cobb、Charles Elder、Jeff Hoeing、Luigi Grazing、Dave King、Laurie King、John Nelson、Jeremy Richardson、Bert Rickman、Bob Salisbury、Mark Schneider 和后来的 Jack Walker 基于论文的初稿给了我们很多有益的帮助。他们每个人都阅读了本书的一部分，和我们进行了讨论并且帮助我们改进了这本书。作为一种通常的职业惯例，他们花费了很多时间，不是为了回报，而是出于对知识的好奇和对于书稿措辞本身问题的澄清，对此我们非常感谢。第四章是我们的论文《议程动力学和政策次级系统》的修订版，这篇论文最初发表在 1991 年的《政治学杂志》(Journal of Politics) 上。几个匿名审稿人也给予了我们很多有益的评论。

  有三个人仔细阅读了整个手稿，并且提供了我们以前不曾看到过的最好的评论。他们聚焦于智识方面的问题 (intellectual questions)，把我们关于美国政策系统的理念提升到一个更高的水平。这些评论不仅是专业和尽责的，而且给了我们很多真正的智识上的挑战。我们希望我们最终的修订和改进，至少能够回应 Charles O. Jones、John Kingdom 和 Clarence Stone 这三个人所提出的挑战。

前　言

德州农工大学的政治科学系和文科学院（The Department of Political Science and the College of Liberal Arts of Texas A&M University）为本项研究的顺利进行提供了物质上的帮助，对此我们表示感谢。Marcia Bastian 在绘制本书图表时给予了高水平的技术支持。我们还要感谢 Edna Guillot 自始至终对整个项目的帮助。

最后需要说明的是，本书是两位作者通力合作的结晶。我们以不同的专业背景共同进行了这个项目的研究：鲍姆加特纳的主要研究领域是比较政治、议程设置、政策制定和利益集团；琼斯的主要研究领域是美国政策制定、城市政治和政治领导。鲍姆加特纳认为措辞（rhetoric）和问题的界定同样重要，琼斯认为机构的作用事实上被研究议程的学者忽视了。我们共同持有的观点是：都对政策制定过程的决定论途径持否定态度。在我们研究项目的每一个方面，包括这本书的每一章，每个用词都无一例外地经过审阅和修订，有时讨论甚至多达十六次。尽管有时候我们当中的一个人会主要负责某一章节的起草，另一个人负责另外一个章节的起草，我们的工作仍旧不能严格地区分开来。不过，在投入大量时间进行多轮思想交流之后，我们认为最终的成果实际上是两位作者协作的结果。当然，我们不得不共同决定整理数据时遇到的大量技术问题。大多数时候我们会在某一个人的办公室内，共同讨论美国政治系统的性质。读者看到的这本书就是我们合作的产物，我们的名字按照字母先后顺序排列在封面上，这不仅仅意味着享有平等的权利，而且意味着这是真切协作的事业。

芝加哥大学出版社的 John Tryneski 既是一位古道热肠的编辑，也是很有见地的评论家，他对本书的表达方式以及内容都给出了很好的建议。

理 论 起 点

　　基于政策议题在公共议程中出现和消退的整个过程,我们提出了美国政治中政策变迁的间断均衡模型(a punctuated equillibrium model)。当议题出现时,新的制度结构通常会被创造出来,并适时维持数十年,而这种新的制度结构会使参与结构化(structuring participation)并进而制造了一种均衡的幻觉。稍后的议程切入(agenda access)会破坏这些制度,并被其他制度代替。在前三章中我们勾勒了驱动我们进行研究的理论焦点。第一章讨论政治中的议程和不稳定性。第二章讨论议题叙事方式的重要性,以及哪些机构(institutions)拥有对议题的管辖权限。两股力量的相互驱动产生了我们所描述的间断均衡机制。第三章介绍我们对美国政策变迁进行研究时,所采用的量化的、经验实证的研究方法,同时将我们所采用的研究方法与其他研究方法进行了比较分析。

第一章

政治中的间断均衡

美国政治系统是为特权经济利益集团提供安全的庇荫所,还是能够确保不同政治理念之间的竞争,从而为政治辩论中失败的一方提供持续的机会,以便其扭转自身的颓势？复杂的权力分立和联邦政治,是使美国的政治系统变得保守和拒斥变革,还是为政策企业家(policy entrepreneurs)提供机会来尝试新的理念？是普通民众影响精英行为,还是精英不顾民主责任而进行着治理？

这些关于民主理论的问题,不断地被政治学家们争论着。在本书中,我们将展示,这些问题的论辩双方,为何在不同时间和地点各具其说服力。我们构建了一个模型用以同时解释两个问题:(1) 特权利益集团对重要政策领域的支配和政治结果的长期稳定性;(2) 特定经济利益集团在政治斗争上的失败和政治结果的快速变迁。

美国政治和经济系统的很多领域很少发生明显的变化,并且这一系统明显地为一些特权精英集团提供持续的利益。这些制度安排(arrangements)被标以不同的标签:政策次级系统、功能性权力岛屿、有限参与系统、铁三角和权力精英。这些术语都表明结构性的安排会使精英获利。但是这些描述并不完全,在描述精英特权的时候,两件事情被忽略了:第一,学者很少分析这些制度安排背后的理念;第二,研究政策过程的学者没有研究这些制度安排长期运转而产生的脆弱性。

在这本书中,我们描述导致具有强有力观念支持的政策垄断性结构安排建立的条件。许多政治学家已经关注过这一主题。我们还会讨论一下这些系统衰退的动力学(dynamics),这是一个人们很少关注的话题。最后,我们研究哪些条件会导致政策垄断难以形成,也就是说会出现政策垄断以外的其他一些政治模式。这显然是政党和大多数社会集团对潜在解决方案不能达成共识的普遍和广泛的政策问题。我们认为所有的政策过程可以通过引入单一的政治过程模型——议程设置模型——而得到很好的理解。

我们阐释了政治中具有非单一均衡意味的议程设置过程如何发生;还阐释了新理念的产生如何使许多长期的政策垄断变得不稳定。随着处于劣势的政策企业家们成功地说服其他人相信他们的观点比其竞争对手的更正确,他们就可能成功地改变公共政策的制度安排,即使这些制度安排已经延续了数十年。他们无须改变对手的观点,随着他们掌握了理解旧的政治问题的新方式,不同的政策制定者和政府机构就立即会对他们先前不感兴趣的议题提出管辖权(jurisdiction)的要求。老的政策制定机构或者发现自身已经被提出了不同政策议案的新实体所取代,或者开始与这些新实体竞争。这样一来,议程设置就产生了新的政策结果,这些结果通常是戏剧性的逆转,而不是对现状的修修补补。最后,我们描绘了以特定方式处理议题而表现出相当大的稳定性的政治系统,不过这种稳定性会不时地被爆炸式的变迁所打断。因此,就议题处理过程而不是基本宪法架构而言,任何对于美国政治制度动力学的研究,都必须要能够同时解释长期稳定和短期剧变的共存现象。

在这本书中,我们以实证经验研究为着眼点,探讨了大量的、长时间跨度的、重要的公共政策。我们从时间和问题领域两个维度比较议题的发展过程,展示导致某些情境下渐变而其他情境下突变的力量。我们相信渐变和剧变是美国政策制定的两个重要特征,而我们提出的单一模型,既能够解释稳定性也能够解释快速变革。我们收集了大量的量化数据和定性信息,用以证明我们提出的单一政策过程和议程设置模型的有效性。

治理与议程

多元论者,无论是杜鲁门还是麦迪逊都倾向于假设某一集团的动员(mobilization)会导致另一个集团的反动员(counter mobilization)。在本书中,我们注意到一些出现反动员的重要例子。不过,用这样的观点描述整个政策制定系统却容易让人误解,因为影响政治系统数十年之久的重大政治决策通常是在没有反动员的情形下做出的。恰恰相反,随着行动者服膺于一些新的政策价值后,激情的波浪式起伏会彻底地席卷整个政治系统。人们通常在缺乏严肃的反对意见的情形下,创设一套机构以贯彻该项政策。稍后,政治系统可能陷入围绕一个新的临界点的渐进主义时期,不过我们不应当把渐进主义误认为是达到了一种政治均衡。相反,它可能是结构派生的(structure-induced)的均衡。这是一种依赖于现行政治机构的持续权威的均衡(参见 Shepsle 1979)。当然,在议程设置的过程中,这些机构的权限可能被战略企业家操纵(参见 Riker 1980)。因此,在许多经济领域里,导致渐进主义的同样过程可能同时也会引发戏剧性的变迁。

麦康奈尔(McConnell 1967)和洛维(Lowi 1979)对反动员理论提出了强烈的批评。洛维谴责了美国现代的多元主义蜕化为"功能性权力岛屿"(Sayre and Kaufman 1965)的倾向,因为在多元主义论看来,这些"岛屿"并不受大众的控制和影响。许多政治学家研究社会偏好的差别强度(differential intensities),以及与之相伴随的时常发生的少数强势力量凌驾于公共利益之上的现象。这种侧重于对铁三角、政策次级系统和政策网络的研究,长期以来在公共政策过程的研究中很为流行。这些"政策垄断"的确是很强大的。不过这些现象在本质上都是不稳定的,对这一观点,我们将在下面进行详细阐释。

到目前为止,对政策次级系统的研究还没有被纳入到议程设置的模型。约翰·金登(John Kingdon 1984)发展出了一种新的研究议程的途径。这一途径将议程分为问题、解决方案/(政策)和机会三个方面。金登还分析了三种"溪流"(streams)融会到一起的条件。金登的观点详尽地揭示了新的政策理念是如何融入到政策过程之中的。他确信,为了理解政府的决策,应该将"公共问题"和"解决方案"分开分析。但是,在系统层次上,一些案例表明,议程设置是产生稳定性的相同政策制定过程的一部分。新的政策不会被连续地采纳,因为许多过去努力实现的政策在主题方面差异很小。当政策行动的一般原则符合时宜的时候,政策制定倾向于呈现渐进的特征。当新的原则被考虑时,政策制定过程则倾向于易变和不稳定——这一点正是金登的模型的要义。

美国政府结构是高度分散的。美国的公共政策,在瑟伯(Thurber 1991,319)看来,基本上是由许多角色汇总而成,而这些角色分布在那些"围绕着离散的计划和议题而组织起来的众多不同的决策制定系统中"。任何一个这样的决策制定系统都可以用单个利益集团的控制、多集团的竞争或者四分五裂来刻画其特征(Meier 1985)。每一个特征都反映了一种动力过程。而且,这一动力过程在任何时间点上都会受到正反馈或负反馈的影响。当一个系统处于负反馈的情形之下,最初的一个干扰会随着系统的运转变得越来越小。而在正反馈的情形下,一个小的干扰就会被放大,并随着时间的推移造成更大的干扰。正如迈耶(Meier 1985)所说的那样,由于事件的相互影响,这些系统可能相互联结成更复杂的网络。

在美国政治中,政策次级系统不断地被创建和摧毁。当政策次级系统强盛的时候,它有能力来强化保守和渐进的过程。然而,随着次级系统的创建和破坏,变迁就会成为戏剧性的,而且这一变迁会自我强化。总之,美国政治系统是不断改变的有限参与系统的拼制品。某一时刻,一些强大了,另一些削弱了;一些被创建了,另一些被破坏了。这些过程出现在长期变迁的起伏当中,而长期变迁的起伏反映了在特定时期人们偏爱的一些理念,所以一些政策超越于其他政策之上,形成了政策垄断。事实上,从20世纪60年代起,很多发表的关于美国政治的模型就已经以此为假设了,不过这一假设并不适合政策垄断。最近看到的一个观点宣称,许多集团发现政府结构内部存在特殊的小的生态环境(niches)(Browne 1990)。不过,仅仅看到政策垄断的"创造性破坏"还不够,我们还必须考察哪些历史因素使得政策垄断在某些时候成为可能而在另一些时候变得不可能。

政 策 垄 断

每一种利益、每一个集团、每一个政策企业家都对建立垄断有最大兴趣——这些垄断包括对涉及利益集团政策的政治理解的垄断,对能够强化这种理解的制度安排的垄断。没有人喜欢拖延冲突和进行持续的竞争。相对于持续冲突的系统而言,更可取的是,每一方退回到一个自己拥有毫无异议的影响力的领域。很明显,使其他集团同意给予某一集团垄断的影响力是非常困难的。所有领域的专家都会花费大量的时间去说服那些"局外人"(outsiders)即:在某一领域中没有决策资格的人。为此,通常需要通过论证说明决策问题是高度复杂的技术问题,或者通过论证说明决策的社会影响力是微乎其微的、自然的或者不可避免的。譬如,银行家贷款会声称自己基于中立的规则;医生会说,那些公认的医学做法为我们处理复杂的生死问题提供了清晰的指导;军人则会说,国家的安全需要是最佳标准。当然,任何一个敢于质疑专业判断的"局外人"都将会遭到专家的敌意、愤慨和怨恨,要知道这些专家会自以为是地认为,只有他们有充足的知识对这些事情做出决断。显而易见的是,任何人都期望得到政策垄断。同样清楚的是,许多集团都垄断着政策,或者曾经垄断过政策。

政策垄断有两个重要的特征。首先,要有一个清晰界定的制度结构来负责某一政策的制定,并限制外界对这一政策过程的切入。其次,要有一套与此制度结果紧密结合在一起的权威性的支持理念。这些支持性的政策理念通常与核心政治价值相联结,而核心政治价值则是通常通过直接而简明的形象和修辞(image and rhetoric)建立起来的。譬如,进步、参与、爱国、外交独立、公正、经济增长是公认的好事。在政治系统中,没有人能够挑战这些理念。如果一个集团能够说服他人相信其行动服务于这些崇高的目标,那么这个集团就可能创造出政策垄断。一旦对公共政策问题的正面理解达到了可接受的程度,政府官员就会鼓励产业的开发或直接参与该产业。当然,政府的主要兴趣在于促进经济增长、国家独立、高质量的教育、惩治毒枭以及其他一系列的事情。对于政策制定者而言,他的主要技巧在于说服他人相信其政策、计划和产业是对长期存在的政策问题的解决方案(参见 Kingdon 1984)。

政治科学家已经在很多种情景之下研究过我们所说的"政策垄断",他们使用多种术语来表述这一现象,比如"铁三角"(iron triangles)、"政策漩涡"(policy whirlpools)和"次级系统政治"(subsystem politics)等(Griffith 1939; Redford 1969)。所有人的研究都强调,次级系统非常倚重专家的意见和判断,基本不受系统以外的更为宏观的政治力量的影响。不过,从来没有人强调过正面的形象(positive images)在确保次级系统稳定方面(倚重专家意见和不受外来影响)发挥的重要作用。

正面形象的建立与政策垄断的形成是紧密相关的,因为政府机构的建立或重新设计常常促发正面形象的构建。那些与产业发展最相关的形象自然而然地会在建构政府政策方面扮演重要的角色。政策垄断的参与通常经由两种方式得以结构化:(1)正式和非正式的切入规则使"局外人"的参与受挫;(2)对政策垄断的普遍理解(understandings)基本上都是正面的,这种正面的理解唤起支持或使冷漠者置身事外(从而确保冷漠者持续不过问此事)。

偏好的差别强度(differential intensities of preference)的两难困境的症结在于,特定政策领域的特权阶层总是比没有特权的人显得活跃。议程设置关注的问题是,某一领域的政策制定是受既定的单一利益的利益集团的掌控,还是有广泛的行动者参与其中。这一问题也是民主社会的一个基本问题。政策垄断是一个系统,在这一系统当中,偏好的强度发挥作用已为麦迪逊(麦迪逊)所深虑。在政策专家帮助下所设计的制度安排的围墙之后,以及其努力创立的公共和官方形象的掩蔽之下,一些政策专家享有巨大的行动自由,而很少被要求根据广泛的公共责任去证明这些行动的正当性。

虽然相关的政策制定者热衷于建构政策垄断,但这种状态在开放的美国政治系统当中很难经久不衰。因此,许多政策次级系统实际上是不完全的政策垄断。马斯(Maass 1951)在他关于1949年江河工程的研究中对这一典型的紧张型次级系统(The classic tight subsystem)进行了描述。马斯在研究中描绘了次级系统中的利益单元——工兵(Army Corps of Engineers)、国会委员会、地方政治行动者和主要的利益集团通力合作开发地方江河工程的过程。雷德福则描绘了20世纪50年代末期一个较为松散的民航管制次级系统,尽管参与者对政府在维持和提升国家航空运输系统中的作用方面几乎没有统一的意见(Redford 1969,99—102;另参见 Redford 1960)。20世纪70年代中期,赫奇洛介绍了次级系统拓展为"问题网络"的趋势,相关利益者的松散合作通常不会在政策的发展上达成共识(Heclo 1978)。

以上这些探讨清晰地表明了这一观点:即必须有动力将多种建构和破坏政策垄断的尝试联合起来。政策垄断的崩溃总是与利益强度的改变相联系。对某一特定问题本来没表现出兴趣的公众、政治领导者、政府部门和私人机构,由于各种原因,加入了进来,这时政策垄断就会遭到破坏。这些原因表明了对相关政策的新理解。比如,政策支持者认为某一实践应服务于促进公平和公正这两个在美国被广泛接受的目标;政策反对者则反驳说,政策事实上对环境有害,使外国投资者受益,浪费了税收资源等。

处于劣势的利益集团提出对事件的新解释,并且尝试吸引政治系统中其他领域的联盟者的注意力,但这并不意味着他们的挑战能够成功。优势利益集团会加以抵制,并且尝试在这种情形下强化原初的观点。此时,不能假定政治系统的最初占优势者没有能力来利用优质资源及有利的政治关系;同时,也不能假定所有的劣势行动者规模太小或者会束手待毙。垄断通常被来自其他经济领域的强势集团所打破。随着经济成长的不断复杂化,以前截然不同的集团之间的互动将变得更为司空见惯。这会逐渐地加剧双边强势集团之间争夺管辖权的斗争。进而言之,当政治斗争使经济上强势的歌利亚们(Goliaths)与贫穷的大卫们(Davids)相抗衡,即使最终歌利亚取得胜利也并不是理所当然的。① 在私下的谈

---

① 在《圣经·旧约》中歌利亚是传说中身材高大、勇猛善战的巨人,可大卫用手中的石头和弹弓杀死了歌利亚,后来成为以色列的国王。——译者

判中使用的技巧和资源不能等同于那些运用于公共辩论的技巧和资源。在一场充满激情的公共媒体发动的运动面前,专业知识、内部关系以及合法的技巧都被证明是没有价值的。因此,一个提出挑战的集团如果能够选择一个舞台,在此舞台上能强化自身的特殊技能,并能让反对派的技巧和资源变得无能为力,那么它就会赢得胜利。所以在某些情况下,从弱小到强大是完全可能的。这种逆转绝不是当然的,但是这种情况有时的确会发生。

就一个特殊的时期来看,一个政治系统可能会对处于优势的经济利益提供许多保护,以确保其绝缘体似的垄断地位。然而如果十几年后再看,尽管这一政治系统整体上仍然具有大量垄断的特征,但是这些利益本身可能已经变化或是被其他利益取代了。政策垄断的破坏和创造可能比人们想像的要快。这一过程是持续的和零星的,但其影响是不断累积的,而这种累积的影响的后果是:这种竞争型的多元政治制度并不像初看起来那么保守。

议程设置和均衡

政策制定模型一般基于渐进主义(incrementalism)和负反馈(negative feedback)这两个原则。渐进主义可以被看作审慎决策风格的结果,决策制定者只对现状做出有限的、可逆的改变,因为预测这些决策影响的能力是有限的(Lindblom 1959;Hayes 1992)。例如,新的预算一般是基于前一年的分配额度(Wildavsky 1984)。政治系统的渐进改变可以被看作是反动员(countermobilization)的结果,因为一个集团如果获得了政治优势,另一个集团就会动员起来反对他们。在一些情况下,动员属于负反馈过程——在这一过程中,那些要改变政治系统现状的力量不会增强。

变迁的两种形式——深思熟虑的变迁和无意中做出的变迁,形成了一个自动调整的系统。如果政策制定以深思熟虑的渐进决策为特征,那么决策会导致一种不受欢迎的,而且也可以逆转的结果。因此,一个深思熟虑的渐进主义允许系统保持其与环境的动态均衡。同样地,允许集团动员和反动员的民主系统将保持动态的均衡。当系统偏离均衡,它就会自动调整,并且总是会以民主方式组织起来,导致一种在利益集团需求与政府政策产出之间的均衡。政治系统在均衡时的形象是相当保守的,因为它意味着完全不可能对现实进行戏剧性的变迁。

对公共议程稍加观察就会发现,公众对社会问题的态度不是渐进主义的。相反,这些议题即使在几周或几个月前还不为人所重视,但是瞬间就会成为舆论的中心,并支配官员的日常行为。政策行动者可能(或者并不)密切关注媒体的注意力,但当他一旦关注起来就不会是渐进式的关注。在关于议程设置的文献中,渐进主义只起到很小的作用。相反,焦点事件、机会的产生、有组织的利益集团之间要掌控公共舆论的竞争以及公共官员的公开演说都可看成是引起议题在短期内进入议程的原因。

赫伯特·西蒙(Herbert Simon)早已认识到,这种断续性是社会系统中的某些特定层次的特征。在一些情况之下,"特定的环境产生对系统多种并行的需求(parallel demands),但是系统只能对这些并行的需求做出串行式的回应(respond only serially)"(Simon 1977, 157)。换言之,系统要应对大量现实中迫切需要解决的问题,但是它的领导人只能逐个地关注这些问题;在这种情景下,各种问题如何吸引到政策制定者的注意力是至关重要的。在我们的政府系统中,正是这种对问题的断续性的关注,造成了既有渐进主义的表现,也有暂时均衡的间断。

为什么以往对政策过程的研究常常忽略了政治系统中这种注意力分配的非渐进性质呢?这里有两个原因:第一是因为学者之间传统的劳动分工。研究政策执行的学者通常不注重出现在公共议程中的戏剧性变迁,而研究议程的学者通常忽视稳定性的基本原理,或者忽略在政策循环的其他部分表现出来的渐进主义。第二是因为有些学者误将那些议程切入(agenda access)中的破坏性的冲击力量也看作是政治均衡的一部分:埃德尔曼(Edelman 1964)认为这些破坏性的冲击力量不过只是策划出来的、用于抚慰公众的象征性的事件;唐斯(Downs 1972)则认为,这些力量不过是一种对解决问题毫无帮助的泄愤行为。

以更开阔的视野来看待政策过程,以上两种情况迫使我们认真地思考负反馈的政治过程和导致戏剧性变迁的议程设置过程。在这本书中,我们描述了美国政治中同时运转的这两个过程,并展示了由两者互动而产生的一种动态——那就是,既有长期相对的稳定,也有短期内突发的剧变。更有深远意义的是,这些爆发性的事件会永远改变政策系统中以往的那种支配性的制度安排。

多元主义模型认为政治系统中的各种力量相互抵消、相互掣肘,当某方的利益受到威胁时,"潜在集团"就会动员起来(杜鲁门 1951, 30)。在缺少人为的或者法律上的障碍阻止结社和游说之时,社会的和专业的集团就会起而保护自身,正如市场领域中看不见的手发挥作用一样,行动和反应像看不见的手一样,在政治中产生均衡。奥尔森(Olson, 1965)探讨了为了获取相应支持而进行有效动员的时候,某些集团相对于其他集团来说具有某种优势。在奥尔森之后,很少有人认为一个组织不受任何限制。然而,在很多情况下,当意识到有威胁时,一个组织确实会加强其动员能力(参见 Hansen 1985)。

对于多元主义最有意义的批评集中在利益集团动员的偏好问题上。沙特施奈德(E. E. Schattschneider)30 年前写道:"多元主义天堂的瑕疵在于神圣的合唱中伴随着强大的上流阶级的声音"(1960,35)。他强调,政治冲突的本质是参与的范围大小。因为对于某一给定的议题,参与议题的人通常比不关心此议题的人要少。在最初的政策争论中,输者与赢者的竞争通常会刺激那些输者去想办法扩大冲突的范围。正如沙特施奈德所言,政治冲突范围的扩大是民主过程的本质。沙特施奈德的研究颇有见地,其核心在于研究议程设置,因为他指出了如何试图将一些事项加入到议程中,或者如何维持已经进入议程的事项的动机问题。科布和埃尔德(Roger Cobb and Charles Elder 1983)延续了这一研究的脉络,他们关注的是当围绕某一政策发生争论时,政策制定者会采用哪些机制去扩大参与的范围。

最近,很多议程研究者聚焦于政策理念产生于何处的问题。金登(John Kingdom 1984)研究了政策理念的起源以及政策企业家如何利用"机会之窗",他的研究使议程研究得以振兴。米尔沃德和莱尔德(Milward and Laird 1990)研究了五个议程设置的案例,他们发现议题界定、政策知识和机会之间的互动是促成议程成功的要素。

"政策来自于何处"这一问题很有意思,但也有误导的作用。社会中通常有过多的政策理念。在政策过程中赢者通过政治方式将选择方案结构化,他们通常将他们的政策和一些强有力的象征符号——比如,进步、民族认同、经济增长,等等——凝结在一起。新的选择方案常常通过重新界定老问题而进入决策制定阶段(Baumgartner 1989,Stone 1989)。输者常常为了获得优势而重新界定冲突的基本维度,从而吸引先前没有涉入其中的公民。议题界定的视角与沙特施奈德关于冲突拓展了进入政治系统的理念内涵的观点密切相关。

在以上提及的研究中,常常被忽略了的一个问题是有关议程设定的政策后果。当新的理念成为一个政策社群的主流观念时,又会带来什么呢?对重要的公共政策议题的理解此时显然已经随着时间推移发生了明显改变。随着这种变化,政策过程和政策产出也会发生改变。本书中,我们追溯了由于对政策理解的转变而带来的各种变化,并研究了这些变化之间的关系,我们发现,议程的内容和地位随着时间而变化:一些议题曾是政府或公共议程的热点,但随后又从议程中消退。问题界定和议程设置是相关的,因为问题界定的变化通常会导致新的议题在公共议程中出现。我们将这一研究作为我们研究的起点,这里我们关注的是这些变迁的结果而不是变迁的理由。

侧重于对议程结果的研究,会引导我们将注意力投向制度结构。所有的政治制度都以一种特殊的方式疏导冲突,并且所有的政治制度在进行动员时都表现出有偏好。研究政治制度的内在偏好结构,不仅可以看出谁处于优势地位,而且还可以看出什么样的变化是由于现存制度安排遭到破坏或改变而引起的。那些被原初政治系统压制的力量,可能在以往的系统中得不到考虑,但是如果系统结构发生了变化,就会导致偏好动员方面的戏剧性改变。一般而言,美国政治当中的制度结构通常不会轻易改变,但是一旦改变,就会引起政策结果也发生深远和剧烈的改变。也就是说,制度在我们的分析过程中扮演了很重要的角色,因为制度会使系统进入相对稳定的时期,此时偏好动员被暂时稳定性的制度结构化了。然而,制度的稳定时期与制度框架受到挑战的快速变化时期相连。正因为如此,关键时期的剧变要比偏好动员的渐变显得更为重要。总之,随着政策制定者依靠建立新的制度来支持其偏好的政策或增强在现有政策中的优势,美国的政治体系就从一个均衡点转向另一个均衡点。

寻求均衡

政治科学是一门研究政治偏好如何形成并聚合成为政府政策产出的学问。然而由于政府制度的复杂性,很难弄清楚这些制度是如何聚合偏好的。如果我们能够将民主政策的行动力量隔离开来进行分析,并且找到这些力量的均衡点,那当然很好——这既是经典物理学的分析方法,也是现代经济学研究遵从的模式。事实上,对均衡和部分均衡的研究已经被视为科学研究方法的基础,因为在均衡点上和接近均衡的状态下,系统会运行得很好,这种状态下,研究者可以对其进行因果分析(Riker 1980;另参见 Bentley 1908)。

在均衡状态下,民主制度下的政策制定系统的稳定性表现在以下两方面。首先,系统本质的特征不会有明显的改变;其次,如果某种力量将系统的均衡状态打破,随着时间的推移,这种力量也将使系统回归均衡。一个系统能在外部作用力非常弱小的情况下保持长期不变,并不等于这一系统一定处于均衡状态。所以,我们不可以把"稳定性"和"均衡"完全等同。如果一个系统处于非均衡状态,那么(系统)输入上的一个小小的变化就可能导致产出方面的戏剧性变化。由于均衡状态下系统的行为比非均衡系统更容易理解和预测,大量的学者都去从事对均衡系统的研究,然而,均衡在政治中并不如想像的那样常见。非均衡状态的系统由于行为表现变化多端,对其预测的确不易。要了解这些行为,我们必须抓住其内在不稳定性的前因和后果。

政治科学中承认均衡存在的有两大理论源头:第一个是社会选择理论,第二个是集团和多元主义理论。社会选择理论认为个体的偏好是固定的,并在此前提下考察人们的偏好如何聚合形成集体选择。在《自由主义与民粹主义》(Liberalism against Populism)一书中,威廉·赖克(Riker 1982)对社会选择途径进行了考察和批评。赖克的批评是,社会选择理论家已经证明了均衡在政治中是很少见的,甚至可能根本就不存在。最为根本的是,任何有三个或更多投票者参与的投票安排,在两个或更多的维度上发生冲突时,这种投票安排就会很不稳定。这就是著名的投票悖论(paradox of voting),这一悖论首先由法国数学家康道塞(Concordet)在18世纪后期进行过分析证明,随后邓肯·布莱克(Duncan Black)在20世纪50年代再次进行了探讨。在三个投票者、二维的情形下,不存在一种能保证均衡的政策(来自于二维冲突的由多层面构成的政策)——因为总存在一个点能吸引比当前更多的支持者。在回顾了大量的社会选择文献后,赖克得出结论认为,"我们了解到的可以简单归结为,不均衡或者说颠覆现状的潜能,是未来政治科学的特征"(Riker 1980,443)。

如果上述小规模集团制定决策都难以产生均衡的结果,那么使复杂的政府制度聚合产生公共政策的模型也很难是均衡的。在很多人进行投票的情形下,稳定性依赖于冲突呈现的多维度特征,依赖于决策制定的规则,依赖于同时可供选择的备选方案,依赖于连续做出决策时方案是否匹配,依赖于参与投票者的数量,还依赖于其他一些与决策制定者偏好分配不相关(或者不会被偏好影响)的特征。在某些情形下,战略企业家(strategic entrepreneurs)可以通过操纵选举以实现其目标,即使他们不能改变政策制定者的偏好。最重要的是,不管什么时候政治行动者都可以通过引入新的冲突维度,动摇先前的稳定局势。由于这种情况经常发生,所以稳定性并不必然意味着均衡(Riker 1982;另参见 1980,1983,1984 和 1986)。

由于政治稳定性取决于政治企业家的行动,因而要想达到政治均衡,就必须以制度为基础(参见 Shepsle 1979)。即便如此,由于制度的改变,使得均衡也无法保证。"制度只是规则而已,而规则本身是社会决策产生的结果……在特殊规则之下那些政策受损者会尝试(通常会成功地)去改变制度,以便在新的制度下产生另外一种决策……因此,制度和价值的唯一差异在于:相对于与偏好上的不均衡而言,制度的不均衡可能是一个更为长期的过程"(Riker 1980,

444—445）。在以后的几个章节中,我们将看到许多这方面的例子——为了更好地反映偏好方面的变化,人们会去努力改变原有的制度结构,而这些偏好是人们所作的决定。赖克认为制度可以看作是一种"凝固的喜好"（congealed tastes）（Riker 1980, 445）,制度和喜好都在变化,但是制度的变化比起偏好的改变要来得更为缓慢。

制度规则不可避免地会影响到政策结果,这可以解释为何那些模糊的决策程序常常会成为激烈辩论的主题。比如,改变国会中的决策程序就是这方面的一个例子。改变决策制定的程序通常有意想不到的后果,所以,政策制定者在改变制度规则的时候,通常是很保守的。由于政策产出会不可避免地会偏向一些集团,因而制度、程序和规则在决定政策产出的时候,起着非常关键的作用。不过,制度的改变要么很缓慢,要么就发生在有危机的时期（例子参见,Krehbiel 1991）。

另外一个密切关注均衡问题的是集团理论和多元主义理论。根据集团理论的纯理论构想,利益集团作为各种向量在欧几里得空间（Euclidean space）中互动,公共政策则是集团斗争的结果。按照这一理论,自由结盟比投票更为重要,而且政策更多地取决于两个选举期间的集团行动而不是更多地取决于选举期间的集团行动。找到早期集团理论与实际情况之间的不相符合是很容易的;太多的利益集团或是无法参与其中,或被那些已经参与其中的集团排除出局。大部分集团会设法找到政府结构中他们能控制到的,而其他集团无法（或没有兴趣）与之进行斗争的缝隙。美国的政治治理系统看起来更像是集团之间互不干涉,而不是集团之间相互斗争。因此,尽管政治稳定可以在非干预性（noninterfering）的政策垄断中出现,但是政治稳定却不能在利益集团的均衡中找到。

欧洲学者从来都不接受美国学者关于集团政治的观点,因为他们认为国家有更多的独立性。事实上,各种政府制度在政治参与结构化的过程中,起到了重要的作用——它们允许一些集团进入参与程序,而同时将另一些集团排除在外。如果集团间的竞争是唯一重要的事情,那么制度的力量会推动系统远离任何一种可能达到的均衡。

多元主义的理论家曾提出过一种更为复杂的方案:由于选举出来的政治领导对选举人的敏感性可以使民主责任可以得到保证,所以应当由选举出来的政治领导来斡旋（brokered）于那些以议题为纽带而形成的联盟之中（Dahl 1961）。不过问题是,选举人联盟中的一些成员总会比其他成员显得"更为平等"。政治经济学家强有力地证明了:商业利益集团在资本主义民主中占据着绝对的支配地位,以至于这些集团总是可以颠覆民主的政策制定。查尔斯·林德布洛姆(Lindblom 1977)将其称为"商业的特权地位"。占绝对优势的商业利益集团可以带来稳定性。不过,商业利益集团自身的权力在不同时期也是有所变化的,因而似乎难以形成一个均衡点(Jones 1986;Vogel 1989)。此外,商业共同体的成员在公共政策议题中也经常存在分歧。

在民主体制中,一个均衡点应当可以通过两种方式的结合来达到公民偏好与公共政策之间的平衡。这两种方式一是各种选举,二是利益集团之间的公开斗争。但是,这一点在现实中并没有发生。事实上,由于有强有力的政策形象支持以及互不干涉的政策垄断,系统的稳定性在增强。照此看来,在民主中没有一个特殊的制度安排能够形成均衡点。我们以往的政治模型让人觉得很不满意,是因为我们没有充分认识到这一点。正如赖克所说,这也是那些试图建立一般政治理论的人们对以往的政治模型感到不满的原因。

当意识到寻求政治科学中的均衡可能是劳而无功的时候,我们就会感到豁然开朗。那些研究个案史(case histories)的政治科学家虽然常常不能清晰表达他们的观点,但他们都深深怀疑我们能否建立起一种广义政治理论:因为政治太复杂了,太依赖于难以理解的细节,太依赖于那些权宜性战略行动。另一方面,政治科学不能仅仅通过单纯的描述和归纳来获得对政治的较好理解——广义理论只有意识到这一点才是正确的;不是理论不正确,而是对均衡的寻求是不正确的。拒绝接受均衡信念的政治学研究方法,才可以使理论和描述统一起来。

我们首先假设,政治体系从来都不会处于一般均衡状态,但也不是说政治系统处于持续的动荡不定状态。有两种主要机制可以保持长期的稳定性:现存的制度结构及这些制度结构下的议题界定。沙特施奈德有一句著名的格言:"组织实质上就是对偏见的动员"(Schattschneider 1960,71),这句话表明了,制度具有一种必然的倾向,即偏袒某些利益集团。这一偏袒能维持很长一段时间。与这种制度安排紧密相连的是对相关政策议题的那种支持性的界定。特别要强调的是,任何议题都可能被界定为只包含有一个维度的冲突。制度与理念的紧密结合为政治利益的主导性分配提供了强有力的支撑,但是稳定性不能形成一般均衡,因为议题界定的改变会导致不稳定而使系统迅速偏离原来的均衡点。当议题的重新界定带来了新的参与者的时候,这种不稳定的情况就会发生。同样地,以往制度规则的改变或者管辖权(jurisdiction)的改变也会破坏旧有的均衡。如果参与者所选择的结构能够导致均衡,那么结构(或规则)的改变也能够促使均衡的迅速破灭。

因此，议题界定是稳定与否的驱动力量，因为议题界定能够动员那些先前对议题没有兴趣的人的潜能。政治制度的结构会或多或少地给新议题的出现（或者对旧议题的重新定义）提供舞台，也给对政治冲突的认知的转变提供机会。当议题界定和制度控制结合在一起，就可能带来稳定和快速变迁这两大政治体系特征的轮替。

政治中的正反馈

一般而言，法治的政治以负反馈为特征。随着政治行动者将越来越多的资源投入政治斗争，相对于他们的投入，他们获得的边际收益就越来越少。反对者进行政策动员，可以逐渐改进自己的处境，不过他们的改进终究是有限度的。当优势集团受到抨击时，他们让出很小一部分的权力，但他们仍旧会保持实质的优势。处于劣势的集团必须使用越来越多的资源才能获得同等程度的改进。系统总是保持相对的稳定性，变迁只是缓慢地发生——即使长期来看，大规模的变迁事件也并不常见。以这样的模式为基础的政治系统非常保守。当负反馈控制下的系统受到冲击时，系统就会暂时打破均衡，但随后又会恢复原状。

然而，在某些时候，政治行为（political actions）是受到正反馈控制的。很小的输入经过复杂的系统运作就能产生巨大的后果（Arthur 1988, 1989, 1990）。政治科学已经发展出了一些术语来描述这样的状态：逐步升级、跟潮流（引导力量）、光滑的斜坡和浪潮（escalation, bandwagons, slippery slopes, and waves）。新的政治运动形成力量，获得新的动力，加速运转并且变得不可逆转。每一次变迁都比上一次更加剧烈，而不是新的政治理念也会很快流行起来，并且通过政治系统大面积传播，直到取代旧的政治理念。随着政治家和利益集团的领袖积极参与新的事业，并随着这项事业逐渐获得声望，政治潮流也增强了影响力。随着新事件普遍受到关注，新的理念也从一个政策领域传播到另一个政策领域。对于在此之前独立操控于其他政策领域的人来说，这种新的理念扩散往往使他们感到惊讶。这种正反馈过程不是渐进的；相反，由此而来的变迁是快速的和戏剧性的。

以指数曲线（exponential）或者幂函数（power function）为特征的政治现象（哪怕是在很小的范围内），如果其函数指数大于1，就表示这种政治现象处于正反馈的区间。政府组织的增长是正反馈的一个重要例证。考夫曼（Kaufman 1976）和卡斯蒂文斯（Casstevens 1980）指出：政府组织的年限遵循指数形式，会无限增长。卡斯蒂文斯认为，指数模式表明"政府既不是猛兽，也不会给养短缺"（Casstevens 1980,164）。

第二个正反馈的例子是跨政治体系的政策传播。例如,许多由美国州政府提出的新措施并不会被其他州政府效仿（Walker 1969）,然而其他州会设法去效仿和跟进其中某些新动议（innovations）。20世纪70年代末期和20世纪80年代早期,为了促进经济增长,州级政府雄心勃勃,采用激励性计划来刺激私人企业的活力。作为州际竞争可采用的方法,新计划经证明非常合理,并在州级经济发展领导者的全国性会议上得到广泛赞同,这导致了新政策理念的迅速扩散。然而,当几乎所有的州都采纳了特殊的经济发展计划时,这就达到了一个饱和点。因此,正反馈无法永远持续。

这些政策扩散可以用逻辑斯蒂增长曲线（logistic growth curve）进行描述,或者用S型曲线（S-shaped curve）进行描述。政策采纳的初期是很缓慢的,随后就会变得迅速,然后再次缓慢地达到饱和点（saturation points）。在第一阶段,采纳可能非常慢,因为理念会被检验和抛弃;接着,由于一些项目的快速扩散而出现正反馈;最终,随着饱和点的达到,负反馈又会重新形成。我们认为,随着边际回报的递减,政策创新更多是遵循以上的增长模式,而并非是渐进主义式的。当然,并非所有的政策变迁或政策创新都能得到推广,我们说有获得正的边际回报的可能性,并不意味着这种回报必然发生。具有S型曲线的政策扩散和间断均衡模式非常相似。在这种模式中,系统从一个稳定点迅速跃迁到另一个稳定点（Eldredge and Gould 1972；Eldredge 1985；Gould 1989）。

政治科学家曾经使用"议题扩张"（issue expansion）这一术语来描述引起议题在决策单元之间快速传播的正反馈效应。这种正反馈效应通常会引发政治体系各个部分对那些扩张过程中的议题给予直接的关注。查尔斯·琼斯这样描绘阿拉伯石油危机当中,在能源政策问题上冲突的扩大化:"冲突扩大先是上升,然后膨胀,再者终止——先上升到公众和机构各层级……再膨胀到那些对能源政策感兴趣的各个集团……最后终止于各国和国家集团的决策过程中……[这种效应]迫使那些基于共同资源的次级系统的参与者,必须要相互考虑到对方"（Jones 1979,105）。

政治系统或次级系统正负反馈变化的临界点是非常重要的,但这尚未被政治科学家系统地研究过。有些政治科学家在一些特殊案例的研究中描述过临界点,他们的描述涉及到"机会之窗"、"互动效果"、"国民情绪的摇摆"、"要善用趋势"等等。但是,了解正负反馈的不同运作逻辑才是理解某一个系统的基础,比如,美国的政策过程有时候是渐进的,有时候则发生激进的变革。

正反馈的政治与负反馈的政治其运作逻辑完全不同。当冲击和改变被引进到一个政治系统中的时候,这些冲击和改变带来的并不仅仅是系统对常态的瞬间背离,也不是系统迅速地向常态回归;当系统在全新的、与旧有的稳定点截然不同的点上稳定下来的时候,这些冲击和改变带来的是全新的稳定点。假设政治和政策制定遵循上述的动力学原理,那么我们就可以预测:政治系统在特定时期内具有稳定性,但这种稳定性也伴随着快速、戏剧性和非渐进变化的可能性。在很多案例当中,戏剧性的变迁有无法超越的限度,逻辑斯蒂扩散曲线就表明了这种限度,因为在这种情况下正反馈都有明确的终止点。以负反馈为特征的稳定时期通常紧跟着快速变迁的时期。因此,很多系统具有负反馈的长期性和正反馈短时爆发的双重特征。

注意力、冷漠和间断均衡

一般性均衡在政治中几乎没有,但是这并不排除局部均衡(partial equilibriua)的存在。局部均衡通常经由制度结构(比如政策次级系统中)而得以强化。这些局部均衡不是通过在大众政策偏好与政府政策产出之间维持平衡而达到的,相反,局部均衡的维持通常取决于政府精英注意力的分配,以及人们由于对政策次级系统处理的特殊问题不感兴趣而采取的冷漠态度(apathy)。[①]

偏好强度的分配是政治系统稳定的主要源泉。在任何一个单一的时间点上,政治系统可能允许许多利益集团拥有切入决策制定的特权,从而允许强势经济利益集团在政策制定过程中确保其优势待遇。由于动机系统取决于偏好强度差异,而大多数公民并不关心政策,这使得利己主义者(the self-interested)自身具有典型的内在优势。专业人员、内行专家以及那些关注某一公共政策和切身经济利益的人是那个领域公共政策的支配者。有利益关系的人持有同样的利害偏好,或者说他们至少对基本的冲突维度有共识,因此投票悖论不会发生。由于参与者享有共同的价值,这使得政策系统得以保持稳定。

一些政治科学家曾推断过:有关决策制定的那些制度安排可以导致制度诱致型的均衡(institutionally induced equilibria)(Riker 1982,189;Shepsle 1979)。

---

① 相对于稳定和变迁问题而言,均衡的精确定义不是本书最重要的目标。我们采用"间断均衡"这一术语,是因为它能让我们感受到这样一种景象:系统的稳定被重大的变化打破。当然,不存在均衡状态的系统也可能是稳定的,因此我们不会断言:稳定的所有时段都是单一的均衡,这些稳定的时段可以简单地归结为缺乏外部的破坏力量(参见 Prigogine and Stengers 1984)。"间断均衡"这一术语是由古人类学家 Niles Eldredge 和 Stephen Jay Gould 用以描述进化过程当中的断层而提出来的(Eldredge and Gould 1972)。

第一章 政治中的间断均衡

例如,国会中的某一委员会可以通过相应的制度来排除冷漠者和反对者,同时吸纳那些对委员会所辖政策持有赞同态度和共同偏好的成员,从而形成委员会中的多数派。更重要的是,争议通常只会涉及一个维度,比如说农场补助收益与预算成本。而对其他冲突维度的争论,比如说农场补助可能引发的环境问题,就不会考虑进去。由于问题被限定在一个维度当中,投票一般会在均衡点上达成。

同样,我们也可以把政策次级系统看作是此类制度诱致性的均衡。雷德福写道:"次级系统为现存的利益集团之间的均衡带来了稳定性"(Redford 1969,102)。然而,在民主政治当中,公民的冷漠是导致不稳定的一个重要原因,而政策次级系统又是以公民的冷漠为基础而成立的。只要存在这样的可能性——即通过重新界定议题来动员早先的冷漠者采取行动,就没有任何一个基于共同利益偏好的系统是安全的。如果能够说服政策系统之外的人,使其觉得政策影响已经超出了当前参与者的范围,那么这些人就可能卷入冲突。只要利害关系不扩展到原本无利害关系的人中去,系统就有可能保持稳定;但即使这样,由于偏好不再一致,系统也将不能确保长期的稳定。

各种分散的决策系统使我们认识到西蒙所说的立法机构的串行处理能力:"对于事关重大而富有争议的问题……必须通过民主程序来解决,而民主程序要求立法机构的大多数成员或者全体选民的大多数形成一致。这样,选民或者立法者通常必须同时关注同样的问题"(Simon 1983,81)。鉴于太多的问题需要政府作出决定,并行处理(parallel processing)是在立法机构或者更大范围的政治精英不很关注的情况下,通过政策次级系统来实现的。因此,政策次级系统中的失败者所要做的工作就是将并行处理领域的议题,通过注意力的再分配,转入串行处理的领域。国会监控政策次级系统的无能,会造成系统只对"失误警报"(fire alarm)做出反应——也就是说,只有当公民或者集团对行政决策的制定提出挑战时,国会才会将注意力转向这一议题(McCubbins and Schwartz 1984)。除了警报发生这种情况以外,授权(给政策次级系统来处理其领域的公共问题)通常被认为是合理的,而这种合理性的基础,是因为系统在进行串行处理时具有局限性。

大多数议题变化出现在对政策的整体注意力提升的时期。在议程设置的过程中,公众对特定问题的冷漠程度会发生戏剧性的变化。由于政策次级系统建立于其上,因而,议程切入(agenda access)之后紧随着政策产出的剧变也就不足为奇。事实上,这一点正好解释了为何政策企业家会竭尽全力地推动他们的议题进入(或不进入)到公共议程之中。通过议程切入和议题界定的机制,更为广泛的政治控制力量会时不时地去阻断(政策次级系统的垄断),从而改变其仅仅制定利己的政策的倾向。政策垄断是参与其中的集团非常喜欢的政策制定结构,他们所形成的表面均衡也许与另一利益集团期望的均衡大相径庭。在政治当中,议程设置具有打破局部均衡的潜力。对于政策制定者而言,了解议程的重要性具有非常清楚的战略意义。议程切入所带来的政策后果可能会非常戏剧化。进而言之,将议程设置、偏好差异强度以及注意力差异强度引入到我们的政策制定模型,可以使我们既能解释稳定,也能解释变迁。

在美国,媒体对公共政策议题的关注,往往遵循一种要么"欢宴(撑死)",要么"饥荒(饿死)"的模式。重要的政治问题通常会被忽视好多年,但是在某些特定时期,几乎每一家媒体机构都会对这些问题进行突出报道,内容也大致相同。媒体之间会相互模仿报道的内容,这种模仿行为强化了议程运行的不稳定性。在某个时期,某个议题在媒体上不见踪影,但在另外一个时期,该议题会受到主流媒体在全国范围内进行特写式的报道。政策专家通常以轻视的态度看待媒体,甚至直接表明敌意。不过我们可以通过媒体在某一话题上陡增的兴趣在一定程度上预测政策的变迁。

受注意力分配动态的影响,政治垄断的局部均衡往往是暂时的,而且,这种均衡一般会被暴风骤雨般地破坏掉,而不是被逐渐地破坏掉。琼斯和斯特拉恩(Charles O. Jones and Randall Strahan 1985)以能源政策为例,详尽地描述了这类次级系统的不稳定性。外部的冲击(在这个案例当中是阿拉伯石油禁运)同时影响到了所有相关的政策制定机构,发生变化的不是某个或某些机构,而是每个机构都发生了变化。在另一篇著作中,查尔斯·琼斯讨论了"不确定性的增加"(Jones 1975)。在两个案例当中,现存的政策次级系统中充斥着大量的新参与者或戏剧性的新的政策提案。长期来看,开放的、民主的政治系统具备以下两个特征:其一,由于政治系统试图以其有限的能力去同时处理大量的议题,进而导致政策垄断的形成;其二,由于注意力再次集中到某一议题,进而导致政策垄断被暴风骤雨般地破坏掉。也就是说,民主系统是由许多间断的局部均衡所组成的。

在美国政治当中,将政治次级系统的局部均衡与更广泛的政治治理力量连接起来的关键是对冷漠者的动员。当不同的集团针对某一议题展开活动以后,偏好的局部均衡会很快地从一点转变到另一点。冷漠是政治当中的关键变量,一些人努力去促进它,另一些则与之斗争。根据那些占上风的冷漠程度,不同的集团会看到他们的观念被采纳而变成主流观念。随着冷漠程度的变化,大多数人的观点也会随之改变。

政治冲突的结构

分散的决策系统并非是美国政治的全部。公共政策制定是对重大社会分歧的回应,而且传统上,这些分歧是由各政党组织筹划的。在任何一个政策次级系统当中,针对某项方案的政治冲突都是以这种或那种形式反映了20世纪一个重要的政策问题:"政府到底应当有多大?"那些试图扩张政府权力(或企图削弱政府权力)的主要力量,不是由那些与政府相联系的政策次级系统当中的利益集团组织起来的,而是由政党组织起来的。不过,这并不意味着这些议题会出现在党派竞争的舞台上。事实上,它们通常出现在别的地方,之所以有时被置入党派纷争之中,是因为某个党觉得这样做有利可图。当议题陷于这种分歧之中,它就成了一个党派议题。这些议题不会被交给政策次级系统的专家,而会受到总统和国会领导人的大力关注。这种关注水平被称作"宏观政治",以区别于"次级系统政治"、"微观政治"和个体政治行为(Redford 1969)。

我们有理由把"宏观政治"简约地看成是政策垄断的形成、毁灭和倒闭的一种延伸。政党毕竟与政策次级系统的建构有关联(Lowi 1979)。当宏观政治制度介入,从而引起运作规则的修正,次级系统就受到干扰(Redford 1969,105)。当一个议题获得了充分的关注,通常就不可能再被局限于次级系统当中。由于这样的议题具有获得选举优势的潜能,政党就可能插手该议题。

当一个议题被界定为是选举性议题的时候,它通常会被阐释清楚,以期与政党先前向选民宣示的行动纲领挂起钩来。这就是为何党派之间的冲突通常是稳定不变和周而复始的。美国的民主党总体上支持更多的政府干预,并且支持弱势阶层;与此相对,共和党主张较少的政府干预,并从优势阶层当中获取支持。如同次级系统的运作原理一样,那些支撑次级系统的政策形象(policy images)也是从一开始就受党派力量组合对比的影响。

党派政治偶尔还会受到重大议程转换与正反馈机制的影响。研究选举的学者都知道这一点;他们试图去找出有关例证,表明有所谓的关键性选举或各种力量重新组合、再结盟式的选举:在这些选举中,政党采纳新的议题以号召新的选民,进而导致政党的社会基础发生根本性的改变。不过,William Riker 发现这种研究方向有误:"根本的改变并不取决于选举的结果,而是取决于政治议程"(Riker 1982,288)。即使没有再结盟情况的出现,议程也会发生改变,这一点已经在卡迈恩斯和斯迁森(Carmines and Stimson 1989)关于民权议题的党派基础变化的论著中讲得很清楚。

由于通常不可能有可以永久维持的政策垄断,所以以党派为基础来看政治,就会大有不同。在党派政治理论中,有太多的大众化关注(general attention)和较少的冷漠公民。不过,关于议题界定的斗争还是会持续地进行下去而不会减弱。如果政府的行为被看作是改善社会的集体努力,那么主张更多政府管理的人就会具有很大优势;相反,如果政府的总体形象是一个限制自由以利于特殊利益集团的组织的话,保守派就会得到好处。因此,党派冲突不仅表现在观念上的分歧,也表现在社会集团之间的利益纷争。在伯恩斯(Burns 1978)的论述中,那些伟大的"转变性"的领导,是那些能够改变宏观政治辩论话语的人。虽然政策垄断在宏观政治层面上不大可能,但要对政治权力的局限性有所认识,确实是有可能的。

本书的研究方法

我们已经说过,在很多况下政治是不会处于均衡状态的;在贯穿议题发展始末的多个临界时期,新的稳定点会形成而旧的稳定点遭到破坏。进一步讲,美国政治冲突发生在两大领域:一是在有冲突的党派组织内部;二是在较小的政策制定系统内部。在每个领域内,都会有针对议题界定方面的策略斗争。在不均衡状态下的政治过程中,议题界定是非常核心的问题,因此,本书致力于探讨议题界定的过程。我们对议题界定的种种后果尤感兴趣,议题界定是一个有目的性的过程,也就是说,它通常是通过想要达到某种目的的政治领导人而实现的,其目的或是要建立一种政策垄断,或是要摧毁他人的政策垄断。因为政策企业家期望政府去做一些事情(或者克制其不做一些事情),这样一来,议题界定也就与议程过程紧密相关。因此,任何关于议题界定的研究必须研究议程的控制和切入(agenda control and access)。

我们对议题研究的方法,可以称作"比较议题动力学"(comparative issue dynamics)。我们研究的种种议题跨度较长,而且我们尽可能地使用量化研究的方法。我们选择研究的议题包括两个方面:一是垄断建构的过程——在政策研究文献中这一过程被称作次级系统政治学;二是政党领域。由于不可能在讨论多个跨时段议题时去大量关注政策发展的许多细节(只有那些好的案例研究能够这样做),所以,我们选择了那些较易获得资料的政策领域来进行研究。在政策发展过程中,与非均衡和关键点相关联的细节极端重要。然而,我们会展示,政策发展过程中有一些重大事件,很多人误把他们当成临界点,虽然这些事件象征着政策的变迁,但是它们发生在议题被重新界定之后。有鉴于此,有必要采用量化方法,把真正的临界点从人们误想的临界点中分离出来。

在第二章中,我们解释了本书研究政策议程的方法。这一方法能够将政策形象(images)的界定和政治制度的结构联系起来。第三章阐释了比较议题动力学研究的细节,并将这一研究与政策议程研究的其他方法进行比较。在第四章中,我们围绕民用核电的使用来考察政策垄断的兴起和衰落方面的细节,这一章充分展示了我们采用长时段事件的单案例研究方法的优势。第五章运用我们在研究民用核电问题中总结到的方法,来研究杀虫剂和烟草政策的过程。在这一章中,我们采用经验研究的方法研究了双重动员(dual mobilization)这一主题,双重动员的状态说明了注意力的增长(或者说议程切入)取决于相应的注意力基调(tone)。第六章考察了在大众媒体中议题扩展的过程。在此,我们使用上述三个政策领域中的数据,再加上交通安全方面的数据。第七章我们介绍贯穿着政治党派色彩的议题——城市事务,它将议程过程与政策产出的实证指标连接了起来。第八章我们聚焦于毒品滥用、酒精滥用和儿童虐待这三个单向性(valence)议题,这些议题当中只有一方是合法的。即使是所有的人对议题的性质没有异议,但由于存在诸多可能的解决方案,因而那些涉及议程本身的重要问题仍然存在。

在第九章、第十章和第十一章中,我们通过展示整个政治系统的长期(而不是某个时点)的趋势和变迁,进而转向研究美国政治体系的制度特征。在第九章中,我们研究了在政策次级系统重建和破坏情况下,利益集团体系的变化。第十章详细地展示了国会和国会委员会在动员过程中可以起到作为重要的政策议定场所(venue)的作用。第十章还讨论了国会中的世俗化趋势以及某些特殊的案例(杀虫剂、烟草、毒品和航空运输)。第十一章研究了连接政策议定场所的联邦政治制度。这一章的研究发现,不考虑联邦结构的特征就无法完整地描述政策制定过程。最后的第十二章讨论了比较议题的研究方法是如何支持我们的非均衡政治过程的理论。

政策共同体当中对议题理解的改变,以及政府机构内部由不同制度安排所产生的利益差别改变之间的互动,使我们可以清晰地看到,没有什么特权集团可以自信他们将一直拥有特权。随着对议题有不同的理解,随着政府机构当中的不同集团开始施展控制力,今天的政策过程中的支配者,明天可能只是这一政策过程中的微不足道的参与者。随着议题在公众和不同的政府议程当中的出现和消退,有的利益集团会获益,有的利益集团则会受损。在美国政治系统当中,政治和经济资源的分配与政府和私有部门精英的注意力分配,是紧密交织在一起的。

第二章

政策形象与制度性议定场所

在第一章中我们聚焦于正、负反馈思想,稳定性和均衡的差异以及政治中的间断均衡的重要意义。为了实施一定的政策行动而对议题进行不同的界定是理解在稳定性和变化之间发生变迁的关键。在本章中,我们将阐明政策形象(或政策问题的公共认知)如何影响政策发展。但是政策形象并不是影响政策发展的唯一因素,形成政策制定过程的制度结构与政策形象相关,因为不同的制度可能会或多或少地偏爱某种特殊的政策形象。因此,接受制度性议定场所在政策发展中也是极为重要的。形象与公共政策议定场所变化之间的交互作用会引发正反馈,这种正反馈我们在第一章描述过,它是导致政治不均衡的起因。具有均衡点跃迁特征的间断均衡系统能够通过政策过程当中的这两股重要力量的交互作用而形成。我们将在本章详细地描述这一过程。

政 策 形 象

政策形象意指,政策是如何被理解和被讨论的。因为不是所有人都可能对社会面临的所有议题拥有同等的兴趣和知识,政策形象在拓展那些先前对议题冷漠的群体方面发挥着至关重要的作用。任何领域的专家都比其他所有人有优势,因为他们比常人更多地了解议题,所以,他们有时能用简单而恰当的术语向非专业人士描述议题。当然,专家们花费大量的时间彼此进行交流,但有时候他们还必须向那些对这一领域只有短暂兴趣的公众和精英们解释他们的政策。这种类型的交流要求专家采用一些简单的方式解释议题,并且证明处理这些议题的公共政策是合理的。这样一来,每一个公共政策问题通常都用简单、象征性的术语来解释清楚,而被人们理解,甚至包括那些熟谙政治的人们。

单一的政策和规划可能有多种含义,且会以不同的方式影响到不同的集团,因此不同的人对相同的政策会持有不同的政策形象。政策所形成形象的公认程度和单一程度不同:在一些情况下,人们对某个特定政策的社会和政治含义可以达成共识;在另外一些情况下,人们会在以何种方式描述和理解政策这个问题上产生很大分歧。通常,政策的倡导者会将政策聚焦于某一个特定的政策形象谱系,而反对者会将其归诸于另外一种政策形象谱系。

政策垄断的创造和维持与政策形象的创造和维持紧密相关。在垄断已经建立的情况下,人们对潜在的政策问题倾向于形成单一的理解。这样一来,通过接受正面的政策形象、拒斥可能与之竞争的政策形象,可以维持政策垄断的延续。在专业领域的政策案例中,这一领域的成员以确保质量的名义,控制其他人进入该领域。限制其他人的进入,会影响到同样或类似服务的供给,从而提高了已进入成员的工资和声望。因此同样的政策可能会有两种对立和竞争的政策形象:(1)保证政策的高质量;(2)确保经济利益集团自身的利益和垄断。对于不同的领域而言,这两种相互竞争的形象的相对实力差距很大,但一般而论,大多数专业领域内的成员愿意将注意力集中于第一种形象而不是第二种形象。

政策形象总是经验信息和情感诉求的混合,不管这些诉求是微妙还是强烈,它们都永恒存在。因此每个政策形象都由两部分构成:经验的和评价的。我们把政策形象评价的方面称作形象的基调。民用核电议题呈现在我们面前的政策形象就来源于经验观察和评价两个方面。以往民用核电与经济进步是正面地联系在一起的。如今,它却更多地与危险和环境恶化相联系。基调对议题的发展至关重要,因为主要社会角色(如大众媒体)对于一种政策形象的快速改变往往预示着动员模式的改变。换言之,随着大众媒体对事件报道基调的改变,比如说从正面变为负面,政策反对者就有机会去抨击现存的政策安排。克里斯托弗·普莱因(Christopher Plein)描述了这样一个过程:起初,对于突变生物将会变得无法控制的恐惧主导了公众形象;后来,随着这一公众形象的颠覆,生物工艺产业发展起来了。日前,这一产业已经取得了巨大的成功,部分原因就在于这一产业有能力形成受控的、严肃的和乐观的形象(1991)。

社会情境和公共问题

社会情境不会自动地产生政策行动。在社会情境成为公共政策问题之前，已经进行了充分的争论，并且特定政策问题能够通过政府行动加以解决也已成为辩论各方的共识。因此在问题吸引政府官员的注意力之前，必须有一个把此问题与政府可能采取的解决方案紧密联系的形象或理解。斯通(Deborah Stone)将"问题界定"定义为："问题界定关注的核心是将坏的情境归结为人为的情境而不是命运或自然"(1989,299)。当坏的情境被归咎于命运或自然之时，政府就不需要干预了。而那些被认为根源于人为或政府的情境，或者那些至少人类有责任加以解决的情境，政府就很可能会采取行动。地震不是公共政策问题，因为政府行动无法阻止或避免它。但是违反行为准则的建筑加重了地震的危害，就是一个公共政策问题，因为至少在理论上政府行动能够解决这一问题。

与问题是否归属于人类可控范围内相关的问题是，到底是采取私人的还是公共的视角处理这些议题。许多问题可能会被看作是当事人私人的不幸，或者被看作是公共政策的失败，对此政府应该承担责任。举个例子而言，一个学生在学会读写之前就辍学了，这是私人的不幸。商人抱怨由于劳工缺乏培训致使美国国际市场竞争力下降，这就是一个亟待政府作出回应的公共问题。私人的不幸意味着政府没有必要进行干预，但当教育业绩议题的注意力转到了经济增长和美国经济的竞争力方面之后，华盛顿的政策制定者就会对此感兴趣并全力关注。为了得到政府的关注，私人问题必须和公共影响联系起来。论辩和政策形象的建构在这一过程中扮演了关键的角色。

马约内(Giandomenico Majone)写道：

> 客观条件很少能引人注目，并且客观条件总是模糊不清，因此人们就会建立政策议程或者用适当的概念去表述这些条件。20世纪50年代贫困议题在美国公众意识当中只是一个次要的问题。20世纪60年代收入分配几乎没有变化，这一问题却成了重要的公共政策问题。其中原因就在于，人们对待贫困的态度和观点改变了，并且人们相信政府有能力找到这些社会问题的解决方案，一个非常重要的新的因素是人们对贫困的结构性原因达成了共识。(1989,24)

换言之，议题的形象由私人不幸变为政府有责任解决的公共问题，从而使得该议题升入政府议程。

竞争性的形象可能源自某一给定的情景背景,特别是当政策制定者相信对事实意义的不同理解会产生不同的政策产出之时。因此不同的形象,或者说大众和精英对公共政策的不同理解成为政治斗争的构成部分,相互竞争的政党都企图操纵这些形象或理解来满足自身的需要。因为任何既定的政策都有许多不同的含义,所以它可以与许多相互竞争的形象相联系。斯通(Deborah Stone)认为操纵乃是政治固有的构成部分:"问题界定是竞争的政治行动者对特定情景形象的积极操纵。通过对事件的前因后果进行战略性的表述,情景作为一个问题而得以界定"(Stone 1989,299)。政治斗争总伴随着多种政策形象界定的冲突。

显然,政策制定者用不同的方式来描述议题的动机取决于他们能够从各种不同的认知理解中得到什么,但是没有哪个个别的政策制定者单独决定唯一的认知理解将处于主导地位。所有的专家都接受同样的关于事件的因果表述而放弃另一种,这一过程是政策过程中一个重要部分,因为它决定了哪些政府回应会被纳入或排出全国性的议程。尽管单个的政策制定者可能会意识到使其他人接受某一政策图景的好处,但是没有单独的一个政策制定者能够处于决定政策形象成败的位置。这是一个更为复杂的过程,我们将在下面进行探讨。

问题和解决方案

问题上升为公共议程并不意味着形成了任何特别的解决方案。例如,低下的教育业绩问题在1991年就已成为全国性的议程,但是仍然有许多有待政府采纳的公共政策解决方案。这些方案包括提高教师薪水,改变培养教师的方式,提供班车送孩子到私立学校,确保横跨贫富社区的公立学校更为公平地筹措资金,在健康和营养方面给予贫困学生更多的关注,等等。很明显,政策制定者选择的多种可行方案的组合和政策制定者对支配议程的诸问题的选择对利益集团的影响是相同的。当特定的问题已经纳入了全国性的议程,那么政策企业家行动的诀窍就在于保证他或她中意的解决方案被采纳。金登描述了20世纪70至80年代期间城市大众运输系统领域内的政策企业家是如何行动的。20世纪60年代,交通拥堵问题进入了全国议程,这些政策企业家首先提出的方案是解决交通拥堵问题。随后,一些私人汽车造成空气污染的环境问题进入了议程,这些政策企业家则阐明他们之前提出的方案很显然也适用于解决这些问题。随着这些问题从议程中消退,能源保护议题作为对1973年石油禁运的回应浮出水面,政策企业家主张他们的那些方案应该成为解决这一问题的国家方案的一部分（Kingdon 1984,181）。

金登认为政策过程是由系列问题与它们的解决方案的巧妙连接决定的。随着政府领导人将注意力从一个议题转向另一个议题,提出行政计划的政策企业家表明他们的方案代表了解决新问题的最佳途径,哪怕这些方案与该问题原本毫不相干。另外,对议题的争论和议题新认知的产生是政治过程的核心。因此政策制定者同时受到两个方面的强烈影响,一是所谓的政府做出了回应的社会情境定义的改变,正如斯通（Stone 1989）警告过的那样；二是最有效地解决业已形成的公共问题的解决方案的定义改变。因此政策制定者有强烈的动机操纵公共辩论的上述两个方面。当然,就像没有哪个政策制定者能够确保他偏爱的关于政策事件的因果叙述能为整个政治体系接受一样,也没有哪个政策企业家能够确保他的解决方案能够被采纳,即使政府确实致力于这一问题的解决,个体操纵议题界定的欲望是强烈的,但没有单一的个体单独拥有决定议题界定的权威。更确切地说,议题界定是政治斗争的核心所在。

冲突的新维度

赖克认为政策企业家利用辩论这一强大的政治武器达到操纵政治讨论的目的。他认为,能够很好地界定与辩论双方都相关的象征符号（symbols）的政治领导人很容易控制政治系统的产出。他描述了一个案例,一个参议员反对在其所在州排放神经性毒气的国防部计划。当这一辩论被看作是那个州应该接受这些气体的时候,投票结果是 98 比 2,绝大多数参议员由于他们所在的州未被选中而长舒一口气,只有这两个不幸的来自被选中州的参议员反对这项计划。显然那些负责设定气体排放地点的人希望人们用这样的方式来理解议题。另一方面,对于这两个来自被选中州的参议员来说,他们只能通过改变人们的认知而获取胜利,他们引进了冲突的新维度。在赖克所举的例子中,辩论开始关注问题的另一个方面,从海外基地转移这种毒气会引起美国和那个国家缔约性质的改变,参议院事先没有充分考虑到这些变化。因为参议员们不会投票赋予执行机构僭越参议院在协约中发挥作用的权力,很多参议员反对这项排放毒气的法案（参见 Riker 1986,110）。由此看来,以上这种话语表述（rhetorical）的转向导致了本已稳操胜券的国防部和尼克松政府在参议院的失败。

如果辩论中涉及大量不同角度的意义,一个人可以通过改变人们对问题意义注意力的焦点来改变其他人的观点。赖克的例子就是如此,尽管事实没有改变,支持议题的新证据也没有出现。注意力不会同时集中在复杂辩论的所有重要点上,因此操纵注意力的分配是政策制定中强有力的策略。

理解公共政策问题的方式有许多种。赖克和金登描述了许多戏剧性地获得成功的例子,但是我们不能贸然得出结论认为:改变公共辩论的性质极其简单甚或一定会改变。尽管单个的政策制定者很少有机会去发挥自己的影响力,但他们依然努力尝试发挥自己的影响力。显然,总有一些对复杂公共政策的某种理解占据支配地位。鲍姆加特内举出了一个法国教育政策的例子。政策制定者站在不同的立场,用不同的方式,对同样的政策问题进行了迥然有别的系统性叙述。在这个案例中,如果压倒性地将议题当作狭窄的技术性问题来看待,一些人就很可能会获得胜利;相反,如果将议题当作国会必须干涉的广义的政治问题,那么这些人就会失败(Baumgartner 1989,129—186)。同样地,科布和埃尔德说明了动员不同选民有必要有的放矢(Cobb and Elder 1983)。为了实现不同的目标,对同一议题会有不同的描述方式。希望动员更多集团的人都尝试将人们的注意力集中于饱含激情的符号或者容易理解的主题上。相反,另一些想限定辩论范围的人就会以更为神秘和复杂的方式来解释这一议题。

政策议定场所

政策必定会以某些方式被理解和讨论。我们用"政策形象"这一术语来指称这一现象。同样,社会中有一些机构或集团,它们拥有相关议题决策的权威,我们称之为"政策议定场所"(policy venue)。政策议定场所可能是垄断的也可能是分享的,也就是说,同一个议题可能同时归属好几个机构管辖,也有可能只归属于众机构中的某一单一机构领域。

基尔普归纳出了五种界定政策议题的方式,每种方式都表明做出决策的集团是合法的,并且决策应该是:"特定的政策问题通过求助于专家,而得到了最好的解决,此时,专家的意见占据支配地位。或者,依据政治判断标准、依据法律规范或者依据官僚准则解决问题。潜在的第五种可能是,让市场去决定……形成政策产出"(Kirp 1982,137—138)。

基尔普认为美国和英国残疾学生教育的规范标准长期以来都是由官僚和专家制定的,但是20世纪60年代,美国针对这一问题的政策制定模式变为政治模式。他写道:"在任何情况下政策问题获得界定的方式很大程度上说明了它将被如何解决"(Kirp 1982,137)。专家和个人的权力与议题界定的改变或维持紧密相关。我们将会看到议题界定的改变并不像我们有时候想像的那样少。

一个集团的人比两个不同集团的人一般更容易形成一致的政策形象。国会当中的农业委员会更可能将杀虫剂看作增加农民收益的手段，相反一个环境集团则更可能将注意力集中于杀虫剂对健康的负面影响上。因此，形象被接受还是被拒绝取决于提出这一问题的机构所在的领域。如果作出决策时充分考虑到议题涉及多个机构，那么每一个机构对这个议题有不同理解也就不足为奇了。在农业政策领域，烟草业被看作是就业的重要途径；在健康政策领域中，则会引起人们关于疾病的形象；在保险和商业成本保持（cost-containment）领域里，则被看作是增加健康保险费的因素；在对外贸易领域，会被看成是美国出口创汇的重要来源。不同的制度性议定场所是同一问题形成不同政策形象的根本原因。

没有详尽的规则清楚地规定社会中的哪个机构承担何种决策。由于议题和有可能卷入议题的人理解议题的方式各异，这个议题既可能成为联邦政府的议程，也可能交给私人市场机制加以解决，还可能交给州或地方当局加以解决，或由家庭，或由众多机构中的某一机构加以解决。历史、宪政安排、文化认知和众机构的表现都会影响到对目前议题管辖机构的安排。在美国，一些决策在国会中制定，一些在行政机构中做出，一些在法庭上诞生，一些由地方政府做出，一些通过股票和债券市场由私人投资者做出，一些由商人做出，还有一些则出自消费者之手。诸如，医疗保健政策、航空运输政策、铁路和电信。在一个国家安排给市场解决的议题在另一个国家可能由国家来解决。议题分派的差异导致政策的差异，因为不同集团在不同的制度安排中处于不同的优势或劣势。

政策议定场所是针对特定问题做出权威性决策的制度性场所。制定政策的权力并不是自动分配给特定的政策议定场所。相反，一个议题如何被安排进入一个具体的议定场所中，就像一个议题如何与一个特定的形象联系起来一样，都像谜一样无法解释。正如形象可能会随着时间发生改变一样，议定场所也可能会随着时间发生改变。而且，正如议题在某一时段中可能有多种形象一样，议题也可能归属不同的议定场所管辖。

某些类型的形象在某一个议定场所中会获得广泛认可；但是在另外一个机构管辖领域里却会被认为是不合时宜的。例如在立法领域中常见的妥协规则、公平的参与和互惠在法庭上几乎没有合法性。类似地，对议题叙事方式的控制可以使议题远离执行机构和技术精英，因此选举政治可以为积极行动者提供改变形象的机会。公开选举竞争的联盟通常会使用富有感染力的政策形象，在此形象之下先前在精英集团中完全用技术术语展开讨论的议题可能变为大庭广众的辩论。由于城市和州先组织不同的选民,然后创设全国性的政治机构,所以这些机构能够接纳不同的政策形象。实际上,由于文化和经济环境的不同,不同的城市和州对于特定政策形象的接受也会有明显的差异。因此形象与议定场所紧密相关。美国政治中议定场所的多样性导致了针对同一议题的、相互对立的形象同时活跃在政治舞台上。因此当我们考察公共政策形象时,我们必须同时考察议定场所问题。

一些政策问题牢固地与某一类形象相联系,另一些政策问题则与另一些竞争性的形象相联系。一些政策只受单一机构的管辖,另一些政策则会受到多个管辖机构争夺管辖权竞争的影响。会商性场所之间的竞争,导致管辖机构可能会随着时间推移而发生变化。美国的教育政策大多数是州与地方政府的职能,但是联邦政府也扮演着日益重要的角色。类似地,在强制执行政策问题上,美国州政府与联邦政府相对力量的变化,导致了许多公民权利政策的大幅度修改。政策产出的戏剧性改变通常是施加控制的机构改变的结果。

尽管议题的分配在某一时点上似乎是不变的,但机构的管辖权会随着时间推移发生改变却是司空见惯的事。例如,美国联邦政府已经逐渐涉入先前归属州政府管辖的政策领域,这就导致了许多政策的逆转。里根时代的新联邦主义(New Federalism)就是一种通过改变议题的分配,将其从联邦转向州,来实现政策目标的尝试。就如同从一个部门转向另一个部门,从执行机构转向国会控制,这在联邦政府内部是常见的事。所有的这些变动,无论是从政府到市场,从州到联邦政府,从执行机构到法庭,从国会中的一个委员会到另一委员会(参见 King 1991),还是从一个机构到另一个机构,都会导致政策产出的潜在改变,因此政策制定也会密切关注这些改变。

一些政策问题与特定层次的政府或者制度性议定场所联系非常紧密,因此不太可能会出现变动。国防和货币政策明显属于联邦政府控制的领域,地方当局不可能进入这些政策制定领域。随着美国国家航空航天局(NASA)的成立,除了偶尔会与五角大楼和私人部门之间起争执之外,太空政策已被牢牢地置于它的控制之下。维持治安在美国无疑与地方层次的政府相联系,全国性的警察系统是不可思议的。并不存在一个铁律规定警察力量应该大部分归属地方管辖,这只是一个传统而已。在法国拥有强有力的地方警察局与在美国拥有强有力的全国警察系统一样都是不可思议的。正因为这一形象,我们可以将那些已经牢固确立的管辖机构与那些更有可能发生变化的管辖机构区分开来。形象与议定场所之间的连接可能来自逻辑也可能来自传统,它们可能被写进宪法,也可能只发生在日常的实际行为中。

当一些议题固定地归属于某一特定政策管辖范围时,管辖其他政策问题的机构职权(institutional authorities)就不会得到清晰的界定。这可能是因为问题是新的而社会对这些问题的反应还没有惯常化,或者存在许多可能的解决方案,但是没有哪个方案明显地优于其它方案;或者是因为问题极度复杂,会引起很多互相矛盾或毫不相关的问题,这些问题又可能会引起不同集团的关注。美国的禁毒政策是许多相互竞争的机构努力实现的目标,但是这些机构没有一个拥有明显的管辖权垄断地位。警察局、海关、移民署、军队、美国国税局(IRS)、联邦调查局(FBI)、地方学校和医院以及许多其他的政府和私人当局都牵涉其中。每个主体都扮演着略微不同的角色。大的公共政策问题通常会涉及众多的机构,这些机构分别聚焦于问题的不同维度。

稳固的政策次级政府可以围绕特定的议题组建起来,从而创造出一个小的政策生态环境(niches)。政策辩论的产生(或避免)与讨论该政策的议定场所紧密相关。没有辩论的地方,小的生态环境就会非常安全。辩论越频繁,决策制定当局的议定场所就越可能发生变化。类似地,管辖权限边界改变了,先前稳固的政策生态环境就可能会遭到破坏,而一度达成共识的议题会突然引发日益增长的辩论,并成为公众审查的目标。简而言之,辩论的产生或控制会影响到议定场所的改变,反之亦然。

议定场所和小生态环境概念具有丰富的内涵,意味着政府的不同层级可能会专门从事不同的政策选择。美国就是如此,全国性的政府已经成为消费政策的核心,出台这些消费政策是为了满足选民对与经济增长不相关的政策的需要,与此相对,州和地方政府已经从事投资政策,以促进经济增长(Peterson and Wong 1986;Jones 1989)。在英国,政府层级的政策专门化程度非常明显,以至于形成了"双重国家"(dual state)这一术语,用于表达政府层级专门化的动力学(Saunders 1979)。政策议定场所的专门化在两个案例当中是完全相反的,这说明形象和会商场所相互影响的方式有很多种。我们注意到在第十一章所描绘的一些细节当中,美国州和地方政府(而不是联邦政府)已经聚焦于不同的政策。然而,这样的政策专门化在几十年里已经发生了不断的变化,因此没有任何固定不变的东西。我们也很容易发现,在其他国家与此相对的专门化也发展了起来。联邦制度当中多种议定场所的存在确保了大量不同的对立政策如影随形地共同存在,但联邦制度不能确保哪些议定场所会产生哪些政策。

失败者总是选择尝试去改变议定场所,比如将议定场所从全国范围的政府改变为次于全国级别的部门,或者将议定场所从铁三角改变到选举政治,这些努力都是政策过程中一直存在的部分。雷德福(Redford 1969,110)认为"在次级系统中没有影响力的利益集团可能通过宏观政治系统获得影响力"。克拉伦斯·斯通(Clarence Stone 1976)指出:"在地方层次,社区集团在政策采纳阶段,通过开放的公开论坛来影响社区发展项目显然更为成功,但是对商业导向的精英在无声的、技术的和官僚化的执行阶段的影响力更有成效。"与此相反,在美国核电政策的一项研究中,坎贝尔(Campbell 1988)认为商业精英享有切入政策采纳阶段的特权,而公民集团在执行阶段显得更有力量。特定的议定场所会赋予商业集团或者其他特殊集团全面的优势,而可供选择的其他政策议定场所的存在比分享某一特定会商场所赋予的特权重要得多。许多议定场所只是模糊地限定管辖权边界,这就创造了很多机会,使那些有战略头脑的政策企业家选择这里作为他们最喜爱的地方来宣传他们的政策。很少议定场所会严格而清晰地界定边界,这样就限制了议定场所交易的机会并使政策企业家的行为受挫。

有时候,随着一些议题进入新的议题领域而使得该议题发生改变。在美国,大量的曾经专属于州和地方的议题已经转交给联邦层面。公民权利政策就是最突出的例子,这种转变是戏剧性的,并且产生了明显的政策结果。其它问题,比如教育、健康和交通问题已经逐渐转移到联邦政府手中,而这些问题在以前并不归联邦政府管辖。第十一章描述了战后美国全国性政府和地方政府政策专业化的重要改变。第七章描述了20世纪60年代和70年代期间,联邦政府日益卷入某些地方政策中,这种情况到80年代有所回落。因此随着时间推移,诞生特殊政策的议定场所会发生变化,而议题在与新的政策制定领域的相互关联中也将变得稳固。

形象和议定场所之间是紧密联系的。政策制定者试图操纵他们所处理的议题的主流理解,并且试图影响那些对议题有管辖权的机构。希望有一个大家共同认可的形象的那些人可能会发现,在某一个议定场所中失败的辩论,在另一个议定场所则会取得成功。类似地,那些寻求特定行动集团关注的人可能会发现,在另一个集团那里很成功的辩论,在这里却失败了。因此对喜爱的议定场所的搜寻和形象的强化是相互关联的。我们将在下面探讨这两者互动的具体含义。

互　　动

沙特施奈德(Schattschneider 1960)的冲突扩展概念是我们形成制度性议定

场所的概念基础,同时这一概念也指出了形象的重要性。沙特施奈德认为,政策辩论中的失败者为了扭转颓势,就有动力通过呼吁没有参与辩论的人参与进来。如果他们能够唤起合适的潜在参与集团的参与,那么随着越来越多的人卷入辩论并支持他们,他们就可能从输家变为赢家。他指出:在任何辩论中,当前的参与者绝不是一成不变的。事实上,最有影响力的政治战略就在于扩大或者限制辩论的范围,以囊括或排除一些预计会赞成或反对自己立场的集团。因此政治辩论总是笼罩在这样的氛围中:失利者寻求潜在的、目前没有加入议题的联盟者的关注,而胜利者则尝试限制参与以保持自身的优势地位。

科布和埃尔德(Cobb and Elder 1983)在沙特施奈德著作的基础上,描述了政策制定者为了鼓动越来越多的选民支持他们而使用的修辞战略(the rhetorical strategies),用越来越宽泛的术语来解释议题。他们认为,持续动员大量选民的过程,就像系列同心圆形成的过程(1983,104—129)。他们认为,随着冲突从专家群体扩展到公众,再到公众知情,最后再到更为普通的大众知晓,议题也就上升为公共议程,并且政策垄断通常也会遭到破坏。

然而议题可以进入议程还有另一种方式:有战略头脑的政治行动者寻找议定场所(venue shopping)。这种战略较少依赖大众动员,更多地依赖于一种双管齐下的战略——展示形象的同时寻找更让人们乐于接受的政策议定场所。沙特施奈德与科布和埃尔德的基本观点都是正确的:在辩论中失利的一方有动机寻求其他的联盟,这些将冲突扩大化的人们不只是呼吁更多的集团参与,相反,他们的战略可能要更复杂更具体。他们为了寻找联盟,就会认定特定的议定场所,比如国会委员会、全国性的政府组织、法庭、私人商业机构或者其他相关机构。在根据议题寻求更加适合的议定场所的过程中,形象的操纵是关键的因素。议题扩展者尝试吸引新的政策制定集团的关注,因此他们必须阐明,特定的议定场所为何适合某一议题(另参见 Majone 1989,41)。随着政策形象被有计划地改变,新的议定场所就能吸引新成员关注了。

依此看来,大众仅仅是许多潜在的政策辩论议定场所之一,战略性的政策制定者通常不直接诉诸于广大公众也能够成功改变政策制定系统。议程设置的过程比对"进入"和"退出"公共议程的过程要复杂得多。相反,存在许多可能的机构议程,并且对于寻求满足自己偏好的制度小环境的政策制定者而言,没有一个议程天然地优于另一个议程。政策制定者通过操纵政策认知这一常用做法,搜寻最符合自身利益的政策议定场所。

正如理解议题的方式可能导致议题分配的变化,机构重组和管辖权限的改变会导致政策的改变,因为不同的利益集团会以不同于先前议定场所中持有的观点来看待同一个议题。管辖权限的改变可能来自于机构重组,而机构重组则由多种途径引发,一是由政策制定者希望扩大他们的影响力范围(参见 King 1991);二是,随着创新的扩散过程,政府机构之间会相互模仿并迅速颁布相似的变迁法令(参见 Walker 1969;Eyestone 1978);三是,一个机构对另一个机构更直接的影响。这些改变的影响是持续性的。议定场所中的单一改变稍后就可能导致形象的改变,并进一步导致议定场所的改变,直到形象和政策产出都出现更大的变化。如果像舍普斯勒(Shepsle)说的那样,机构能够导致均衡,机构的改变可能诱致不同的均衡,当然从一个均衡到另一个均衡的变革可能是戏剧性的。

形象—议定场所之间的互动和间断均衡

任何政策过程模型都是为了同时解释渐进主义和迅速变革这两方面,并且这一解释必须注意到议题分配与政治修辞之间的互动。在政治修辞发生改变的地方,议定场所就更有可能发生改变。反之亦然。随着议定场所的改变,对新形象的注意力就会增加,随着政治系统中越来越多的集团意识到了相关问题,就会导致议定场所的进一步改变。任何一个明显的改变可能只是自身的改变,但往往会随着时间的推移而被放大并且最终导致政策产出的重要改变。形象和议定场所之间的互动可能产生以正反馈为特征的自我强化系统。一个系统或者长期没有任何变化,或者在短期内政策产出发生颠覆性的改变,这种情形我们在第一章已经描述过。

在联邦政府的执行机构中做出的管制决策,使环境保护集团始终处于劣势地位就是形象和议定场所自我强化式改变的重要例子。让我们假定,环境保护集团通过唤起先前没有参与的集团进入国会而取得了初步的成功。这些集团对议题的理解以及对于原来管辖权限边界的重新理解会促成一个有利于他们的听证。接下来,国会可能通过法案赋予环保集团拥有比其在先前的议定场所中所拥有的、更大一些的影响力。进一步,因为议定场所的改变可能同时导致形象的改变,国会可能明确地通过法案使特定的修辞符号(rhetorical symbols)合法化。从一个战略性的呼吁开始,形象会形成系列的自我强化式的改变,并且会伴随着议定场所的潜在改变。这种情形并不是纯粹的假定。国会在 1976 年通过《环境保护法案》(NEPA),发表了环境影响方面的声明,为切入法院创造了更多的入口。这项立法改变了司法和管制过程参与的性质,并且迫使其他机构充分地考虑以前所忽视的政策的环境方面。在《环境保护法案》通过之后,马上创设了环境保护局,并形成了一个可以讨论多种议题的制度性的新议定场所。也就是说,随着时间的推移,从一个议定场所到另一个议定场所的战略性诉求会导致戏剧性的变化。换言之,随着时间的推移,形象和议定场所的改变持续地相互加强,从而产生了滚雪球效应。

问题与形象的相关度与单个的政策制定领域对政策垄断的控制程度是相互关联的。在政策形象改变的地方,人们总是希望机构的管辖权限改变。相反,议定场所改变的地方,辩论的术语也会进一步发生改变。相反,议定场所被严密控制的地方,形象的改变几乎不可能发生;形象没有改变的地方,议定场所有效改变的几率也相对较低。于是,要么形象和议定场所共同作用导致快速的变化,要么两者之间交互作用强化当前的权威分配。政策产出的稳定和快速变迁来自同一过程。

我们认为:美国政治中存在的大量独立的决策制定次级系统确保了政策制定过程的稳定性。虽然政治冷漠者被排除在决策之外,但是政策企业家为了重新界定议题会动员这些被排除者,这就造成了潜在的不稳定性。如果新的集团卷入了政治冲突,现存的政策垄断就可能被颠覆。因此具有政治冲突疏导管道功能的分散决策制定系统是一个有效的网络,该网络被社会选择理论家们称作结构诱致的均衡(structure-induced equilibria)。在这一章中我们已经详细地阐述了结构诱致的均衡走向不均衡的机制:即政策形象与现存制度性议定场所的相互作用机制。在下一章中,我们将考察几个它们相互作用的案例。为此我们先讨论我们的研究方法。

第三章

议程变迁的研究

长期来看,对政策问题公众认知的改变和众多机构为获得政策控制而开展竞争是政策制定的特征。在多元主义政治系统当中,在某些时期,形象和议定场所的互动形成政策产出的迅速改变,在另一些时期,这种互动则会使稳定性延续下去。如果我们只关注短期内的政策动力学,我们就可能走入误区。在单一时点上看,我们可以看到政策的混乱冲突或稳定协调,但是从长期来看,政策发展同时兼具这两方面的特征。为了理解这一复杂性,我们必须在一个较长的时期内观察大量的公共政策问题。进而言之,我们需要指标给我们指明议题如何被理解以及机构管辖权如何随着时间推移而发生改变。这一章我们将阐述本书的研究方法,并且将其与过去学者们研究类似问题所用的其他研究方法进行比较。

有关公共政策的研究浩如烟海,但是对议程设置的大规模研究却寥寥无几。一个主要的原因就是,议程设置研究难以驾驭。由于一般理论的缺乏,特定的案例研究表明议程研究已经无法推动理论进步。与系统性测量的缺乏紧密相关的是翔实的案例研究的方法论传统,案例研究方法被采纳的原因在于,研究者没有能力发展出一种方法,进行跨议题的长期历时比较研究。因此方法、指标和研究传统限制了关于议程设置的一般性理论的发展。

研究者都会抱怨缺乏针对政策过程中重要部分的合理测量指标。格林伯格等人在15年前就指出了"理论与研究之间裂痕的增大",由于测量指标的缺乏,公共政策重要理论的经验检验实际上都是不可能的。当研究者尝试系统使用概念、变量和理论的时候,这些乍一看可行的概念、变量和理论却被证明难以操作(Greenberg, etc. 1977,1532)。

我们简要地陈述一下研究中的指标问题。我们利用可以获得的公开出版文献、正式记录以及媒体中关于公共政策辩论的内容,收集涉及长期跨领域议题的比较性资料。通过利用可获得的、公开的关于议程状态(agenda status)的量化指标,我们收集了进行典型研究的大量议题的可比较的信息,并且我们会追溯这些议题长达40到100年的历史。这既便于我们进行同一时间内的许多问题的跨领域比较研究,也便于我们对同一议题进行长时段的历时比较研究。这些资料为我们研究议定场所的改变和形象的改变提供了便利,但是这些资料尚不能阐明政策行动者和驱动变迁过程的集团行为。我们将各个研究领域已出版的丰富案例研究材料汇集起来,以便描述特殊集团和单个行动者的行动。最后,我们详尽地阐明了一些关于议程的更为复杂的观念。我们不再只考虑议题"在议程中"或"在议程外",相反,我们在联邦系统内部考虑政策制定的多个制度性场所。因此,我们在尽可能多的议定场所中收集了议程切入的信息。

研究设计问题

议程设定研究的首要困难在于方法论。政治科学家已经进行了两种基本类型的议题动力学研究:同一时点的多议题跨领域研究和单个问题的纵向案例研究。跨领域政策研究或政策类型学,倾向于关注不同类型的问题如何引起政治体系中不同层次的冲突与争议。例如,再分配议题与管制议题就属于不同类型的议题。在议程理论家看来,一些议题被当作重要的议程事项,很多媒体都对其进行报道;而另外一些议题只保留在专门的政策次级系统当中,公众也很少关注。通常,以上这些都可以用政策自身的内容加以解释。

采用纵向历时途径的研究并不总能获得相同的结论。研究者通过长期追踪议题发现,同样的议题在公共议程中出现或者消退,其政策实质内容几乎没有改变。这些研究并不是直接相互矛盾的,因为政策类型学的文献并不否认议题会随着时间推移而发生改变。但是在历时纵向研究中,观察到的改变通常都是非常迅速的,并且不能够用政策类型学文献中所谓的政策内容的缓慢改变来进行解释。总之,依据他们的这种研究方法,政治科学家对相似问题的研究倾向于系统地强调问题的不同方面。

我们试图开发出一个能将这些研究方法的优点综合起来的分析系统。对于形象改变的研究而言,我们会适时地采用历时纵向研究,以突出政策关注度、动员和支持的当时变化。当然,我们还注意到,这种变化如何在特定领域比在其他领域更加司空见惯,这就表明:像政策类型学强调的那样,议题内容的确能发挥作用。最重要的是,在分析一系列议题时,我们的方法论便于我们将大范围跨领域研究方法和单一议题的历时案例研究中强调的政策动力学结合起来。

跨领域比较研究

建立在公共政策议题跨领域比较研究基础之上的政策类型学文献试图解释:为何一些议题在政治上充满争议,而另一些议题则争议较小。这些研究与议程设置研究文献之间的联系比很多人知道的还要紧密,因为类型学家的主旨在于解释为何一些议题更可能成为公共辩论的主题,并且比其他议题更富争议性。有研究认为议题的内容会影响选民动员的结果,这一结果反过来,又决定这一议题能否成为政治性的议题(参见 Lowi 1964;Wilson 1973;Ripley and Franklin 1987)。一些议题(例如再分配议题)会动员广大的选民,而另一些议题(比如自身管制议题)只有很小范围内的集团关注。被动员的选民有多有少,因此不同类型的议题也就会在不同程度上成为公共辩论的素材。以下这些学者虽没有使用这些术语,但是对议程切入已经进行了一些研究。

比如说,詹姆斯·威尔逊(Wilson 1973)提出了一种议题的分类,将集中的成本收益与分散的成本收益进行区分,从而创建了一种四分法。威廉·戈姆利基于冲突和复杂性对议题进行区分,创建了另一种四分法(Gormley 1983,159)。这两种分类方法是对议题进行跨领域大范围比较研究的典型。的确,正如戈姆利断言的那样,没有重大冲突且高度复杂的议题一般不会被保留在公共议程当中。类似地,正如威尔逊所描绘的那样,成本分散很广(比如稍高的消费物价或税收),但是受益分配很窄(例如,农场主、军事承包人或者其他政府许可及政府合同的受益人)的议题,可能保留在拨款(pork-barrel)政治中。在政策过程当中,对特定事件的偏好强度(intensities of preference)和参与差异(differential participation)很可能导致围绕不同议题的政策制定系统的类型差异。总之,以上这些就是类型学文献总结的相关经验。

因为大多数类型学的研究结论都是建立在同一时间内多议题的跨领域比较研究的基础之上,他们并没有涉及动力学问题。显然议题会随着时间推移而发生改变,并且曾经被认为达成共识的一些议题,现在也可能会陷入大量的冲突,曾经陷于冲突的议题现在也可能已经被所有人接受。使类型学的文献与动力学观念相吻合的一种方式是关注公众和精英对议题的理解,而不是关注议题本身。就突出议题认知的改变而言,类型学文献的有用成分以我们对认识或观点如何改变的理解为转移。只是关注焦点的变化是根本性的。对于我们来说,如果形象位于分析框架的核心,政策企业家为改变其他人对所处理议题的理解所作出的努力就必须加以强调。

随着对议题认知的改变,新的政策制定集团被吸引过来,而老的政策制定集团则淡出了,注意力转移到了别的方面。与政策自身的形象改变相关,决策制定机构的改变对于政策产出的改变是决定性的。当然,政策企业家在尝试改变其他人对某一既定公共政策议题的理解时会面临很多约束。然而20世纪以来,许多议题的公众认知都发生了改变,显然,我们的理论不能同意我们仅仅形成并维持政策问题的形象。这一点是我们提出的议程设置理论的重要构成部分,但它并不是大多数类型学文献重点阐释的部分。例如,詹金斯·史密斯和他同事们(Hank Jenkins-Smith, etc. 1991)追溯了联邦行政机构利益集团和其他相关人参与油气泄漏辩论的历史,结果发现管制参与的核心与其它参与一样都是间歇性的。过程在某一时点上的快照可能会使我们形成整个动力过程的错误印象。

与政策类型学相关的一个大的研究团体,研究了大的经济部门如何有效地摆脱充满大众利益、政党宣言和利益集团冲突的政治世界。"有限参与系统"(Cobb and Elder 1983)的研究在文献数量上已经可以与选举研究文献相媲美。至少从本特利(Bentley 1908)开始,政治科学家和评论家已经醉心于通过专家权力掌控自身领域内的政策过程(参见 Baumgartner 1989 或 Walker 1991,这些只是一部分研究)。那些避开广大的政治力量而进行"自治"的政策共同体,在相关文献中已经用诸如"政策漩涡"、"铁三角"、"政策网络"、"次级系统"或者"次级政府"等术语进行了表述。通常政治科学家对利益集团行为的研究主要经聚焦于"议题网络"或"政策共同体"的扩散发展,替代了过去人们常常使用的"铁三角"和"次级政府"这种更为结构化的概念(参见 Griffith 1961; Redford 1969; Heclo 1978; Hamm 1983, Gais, Peterson and Walker 1984; Walker 1983, 1991; Ripley and Franklin 1987; McFarland 1987; Berry 1989a, 1989b; Fritschler 1989)。

专家团体控制特定领域政策过程的相对能力以及保持政策过程与远离政党辩论的相对能力方面的文献存在大量激烈的争论。学者们发现,通过达成共识而被稳定地牢固控制的次级政府可能越来越难保留在现代政治系统中(参见 Berry 1989b; Browne 1990)。更为司空见惯的是,模糊界定的议题网络致使议题充满冲突(另参见 Sabatier 1987, 1988)。随着经济和政治系统变得日益复杂,更多的利益集团、机构、鼓吹者组织形成了,经济中的不同领域连接起来,相互依赖性不断增强。与以前相比,到了90年代,保持次级系统免受政治影响已经变得更加困难(或者这些次级系统变得更小、更专业化了:参见 Browne 1990)。不管怎样,政治科学家关注政策专家为了建立和维持政策垄断,使政策隔离于政治系统之外,从而在他们的管辖权之内获得较大权力的相对能力。

政策次级系统的研究与议程设置的研究紧密相关,因为政策共同体的性质会影响政策过程。当政策共同体变得更加多元化时,以前达成共识的议题变成了专家们相互争论的对象。简而言之,专家的数量超过以往,因此专家共同体内部更容易发生冲突。由于有资格作出决定的政策专家意见不一,政治领导者必须对专家的决策进行决断。在政策共同体性质由小的、一致同意的和同质的变为大的、冲突的和异质的地方,某个特定议题进入全国性议程的可能性就会增加。

与那些有限参与和一致同意的领域相比,受到内部紧张冲突所控制的、宽松界定的议题网络更可能寻求政治领导的支持,以便将议题提升至公共议程。公共议程中议题很少出现在专家建立起来的、权威性的次级系统,也很少出现在对政府政策的导向会达成全体一致同意的地方。以上这些对议题网络、政策共同体和次级政府等类似问题的研究与研究议程的文献紧密相关。正如莫里哀(Moliere)笔下的茹尔丹先生①(Monsieur Jourdain)被告知他已经说了散文很多年了,这些研究者可能并没有意识到他们一直在分析议程问题,鉴于环境背景对于政策制定的动态变化至关重要,他们的发现是议程设置问题的核心。

另外一些研究者聚焦于精英在控制议程当中的权力,进行了跨领域设计的研究。20世纪60年代和70年代,一些研究详细描绘了精英将议题"排除在议程之外"的卓越能力(例子参见 Bachrach and Baratz 1962;Edelman 1964,1989;Crenson 1971)。这些学者发现:精英使用象征符号和修辞作为一种操纵大众的重要手段(另参见 Gamson 1990)。修辞和象征符号不仅仅是占有优势的精英们利用的工具,而且是卷入政策斗争当中的所有人的重要战略工具。当我们考察大量的、涉及长时段的议题时,我们总能发现:在不同的时期,同样的议题总是和不同的象征符号和认知联系在一起。有时候,认知使已处于支配地位的议题

---

① 法国剧作家莫里哀,在他的喜剧《贵人迷》中,有这样一段对话:一名哲学教师对茹尔丹先生说:"凡不是散文的东西就是韵文,凡不是韵文的东西就是散文。"茹尔丹先生问:"那我们说话又算是什么文呢?"哲学教师回答说."散文哪!"于是茹尔丹先生恍然大悟:"我原来说了四十多年的散文,自己还一点不知道呢!"——译者

得以强化;另一些时候,认知则打破支配性的次级系统。同样的手段双方都可以使用。

因此,对议题类型学和利益集团或政策共同体行为的研究,一般都是基于跨部门的观察。这些研究都认为:议题内容会影响选民的动员,选民的动员反过来又会决定政治化的水平或议程切入。研究表明,议题的类型也很可能天然与选民动员的规模和偏好相关。这些研究结论是正确的,但是并不完整。选民动员并不会自然而然地与公共政策议题的内容相吻合,因为对同样的议题会有不同的认知,这会影响选民动员的结果。复杂的公共政策的"内容"有各种各样的解读方式。通常,相同的议题既可以用社会的观点,也可以用技术的观点加以理解;单个的政策也会有多重的含义,每一重含义代表不同选区的利益(参见 Greenberg 等人,1977;Wilson 1973)。

跨部门研究涉及两个问题,这两个问题都涉及了政策内容和政治动员之间的联系。一是刚才提到的,同样的议题会有不同的理解方式,并且这种理解会随着时间的推移而发生改变。第二个问题同样重要,针对不同人群的政治行动而进行的动员和组织,也会随着时间的推移而发生长期的变化。对电视和电子交流方式依赖的日益增加,可能会对潜在选民的动员产生不同的影响。曾经难以接触的人现在可能很容易就动员起来了。曾经对政党宣示做出回应的人,可能不再对政党组织感兴趣(参见 Walker 1991)。简而言之,作为选民动员渠道的社会制度会随着时间的推移而改变,因此议题内容与社会动员之间的任何联系都不该看作是永恒的。最后,国家对政治理念认可的改变会导致目前选民动员优势的改变。20 世纪 70 年代后期和 80 年代早期的放松管制运动影响到了许多次级系统,并且 20 世纪 80 年代金融市场受到过度投机的影响,致使重新进行管制变得更加困难。长期变化会同时影响许多议题,这一点非常重要,可以用最近政治史上发生的简单事实加以证明:在一些时期,许多有限参与系统遭到破坏,在另一些时期则又被创建。

20 世纪 70 年代中期许多次级系统被破坏或者削弱了,比如与烟草、杀虫剂、空气和水污染、航空、货运、电信和核电有关的次级系统就受到了破坏(Jones 1975;Derthick and Quirk 1985;Bosso 1987;Campbell 1988;Fritschler 1989)。描述政策亚群落(policy subcommunities)的学者总认为这是次级政府性质的改变——从铁三角变为议题网络再变为鼓吹者(advocacy)联盟,从更具流动性和更容易接近的、结构紧密的有限参与系统变为次级系统当中冲突的联合。20 世纪 70 年代国会程序的改革对于改变当时许多议题的政策过程发挥了重要的作用(参见 Dodd and Schott 1977)。20世纪70年代并不单是常规的改变,而是有限参与系统的彻底崩溃,和这些系统的创建一样,两者都可以用系统的方式来解释。这些大的变革荡涤了整个政治系统,显然无法用跨部门模型来进行清晰的描述。

有些时期许多政策次级系统遭到了破坏,在另一些时期大量的次级系统却建立起来。许多次级系统同战后经济一起成长,这一点可以通过活跃在华盛顿和其他地方的利益集团环境的发展来描述。汉森(Hansen 1985)描述了二战后,农业集团成员的快速增长,促进了现代农业次级系统的发展。奥尔德里奇和施塔贝尔(Aldrich and Staber)认为:世纪之交活跃在美国的贸易联盟少于200个,1950年大约有1400个,1980年大约有2300个(1986)。按照沃克(Walker 1983,1991)的统计,20世纪40年代和50年代是贸易联盟的增长时期,而60年代和70年代是公民和消费集团繁盛的时期。这些全国范围内的政治利益集团环境性质的改变导致了政策制定方式的重要改变。许多先前完全隔离的政策共同体发现自身受到了前所未有的政策冲突的影响,另外一些政策共同体则能够维持较多的自治。例如,20世纪80年代,金融顾问、养老基金管理者和那些探索金融市场增长和技术革新的人士迅速增多。这样一来,即使在1987年股票市场崩溃的情况下,金融市场管制的次级系统都有能力维持自治(也许是因为金融市场随后的恢复)。

当然,跨领域研究者并不认为他们的发现在任何时候都具有效度,我们也这样认为。毫无疑问,议题内容和政治动员是以一种复杂的方式相互联系在一起的。跨领域途径对这一联系的研究往往得出过于简单的结论,不过历时纵向研究设计也无法解决这一问题。让我们先看看历时纵向研究者的发现。

历时纵向研究

对议程状态问题感兴趣的学者通常采用历时纵向的研究设计。纳尔逊(Nelsons 1984)对儿童虐待的研究就是一个典型的例子,他通过追踪多年的单案例研究,展示了同一个议题为何先是在政府行动的考虑之外,而后又在全国性的政治议程当中获得了较高的地位。这些议题的内容多半没有随着时间的推移而发生戏剧性的变化。当然,大的专业共同体的发展,包括社会工作者、政府福利官员和其他专业人士,他们作为选民被动员起来,给政府施压,促使政府注意到这些曾经被忽略的议题。因此,虽然儿童虐待的事实没有任何变化,重要选民的动员水平却发生了改变。这种动员反过来将这个议题带入了全国性的公共议程。显然,议题内容、集团动员和议程切入之间的联系并不是铁板一块,纵向历时研究就表明了这一点。

许多研究者已经研究过一些案例,在这些案例中议题首先被专家共同体处理,但是稍后这些议题就进入了全国性议程。唐斯(Downs 1972)描述了公众对环境议题的兴趣兴起和衰退的全部过程。沃克(Walker 1977)追溯了20世纪60年代和70年代许多公共政策议题中专家精英的注意力、公众注意力、国会注意力和问题的严重性。他发现即使在问题缺乏实质性改变的情况下,精英和大众注意力也会发生戏剧性的改变。他发现:焦点事件、新的统计报告和来自于其他领域的政策溢出效应等因素都会影响美国参议院的议程。至少可以说,议题内容、选民动员和官员的注意力之间的联系是相当复杂的。

博索(Bosso 1987)关于杀虫剂的研究是一个历时纵向研究的著名例子。他发现人们如何看待同样的议题存在历时性的差异:曾经作为赞同增加杀虫剂使用的紧密联系的次级政府,后来陷入了由环保主义者、政府政策的批评者以及该农业计划的支持者构成的极端冲突的网络。在其他政策领域,德西克(Derthick 1979)描述了社会保障政策制定性质的戏剧性变化,该政策的早期环境是一致同意,但是到了20世纪70年代对社会保障的政见变得更具敌对性。

简而言之,对单个问题的历时纵向研究大多涉及政策风格和议程地位相当大的改变,而这些改变与跨领域研究的发现无法简单调和。比如说如果议题类型学的焦点是管制和再分配政策的差异,议题类型学认为重大的政策辩论更可能围绕再分配议题而不是其他议题展开,于是再分配议题应该受到公众的长期关注,而管制议题则应受到广阔政治系统的惯例性审查。然而事实上,每个议程设置的研究都发现,议题从公共议程中出现和消失,议题自身的性质并没有发生重大改变。

历时纵向研究途径可能最适合于研究单个议题从公共议程中出现和消退的问题,但是它不利于得出一般化结论,也不利于比较研究。最优秀的历时纵向研究一般仅局限于单个议题(Downs 1972;Campbell 1979;Derthick 1979;Nelson 1984;Carmines and Stimson 1986,1989;Bosso 1987;Jacob 1988;Weart 1988)。无论此类研究做得有多好或多理论化,这些研究对于其他领域或其他议题的应用性很容易受到质疑。另外,每一个研究者都采用略为不同的理论途径来指导研究,因此文献中各种各样的议程研究通常无法进行直接的相互比较,所有这些只不过使得对现存文献进行比较最多只是碰碰运气罢了。

比较案例分析

有一些议程设置的研究不依赖于对单案例的深入分析。而这部分研究中没有一个系统利用了历时纵向分析的数据,它们都明确地对跨议题过程进行了比较。赖克(Riker 1986)、波尔斯比(Polsby 1984)和金登(Kingdon 1984)的研究进一步强调单独的操控策略的重要性。Riker关于操控游说的论文(heresthetic artists)认为涉及原则性的问题尤其可能促使行动。金登认为政策企业家可以艺术地将解决方案与发生的问题相匹配从而取得政治进展。波尔斯比在他对八个新政治方案的案例研究中,尝试梳理出几个有关美国政治创新过程的一般命题(1984,146)。虽然不能保证八个案例的代表性,但是这项研究是在多案例而不是单案例研究的基础上进行理论化的努力。

赖克对政治操控的研究在两方面增加了我们对命题变化的理解。首先,他的案例来自一些重大的人类事务,因此毫无疑问政治操控在多种情势之下常会发生。其次,赖克研究的理论焦点是操控。赖克界定了三种类型的操控:(1)议程控制;(2)战略性投票;(3)扩大化(Riker 147ff)。前两种在于控制正式的规则,以及社会选择情势下的投票战略。第三种在于利用修辞性的论据(rhetorical arguments)改变辩论的性质。对于议程研究而言,上述操控游说都很重要,即政策企业家尝试操控规则、政策制定的情势以及由议题形成的其他认知。政策企业家知道上述因素都可能对其有利。

迄今金登(Kingdon 1984)对议程设置的研究最广泛。他将跨领域议题的证据与清楚的理论建构结合起来。赖克所谓的修辞操控(rhetorical manipulation)在金登所描述的许多案例中也有清楚的体现。金登对大量二手资料加以编码后案例研究,并且通过实地追踪访谈247位华盛顿的政策制定者长达4年多时间,证明了自己的观点。这种研究方法给人留下了非常深刻的印象。金登在研究中观察了很多议题在公共议程(即使是相对短期的议程)中出现和消退的过程。正如金登描述的那样,如果议程地位发生较快的变化,那么议题内容,或者至少是官方对议题内容的理解也会发生快速的变化。

议程设置和政治操控的理论通常以单个政策企业家的行动为基础。从沙特施奈德到科布、埃尔德,到赖克,再到金登,我们已经认识到,个体既可以推动议程进入公共议程,也可以推动议程离开公共议程。要找到这些理论的根据就需要对那些涉及操控或公共政策问题解决方案随着时间推移而发生改变的案例进行翔实的研究。比如,鲍姆加特纳(Baumgartner 1989)研究了关于法国教育政策的30个案例,目的在于将极少数出现在全国性政治议程当中的案例与大多数没有出现在全国性议程当中的案例进行比较。通过收集充分的信息以描述议程切入的战略性行为,通常会限制研究者只从事很少的案例研究,从而削弱了进行一般化概括的潜在可能。对单个政策制定行动战略的详细研究意味着无法对议程设置行为进行大范围的研究。

开发新的研究方法

本书着眼于开发一种可供选择的方法对议程设置进行研究。这一方法将对历时纵向研究和跨领域研究途径的最佳要素进行综合。这里面也涉及一些折中的做法。我们建立了多个指标收集了众多议题长达几十年(通常是整个20世纪)的公开记录,这样最大限度地增强了我们进行跨领域比较研究的能力。不过这些指标并不适合于所有的议题和所有时间,并且指标的性质也可能改变。另一方面,我们认为缺乏清晰的比较研究方法,已经阻碍了这一研究领域的发展,因此我们主要是拓荒,而不是回归到具有领域特征的精心建构的案例研究。

我们聚焦于公开出版的、容易获得的文献,特别是政策辩论的媒体报道,这些报道不同于一些重要的研究性论著,它们能引起相当的注意力。金登注意到媒体报道、国会听证通常和华盛顿共同体(washington community)内发布的、进入政府议程的议题不相符合。根据他的研究,一些在媒体和国会听证当中讨论的议题并不是重要的议程项目,而一些重要的议题则很少被讨论(Kingdon 1984, esp. 231—232)。与此类似,鲍姆加特纳在他进行的30个关于法国教育政策制定的案例研究中发现,重要媒体的报道只出现在3个案例当中:据研究,仅仅依靠媒体报道去描述重要的议程项目只是所有议程项目的冰山一角(Baumgartner 1989, esp. 46—47)。金登和鲍姆加特纳对议题的研究比本书详细得多。他们对政策制定官员进行深度访谈,金登的案例研究追踪时间长达4年多,鲍姆加特纳的案例研究追踪时间也长达1年。在本书中,我们放弃对较短时期的特殊议程状态的详细讨论,而将研究兴趣聚焦于长期趋势和大范围的政策问题。在本书中,我们描述了官员和公众对核电、杀虫剂、烟草以及其他广阔领域的议题的陈述,我们发现媒体报道与官方的关注点是一致的。

我们的途径集中于不同层面的细节,并且与其他研究不同,我们使用长期框架来研究这一主题。然而我们尽量避免对量化指标不够合理的阐释(overinterpretation)。如果议题尚未正式进入或退出政府议程,在一些关于特定话题的听证或公开出版的报纸当中,议题当然也可能会出现少许变化。因此我们不会过分在意这些指标的年度微小变化;相反,我们强调相对长期的大幅度变化(这种情形往往被政府内部的资料提供者所忽略,并且对其访谈中也不会提及)。事实上,我们发现:我们所找到的议题兴起的时期总是与出版物对其进行报道的时期相一致。

我们可以通过多种资料来源追踪公共政策议题的发展。在大多数案例中,我们对两个相关的概念感兴趣:议题是否进入特定的政府部门或者其他机构的议程当中;行动的基调是正面的还是负面的。我们使用媒体指标去标示议题进入广泛的公共议程的程度,并评定精英在特定时间对议题认知的基调。我们使用政府的和其他多种资料来源追踪议题在政策制定议定场所的议程中出现或者消失的情况。以这种方式,我们能够追踪到议题从一个议定场所转移到另一个议定场所的线索,并且追踪到公众或精英对议题的理解有何变化(如果他们的理解确实改变了的话)。

以下我们讨论已收集资料的类型,并且解释它们的含义。章节中使用的单个指标我们会在该章中进行解释,附录 A 给出了关于编码者信度测试(intercoder reliability tests)、资料来源等方面的更详细的信息。

媒体报道

大众媒体在全国性议程设置中作用的研究,一般会将报道强度(intensity of coverage)作为一个指标(参见 Waste 1990 对几项研究的总结)。沃特(Weart 1988)分析了美国对核电媒体形象的变化。另外,沃特从 1990—1986 年的《读者期刊指南》(*Readers' Guide to Periodical Literature*)中选择了 3000 多篇文章进行了编码。首先他的兴趣在于记录注意力水平,为此他将每年关于核电文章的数量与每年总的文章数量进行对比。每年《读者期刊指南》当中收录的文章数量会有变化,但是围绕这一话题的文章数量与总的文章数量之间的百分比比较接近。我们比较了收录在《读者期刊指南》、《纽约时报索引》(*New York Time Index*)以及多种其它电子媒体索引中的媒体报道水平的变化情况。一般而言,媒体之间的报道范围无明显差异,但是在每家媒体当中,都能清楚地看到议题在公共议程中出现和消退的趋势(参见 Patterson and Caldiera 1990;Mazur 1981 a. 1981 b)。一个关于艾滋病(AIDS)报道的典型量化研究发现:六大媒体同时都聚焦于艾滋病议题。罗杰斯和他的同事研究了 3 个主要的报纸和 3 个网络新闻节目,发现这 6 个媒体的报道之间高度相关。他们认为:"当一个媒体登载了相对较多的 AIDS 新闻时,其他媒体也会依葫芦画瓢"(Rogers,Dearing and Chang 1991,9)。随着议题成为新闻,所有的媒体报道都会聚焦于它,当它们变成了旧新闻,所有的媒体都不再那么关注它们。因此要想知道某一议题是否是新闻并不困难,我们只需统计特定年度媒体索引中刊载的对这一议题予以关注的文章数量。在本书中,我们主要集中于《读者期刊指南》和《纽约时报索引》。

我们不仅仅对注意力水平,还对注意力性质感兴趣。沃特做出了一个具有重要意义的创新,他按照"民用核电具有正面的(有希望的),还是负面的(失败的)意义"对每篇文章的标题进行了编码(Weart 1988,387)。他对《读者期刊指南》的编码方法很容易用到其他议题的研究。一篇题为《杀虫剂的新双重用途》(发表在《农业》(Farm)杂志的1969年5月刊)与一篇题为《果园当中的神经毒气》(发表在《国家》(The Nation)杂志1970年6月22日)的文章完全不同。事实上在进行许多议题的研究时都可以按照简单的法则对刊载在《读者期刊指南》和《纽约时报索引》上的文章进行编码。即,如果你是一个产业的领导人,你愿不愿意看见这样一个标题? 就核电而言,正面的消息可能聚焦于它可以成功地带来便宜的燃料,技术进步将会使人类生活变得更美好,在安全机制方面取得进步等类似的方面。对于杀虫剂而言,正面的文章会聚焦于杀虫剂计划会根除病虫害,从而有利于提高农业产出。对于烟草而言,出口所得、美国公司的利润或者香烟销量的增长则属于正面的文章。有趣的是,甚至可以按照这一简单的法则对一些单向性议题(valence issue)进行编码:致幻药物产业会期望发表一些关于上瘾事件的报道吗?

对基调(tone)进行评价是很重要的,因为基调设定了议程切入的环境。围绕一个特定的议题进行讨论,当狂热和批评占据了媒体报道的主流之时,它们就会产生反效应(opposite effects)。基调还能够提供寻找议题发展临界点的线索。当基调发生迅速改变的时候,系统就会发生改变;而注意力随着基调的改变而逐渐增加的时候,肯定会出现快速的变迁。

我们在借鉴沃特开发的一般性方法的基础上,设计了更精致的编码方案,对本书的大多数议题进行研究。除了关注议题标题所显示的总基调以外,我们还关注(1)文章标题是否与经济或金融有关;(2)是否与政府行为有关(新法案开始讨论,议程行动出现在地方、州、联邦层次或者法院);(3)是否与问题自身的严重性有关;(4)或者与其他因素有关。这样一来,每个总基调(正面或负面)都细分为更为复杂的类别,以便表明这一问题的经济含义,或者政府是否将要采取行动。在一些情况下,我们进一步将司法行动从政府行动中分离出来(比如儿童虐待和烟草),因为这一部分占据了媒体报道的政府行动的较大比例。这样的编码便于我们搞清楚:议题被作为政府议程的一部分还是仅仅被作为社会问题进行讨论,而且可以在一定程度上使我们了解到哪些政府部门是积极活跃的。

议定场所的切入

媒体指标为人们提供了一个很好的想法,科布和埃尔德将其称为"系统化议程"。但是议定场所的测量需要针对每个涉及政策的机构,寻求单独的指标。提供一个所有研究议题指标的集合是非常困难的。因此我们采用了一种更具兼容性的方法。我们收集那些能够获得且相关研究使用过的指标,并且在不得已的情况下依赖更加定性的评价(qualitative assessment)。

我们能够评估国会对我们所研究的每一个议题的关注程度。国会行动可以通过《国会信息服务摘要》(*Congressional Information Service Abstracts*, CIS, *Annual*)进行便捷而准确地追踪。这个摘要的印刷本和电子本都很容易获得。可以按照摘要的电子文档的标题对国会关于特定议题的注意力进行追踪。正如我们使用媒体指标追踪注意力和议定场所一样,我们可以用很多方式使用国会听证摘要。显然我们关注听证的数量,因为这可以作为一个指标看出国会对某一议题的关注程度。接下来,我们按照附录A所阐述的复杂编码方法记录听证的主题。正如我们使用基调对媒体注意力进行编码一样,这样做便于我们区分热情支持的听证和批评反对的听证。最后,我们追踪举办听证的委员会和次级委员会(subcommitees),以便记录议题如何在国会委员会内部转移。委员会和次级委员会管辖权限的改变是华盛顿共同体内部议定场所政治的重要组成部分,因此我们也非常关注这些改变。一般而言,在我们对国会听证的分析中,我们关注三个独立的话题:(1)关注水平(听证数量);(2)关注基调(是正面的还是负面的基调);(3)关注议定场所(哪个委员会和次级委员会举行的听证)。

与国会行动相比,联邦执行机构的行动指标更难以收集。首先,行动会随着议题发生改变。农业部(Department of Agriculture)和环境保护署(Environmental Protection Agency)都会涉入杀虫剂的议题,而卫生部部长(surgeon general)和国家健康协会(National Institutes of Health)是吸烟领域的积极行动者。其次,许多长时段的资料并不容易获得,我们找了一些随着时间推移而发生变化的指标,比如:(1)相关事务的监管或强制执行部门雇员数量;(2)每年颁布规章的数量;(3)其它行为的标示指标。但是这些指标的价值非常有限。在有些情况下,某些案例当中由于行政组织的改组,而使建立长期序列的参照数据变得较为困难。在另一些案例中(特别是我们研究的城市议题),我们使用支出测量(expenditure measures)来评估政府行为。

获得在州和地方层级行为的数据更加困难,我们可以利用关于特定主题的多侧面研究成果,展示州和地方政府行为的详细信息,但是州与地方层级的数据要多于联邦政府层级的数据,因此收集标准化和系统化的信息是不可能的。

在有些情况下,我们可以把股市作为金融结果的指标。这一点非常重要,因为投资者对产业的态度可能受到政府行为的影响,并且会促使政府进一步的行动。在最宽泛的意义上说,市场也是行动的议定场所。市场指标的作用是有限的,因为有很多公司不属于国有公司的序列,它们的股票不能反映政策发展的影响。例如,对于儿童虐待问题来说,我想不会有公司会受到联邦政府对该问题注意力水平改变的影响。另一方面,我们已经展示了大规模地投资于核电厂会大大改变电力公用事业的经济前景。因此,我们使用具有实际意义的数据。

公众舆论数据能够从公开出版的资料中获得,比如盖洛普民意调查(Gallup Poll)指标,但是我们不会系统化地使用这些数据,因为不同时间民意的代表性是不可比较的。尽管如此,我们还是会在一些案例中酌情使用可以获得的公众舆论数据。

总之,我们已经将使用的数据进行了折中处理,以便展示美国政治中长期发展的议题动力学。有两大资料来源我们用于所有的议题,即媒体关注和国会行动的指标。除此之外,在资料许可并且对研究有用的情况下,我们也会使用其它一些议定场所的指标。

问题的性质

我们使用多种文献资料来研究社会情境或者相关政策问题的严重性。例如,当道路交通的死亡率上升的时候,我们也许预料到政府会更多地关注交通安全问题。然而,事实并非如此。通常,当问题达到顶点之后相当长一段时间,媒体和政策注意力才会达到顶点。因此,复杂的议程设置理论,必定比"州和联邦政府对日益严重的问题作出回应"这一简单的假设完美得多。因此对于每一个议题,我们都尝试收集手边的关于问题性质的指标。比如,吸烟造成的死亡人数、杀虫剂在人体细胞当中的残留、毒品滥用的调查、虐待和忽视儿童的报告、航空坠机事故、交通事故等等。

政策产出

我们基本的论点:修正议题认知的爆发式行为导致了美国政策制定过程呈现出间断的特征,导致了政策的非渐进式改变,这一改变引起人们对政策产出的测量予以关注。在一些案例中,政策制定结构的改变是政策改变的最重要的指标。例如,我们将在第四章中讨论原子能委员会(Atomic Energy Commission)的解散改变了人们对政府在国内实施核电产业计划的接受度。其次我们考察与议程切入相关的财政支出模式,这对于我们研究城市事务和联邦制度非常有用,在此开支数量是如此之大,以至于"象征性的放心"(symbolic reassurance)都不是很可能的。最后,我们偶尔考察政府官员行为的改变,既有量化的方式(比如核电检查案例)也有质性研究的方式(比如吸烟健康政策案例,在此案例中,卫生部部长的演讲比我们能收集到的支出指标更为重要)。

制度结构的长期变迁

改变制度和政治环境是本书中提及的许多政治议程改变的重要决定因素。因为我们采用长期的历史视角,所以需要深切地关注政策制定环境的变化。利益集团系统的改变是政策制定的政治环境改变的一个重要维度。我们使用多种文献资料描述这一改变。首先,我们利用协会百科全书(*Encyclopedia of Associations*)(Bureh,Kock and Novallo, Annual)中的报道。来追踪外界环境运动的增长。此书是在美国活跃集团的最为详尽的名录。通过统计百科全书中集团的数量、财政来源和类型每十年间隔的变化,我们可以观察到从20世纪60年代到现在的重要变化。除了这个资料来源,我们利用沃克在1985年进行的全国利益集团的调查。由于集团都有成立日期,我们可以通过关注不同类型集团增长速率的差异来追踪各种政策共同体性质的改变。最后,我们利用我们形形色色的议题领域中公开出版的研究成果,这些研究在不同时段,对与议题有关的利益集团和政治环境给予了相当多的关注。

政府机构也会随时间推移而发生变化,例如预算信息对于展示不同层级政府不同项目开支的相对重要性非常有用。国会委员会和次级委员会的数量可以评估切入国会的有效程度的变化。除了利益集团,我们还聚焦于政府结构当中另外两种制度变迁。20世纪70年代,国会程序和财政资源发生了重大的、长期持久的改变。国会程序是我们的第二个聚焦点。与此相似,州政府和联邦政府之间的拨款结构也随着时间的推移发生了重大的改变。不同层级的政府通常会按照惯例,侧重于关注不同的政策问题,同时也会具有明显不同的支出模式。然而,联邦政府利用拨款作为改变州政府对项目优先次序的重要手段。因此我们聚焦了联邦政府内部关系的改变,把其作为第三种重要的制度结构方面的长期变迁。

结　论

　　这一章我们集中讨论了困扰很多美国学者和政策议程设置研究者的研究设计问题。我们采用将历时纵向研究和跨领域横向研究结合起来的策略。

　　后面的章节会讲述清楚这些数据的使用方式。我们将开始探讨核电这一单个案例。我们会非常详细地描述此案例，以便证明我们发现的最重要的理论要点。随后的章节我们聚焦于我们论点的单个元素，并通过一系列议题对其进行讨论。与第四章核电案例的分析类似，每次，我们都引入大量的跨案例证据。因为我们以单个案例研究开始，容易受到"将特殊问题一般化"的困扰。不过，我们希望逐渐地使读者确信，核电案例并不只是符合形象与议定场所互动理论的唯一案例。在本书的末尾，我们提供少数议题的详细信息和大量议题的宽泛信息，以便最好地协调两种冲突的研究传统。与选择单一设计相比，这一研究方法不仅给了我们更大的信心，同时还修正了我们对美国政治中的议程设置过程的认识。

第二部分

追踪美国的政策变迁

第二部分由五章构成,旨在追踪20世纪美国几项公共政策的历史,展示这些政策如何出现在公共议程当中,又如何从公共议程中消退,以及议程切入时期如何与政策制定制度结构的长期持续变迁保持一致。我们在第四章中将对核电问题进行深度研究。第五章对杀虫剂和吸烟这两个相似的、不太宽泛的政策议题进行案例研究。这一章展示了美国政治中常见的两种动员模式:热情支持(enthusiasm)的浪潮通常导致政策次级系统的建立;恐惧的潮流则通常导致这些次级系统的终结。第六章集中探讨了人们在媒体关注的条件下如何处理多种议题,分析媒体报道的一些偏见,以及这些偏见如何与政策变迁发生关联。第七章集中讨论城市事务这一重要的议题,其重要性在于它将重大的政策变迁与美国政治中政党背景联系在一起。第八章研究三个不存在政党分歧的议题,议程动力学在决定对药物滥用、酒精滥用和儿童虐待等单向性议题的回应方面发挥了重要的作用。

第二部分的章节设计是为了展示20世纪美国所关心的一系列公共政策议题变化模式的相似性。无论是健康问题、环境问题、道德问题、高度党派化议题,还是不涉及党派争论的议题,我们对其进行讨论都是为了说明:美国公共政策认知的长期稳定性和短期剧变发生时的行为间断。

第四章

政策垄断的建立和崩溃

在美国政治当中政策垄断会被不断地建立、也会被不断地破坏。这一过程的动力来自于政治领导人、媒体和公众注意力分配的改变,同时还来自于政策制定者提出对老议题的新认知而呼吁不同的议定场所进行决策的能力。在本章中我们详细地描绘了一个管制和促进民用核电生产的政策系统的创建和破坏。与后面的章节相比,本章提供了更为详尽的单案例证据,以便清晰地展示形象和议定场所随着时间的推移而不断互动的过程。我们通过分析一个具体事例从头至尾的发展变化来展示这个过程是如何发挥作用的。随后的章节将会研究与此类似的一系列议题的问题。但是,那些章节并不是对单案例进行从头至尾的追踪,相反,它们聚集于某一时段理论的一个部分,关注许多案例而非单个案例。

在本章中,我们首先展示了形象和议定场所的互动如何建构了20世纪40—50年代核电产业政策制定中的强势政策垄断。关于核电问题的正面认知与机构的改变相联系,机构的改变旨在使产业支持者能够完全掌控产业的扩张。政策垄断建立之后,正如预料的那样,对其的关注减弱了,但是当该议题在20世纪60年代和70年再次出现在公共议程当中时,注意力的基调从热情支持变为批评反对。随着形象的改变,议定场所也发生了改变,大量的国会委员会、州政府和选举官员都开始要求对核电问题进行管辖。这种形象和议定场所的累积性改变共同破坏了在20年前同是两者共同创建的核电政策垄断。

核电案例为展示以上的这些变化提供了一个绝好的机会,因为这一议题通常被看作是与次级政府紧密相关的一部分,被看作是极端冲突的政策网络的一部分。同样,公众和精英对议题的认知也随时间发生了巨大的改变。到20世纪50年代中期,一个围绕民用核电使用的严密的次级政府建立了。这一次级政府包括:(1)原子能委员会(Atomic Energy Commission,AEC),该委员会既负责核电生产的管制与促进,还同时负责军用核需要的生产;(2)国会原子能联合委员会(Joint Congressional Commitee on Atomic Energy,JCAE),这是一个独特的监管委员会,包括参众两院的议员;(3)政府部门的科学和技术委员会、大学、私人部门;(4)对扩展这项新技术感兴趣的公用事业公司(Hamm 1983)。到1974年,不仅次级政府崩溃了,民用核电项目事实上也被终止。从1977年开始,美国没有安排任何新的核电厂,一百多个先前计划好的工厂也被迫放弃或取消(Campbell 1988,4)。《财富》杂志以"商业史上最大的管理灾难"为题描绘了核电项目的失败(Morone and Woodhouse 1989,1)。

我们使用各种文献资料的数据追踪1945年到1986年核电政策发展过程中认识图景和制度性议定场所的变化。随着战略行动者在多种制度舞台上提起这一议题,管制机构、国会委员会、州公用事业委员会、联邦和州法院、关注的大众媒体、私人投资者和广大公众都卷入了美国核电政策的制定中。积极参与的辩论者的增长与相关当事人和媒体所描绘的核电形象的巨大改变紧密相关。这一切导致了公共政策产出的根本性逆转。

当然,在一种背景条件下严密检测一种理论的有效性只是有限的检验理论而已。反面的证据将使该理论陷于难堪,但是正面的证据也只是提供了有限的证实。下面会提供收集到的有关次级系统管理变化的最宽泛的资料,并且提出一种方法,以便广泛地检验形象与议定场所在形成公共政策过程中的互动。随后的章节将类似的分析应用到大量的案例中以应答"一般化"所引起的质疑。

核电的形象

在分析现代核电形象的历史时,科学史家斯潘塞·沃特(Spencer Weart 1988)详细地展示了20世纪核电的形象从坚决地肯定到压倒多数地否定的变迁画卷。他认为这种改变并不是基于真实情况的改变,而是基于形象的改变。英格尔哈特(Inglehart 1984)研究了西方十个国家的公众对核电的误解和错误信息,得出的结论认为:大众媒体中的错误信息和追求轰动效应(sensationalism)是造成公众在缺乏事实根据的情况下对技术作出反应的部分原因。民意调查一直显示民众在充分地支持核电的同时又对核技术充满恐惧。为了评估公众对民用核电正面与负面的认知,我们采用了德州民意调查(Texas Poll)问卷。这是一个由德州农工大学公共政策资源实验室(Public Policy Resources Laboratory at Texas A&M University)主持的一项季度调查,有1006人回答了问卷。表4.1是德州关于核电问题的民意调查结果。

表4.1 德州的公众(1006人)对核电厂的反应

A. 一般性问题					
1. 在不同的话题当中都会提到许多关于德州的核电发电厂。您认为您对核电方面的议题有多少认知?请说出您所知道的	大量细节 5.7	一些 32.1	不很多 41.7	完全没有 20.1	不知;无效 0.5
2. 总的来说,根据你读到和听到的所有信息,核电发电厂的安全程度如何?	非常安全 18.0	有些安全 52.3	不完全安全 18.8	根本不安全 5.4	不知;无效 5.6
3. 请您告诉我们生活在核电厂附近所感到的危险程度?您感到的是	非常危险 22.3	有些危险 49.8	很少危险 20.9	没有危险 4.3	不知;无效 2.8
B. 正面的形象	强烈赞成	赞成	不赞成	强烈不赞成	不知;无效
1. 核电厂能支持我们摆脱石油进口	4.3	42.9	29.9	2.1	20.8
2. 核电厂能容纳很多人就业,缓解失业	3.3	58.5	26.5	1.7	9.9
3. 核电厂是能够带来经济利益的高技术产业	5.3	67.7	14.6	2.0	10.4
4、核电厂不会像煤发电那样产生空气污染	5.6	55.7	19.1	2.3	17.4
C. 负面的形象	强烈赞成	赞成	不赞成	强烈不赞成	不知;无效
1. 核电厂产生危险的放射性废料	14.4	66.7	8.0	0.9	10.0
2. 核电厂导致高电价	6.3	37.8	34.4	2.2	19.2
3. 核电厂会产生类似原子弹爆炸的危险	6.7	48.1	28.5	5.5	11.2
4. 因为有充足的可获得能源,核电厂并不是必须的	2.7	26.1	51.3	7.7	12.2
5. 核电厂的工作人员会受辐射影响引起健康问题	6.4	53.1	25.9	2.7	11.9
6. 核电厂会引起周围居民的健康问题	5.4	45.0	33.6	3.8	12.2

资料来源:德州民意调查,该调查在1989年1月21日至2月3日进行。

70%的回答者认为核电计划是非常安全或者有些安全,而72%的回答者也感觉居住在核电厂周围很危险或有些危险。72%的人认为核电产业是"能够带来经济利益的高技术产业";而81%的人也认为它会产生"危险的放射性废料"。显然在公众意识当中,核电厂的积极和消极形象是共存的。由于议题呈现在公众辩论中的方式不同,形象的主导基调(正面和负面)也就不同,这一点已为核电在美国的历史发展所证明。正如沃特(Weart 1988)发现的那样,公民不会过多地根据事实去理解复杂的核电厂技术问题。不足40%的受访者认为他们充分地了解核电。62%的受访者认为他们"不是非常"或"一点也不"了解核电产业,只是从媒体的高度关注中知道这个州最近有两个核电厂投产。55%的人认为"核电厂和原子弹一样会产生爆炸的危险",只有34%的人认为不会如此。由此可见,对核电知识的缺乏是非常明显的。与此相似,事实上受访者明显分为"核电会带来高电费"和"核电不会带来高电费"两派。44%的人同意"核电会带来高电费",37%的人不同意,19%的人不确定。当新的核电厂服务于美国的时候,电费提高是唯一得到大众认可的事情。形象无疑只是理解的问题,该领域事实本身对认知的制约非常有限。公众对核电的态度显示出了人们在期待一种复杂技术产生时都会有的矛盾迹象。但是在某一特定的时间,在这些广泛对立的形象系列中的某一个形象可能会获得支配地位。民意调查显示了人们如何将自己的注意力从一个因果序列的集合转向另一个因果序列的集合。这一过程中的关键联系看样子是因为媒体报道。

对政治议题的媒体报道有两个维度:注意力和基调。如果注意力较低,那么议题基调的改变就没什么关系。然而,梅热(Mazur 1981b)提出证据表明,至少就技术问题而言,媒体报道的增长会引起公众对此政策支持的减少(也可看Freudenberg and Rosa 1984)。随着关注的增加(无论是积极的还是消极的),公众认可度就会降低。在技术复杂的领域中,核工业与其他已建立的政策次级系统一样,"没有消息就是好消息"这一格言显得更加真实。但是,在核工业的早期,注意力和批评之间的关系尚未建立,事实上早期对核工业的注意力主要集中于新能源对于解决多种人类问题所具有的巨大潜力。

核电的和平使用开始于正面宣传的浪潮,比如面向和平的原子能、非常便宜的电力、清洁的高技术、面向未来的低成本能源等等。但同时也存在与此相对立的竞争性形象,比如核武器的巨大毁灭性、辐射微尘笼罩的社会、公共技术泄露给私人商业机构、政府机密和遗传变异等等。在民用核电的起步阶段,这些负面的形象远远低于正面的形象。随着时间的推移,形象发生了变化,形象的退化与后来议定场所的改变紧密联系。随着核电政策议定场所的扩展,形象的退化日益加快,最终使核工业陷入了深深的困局。

沃特(Weart 1988)对《读者期刊指南》当中关于军用和民用核电正、负面的标题进行了编码,这一数据对我们的研究非常有用。图4.1展示了《读者期刊指南》上关于民用核电文章的总量,用以测量注意力。另外该图通过报告编码为正面评价的文章所占的百分比,展示了舆论的基调(中性和不能编码的标题已从百分比的统计当中略去)。附录A提供了对《读者期刊指南》进行编码和使用的详细方法。图4.1显示出20世纪40年代后期对民用核电议题注意力的增加。凑巧的是,1946年《麦克马洪法案》(McMahon Act)被通过,建立了原子能委员会①。20世纪50年代早期,随着1954年《麦克马洪法案》作出重大修正,注意力再次大幅增加。这两次注意力的增长与正面形象相联系。这一时期被称作"和平的原子能"时期。

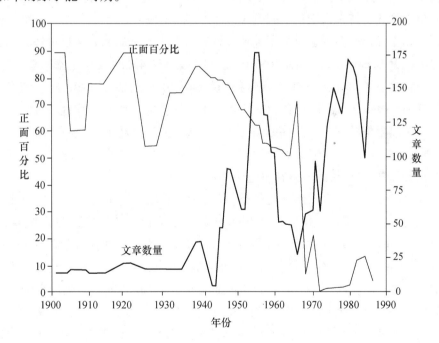

图4.1 关于民用核电的文章年度总数和编码为正面基调的文章占文章总数的百分比
数据来源于:《读者期刊指南(1990—1986)》。资料来源于:Weart 1988。
注意:只选择了一些年份的数据:参见:Weart 1988,387。

① 《读者期刊指南》中的标题数目因时而变,所以如果使用有关核电文章的标题的原始数目就可能存在曲解的风险。但是,当我们在图4.1中以百分比的形式表示所有《读者期刊指南》的标题时,我们发现这两条曲线的形状惊人地相似。

20世纪50年代后期和60年代早期,对议题的注意力开始下降。1968年核电形象的动力学发生了变化。注意力开始增加,负面的标题开始占据支配地位。1968年负面标题的数量在20世纪首次超过了正面标题的数量。

从1968年开始,负面标题日益超过正面标题占据支配地位。直到20世纪80年代,负面标题以大于20比1的比例超过了正面标题。核电的反对者成功地说服大众媒体的撰稿人,让他们相信核电的未来不是高山上的闪光之城,而是死亡、破坏和债务。在原子能委员会(AEC)的早期,科学新闻工作者热衷于核电发展的可能性,他们的文章反映了原子能委员会官方的乐观态度报道核电问题的新闻工作者认为自己是科学新闻工作者中的精英团队,他们所报道的是科学家及工程师的远见和希望。然而,核电和辐射的负面形象也一直很重要。在AEC后期,新闻业共同体的倾向发生了戏剧性的变化。罗思曼和利希特尔基于对技术变迁态度改变的全面分析,认为:"科学群体是核电发展的坚决支持者,其中最强烈的支持来自于对核问题了解最多的科学家"。然而,"知名出版物的新闻工作者在核电源问题上更多地持怀疑态度"(Rothman and Lichter 1982,52;也可参见 Rothman and Lichter 1987)。这些变化在图4.1和文献中都明显可见。

沃特描述了20世纪早期医用镭射的新闻报道"由于缺乏知识,幻想随意上演"(Weart 1988,37)。反对者和支持者对于这种新的"制剂"的疗效和危险做出了令人难以置信的断言。这些断言很少基于事实,而是基于想像和夸张。同样地,通过操纵好的或坏的想像,类似的辩论模式在核电发展史上再度出现。正如他指出的那样:"理性的争辩在争论中变得日益减少"(249)。

随着对私人公司合同的高度依赖,最初由政府用于军事目的而开发出来的先进技术,开始用于商业核电。在1946年的《麦克马洪原子能法案》(McMahon Atomic Energy Act of 1946)当中,国会建立了原子能委员会并且同意政府垄断核电开发(Polsby 1984,18—35)。当私人公用事业机构在AEC、执行机构和国会原子能联合委员会(Cogressional Joint Commission on Atomic Energy)的成员中进行游说之后,AEC作为其促进者和支持者国会在1954年修正了《麦克马洪法案》规定允许发展私人核电工业。该议题已经安排给私营部门做出决策,而行政机构和立法机构的小部分官员负责支持、促进以及偶尔的监督(最初的安排遭受了相当大的争议:参见 Morone and Woodhouse 1989,47—50)。

民用核电问题的最初机构安排对于发展核工业而言是极其有利的。机构设置的目的在于确保那些对提高技术最感兴趣的集团控制核工业。为了促进私营核产业的发展,特别组建了一些政府部门,并且国内有强大影响力的公司也与提

第四章 政策垄断的建立和崩溃

供帮助的行政机构、国会的特别联系委员会携手,抓紧推进其发展。坎贝尔将这种情况描述成另外一种决策制定切入方式:"倡导核电的公司精英、政治精英和技术精英拥有切入最保密和最核心的政策过程的特权"(Campbell 1988,78)。核电被看作是美国未来能源的保障,而与其相关的负面形象被排除在全国性的议程之外。终结了二战的毁灭技术将通过政府与私人之间的伙伴关系结束能源匮乏和饥饿的困扰。"和平的原子能"将产生"非常便宜"的电力。当时关于科学主题的新闻工作者在强化核电的正面形象上发挥了重要的作用(参见 Lanouette 1990)。

布朗注意到 AEC 第一任主席利连索尔(David Lilienthal),他极端热情,并且强有力地使用象征性言辞。他说:"我想,与太阳相比,没有什么东西的物理性质对人更友好或者对人的生存更必要。从太阳那里,你我获得我们需要的每一点能量……这些能量给我们生机并维持生命常青。它使我们能够建起摩天大楼和教堂。它书写了诗篇、奏响了交响乐。太阳是人类的朋友。它的光芒是生命本身的神奇原料……给予生命的太阳本身就是一个巨大的原子能工厂。我再次强调,太阳就是一个原子能工厂"(引自 Brown 1990,46—47)。

根据布朗的描述,用太阳作类比在民用核电工业的早期是被广泛接受的。它引发了一种"人们对于原子能放射性几乎很随意的态度","成长在 20 世纪 50 年代早期的孩子穿过带 X 光的鞋子,妇女可以在美容院中用 X 光褪掉腿毛,孩子们的扁桃腺也可以用 X 光切除"。才过了 10 年,这种态度就让人们觉得很难堪(Brown 1990,48)。

图 4.1 展示了大众媒体支持次级政府建立时的热情浪潮。注意力的总水平是很高的,并且对于核电的基调是非常正面的。当高水平注意力与对新技术的热情融合在一起的时候,我们就可以确定地预料到强有力的次级政府就要建立了。因为媒体注意力非常强烈;这种情形会刺激政治领导人首先关注核电规划本身。其次政治领导人才会关注如何促进规划,因为公众态度的基调非常正面。在这样的情势之下,专家拥有较大的优势,他们认为技术上非常复杂的决策需要留给他们去做,并且国内政治领导人最好可以建立相对独立的(如果不是完全自治的)机构并赋予他们相当大的预算权力。政治领导人也因为支持大众支持的、能够带来潜在收益的新计划而获益。在大众热情期,潜在的批评者,特别是专家群体内部的批评者通常会被忽略。

以上这些条件促使 20 世纪 50 年代美国建立起了核电次级政府。政府和产业领袖激烈的公共关系宣传运动促进了大众热情的形成,从而为做出有利于核工业的决策创造了条件。不过,好景不长,逐渐地,公众和媒体的核电形象从非常正面开始遵循冲突扩展模式慢慢退化。这种模式与沙特施奈德、科布和埃尔德在研究其他议题时所描述的模式类似。

坎贝尔对核电政策进行了卓越的案例研究,他清楚地展示了随着 AEC 技术成员开始对执行机构的安全决策表示质疑,政治冲突从封闭的次级系统中扩展出去的过程。他将这一过程描述为内部立法危机(Campbell 1988,51)。这些科学家与安全专家开始觉得政府拨款严重倾向于那些更大更新的反应堆设计的发展,而忽视了由他们所负责的核安全问题(参见 1988,51ff.)。一些科学家认为:被 AEC 批准的各项工程在设计上使安全问题更成问题,因为每个建设工程都具有自己的特点(Mooz 1979;Morone and Woodhouse 1989)。

从政策次级系统建立开始,反对者就表明了反对的立场。首先,工会抱怨政府对私人企业的补助(Morone and Woodhouse 1989,47—50)。接着环保集团和地方行动者也开始对接近城区的核电厂选址表示不满。不过这些抱怨最终还是泥牛入海,因为政策制定者只听从科学专家的意见。然而,关注安全问题的科学家不可能被看作是核工业的反对者,因为他们本身就是核电工程师,因此他们的抱怨有特殊的合理性。官僚企业家们(bureaucratic entrepreneurs)谋求原子能联合委员会成员的支持,以便获得安全问题较大的预算份额。联合委员会的成员越过 AEC 核反应安全保障顾问委员会,反对授权在底特律附近建立费尔米增值反应堆(Fermi breeder reactor)(Mitchell 1981)。由于核电专家们内部首次发出呼吁,决策制定权威的垄断开始削弱了。

坎贝尔认为 1965 年是 AEC 管理部门内对核反应安全问题非常担心明朗化的日期(Campbell 1988,53)。然而,早期关于许可证操作规则的改变,使得外部反对者切入政策制定系统。例如,1957 年,AEC 开始举行公开的执照听证;1962年 AEC 建立了常规的和开放的执照听证。这给安全鼓吹者一个机会,来攻击公众可能最关心的问题,即特定地点的核反应堆安全问题。1967 到 1971 年之间,大约三分之一的执照申请受到质疑(Rolph 1979,102)。随着领域内部的科学家将信息公布给对关注科学家联盟(Union of Concerned Scientists)和其他反核电集团,冲突就扩展开来了(Campbell 1988,61)。这种联系提供给外部的反对者以攻击现存体系的信心。根据坎贝尔的研究,随着关注科学家联盟和他们的盟友在新兴的环境运动中对所有的许可听证发出质疑,外部的合法性危机在 1972 年产生了。1973 年拉尔夫·纳德和其他环保集团基于安全事宜向法庭提起诉讼(Campbell 1988,63)。正如坎贝尔的研究所示,内部合法性危机转化成了外部合法性危机。

核工业在20世纪50年代创建次级系统时所享有的绝对正面形象开始滑向负面形象。20世纪60年代后期或70年代早期,美国大多数人的头脑当中,较之负面形象,正面形象可能仍旧占据优势地位,但是对于核电的公共认知已经开始快速地转向负面。随着核电基调的转换,注意力也开始随之增长。图4.1展示了核电注意力的两个顶点:第一个顶点与建立一个新的和平时代的核工业的热情相联系,第二个顶点位于20世纪70年代,与核电政策垄断开始终结有关。公众和媒体的兴趣主要集中在批评反对方面,而不是热情支持方面。20世纪70年代公众和媒体对核电问题的极大关注和这种关注的批判基调致使政治领导人具有与50年代截然不同的动机。多种机构随之改变,而每个变化又强化了核电产业的负面形象,同时提供了更多的反对者切入政策制定的机会。这样一来,议定场所和形象的改变共同导致了这个一度强大的次级系统的破坏。

管制程序的改变不仅仅影响到管制环境自身,还影响到其他议定场所。正如冲突扩展理论预期的那样:州和地方政府、法院以及国会都开始扮演更加重要的角色,并且他们中大部分都对核工业抱有敌意。1969年,国会通过了《国家环境政策法案》(National Environmental Policy Act),要求对所有的联邦许可程序进行环境影响评估。法院最初是AEC的支持者,但是1971年哥伦比亚特区上诉法院(the D. C. Court of Appeals)裁定将《国家环境保护法案》(NEPA)追溯运用于AEC听证程序案,以此为标志,法院对核工业的态度开始变得越发敌对(Rolph 1979,106)。AEC尝试通过封锁议定场所机会对环境保护主义者和关注科学家联盟利用听证程序作出回应。这一做法旨在取消1971年公众干涉许可听证会的机会,但是联合委员们对此没有予以支持(Rolph 1979,116)。1974年AEC解散了,它的管制职能分配给了核电管制局(Nuclear Regulatory Commission),发展职能分配给了能源研究与发展局(Energy Research and Development Agency,ERDA),该局后来成为能源部(Department of Energy)。这些变化的主要原因在于很多国会议员并不很尊重AEC和整个核工业,1977年联合委员会被取消了,因为人们认为委员会成员与核工业关系太密切了。许多国会委员会提出了对核电进行监管的要求。议定场所的挑选在这一过程中发挥了重要的角色,而且它的重要性已经为对立的双方所认识到。

反对者改变制度性议定场所与冲突扩展的经典模式相吻合。同时他们阐述了核电形象从一个进步、高效的形象变为危险和浪费的形象。具有讽刺意味的是，沃特指出，核工业形象发生变化的原因多半在于缺乏理性的自负，即核工业的领导者在早年就作出宣言：他们将给"世界上最危险的技术"套上"马具"。尽管核工业以预见到了最坏的情景而自负，但反对者能够有效地利用对"最大信任事故"（Maximum Credible Accident）的关注，达到他们的战略需要（参见Weart 1988，288ff.）。非常不幸的是，对支持核工业的人而言，公众的注意力聚焦于政府似乎承认这些事故真的可能发生，而不关注如何预防事故，或者如何使事故在很大程度上不能发生。

当时人们对核电的命运不甚清楚，即使在今天大多数分析家也不能完全把握这个情况，核电命运的未知期一直延续到1974年。当核工业对议题失去控制时，当议定场所中充满了反对者，他们将执照、监管和费率制定带入其中时，就已经决定了核电的未来。1974年之后，只安排了15个新的核电厂作为公用事业。由于反对者的议题认知观点得到认同，并且由于参与者范围的扩充改变了决策制定的性质，反对者首次获得了胜利。接下来我们将展示评估美国核电政策共同体性质改变的资料数据。上文所示的沃特的数据中，形象的改变很明显，它与在各种各样的制度性竞技舞台上出现的核电问题是相吻合的。

管制环境的改变

起初管辖核电的部门企图避免与核工业有关的任何问题的公开讨论，而且，迫切希望看到核电民用计划的成长。原子能委员会只发布了少量的规章制度，委员会的监管人员也非常少，委员会递交给国会的年度报告表明：国会基本没有什么理由关注核工业的任何问题。该机构同时对安全问题和发展问题负责，因此该机构的内部冲突一开始就存在了。到20世纪60年代中期，首次显示出AEC对核工业较强的监管迹象，AEC同时对核工业进行促进和管制。乍一看，这些改变微不足道，而且看上去也没产生什么结果，但是在随后几年变化却迅速增加了。

通过AEC的全国咨询中心（AEC/NRC）年报和其他资料，可以了解核工业管制环境随着时间推移而变化的情况。根据几乎全部测量指标可获得的资料，管制环境在20世纪70年代早期历经了重大的转变。图4.2展示了三个这样的指标。每年AEC全国咨询中心（AEC/NRC）发布的年度规章和年度修订案的总量是反映管制环境变迁速度的概况指标。图4.2还展示了从1957年开始每年（遗憾的是1973年的数据在AEC年报当中没有获得）的规章和修订案的数量。

第四章 政策垄断的建立和崩溃

最初每年只有15个新规章,或者还不足15个,随后从20世纪60年代后期开始,机构的行动变得更为积极。到20世纪70年代中期,以简单指标测量的管制行为显得更飘忽不定、无规律可循,但一般都会高于先前水平的四倍。

与规章和修订案总量变化相一致的是另一项独立研究的结果,这项研究试图按照每一项新规章影响的范围对其进行分类。虽然这项研究只包括1967年到1977年,但幸运的是,正是在这个时期美国的管制环境发生了转变。贝内特和凯特尔(Bennett and Kettler 1978)创造了"加权规章指标",与对核电产业影响较小的规章相比,这一指标更加看重那些对核电产业影响较大的规章。从20世纪60年代后期开始直到70年代中期,"加权规章指标"以几何级数增长。指标值从1967年的3增长到1970年的12,再增长到1975年的47,1977年的49。这些数字没有绘入图4.2,但是同一时间内年度新颁布的规章与修订案的数量的增长方式与数字所显示的情形是相似的。随着核电次级政府的解散,这两个系列的数据共同展示了AEC/NRC行动的转变。当然,这一行动的效果是渐增的,仅用每年的数据无法很好地将其表现出来。管制行为的重大变化始于20世纪60年代后期,在70年代中期得以完成。

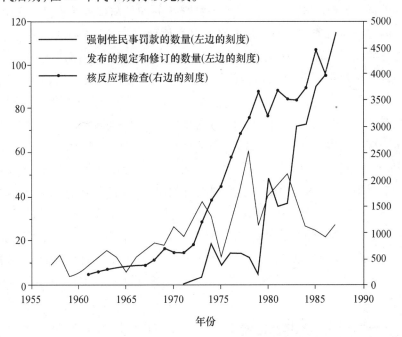

图4.2　AEC/NRC管制行为的增长

其他一些指标也反映出了日益严谨的管制环境。根据年度报告，AEC/NRC 成员对核反应堆检查的年度总数从 20 世纪 70 年代早期的 500 次，上升到 80 年代的 3000 次以上。在图 4.2 中我们可以看出：20 世纪 70 年代早期，检查行动的戏剧性转变也伴随着其他管制行为指标的变化。到 1974 年核反应堆检查的次数已经超过了 1000，并且仍在继续增长。燃料设备检查以及除了 AEC/NRC 管辖的反应堆以外的其他核场所检查，也遵循相似的模式，因此在图中没有绘出。NRC 人员在强制执行部（Inspection and Enforcement Division）中的人员比例也逐年地稳步增长，从 1975 年的 20.9% 增长到 1986 年的 32.8%。联邦政府在核电能源方面的投资大部分是在研究及其他活动上，但是到了 20 世纪 70 年代末期，NRC 已经成为监管机构。20 世纪 70 年中期是转型时期。①

图 4.2 展示了管制行为的滞后指标（lagging indicator）：1971 年之前，被 AEC/NRC 强制执行的民事罚金的数量是 0，而 20 世纪 70 年代的 10 年内每年的罚金数量也都为零，但是 1980 年以后这一罚金数量猛增。这是国会和官僚机构之间正反馈机制的绝佳实例，我们会在此详细探讨这一事例。因为 AEC 的建立是为了促进和管制核电产业，所以促进核产业的增长与确保核产业的公共安全之间的内在冲突就成了司空见惯的事情。举例而言，AEC 首创的当务之急是促进核工业的发展，其最初的受委托权力（original mandate）中不包括安全管理机构对违背安全规章操作处以罚金的权力。AEC 的领导人认为他们的角色是促进者而不是监管者。日复一日，机构内安全监督人员的权力日渐增长，但是他们还是没有什么法定权力。国会 1969 年批准了第一个民事处罚法令，据此可以对每起违法事件处以 5000 美元以内的象征性罚款，并且 30 天以内的罚款数额不超过 25000 美元。这仍然还只是一个重要变革的开始，国会成了官僚政治失败者的诉求对象，同时国会也通过改变规则对此作出了回应，增加了早先失败者的权力。图 4.2 展示了从 1971 年法律刚刚生效开始，70 年代这些具有高度象征性权力（Symbolic Power）的适度使用。然而，一旦开了采用罚金的先例，安全管制就可以向国会争取更大的权力。使用经济措施迫使核工业遵循安全管制的做法是与当时流行的利用市场力量改进政府管理的思想相一致的。20 世纪 80 年代

---

① 这些管制数据便于我们排除潜在的竞争假设：白宫控制的变化引起管理行为的变化，从 20 世纪 60 年代中期到 70 年代中期，白宫控制的改变引起了管制行为的改变，管制行为日益增长。这一过程开始于约翰逊政府，在尼克松政府时期持续发展并不断增强，直到整个系统发生转换。这些数据表明了卡特和（特别是）里根政府管制数量的减轻（参见 Wood 1988）；不过，核工业次级系统此前已经解体。

NRC的检查与强制执行部(Inspection and Enforcement Division of the NRC)再次要求变更法律,将每起违法事件罚金的上限上调到10万美元,而且任何一个时段内罚金数目没有上限。几乎同时,NRC的安全检查员对安全事故的罚金开始征收到数百万美元。图4.2清楚地展示了这一增长。

国会在改变AEC/NRC安全管制行为和促进行为的权力分配方面起到了关键的作用。国会与AEC/NRC两个议定场所是紧密相关的,并且一个机构的改变会立刻反映到另一个机构中。当国会对核电的注意力增长,其质询的基调从正面转为负面。而且注意力的增长导致了执行机构内部权力的改变。20世纪70年代,官僚的内在动态和国会的影响力推动AEC/NRC将其职能从促进核工业转向更多地对核工业进行严格的管制。这种改变是累积性的、自我强化的过程。作为对NRC内部变化的回应,国会内部也发生了类似的变化。

国会监督性质的改变

美国核电管制机构的戏剧性变革与国会行动的改变交相辉映。为了精确地标明核电议题在国会议程中出现的时间,我们国会委员会从1945年到1987年关于民用核电的全部听证进行了编码和分析。这一时段里国会关于民用核电的听证共有1237次,我们阅读了年鉴《国会信息服务年鉴》(Congressional Information Service annual)的摘要和记录。对于每次听证,我们对举行的日期、举行听证的国会委员会与次级委员会进行编码,并且将讨论内容归入五个主题。这些主题包括正面的、负面的和中性的三种基调。每次听证会可能包含正面和负面两种主题,因此我们的数据集容纳的主题数目多于听证会的数目。正面的听证聚焦于诸如使用核电净化海水,驱动商业船只和飞机,或者促进核电产业所需的新技术,或者电力需求增长之类的事情。负面的听证包括诸如核反应堆事故、管制改革、工人安全、出口政策批评、核废料处理或运输等问题。中性的主题主要包括年度拨款或者其它一些基调尚不明确的事件。

战后早期,国会很少注意到核电问题,从1945年到1954年每年平均只有三次听证(除了1949年的28次听证)。只有很少的委员会卷入其中。一个年度内,举行听证会的白宫和参议院委员会一般不会多于两个。然而随着时间的推移,受到控制的议程性质以及对核问题的相对漠视发生了戏剧性的改变。国会听证的数量激增,1955年到1968年每年平均16次,1969年到1986年每年平均51次。同时,要求核电管辖权的委员会和次级委员会的数量也发生了戏剧性的变化。表4.2展示了关于核电问题出现在国会议程中的相关信息。

在美国核工业的早年,国会行动往往有利于核工业的发展,也很少举行关于核工业的听证,也只有很少的委员会和次级委员会享有检查核工业的特权。20世纪50年代末期和60年代,以核工业为主题的听证数量明显增加,更重要的是,要求对部分核工业实施管辖的管理主体也明显增加。这些证明了这一系统开始崩溃。到了20世纪70年代,随着二十多个不同的国会委员会和次级委员会在同一年就民用核电项目的某个方面举行了一些听证,早先执意支持核电产业的独立次级政府也彻底消失了。1979年,36个以上的不同的国会机构举办了94次核电问题的听证会。

战后,不仅听证的数目和要求民用核工业管辖权的委员会和次级委员会的数目发生了剧烈的增长,而且伴随着注意力水平的变化,基调也发生了改变。负面的主题居于国会核电注意力的支配地位。图4.3展示了20世纪70年代随着核电出现在国会议程中,负面观点增长的情况。图4.3展示了从1945年到1986年间,国会听证中讨论的正面和负面的主题数量(少量的听证明显的有好几个主题,因此,在图4.3中编码的主题数量略高于表4.2中报告的听证次数)。

国会行动者对核问题的兴趣日增,其目的并不是为了促进核工业。在早先政策斗争中失利一方的呼吁下,国会行动者进入了宣称自己赞成核工业的次级政府,以及那些寻求获得更多的管辖权的委员会和次级委员会。20世纪70年代国会内部机构的改变,大大增加了能够获取美国核电政策某些方面的管辖权的委员会和次级委员会的数量。当反对者在原子能委员会中失利的时候,由于国会自身代表一个议定场所,他们就在国会中寻求支持。通过利用允许公众参与的管制规则,通过增加国会代表,核电反对者在很多年中成功地打破了强有力的次级政府。这一改变最初并不剧烈。然而,20世纪60年代,国会监管中小变化的累积效果,导致了70年代早期管理行为的改变,以及最终70年代国会监管管理机构人员的急剧膨胀这标志着美国赞成核电的铁三角的彻底崩溃。这些类似改变不仅发生在其他层级政府中,也迅速地对金融市场产生了影响。

表 4.2　国会核电注意力的扩展(1944—1986)

年度	核电平均听证次数	委员会每年举办的听证的平均数量	举办听证的委员会和次级委员会的平均数量
1944—1954	5.8	1.8	1.9
1955—1968	15.9	5.3	8.6
1969—1986	51.3	14.3	24.2

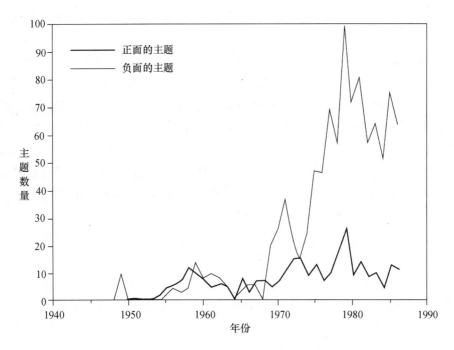

图 4.3　国会核电听证中负面基调的增长

州与地方政府日增的激进主义

以要求公众参与和对每个核电计划都要进行地方听证的规则实施为起点，环境保护的激进主义者成功发起了反对特定区域设厂的运动。一方面国家政策制定系统开始改变，另一方面，某些反核电主义者取得的最大成功应该归功于他们巧妙地利用州与地方政府来减缓或终止许多工厂的建设。他们通过强调公众参与的修辞(rhetoric)迫使先前许多封闭的政府过程开放，促进了反对者对整个政策过程进行越来越多的干涉（Nelkin and Fallows 1978）。大规模的地方抗议行为在各个工厂激烈上演（Nelkin 1971；另参见 Kitschelt 1986）。

在加利福尼亚，声势浩大的环境和消费运动、立法提案权以及全民投票权使公民对反核电修正案进行过两次表决：一次是1972年，另一次是1976年（Kuklinski, Metlay and Kay 1982）。尽管选票上失利了，但是加州的环境保护主义者仍然进入公共服务委员会就执照听证和费率确定听证提出他们的诉求。许多州的消费鼓吹者开始聚焦于州公用事业委员会，以迫使该委员会以强硬的姿态反对电力事业的垄断管理。他们开始经常干涉费率确定的程序，尤其在涉及核电厂的费率确定程序方面，他们在一些州比在另一些州获得了更大的成功。20世纪70年代核设施的资本成本逐年攀升，核反对者从公共服务委员会的规则中获得了好处，因为该规则规定在核电厂建成之前，禁止将核设施的成本强加于纳税人。他们还团结了一些有价值的盟友——对保持低成本电价感兴趣的制造公司。反核电的行动者们，曾经是聚集在环境保护主义旗帜下的各种团体，现在则包括了通用汽车（General Motors）、道氏化学公司（Dow Chemical）等其他大的用电工业公司。这些公司都知道任何一个大的核电厂都需要获得运营许可，也明白州管制者允许大幅度的费率增长，以便补偿公用事业的巨额投资。

核电政策共同体不仅仅扩展到政策制定机构，联邦和州法院也日渐卷入，州和地方政府也被动员了起来。简而言之，反对者不仅仅寻求一个更有利于自己的议定场所，还要寻求上百个这样的议定场所，在这一过程中就逐渐打破了以前被严密控制的次级政府。这些改变对运营和建设核设施的公用事业的经济绩效产生了戏剧性的影响。

金融市场回应的变化

最后，核电在美国日渐被抛弃，因为核工业与其它能源相比失去了竞争力。电力产业出现长期问题时，核电产业也出现了财政困境。1965年，电力公用事业作为非常安全的投资，只有11%的主要电力公用事业被穆迪（Moody）定为最低的投资等级（Baa）。10年后有一半的电力公用事业被定为是最低的投资等级，因此被迫提供较高的债券利率（Campbell 1988, 99）。电力公用事业对于财经团体而言失去了光彩照人的吸引力。如上所述，巨大的核电投资和管制环境的改变是电力公用事业绩效下滑的原因之一（Montgomery and Rose 1979; Golay

1980；Weingast 1980；Komonoff 1981：Paik and Schriver 1981；也可以参见 Goodman and Wrightson 1987）。巨大的核电投资导致成本超过极限，金融市场对此做出的回应强化了核工业的一些负面形象，尽管商业和金融团体对核电技术并不是非常反感。但是那些对核电投入最多的公用事业绩效比同期的其他公用事业绩效更差。

图4.4将几种标准股票指标的股票市场绩效与我们建立的核电公用事业股票价格指标进行了比较，比较的年限从1962年到1988年。该图展示了标准普尔500指数和道-琼斯工业指数这两个最广泛的用于工业股票绩效的指数。道-琼斯公用事业指标由15个公用事业合成，因此不能完全代表所有的公用事业产业。但这与更具包容性的标准普尔公用事业指数相比并无明显的差异。我们的核公用事业指标由纽约证券交易所列举的最依赖核电发电的36个公用事业股票市场绩效平均值构成。道-琼斯公用事业指标包括许多大规模的核电投资的公用事业，也包括那些不依靠核电生产进行的公用事业。我们将36个公用事业合并为"核电公用事业指标"，其中包括国内最大的一些公用事业，诸如联邦爱迪生公司（Commonwealth Edison）、统一爱迪生公司（Consolidated Edison）、休斯敦工业公司（Houston Industries）、南加州爱迪生公司（Southern California Edison）和杜克电力公司（Duke Power）。它们之所以被选择出来，是因为在所有与核电有关的公用事业清单中，核电在它们总的生产能力中占的比例最高。具有讽刺意味的是，这些公用事业可能代表了那些最成功的核公用事业，因为，从定义上讲，它们已经成功地建造并且经营核电厂了。我们也分析了在进行长时期建设以后又放弃了核电项目（因此可能是最失败的投资）的11家公用事业的股票市场绩效。许多其他的公用事业在核电厂建设上投资花费不下数十亿美元，但是最后仍然可能成为废弃的项目。通过分析那些长期建设（因此失去了大量的投资）而终被废弃的核电公用事业的绩效，我们发现废弃了核电项目的11家公用事业的股票市场绩效与图4.4所示的36个最热衷于核电的公用事业的股票市场绩效之间没有明显的差异。两组的绩效都很平常。

图4.4报告了以1962年作为比较的开始点，四个指标的季度价值（quarterly values）。在1974年之前没有一个指标表现良好，当时公用事业股票价格已经跌到谷底；然而理论上，根据标准普尔500股票指数，1962年投资者每付出1美元将在1973年获得1.50美元，但是核电公用事业投资者只能获得45美分。这种差异在恢复阶段显得更富戏剧性，这使投资者群体更不乐意投资于核电。两大

广泛使用的工业指标(标准普尔500指数和道-琼斯工业)有大致类似的表现,从1974年到1988年每股大约增长了3—4倍。公用事业股票一般不会共享这种快速的增长,但是大量投资于核电公用事业的绩效比其他公用事业的绩效还要差。道-琼斯公用事业的价值在最后大约是1974年的3倍,但核电公用事业基本没有恢复。因此,整个20世纪80年代股票指数的价值都迅速地增长,公用事业总体上也有所提高,而那些主要投资核电的公用事业股票却明显的区别于其他股票,下滑至不到1962年股票价值的一半。主要投资核电的公用事业成了投资群体当中的难民。

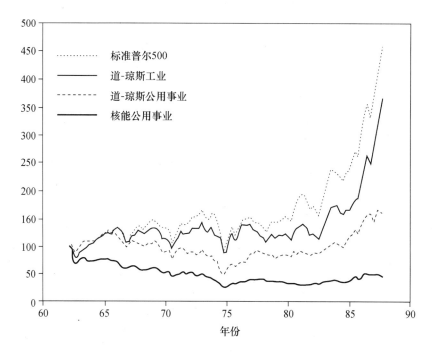

图4.4 核电公用事业的股票市场绩效及其与其它指标的比较

20世纪70年代早期之前,控制核工业的次级政府尚未打破,投资群体对核电项目并没有做出负面的反应,只是后来才退避三舍。倡导使用核电的政府铁三角的打破看来影响到了公用事业的金融绩效。总体而言,公用事业绩效在1973—1974年的石油危机之前开始有所好转,1988年的平均股票价值超过1974年的三倍多。那些高度依赖核电的公用事业没有明显好转,1988年它们的股票平均价值一直维持在不足1962年一半的水平。

很显然,核电经济学不能驱动核电政治。恰恰相反,政治对市场的不良反应有重大影响。随着管制行为的增长以及联邦政府停止了对该产业的扶持,投资者清楚地认识到核电的运营、建设和核电厂的计划会遇到一系列的金融难题。市场成为正面强化过程的一个因素。20世纪60年代随着精英对核电问题的理解发生了改变,新的行动者开始介入,因此核工业管制的性质和政府环境发生了改变,从而使核工业处于更不利的状况。这导致了核工业金融前景的改变。因此政治环境、过程以及政策制定规则的改变最终反映在金融市场上,形象问题变成了一个严重的经济问题。谨慎的商业管理者开始躲避核电投资,尽管以前被严密控制的支持核产业的政府组织,为了促进该产业的发展,把投资条件设定得如此诱人。我们可以清楚地看到政治和市场之间的关系,市场是复杂社会中多种决策制定议定场所之间互动过程的一部分。

核电公众形象的改变

迄今为止我们已经知道,美国的支持核电政策次级系统的崩溃过程是这样的:反对者利用专家共同体内部的分化;大众传媒形象发生改变;反对者首先获得管制者的注意力,然后获得国会、法院和州管制者的注意力;最后市场作出反应。

公众的反应是怎样的呢?公众不会期待或引起我们已谈到的美国核电议定场所的改变,公众对核电的态度与精英行为相一致。冲突的扩展通常会涉及大部分公众,但是公众并不一定会卷入政策辩论中。在核电案例当中,由威廉·兰金和他的同事(1984)收集的民意调查清晰地显示:在三哩岛(Three Mile Island,TMI)事件之前大多数公众还是支持建立更多核电厂的。然而从1974年开始反对者的比例上升了。1970年反对者的比例不到20%。对"你赞成还是反对建立更多的核电站?"这一问题的回答,在三哩岛事件之前,是正面多过负面,1970年是60比18,1974年是60比27;1975年是45比35;1977年是60比28;1979年是50比30。在三哩岛事故之后,反对者的数量超过了支持者的数量,变成60比30(参见Rankin,Nealy and Melber 1984,48)。在华盛顿政策过程性质改变的整个过程中,最充满戏剧性的时刻是,作为对精英冲突的回应,公众的注意力也越来越集中。

对核电计划"在某一区域设点"的关注是公众关注的重点,在20世纪70年代招致公众对核工业越来越强的敌视。兰金的系列民意调查表当中有一个问题是这样的:"假如你本地的电力公司说想在本地建立核电厂,你会赞同该计划,还是会反对该计划?"其回应的结果是,1971年和1973年大多数人持赞成态度:1971年赞成和反对的比例是58比23,1973年是56比24。20世纪70年代中后期反对者稳步上升,三哩岛事件之后反对者的数量超过了赞成者的数量(参见Rankin,Nealy and Melber 1984,52)。被反对者巧妙利用的一个致命弱点是核电厂的选址靠近人口密集区。

大众只是代表美国政治系统中众多潜在政治话语舞台之一,而且也不总是处于关键地位。战略性的政策制定者会通过对地方和全国政府的形象和议定场所进行战略操控,获得巨大成功。他们甚至能够颠覆由执行机构官员与强势利益集团胶合而成的强有力的次级政府。他们努力促使冲突扩大化,超越其原来的范围,但是直接诉诸公众并不是他们唯一的办法。核电研究中可以获得的数据显示,公众舆论追随着精英们对议定场所机会的利用。然而,该案例表明使潜在的冲突扩展到公众是整个议定场所搜索(或冲突扩展过程)的关键点。也就是说,参与者可以敏锐地知晓就某一议题进行大众动员的结果。

关注核电问题的系列议定场所

我们已经表明,沙特施奈德的冲突拓展模型需要修正以便将活跃在美国的多种政策议定场所包括进去。我们认为,不同的政策议定场所会以不同的视角和职责相继卷入议题。最终,形象的改变和议定场所的切入成为互动的、同时发生的过程。政策形象的改变推动了议定场所制度安排的改变。议定场所的改变继而强化形象的改变,这一交互过程具有正反馈的特征。

表4.3 政策次级系统消亡的轨迹:核电议定场所的相继替代

日期	事件	资料来源
1965年之前	被AEC/JCAE严格控制;正面的形象	Hamm1983;图4.1—4.3
1965年	AEC内部对安全问题的质疑	Campbell 1988
1966年	管制行为加快 媒体报道增加	图4.2 图4.1

续表

日期	事件	资料来源
1968 年	负面报道超过了正面报道	图 4.1
1969 年	国会负面听证会数量超过正面听证会	图 4.3
1971 年	地区法院规定 EIS 向 AEC 提出申请	Campbell 1988
1972 年	关注科学家联盟（Union of Concerned Scientists）开始卷入许可听证	Campbell 1988
1972 年	加州反核开始	Kuklinski, Metlay, and Kay 1982
1973 年	Nader 法庭诉讼	
1974 年	AEC 被重新组建进入 NRC 和 ERDA 1974 年之后只建了 15 个核电厂	Campbell 1988
1975 年	核电股票价格滑落到最低点后无法反弹 国会听证年均超过 40 次	图 4.4 图 4.3，表 4.1
1977 年	原子能联合委员会解散	
1978 年	公众对于建立地方核电站的舆论转向负面	Rankin, Nealey, and Melber 1984
1979 年	三哩岛	
1979 年	公众对于核电的舆论转向负面	Rankin, Nealey, and Melber 1984

上文中关于核电的叙述可以用表 4.3 进行概括，该表描述了核电政策垄断走向灭亡的简史，该表也展示了形象和议定场所的历次重大改变，从而清晰地描绘出了核工业的历史。表中注明了 除了我们搜集到的直接的、量化的证据，还有来自其他资料来源的细节作为补充。这些指标只是复杂的政策过程改变的主要标志性事件，表格只是以简化的方式列举了本章描述的事件。不过本表展示了围绕核电议题的冲突如何相继扩展的过程，这一扩展过程是从一个议定场所转向另一个议定场所，而不是从精英控制转向大众的"两分法"。该表还展示了形象与议定场所之间的关系。最后该表表明了从 20 世纪 70 年代中期 3 年之内发生了许多重大的改变两者之间的迅速互动。

美国核电政策的案例生动地展示了政策形象与议定场所机会在较长时期

内的互动过程。在这一案例中,议程、政策注意力和政策次级系统的创建和破坏是紧密相关的。在随后的章节中,我们将阐明核电政策中发生的这一切并不是一个特例。尽管并非所有的集团都有能力像核电的支持者那样实现政策垄断;也不是所有的政策垄断都会以这种戏剧性的方式被破坏,但是我们在随后的章节中所讨论的每一个议题都展示了形象与议定场所之间的动态过程。

第五章

议题扩张的两种模式

在第四章中,我们讨论了美国政治中核电次级系统的发展。我们对其他领域议题的分析表明:在美国普遍存在着类似于建立和废除核电次级系统的过程。特别需要强调的是,决策者们会利用议程切入期,建立一些新的机构或者改变已存在的机构。在公众关注的浪潮消退后,这些机构仍然可能存在几十年。只要这些机构的结构和参与者冷漠的模式保持不变,政策的改变就会非常缓慢。因为要求更剧烈变化的压力增大,这个压力在一段时期内可能会遭到抵制。不过,如果压力足够大的话,它们就可能不仅仅导致政策的改变,还会引起机构的改变,而机构改变是为了在新的均衡点上使政策得到强化和稳定。结构诱致的均衡会导致政策产出方面戏剧性的间断,还会导致许多政策制定机构的长期变迁,因为新机构会被不断地设计出来,以保护新的利益。

公众围绕一个特定议题的高涨情绪,为政策制定者营造了创建新的机构以保证计划实施的氛围。这些新建机构随即把参与和政策制定都结构化,以确保创建机构的支持者拥有议程切入的特权。公众的兴趣和热情消退后,机构仍旧存在,推动支持者们所中意的政策的推行。议程切入的机构遗产将使参与结构化,以至于强大的次级系统可以摆脱大众的监控,相对独立地维持几十年。在政策垄断发挥作用的时期,政策产出保持稳定或逐年增长,以至于分析家们误认为政治产出维持了均衡。不过,我们知道,议题会重新回到公众议程中来,并且第二个议程切入期会瓦解那些第一个议程切入期在公众的热情支持中诞生的那些机构。议程设置通常会具有长期的制度效应，换言之，议程设置可以解释政治中间断均衡的不稳定性质。

在这章中我们主要讨论美国政治中的两种类型的议程接近。一种与热情支持相关，一种与批判反对相关。当议题在热情支持的浪潮中进入公众议程时，建立新的政策次级系统就具备了最好的条件。政治家们会竭力为那些有信心解决好重大国家问题的专家们提供支持，从而回应了热情支持的情绪。当公众相信专家的工作能够带来好的结果时，领导者希望自己被看作是推动而不是阻碍专家工作的人。我们在第四章中提到过核电次级系统是如何在20世纪40年代到50年代建立的，本章中我们将讨论与之类似的关于杀虫剂的议题。

另一方面，当一个议题在批评和反对的氛围下出现在议程中，可能的政策后果是相反的，破坏或削弱已经创立的政策次级系统的条件已经成熟。专家的批评和反对会鼓励政治家在细节上对专业政策共同体内部的政策制定过程予以更多的关注，而热情和支持会让政治家将权力委派给专家。两种类型的动员尽管在性质上是截然相反的，但是对政策的影响同等重要。

在本章中，我们提出两个重要的论点：第一，机构通常是议程切入的产物，短期的注意力会影响政策产出和政府政策数十年。机构在公众的注意力消退后仍然存在，参与决策活动，使得一些人拥有议程切入的特权而另外一些人被排除在外。第二，议程设置有一个基调，热情支持与批判反对会引起不同机构的回应。热情支持的浪潮会带来政府机构和次级系统的创建，而批判反对则引起它们的崩溃。

当我们使用"好"与"坏"、"热情支持"与"批评反对"或者"正面"与"负面"这样的词语时，并不意味着我们认可这些观点，这些词语只涉及我们对注意力基调会对产业或惯例产生何种影响的预期。这些词语的使用完全取决于使用者自己的观点。我们不妨遵循在第二章中介绍的一个简单的规则，即从有关产业的角度来看待议题。当我们研究的是烟草产业时，关于收成、出口市场以及吸烟的魅力的消息都是好消息。吸烟容易导致癌症则是一个坏消息。当我们关注健康产业时，我们很容易用相反的方式来使用这些词语。比如说能够治愈癌症的"热情支持的浪潮"，对于从事健康职业的人来讲是"正面的"。但是从烟草产业的立场来看，这一浪潮更像是"批评反对的浪潮"。"通过制定强制性使用安全带法可以限制高速公路上的死亡人数"的乐观主义，从公共健康的立场看就是"正面的"；但是从汽车产业和公民自由权的立场上看，这种乐观主义可能就是"负面的"。抗税行为在希望精简政府机构的保守派看来是"正面的"，而在政府税收的受益人看来则是"负面的"。这种存在分歧的词语容易让人混淆，因此我

第五章 ◎ 议题扩张的两种模式

们需要一个简单的规则把它们说清楚。

我们使用这些词语是因为决策者们也使用这些词语,这些词语清楚地暗示了政策产出的结果。在卷入政策过程的人看来,新的发展是有助于还是阻碍目标十分清楚。相同的发展对一部分人来说是好事,对另外一部分人来说则是坏事,这一事实构成了美国政治中次级系统建立、改组和废除的持续动态过程。偏好动员(the mobilization of bias)的变化会同时产生两种结果:(1)这些变化鼓励政府项目的建立,从而将"热情支持浪潮"所提倡的解决方案制定成法律。(2)这些变化加速破坏业已建立但受到批评的次级系统。在核产业立场看来反核运动可能被看作是批评性质的,但在不断增长的环保官僚机构看来则是热情支持性质的。因此,当我们使用"好"与"坏"这对词语时,我们是默认站在产业的立场来说话的,当然我们也可以从相反的立场看这些话语,这样做仅仅是为了保持一致性。

我们在前面的章节主要进行的是单议题研究。本章的分析则建立在两个案例的基础上。与核电一样(这一议题在上章中已经讨论过,本章中我们会随时回顾),杀虫剂政策、吸烟和烟草政策或者被看作是对重大的全国性问题的解决(因此获得热情支持和促进);或者被看作是重大的社会、经济和健康问题的根源。在随后的章节中,我们会发现,随着时间推移公众认知会发生的变化并不仅仅局限于这三个案例。在分析吸烟和杀虫剂政策案例的证据之前,让我们熟悉一下划分"热情支持"和"批判反对"的背景;说明"在正面和负面的条件下议题出现在议程中,会自然地引起决策者的不同反应"这一论断的原因。

正如我们在第四章核电案例中看到的那样,在美国很多政策垄断首次创建的速度是惊人的。因为没有与新政策对立的观点,政策企业家利用有利的公共注意力,并且迅速地推动政府官员将任务安排进入有利的议定场所。由于没有反对者反对新的政策理念,政策企业家可以很快地操控精英和大众的观点形成对新政策的热情支持。他们期望的结果当然是政策垄断,政治武器就是宣传运动。当热情支持的浪潮席卷政策共同体、新闻界和全国范围的政策制定者时,增加政治资源的投入可以增加边际收益。

比如,围绕一项新的产业,当新的政策系统的创建引起关注时,注意力的增长与巨大的热情支持紧密联系。正面的注意力可能会引起很多政府和私营部门领导的注意力,但是议题很快就会被放入一个限制性的议定场所而被控制、培植或促进。公众和媒体的关注度可能很高,并且基调也是正面的,但是这不会持久。垄断一旦建立,决策就会常规化,议题就会淡出公共议程。

一个政治垄断,它成功建立的速度是很快的,它灭亡的速度同样也会很快。

一旦形象和议定场所的互动开始，它就具有了自身的逻辑。当议题的新认知产生了更大的政治诉求，那些本来对该问题就不感兴趣的政策制定者和机构也纷纷变得更消极。环境保护主义就是一个典型的例子，一个政治上受欢迎的观念，一旦与特定的政策挂钩，那它就会迅速地消亡。

当现存的政策垄断受到攻击，我们就能看到负面注意力的增长，负面注意力的增长与要求管辖权的议定场所数量的增长是相关的。那些对先前封闭的政策垄断不满的人所进行的呼吁会导致注意力的增长，注意力的基调和占主导地位的政策形象就会从正面转变为负面。有战略头脑的政策制定者都明白：只有宣称政策存在严重的问题，才能吸引其他机构的议定场所的注意力。因此随着注意力总量的增长，注意力的基调就有可能从正面转向负面，讨论议题的议定场所数量也就会增加。政策垄断总是在正面注意力盛行的时期被创建，但当注意力增长和注意力基调转变的时候，政策垄断就会发生急剧的变化。总之，政策垄断的创建，其长期维持及迅速消亡都是由同一过程引起的。

唐斯和沙特施奈德的两种动员理论

安东尼·唐斯在他的经典文章《生态问题中的起起落落》（*Up and Down with Ecology*）（Anthony Downs 1972）中指出公众对政治议题的关注一向遵循循环模式。唐斯的研究表明，议题的初级阶段，注意力水平很低。但一个具有预警意义的发现和狂喜（euphoria），就会迅速地激起讨论的兴趣，随后由于意识到了解决问题的成本，公众的兴趣就会逐渐减弱。这是一种关于议程设置过程的悲观看法。根据唐斯的说法，纳入议程和政策产出并无多大相关性，或者说，纳入议程并不意味着该议题会被制定成政策，因为公众和国家领导人可能很快就得出结论认为采取行动是徒劳之举，解决问题的费用过高，或者还有其他更紧急的问题需要处理。根据这种逻辑推论，这种议程设置的观点意味着永无止境的一系列"预警性发现"。在此期间公众突然聚焦于某一议题，但是这一时期过后，实质性的工作却可能从来没有做过。当行动出现了困难或者一些新的危机取代了旧的危机成为引人注目的焦点之时，公众的注意力就会消退。

的确，一些问题的情况和唐斯所说一样，但是，还有一些问题会在议程中保留相当长一段时间。比如说，唐斯对"生态"的讨论已过去20年了，但环境议题在全国政治议程中的地位依然居高不下，超过唐斯讨论前的任何时候。因此，唐斯所描述的循环模式并非议程过程唯一可能的结果。议程的动力会产生重要的政策后果,而不会只是没有结果的简单运动。一些问题在公共议程中会被长期关注,而且一些问题确实得到了解决,虽然这听起来似乎有点令人吃惊。

少数对唐斯理论进行经验验证的尝试之一就是,彼得斯和霍格伍德调查了政府对重要问题关注随着时间推移的变化。正如唐斯所假定的那样,密集行动的时期之后会紧随着一个行动很少的时期,彼得斯和霍格伍德发现:"几乎所有的政策领域都有至少为期10年的组织行动的巅峰期"(Peters and Hogwood 251)。事实上他们所研究的政府的每个领域中都存在一些明显的时段,该时段中有许多组织被创建、重组或废止。而且这些时段与盖洛普民意调查(Gallup Poll)所显示的公众对这些问题的关注度的数据大致吻合。根据这项研究,政府也具有一个与"预警发现"相似的时期。当解决某个问题的希望很大的时候,政府就会创建新的机构,重组一些机构,并试图以多种方式来探讨这一问题。

唐斯的理论认为:公众关注度达到高峰过后就开始下降,但是彼得斯和霍格伍德的研究却发现:政府的行为力度并不会下降到低于以前的水平,相反,在随后的几十年内政府会采取相当多的行动。换句话说,尽管公众对问题的关注度会下降,但哪怕是转瞬即逝的兴趣火花都可能留下机构遗产。公共机构,特别是政府官僚机构,不会简单地随着公众和媒体对问题关注热度的减少而消失。因此,公众注意力可能是循环的,但是"预警性发现"当中的任一个重要因素都可能被解决问题的规划纳入专门机构加以解决。或许政府机构的增长是唐斯循环的组成部分。当注意力突然聚焦于新问题,政策制定者们建立新的机构或者采用旧的机构作为潜在的解决方法。当机构开始运转时,要求运转预算,人们对问题有了一个更好的理解,成本变得明确,于是热情支持消退,关注点转移。但是机构仍然存在,唐斯的理论没有意识到这才是议程过程的关键点。

如唐斯所述,当公众的注意力集中到某些新问题时,持乐观态度的决策者就会筹集资金进行调查,或者实施那些保证可以解决问题的专家的规划。提出潜在解决方案的专家就会迫不及待地要求执行他的计划,像金登(Kingdon 1984)所描述的那样:政治领导有兴趣,官僚和其他专家提出了解决方案,两股力量的结合就导致了政策的产生。因此新的规划机构、政策和执行机构与议程设置的过程紧密相关。

当公众关注的问题缺乏切实可行的解决方案的时候,唐斯的循环理论是近似正确的。由于行动无效,注意力的浪潮席卷之后随即消退。解决方案以已存在的政府规划、计划和机构的形式出现,但是,公众对问题关注的浪潮可能仍会导致新规划的实施与新机构的增长。正像科恩、马奇和奥尔森(1972)所描述的那样,如果没有解决方案,对某一问题的关注最终会无果而终,但是如果存在解决方案，政府更可能会采取行动。因此，即便是公众对问题的短期关注都可能导致解决问题的官僚机构的产生和长期的政策后果。

在前一章中，我们探讨了美国民用核电次级系统的发展和崩溃。这一议题在国家政治议程中出现过两次，两次的结果截然相反。正如图 4.1 及其文字说明中阐述的那样：对核电潜能的热情支持导致了政治领导人成立了一批非常有利的机构来支持和发展该产业。以下我们将热情支持者所做的动员称作"唐斯式动员"。在这一动员中政府被呼吁去解决问题或者利用新科技。

当花费了几年时间将核电厂建立起来之后，高昂的费用成倍增长，同时其他议题成了全国性政治议程的中心之时，公众对核电议题的关注逐渐消退。但是制度性的次级系统仍然存在，它默默地工作了 20 年，实施了鼓励更大程度使用核电的新政策，为美国规划和建立了比别的国家要多很多的核电站。因此，虽然乐观主义和正面动员的时期并没有持续多久，但是它却留下了一大笔机构遗产。

目前核电已经不再拥有像战前早期那样正面的形象，不过，如第四章所述，它也没有从议程中永久地退出。20 世纪 70 年代当它再度出现在议程中时，它已经不再与热情支持联系在一起，而是与恐惧、怀疑、抱怨和批评联系在了一起。我们称此为沙特施奈德式动员，因为这种动员是对现状不满的反对者试图扩大冲突范围造成的（Schattschneider 1960）。政府已经参与到问题的解决当中了，一些人开始把解决方案看成问题。因此议题必定会扩大，超出现存政策制定系统的范围。

产业内部的批评者往往会联合外部的批评者（Cobb, Ross, and Ross 1976），这一过程会形成自我强化。这些批评者不但攻击政策，而且他们要求改变制定政策的程序和规则。实体的和程序的争议结合在一起，因为反对者的目的就在于寻求实体的和程序的改革。就像赖克指出的那样："可以预见：在特定规则之下，一系列决策问题上的失败者会试图改变机构，并因此改变在这些机构下产生的决定，他们的这些努力往往会获得成功（Riker 1980, 444—445）。"如果批评者通过寻找流行的新议题而吸引了政府政策制定者的注意力，那么即使对像核电那样强大的次级系统提出批评也会获得成功。随着有利于政策垄断维持的机构的改变，该政策垄断就可能被破坏或削弱。机构的改变都是周期性的，这点可以解释：为何在机构稳定的时候政策可以保持长期的相对稳定，而在机构改变的时期政策同样也会发生剧烈的改变。

唐斯式动员会导致有利于产业发展的制度结构的建立，并延续数十年。沙特施奈德式动员导致了这类有利结构的破坏。这两种动员的浪潮中，一种对产业的发展会起到正面的作用，另一种则会起到负面的作用，这两种动员导致了议题两度出现在战后的议程中,每次出现都伴随着重大的机构和政策改变。议题出现的间歇期,核电政策的变化大多是渐进式的。在公众关注度低下的时候,系统处于接近均衡状态,但是当发生剧烈的政策变化时,议题出现在公共议程中就会形成议题的间断。

两种动员理论的检验

就像第四章中针对核电议题所做的那样,我们针对本章详细讨论的两大议题,对刊载在《读者期刊指南》上的文章数量和文章基调进行了编码。另外我们还附上了刊登在《纽约时报索引》上的关于吸烟议题的文章,以便检验媒体报道之间的差异性。如同第四章,使用"正面"、"负面"这样的词语表示产业的典型特征,本章所谓正面的文章是那些杀虫剂和烟草产业的领导们愿意看到的文章;负面的文章则是持贬损立场的文章。每个案例编码的组间信度(intercoder reliability)超过了95%,无法编码为正(或负)的文章所占文章比例非常小,在10%以内。随后的章节将使用更为精细的编码系统对这些议题进行编码,附录A说明了我们收集数据、进行编码的细节。

我们使用国会听证的主题对正式议程的切入进行评估。其他研究者已经使用过《国会纪要》(Congressiona Record)当中的报道(Larson and Grier 1990)以及法案、决议的介绍(参见 Waste 1990)。听证可能无法确保随后的政策行动,但是它们却提供了国会兴趣的指标。因为这些听证肯定是事先安排好的,代表了欲努力实现的重大事项。听证是标示国会兴趣的良好指标,这一指标所示的内容类似于指标。一个人在研究了几个小时的议员辩论、法案介绍或其他可能的措施之后发现的内容。不过听证有许多特征,从而使其优于其他可供选择的指标。(1)与议员的辩论相比,围绕更大范围的主题会举办更多听证会,因为听证会的人数小于议员的人数。(2)由于在委员会和次级委员会当中,听证会人数较少,我们可以用相对详细的方式追踪国会议定场所的轨迹。(3)我们除了可以对国会注意力的总量进行编码以外,还可以对注意力的基调进行编码。一些听证针对问题举行,而另一些听证的举行则是因为组织者想提高对某项规划的正面注意力。(4)通过考察听证会人员名录我们可以了解到在国会不同机构举行的不同听证中,参与者的差异。基于以上原因,我们会更多地利用国会听证指标。使用其他标示国会兴趣的指标也会有类似但不全面的结论。我们使用《国会信息服务摘要》(Congressional Information Service Abstracts)作为国会听证的信息源,并且确保我们的编码系统与我们对媒体的编码系统相吻合。一些数据将在本章中报告,而关于国会行动的更为详细和全面的数据会在第十章中报告。

20世纪的吸烟和烟草政策

20世纪烟草行业在美国获利得益于以面向农民的农业补贴为中心的一系列制度。同时,政府积极响应反吸烟运动。回顾世纪之交以来关于吸烟问题的公众注意力和政府行动的历史,我们能更深入地理解政府回应是如何形成的。烟草一度几乎没有见诸媒体,政府行为也几乎一边倒地支持农业补贴计划。像小麦或玉米一样,烟草被视为一种重要的农作物,可以获得出口收入,维持数百万农民的生计。而有的整个地区,甚至一些州的经济也主要依赖烟草。由于烟草被看作是一个经济问题,政治领袖扮演的角色也就很明了:他们应该服从专家的意见,允许农业次级系统自我运转、自我调节。这正是发生在整个上半世纪的情形。

在图5.1中我们可以看到,20世纪媒体对吸烟与烟草的关注变化很大。《读者期刊指南》上总共有2020篇关于吸烟和烟草的文章,但文章的年度分布极不平均,前半个世纪平均每年只有6篇报道。但是到了20世纪50年代,平均每年有38篇,60年代62篇,70年代31篇,1980年至1987年是58篇。1964年,《读者期刊指南》上有136篇文章是关于吸烟的,超过战前的20倍。(我们对1946—1987年的《纽约时报索引》进行的研究与这一模式相似,详见附录A。)

20世纪50年代以前,对于吸烟的新闻报道很少,而这些报道的基调也褒贬不一。二战期间媒体对待吸烟的态度也是非常积极的,媒体主要聚焦于对欧洲的香烟贸易,聚焦于短缺和配给,聚焦于烟草种植的规模等话题,但是都不会把烟草业当作坏的产业来看待。事实上,正如图5.1显示的那样,全国性媒体从来没有在吸烟问题上表现出很大的热情,20世纪的前50年中它还没有成为议题。每年会有少许负面的文章,但也会有一些正面的文章。

图5.1也展示了媒体对于吸烟和烟草问题的关注,是如何与吸烟及烟草问题本身的行动相联系的。战后,烟草产业和吸烟的习惯在大众文化中很受欢迎。美国人均烟草消费由30年代每人约8磅上升至50年代的11至12磅左右(数据来自《统计摘要》[统计局1991])。吸烟并不是一个二战以后从零开始的新产业,相反,战前一个强大的次级系统就已经建立了,主要关注烟农补贴(Fritschler 1989;Ripley和Franklin 1991,88—90)。烟草次级系统似乎在世纪之交以前就有其根源,因此我们不能像讨论核电那样来讨论它。我们可以关注其在20世纪上半个世纪持续的经营和扩张,然而,我们也能够看到它的消亡。

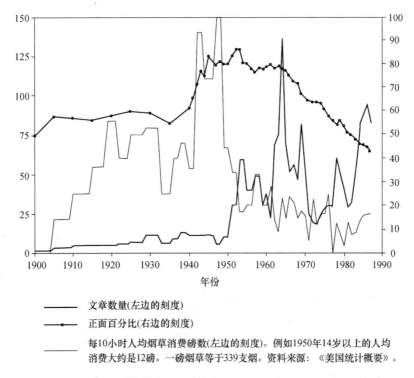

文章数量(左边的刻度)

正面百分比(右边的刻度)

每10小时人均烟草消费磅数(左边的刻度)。例如1950年14岁以上的人均消费大约是12磅。一磅烟草等于339支烟。资料来源：《美国统计概要》。

图 5.1 《读者期刊指南》(1900—1986)每年关于吸烟的报道和烟草的消费

在第二次世界大战之后，媒体对吸烟问题的报道骤然增加了，而且几乎完全是负面的报道。其实健康警告一直是媒体对该议题报道的一部分，只是到了20世纪60年代，这些突然变成了媒体关注的焦点。随着更多的人开始抽烟，健康官员以极其有效的方式动员了起来。被我们编码为负面的文章从50年代前的平均每年2篇到50年代的20篇，60年代的41篇，70年代的19篇，80年代的44篇(关于吸烟的正面文章数也有微弱增长，50年代以前每年2篇，1950—1987年平均每年6篇，但是负面文章的增长速度远远超过正面文章的增长速度)。随着对吸烟危害健康的关注度陡然上升，烟草的人均消费开始明显下降，其影响一直持续了30年。

在吸烟的案例中，沙特施奈德式动员是很清楚的。烟草产业的反对者会带来大量的坏新闻，公众意识的增强导致了公众行为的戏剧性改变。战前，公众对公共健康和吸烟政策的公共政策后果漠不关心；加之战后不久，吸烟及烟草处于一片赞扬声中，这些都使烟草产业的领导者们获益。然而，正面的态度并没有持续多久，公众注意力一旦转向公共健康问题，烟草产业就无法控制冲突的扩展。

对媒体中烟草政策的简短讨论表明：直到战后，烟草议题才成为国家系统性议程中的一个项目。(随后的章节我们会更多地提及烟草的媒体报道,在本章中,重点关注报道的水平和基调。)根据科布和埃尔德的观点,系统性议程(systemic agenda)与正式议程(formal agenda)密切相关,为此我们接下来考察国会的行动。

早在20世纪60年代,甚至50年代,吸烟就成了系统性议程的一部分,但直到70年代中期,这一议题才突然上升成为国会议程,它遵循与第四章中我们所观察的核电议题相类似的模式。随着听证会总量的增加,举办听证会的不同国会机构的数量也增加了。国会对吸烟和烟草问题不太关注的时期,国会对烟草产业的听证大多数都是正面的,然而,随着参与的扩大,引发了几乎全是批评和反对的听证。批评和反对并不是因为先前的联盟改变了主意,而是来自于冲突的扩展,因为先前没有卷入议题的人现在开始卷入这一议题。

随着听证总量的增加,编码为支持产业的话题的比例稳步下滑。图5.2下方展示了这一点,这一模式正好与沙特施奈德式动员相符。产业的反对者呼吁国会中的联盟举行听证会并进行不利的宣传。他们在系统议程中进行的不利宣传和谋划越成功,他们越有可能受到正式议程的关注。他们越是受到正式议程的关注,就越有可能在媒体中进行不利宣传。这样一来沙特施奈德式动员过程就具有了自我强化的机制,从而导致剧烈的而不是渐进的改变。

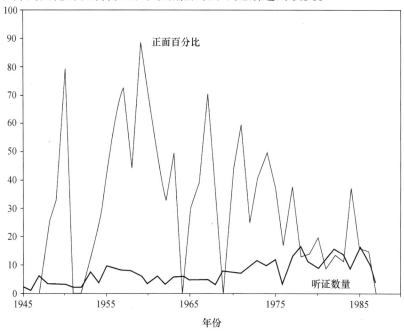

图5.2　国会关于吸烟的听证

杀虫剂

从20世纪初起,随着农场的规模和类型从家庭生产扩展为大规模的商业投资,农药需求量就开始急剧增加(Bosso 1987)。当然,与现代的化学药剂相比,早年的杀虫剂是非常温和的,甚至是无害的,并且它们能明显增加作物产量,所以迅速地推广开来。随着化学药剂流行起来,不少厂商进入了该市场,在农民面前展现了一批种类繁多、令人迷惑的杀虫剂产品。最初出现的有关杀虫剂的问题大部分都起源于农民或不知道将两种农药混合使用的危害;或不知道化学物质对皮肤的毒性;或误吞食了化学物质。在20世纪的头十年,业界欺诈风行,劣质产品充斥着市场。为了管制杀虫剂行业,国会在1910年首次通过了《杀虫剂法》(Insecticide Act 1910),它在很大程度上是一部诚实标签法案(truth-in-labeling act)(Bosso 1987;Dunlap 1981)。农业部委托化学局强制执行。农业官员认为自己的使命在于保护农民免受不安全产品的侵害,同时鼓励更多地使用化学杀虫剂。农业部的食品和药品管理局中一部分人开始关心食品上有毒物质的残留水平,但食品和药品管理局不具有对杀虫剂问题的管辖权,因此它的研究也普遍被美国农业部官员忽视了。

二战期间成功研制了诸如DDT等新一代有机合成的化学杀虫剂。一般认为,这些药剂比以前的药剂更有威力、更持久而且对人体无毒。乐观的支持者们声称新一代农药能够杀死疟疾,增加粮食产量,消除世界饥饿,甚至可以根除顽固害虫、家蝇和蚊子。如今的读者应该已经非常熟悉这些论调。这与支持核电的论点有相同的效果。这些论点也是后来该产业受到强烈抵制的原因。核电使战后美国出现了一股巨大的科学进步的热潮,这次则表现在杀虫剂产业上。美国科学和产业努力的方向将从对欧洲和日本的战争转向另一场战争,即通过增加使用农药来消除世界饥饿和疾病的战争。

人们希望通过化学取得进步的热情强度在图5.3中图示了出来。像吸烟一样,杀虫剂在世纪初还没有成为议题,它们很少受到大众媒体的关注,仅有的关注主要来源于农业杂志,而且这些农业杂志中总是对其表露出溢美之词。大众媒体对该议题的报道在战争年代的后期急剧攀升,并一直居高不下。二战后期大众对杀虫剂产业的注意力的基调基本上是正面的。在这种环境下,1974年国会通过了涉及杀虫剂产业的第二大法案即《联邦杀虫剂、杀真菌剂和灭鼠剂法案》(The Federal Insecticide, Fungicide, and Rodenticide Act 1947, FIFRA)。该法案的通过大大有利于农业和化学产业的利益。克里斯托弗·博索写道:"人们共同接受的前提认为杀虫剂是广泛应用的灵丹妙药。这一假设成为了政策辩论的参数"(Bosso 1987,59)。

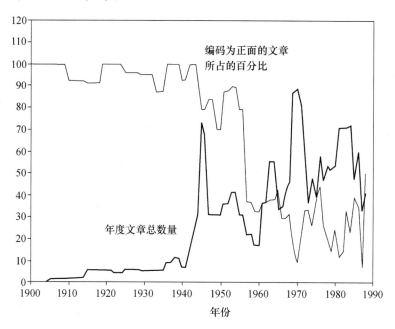

图5.3 《读者期刊指南》每年关于杀虫剂的报道

管理杀虫剂产业的紧密三角(农业部、农业利益集团和化学公司、国会农业和拨款委员会)很快控制了威力强大的新化学试剂的使用和管制。由食品和药品管理局(FDA)代表的消费者利益和环境利益集团基本上处于无组织状态,被排除在参与之外。换言之,杀虫剂产业的唐斯式动员发生在20世纪40年代的后半段。官方和民众对该产业潜力的热情促使国会和执行机构的官员积极地促进该产业的增长。他们以农业部为基础,建构了一套制度结构,推动了该产业其后几十年的发展。

20世纪50年代是杀虫剂的"黄金时代",广泛的宣传活动促进了杀虫剂的使用,地方代理商扩展到全国各地,并鼓励和培训农民增加化学品的使用。官方对农药所持的极其乐观态度可以由20世纪50年代后期两大政策灾难清楚地说明。1957年农业部推出两项大规模消除病虫害的运动,一项是在东北部,意在消灭舞毒蛾(gypsy moth);另一项在南方,意在消灭火蚁(fire ant)。两者都需要进行大规模的空中喷洒,结果都造成了鱼类的大量死亡,农作物损失巨大,野生动植物遭到破坏,但是却没有一项活动成功地消灭了害虫。图5.3展示了与害

第五章 ◎ 议题扩张的两种模式

虫根除计划同步,杀虫剂的正面新闻报道日益减少,该产业的公共形象也逐渐滑坡,难以恢复如初。另一个对杀虫剂产业的打击发生在1959年后期,食品和药品管理局(FDA)首次颁布了禁售残留农药农作物的规定。越橘恐慌事件(cranberry scare)①发生在节日来临前夕,全部农作物的年销售量受到了严重影响,更重要的是,这一事件加强了公众对农药新的负面看法。

一个简单的例子表明了最初的一些微小批评如何通过形象和议定场所的互动逐渐加强。对负面注意力的反应与50年代末的根除害虫运动紧密相关。当然,一些曾经忽视杀虫剂问题的国会议员也开始转而关注杀虫剂问题。德莱尼(James Delaney)就是其中一位,他关注杀虫剂残留可能会对食物造成污染。1958年的德莱尼听证导致了《食品添加剂修正案》的出台,引发了农业利益集团、健康官员和食品工业之间的激烈交锋。听证会实质性的立法结果是达成了一个新的重要规则:"如果添加剂被人或动物吸收后诱发癌症,则添加剂就是不安全的"(Bosso 1987,97)。争论也导致了机构方面的结果:在与农业官员的冲突中处于劣势的食品和药品管理局被授予更大的权力来限制食品中有毒物质的残留。发生在1959年的越橘恐慌事件可以被看作来自于一个集团的官僚扩张主义的典范,这些集团知道,迅速提高公众对某一问题的注意力可以将议题从一直处于劣势的官僚机构中转移出来,使之登上报纸的头条,进入国会听证会,在这些地方他们这一方也许会占据有利地位。由于注意力水平的改变,新的参与者加入了辩论,随之这些参与导致了规则的改变,这一切进而导致了参与和议题的公众认知的改变。我们一次又一次地看到了这种自我强化的模式。

在美国,农药的黄金时代相对较短。大众对新产业所带来好处的热情浪潮仅仅从1945年持续到1956年左右。在那之后,公众对杀虫剂的关注更多地聚焦于质疑,而不是该产业的美好许诺。按照唐斯式动员的假说,在大众热情支持的初期阶段,有可能建立起一套强大的机构,而这组推进产业发展的机构在以后几年中会非常强大。杀虫剂案例中的情况恰恰如此。公众对杀虫剂产业强烈抗议的沙特施奈德式动员可能造成与几年前不同的明显差异。

沙特施奈德式动员伴随着杀虫剂公众形象的突然逆转。这一逆转与20世纪50年代后期的三个灾害事件密不可分:清除舞毒蛾运动、消灭火蚁的运动和

---

① 1959年11月9日感恩节前夕,美国卫生部长弗莱明突然宣布,当年的越橘(cranberry,美国人在感恩节餐桌上必不可少的深红色酸果作物)由于除草剂的污染,在试验老鼠身上发生了癌变现象,虽然没有证明这种果实会在人们身上产生癌,但他奉劝公众酌情处理。这一声明随即导致了美国大范围内的越橘的撤架和公众议论。——译者

越橘恐慌事件。然而,公众的关注度直到60年代后期才达到最大值。蕾切尔·卡森(Rachel Carson)于1962出版的《寂静的春天》(Silent Spring)一书也没有真正改变公众对农药的态度(该书部分发表在《纽约客》(The New Yoker)的1962年6月16日、23日和30日版上)。当时的大多数新闻已经对该行业不利,这一点我们可以从图5.3上看出来。这本书则强化了这项本已聚集了相当多的能量而一触即发的运动。环保主义者与产业科学家之间积怨已久的辩论随之发生,辩论深入到了议题的科学客观性这一核心。1969年公众注意力达到了最高峰,恰好与禁用DDT发生在同一年,当时媒体关注的基调达到了最低点,90%的报道都是负面的。在此期间,环保团体就空气和水污染、核电工业废物、杀虫剂等问题给国会、法院、行政机关和州行政机关施加压力并不断取得成功。20世纪60年代末和70年代初,接连出台了许多重大的法律、法规和法院判决。《国家环境政策法案》(1969)(National Environmental Policy Act)和《联邦环境杀虫剂控制法》(1972)(Federal Environmental Pesticides Control Act)对杀虫剂管制进行了重大修正。虽然法律是老的农业杀虫剂次级系统和环保主义者之间妥协的结果,但它提供了一个新的管制环境。杀虫剂与农业部之间的联系并没有被摧毁,但60年代后期沙特施奈德式动员导致二十年前唐斯式动员大部分遗产的崩溃。

历史上的大部分杀虫剂政策,国会给予的关注都偏低,大多数听证的主旨在于规范和限制,而不是推动该产业的发展。不像核电或烟草,杀虫剂本身并不是庞大政府行动的中心。相反,它是种类繁多的农业政策的一部分,这些农业政策的核心是单一栽培和为各种作物提供价格支持。有很多事例说明杀虫剂如何受到政府农业项目的严重影响,其中之一是在农业价格支持项目中限制英亩数。这些限制鼓励农民多使用农药和化肥,以便使耕作的土地收获最大化。

因为在正常的政府规划过程中,杀虫剂极少成为国会特别关注的目标,所以大部分聚焦于杀虫剂议题的听证会都会对准该产业中存在的问题。图5.4展示了20世纪国会对杀虫剂议题的注意力程度和基调。事实上,国会从不关注杀虫剂议题,直到60年代公众开始对这一产业明显心存忧惧时,国会才开始关注这一议题。尽管在1910年和1947年通过了两大杀虫剂产业法案,但是1960年之前,几乎就没有举行过关于杀虫剂的听证会。国会听证虽然在扩展冲突方面发挥着重要的作用,但国会支持或推进产业的角色并不由国会委员会担当。支持性的法律很少经过讨论就能得以通过,而批评性的立法则会经过大量的听证和辩论。

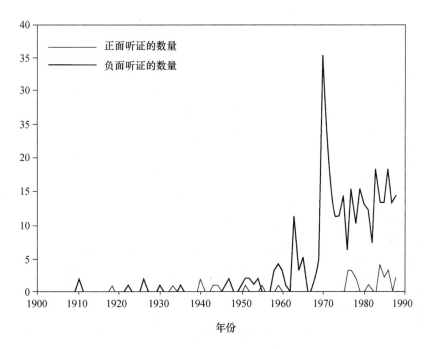

图5.4 国会关于杀虫剂的听证

在1960和1975年之间,没有任何听证会支持杀虫剂产业。这段时间恰是《寂静的春天》出版的时期,也是DDT禁令和重大环境立法颁布的时期。1947立法之后建立起来的杀虫剂次级系统并不能代表一些利益集团的利益,这些利益集团开始诉诸于国会这一议定场所。最终,规则被改变从而使得政策制定系统具有了更大开放性,导致了杀虫剂政策共同体中都发生了更多的冲突。从1975开始,随着双方的行动者诉诸于不同委员会和次级委员会中的联盟,国会举行了几次支持杀虫剂行业的听证会。国会从聚焦于促进杀虫剂使用的单边利益动员中摆脱出来,在给批评者机会方面发挥了重要作用。原来管制和促进杀虫剂产业的强势次级系统引发了比以往多得多的内部辩论。

杀虫剂和核电案例具有惊人的相似性。这两个案例都展示了战后正面注意力的增长。当产业形成并开始成长的时候,按照媒体报道测量的注意力系数从10增长到20。唐斯式动员在这两个案例中几乎是相同的。当农药和核电次级系统牢固地建立起来,注意力的浪潮也就消退了。随后,沙特施奈德式的动员开始运转。在这两个案例中,我们能够发现:注意力的第二个浪潮出现在20世纪六七十年代,核电比杀虫剂要稍晚些,不过此时负面的形象占据了支配地位。杀虫剂和核电两度出现在战后的公共议程中。第一次是产业支持者单边动员的结果，因为他们寻求并获得了有利的政府行动的支持，并且将他们对这些新产业的控制制度化。然而，在进入第二阶段后，沙特施奈德式动员的进程导致支持产业发展的次级系统发生了重大改变。

另一个规律是：每一个政策领域内，与沙特施奈德式动员相联系的注意力升高之前，而不是之后，媒体报道的基调就转为负面。在冲突扩展超出控制之前，就已经开始有少量的媒体对该产业进行报道。随着注意力的增长，沙特施奈德式动员最可能出现在强调问题的环境之中，而不会出现在强调潜在好处的环境之中。这一发现从经验上验证了金登的观察，他认为重大政策变化之时机会之窗就可能打开，而且，机会类型是由媒体报道的主要基调决定的。当政策共同体出现明显的分裂，当专家们开始对他们的产业提出批评之时，最可能吸引公众。当内部分歧很小的时候，没有人有积极性去打破他们通过强大的公众意识而享有的政策垄断。

结　　论

议题可以通过正面的公开宣传，也可以通过坏消息的氛围进入议事日程。这两种不同的议程切入机制会形成不同的政策后果。高度的注意力和正面的基调会导致强有力的、拥有广泛管辖权的政府机构的创建，而高度注意力和负面的基调往往导致次级系统的解体。第四章核电的案例已经清楚地论证了这一联系，本章中我们将我们的分析扩展到烟草政策和杀虫剂问题的分析当中。

在核电和杀虫剂案例中，我们发现只要简单地追溯一下媒体注意力和国会听证会的历史轨迹，就可以清楚地看到这两类不同的动员。在烟草案例中，我们只能看到第二种类型的动员，即批判的动员。我们可以得出结论说，唐斯式动员已经在世纪之交之前出现，或者说唐斯式动员并非次级系统建立的必要条件。杀虫剂与核电只是二战后从对科学进步的普遍信任中获益的众多议题之一。所以我们不应该仅仅只围绕着两个案例就建立一个普适的理论。显然，建立起强大的次级系统的方式很多。唐斯式动员过程是一个很好的办法，但在美国政治中它并不是唯一的执行或鼓励偏好动员的方式。

另一方面，到目前为止我们所研究的三项政策中，沙特施奈德式动员的结果都导致了产业的破坏。即使在注意力低下时，当议题的公共报道的基调从正面转向负面，与日俱增的负面注意力会导致政策次级系统的瓦解或冲突的扩展。

第五章 议题扩张的两种模式

杀虫剂政策是旷日持久冲突的典型例子,农业利益集团、化学公司反对环保人士和地方政府的联盟关注水污染、人类健康等问题。尽管杀虫剂次级系统不像原来那样坚固了,但我们不能就此说它已经完全被破坏了。同样地,尽管烟草供应商仍然保持着较大的影响力和经济实力,但烟草政策确实存在着比以前更大的冲突。

在核电案例中,反对者似乎取得了最大的政策胜利。支持核电的同盟曾经支配着核电议题,如果我们把美国新建核电厂的数目作为指标的话(从1978年起为零),现在的支持力量已经很微弱了。当然,追踪这些政策的历史表明:那些曾经很强大的势力很有可能在不经意间崩溃,因此我们不能武断地认为:在未来的岁月中公众对核电的态度不会发生戏剧性的变化。无论如何,迄今为止我们所研究的三大问题表明:沙特施奈德式动员过程可能导致强大的政策次级系统陷入到冲突的议题网络(比如吸烟案例和杀虫剂案例),或者进入比原来更为软弱的状态(比如核电议题)。

通过对国会听证会的审查,我们对正式的议程切入研究的结论是:国会只在沙特施奈德式动员,或者在负面的宣传条件下的议程切入过程中扮演一个极其重要的角色。对三个政策而言,我们发现,在次级系统的建构时期,国会行动都很少。这并不是说,国会在强有力的次级政府的建立过程中不发挥作用。国会成员实际上扮演了关键的角色。但是,就像我们在核电案例中看到的那样,它最大的功能是将参与限制在支持和促进项目的人群中。然而,在第二种动员过程中,国会扮演了一个特别重要的角色,听证会的次数不断增多,听证会的基调开始变为负面。为了将冲突拓展到官僚机构之外寻找国会中的盟友成为受挫决策者的一种特殊策略。共同的观察发现:20世纪70年代美国政治机构改革会给反对现有政策的人提供很多议定场所,以便机会提出异议,潜在地助长了政府的麻痹和瘫痪。但是它也可能促进美国多元主义机制的活力,不过这种机制常常被指责,其对排除在外的利益集团置之不理。

沙特施奈德(Schattschneider 1960)提出了政治科学中的冲突扩展的概念。他认为,失败者会努力扩大参与者的数量以寻求同盟。为了达到这一目的,批判现有的政策是必须的。我们也确实发现了很多实例符合他提出的议题扩展模型。然而,议题扩展,可能以第二种方式——即在反对者很少并在热情支持的氛围下出现。参与的扩展通常不是为了战胜寡头,而是为了集结支持者,以便从现有的政策体系中取得更大的政治资源。这就是我们称作唐斯式动员的现象,而且我们也确实看到了它的存在。

沙特施奈德和唐斯都是对的，但是他们都只代表一半真理。很明显存在两种议程切入类型，对同一个问题进行长时段的研究会发现这两种方式都存在。每种动员的关键要素，除了会引起大量的政策后果随之而来，就是它们一旦开始就会快速地运转。美国政治当中许多领域的政策制定并不是都遵循一条边际收益递减缓慢改变的渐进主义道路（尽量这些特征仍然很重要）；相反存在一个反对者动员的关键时期，在这段时期内会发生戏剧性的变革。从任一时间点看来，变化可能都很少有，但是相对稳定的时期总是会被断断续续爆发式的动员所打断，并且改变了以后几十年的偏好结构。机构是公众短期关注特定议题遗留下来的遗产。在注意力再次提高引起了更多机构变革之前，这些机构会完整地存在。两个议程切入的间期，稳定性仍然是主要的特征，但这并不表示价值、品位和偏好之间的均衡。相反，这种稳定是由制度引致的稳定，而制度是那些利用有利条件达到自己目标的政治企业家建立的。所以我们可以预见长时间的稳定性会被短期的制度变革所打断，在政策进入另一个稳定期之前，这些变化会导致政策产出方面的巨大变化。我们在前一章核电案例中所观察的情况就是如此，这一章研究了吸烟和杀虫剂次级系统创建和崩溃的动态，在下一章中，我们将会更详细地考察这些快速变迁的结构，以便更好地展示它们的发展为什么如此之快。

第六章

媒体注意力的动力学

美国政治不稳定性的一个主要来源是媒体注意力的转换。媒体报道的事件总是基于那些有限数量的资料来源,而且互相效仿,因此理念和议题一旦成为吸引人们眼球的话题,往往传播得十分迅速。来自不同集团的记者们会以不同的聚焦点和注意力报道不同类型的话题。当一个话题从一本期刊转移到另一本期刊被报道时(例如,当一个科研项目成为贿赂审查的焦点,或者,当商业故事成为关注男女平等的文章的焦点),由于这些文章出自不同作者之手,话题的基调可能存在很大的差异。媒体最终必须有销路,因此作者不仅要将那些专业人士的复杂观点简单化,使一般读者可以明白,而且要使报道的事件有趣味性,以此来保证销量和收视率。因此媒体最能反映美国政策辩论中最强烈的愿望和担忧。

本章中,我们将说明,媒体在政策过程中如何通过在不同时间将注意力引向议题的不同方面,或者将注意力从一个议题引至另一个议题,从而扮演着一个不可或缺的角色。首先,我们讨论何种理由促使媒体报道的议题发生转移,何种理由促使媒体关于特定议题的报道基调从正面变为负面。原因之一就在于,复杂的议题必须简单化,通过只关注一个多维度议题的单一方面,并且遵守惯例将新闻分解为零散的碎片,这便于不同的记者关注同一个话题的不同维度,而不进行任何的综合概括。这些特征对媒体来说一点也不稀奇,但这一特征的确反映并强化了其他政策制定机构中表现出来的相似趋势。

媒体与其他机构中普遍存在的另一个特点就是沉迷于冲突和竞争。我们将描述这种兴趣如何使记者变成政策制定者的有用同盟，从而帮助政策制定者设法改变对有关议题占支配地位的看法，并且促使这一议题从一个议定场所转移到另一个议定场所。无论是政策制定议定场所转换的原因还是结果，媒体对公共政策问题的形象和注意力都倾向于非渐进式的改变。这些改变反映和强化了在上一章中所描述的其他政策制定机构的不稳定行为。

总的来说，全国性媒体在强化业已出现在政策制定系统不同领域中的趋势方面起到了必不可少的作用。除了全面地考虑三个刚刚讨论过的主要观点以外，我们还将聚焦于杀虫剂、吸烟和汽车安全这三个重要的公共政策案例来证明这些过程。为了追溯媒体报道基调的历史轨迹以及媒体注意力聚焦于多维度辩论的哪些方面，我们将引入更为详细的叙事编码系统。

在多维度的辩论中选择单一的聚焦点

由于政策辩论的复杂性，对所有的成本和收益进行理性的计算是不可能的，至少很不现实。然而，媒体注意力倾向于关注相关议题的正面一段时间后，就转而专注该议题的消极方面，这一点我们在上一章中已经讨论过。同时考虑到正面和负面的时期可能会非常短暂，尽管在某些情况下这一短暂时间会相对延长，特别是当利益集团双方的组织和动员相对平均和稳定的时期。可是在多数情况下，媒体只会考虑议题的单一方面，要么是热情支持的浪潮要么是批评反对的波涛。

西蒙(Herbert Simon)提醒政治科学家注意人类认知的有限性。"人们具有庞大的长时间的记忆能力，但是同时关注不同信息的能力相当有限，……在我们所知道、看到和听到的所有事情中，只有很少一部分能在短暂的时间间隔内影响我们的行为"(1985,301)。西蒙提出的"注意力瓶颈"(bottleneck of attention)这一概念表达了人们处理信息的一个特点。其实这一特点也适用于描述政治系统和媒体。他提出"注意力瓶颈"的重要意义在于"只有一件或少许几件事情能够同时得到关注。由于时间的分配和注意力的转换，认知的有限性可以被扩大一点，但是是有限度的。注意力跨度的狭窄，可以解释人类非理性的大量存在，在作出决定之前，这种非理性只会考虑多维事件的一个方面"(302)。

西蒙所描述的人类认知特征已经被其他人当作政治系统的一个特点提及过，而议程设置正是政治系统的"瓶颈"。麦库姆斯写到，公共议程似乎是一种供不应求的市场,在同一时刻只会有大约 6 个主要的关注事项(McCombs 1981,122)。在单一时间内无暇顾及多个备选方案,不论其原因是什么,这既是个体思考问题的特征,也是政治系统回应问题的特征。这有助于解释针对同一套议题,人们如何从对一套可选方案的痴迷转变到专注于与其相反的形象。无论是个人、政治系统还是媒体都很少长时间地关注同一议题的很多方面。通常的做法是渐次考虑事情的各个层面。

关于复杂事件媒体报道的研究强调象征和修辞的作用。通过用特别的方式叙述议题,政策企业家就可以利用新闻业的常规做法,使议题转向更容易被接纳的议定场所。内尔金指出技术上复杂的议题显得尤其脆弱,她写道:"科学新闻的一个令人惊讶的特征就是它的同质性……特定主题的大多数文章都会集中于同样一些议题,利用同样的信息来源,并用相似的术语进行解释"(Nelkin 1987,9)。

战后美国最普通而常被引用的例子是:经济的增长和就业问题作为一方,环境和社会成本问题作为另一方,双方展开了竞争性修辞之战。因为许多问题可以被描述成有助于经济增长,那些为政策寻求支持的人们就不断地援引这一形象。战后,有些时候关注经济增长和就业的人超过关注环境和社会成本的人,有些时候则相反。由于公众情绪波动幅度大,政策选择的差异较大,有的受到青睐,有的陷入不利的境地。

随着议题逐渐从只存在于精英和专家的考虑范围转移到更为宽广的公众领域,媒体记者的惯常做法、冲突的重要性以及盈利和增加报纸销量的欲望共同导致了夸大事实的趋势。事实可能改变得很慢,但是新闻媒体会将这些事实的报道戏剧性地从正面转向负面,或者从毫无兴趣转为突然充满热情。内尔金(Nelkin 1987)记述了科学方面的新闻媒体报道重点的转变:从强调科学的革命和突破到关注社会和环境危机,接着再到对变革和高科技手段的新发现的忠实信仰。新闻报道重点的改变往往快于科学发现的步伐。这样的结果是媒体放大了这种夸大事实的趋势,而不会忠实地按照变化的情况进行客观的报道。

这些新闻报道的同质性特征意味着正反馈,即随着每一次新闻媒体吸引注意力的成功,可能就会有更多的人对此感兴趣。也就是说媒体在强化正反馈机制的时候起到了关键的作用,这一点我们已经在前面的章节中阐述过。

关于大众媒体在把政治形象传达给政策制定者这一过程中所发挥的作用,一些学者认为,媒体只是中立地报道简单的事实;而另一些学者则认为所有的新闻都具有社会建构的性质。莫洛齐和莱斯特认为,事件之所以具有新闻价值,是"因为这些新闻要实现的目标,而不是新闻内在的客观真实性"。他们相继注意到:"新闻是实践的、有目的的、创造性行动的结果,这些行动与新闻的传播者、新闻的编辑者和新闻的消费者息息相关"(Molotch and Lester 1974,101)。按照这种观点,任何行为都是建立在政策企业家利用一些事件以推动政策提案(或新的叙事或社会议题)进入政策议程的战略性动机的基础之上的。

一个人不一定会采用强烈的社会建议的视角去评价媒体注意力程度和使用的语言,这一注意力程度和使用的语言至少部分地是由那些对传播特定公共议题的形象感兴趣的人所决定的。舍恩菲尔德、迈耶和格里芬(Schoenfeld、Meier and Griffin 1979)研究了环保主义在新闻媒体中的兴起,他们发现:描述环境新闻的语言来自于环境利益集团惯用的语言。媒体顺从最积极的环保团体,认为环保主义是公共议题。换言之,20世纪60年代和70年代,环保主义逐渐成为主流媒体的叙事(和公众专注的对象),媒体报道采用了环保议题中活跃的利益集团使用的标语和口号。随着这些语言和观念被接受,媒体当然也开始信任这些政治系统中从未表述过的或者从未认真对待过的观点。

希尔加特纳和博斯克(Hilgartner and Bosk 1988)提出了社会问题为了在有限的议程空间中占有一席之地而进行竞争的模型。该模型认为,公众注意力是稀缺资源,媒体的把关(gatekeeping)程序是一些议题能获得关注、另一些议题得不到关注的关键决定因素。对公共政策问题进行讨论的不同议定场所具有不同的"承载能力",也就是说,报纸会受到印刷版面数、所雇佣的记者和编辑员的人数、可获得的准备报道事件的时间、交通预算等资源的限制。同样,国会委员会在成员、听证的天数、预算等方面也是有限的(1988,60)。当然,不同的议定场所具有不同的承载能力,一些议定场所关注的问题可能会被另一个议定场所忽略(66),因此无法确保多种议定场所都是紧密联结在一起的。他们之间可能是相互独立的,至少在特定的时间会如此。另一方面,不同的议定场所也经常一起行动:随着一个议定场所给予某一议题较多的注意力,另一个议定场所也会随之关注该议题,由于不同议定场所之间的互动,不同议定场所同时关注某一议题的情况就会立刻出现:

> 任何机构都是由一些对其他组织和领域中的对手保持密切关注的运作群体构成的。新闻工作者为获得叙事理念而不断阅读同行的作品。电视制片人则审视其他象征性的情景为电视剧找到新鲜的主题。立法者也会参考相邻州的立法实践。这样一来,行动的"网络"就会汇聚信息、维持联系并扩展理念。

注意力并不仅是被动的或是反应性的。事实上,积极地影响其他领域的事态是常规而不是例外。国会助手(Congressional aides)就是一个例子，他们通常所干的是努力建构并形成关于雇主行动的报道。公众民意调查和新闻报道被严密监控起来,政治家的选择和陈述也会深深地受到"什么能够很好地发行"这一考虑的影响。(Hilgartner and Bosk 1988,67)

总之,一般而言,议定场所是紧密联结在一起的,并且一个议定场所注意力的转变很可能很快引起其他议定场所注意力的转变。媒体有助于将所有议定场所联合在一起,因为它们拥有得天独厚的沟通方式,按照这种方式,那些互不相干的行动者密切注视彼此的行动,以及他们所认为的"公众情绪"。以上特征有助于解释为什么政策企业家有动力去影响媒体的报道。媒体的关注会部分地受政策企业家操纵的影响,不过情况也并非完全如此。有时候媒体也会损害那些试图将媒体注意力集中于一些新的主题的集团的利益。总之,在媒体中呈现的公共议题的一系列形象是由复杂的环境因素以及政策企业家对相关环境的解读所决定的。

非抵触性的辩论

政策制定者通常会对反对者陈述事实的精确性提出挑战和质疑;不过,在辩论中转移焦点通常会更有效。政策结果存在直接矛盾的例子来自于关照老人这一政策领域内。库克和斯科甘(Cook and Skogan 1989)记载了尝试将老人描述为犯罪受害人这一事实的重要性。正如政策企业家开始成功地使政府将注意力转向这个新"问题",清晰的调查证据表明老人更少可能(而不是更多可能)成为犯罪的受害人。这一事实使官方的注意力很快就转向了其他的问题。

确实,使用清晰的证据对出具的事实进行驳斥是非常重要的,我们在吸烟的案例中可以看到,当就某一方面的内容达成了科学共识后,公共辩论的性质就发生了改变。当然,吸烟的反对者不会纠缠于"烟草工业在增加就业和增加美国公司利润方面会失败"的话题。恰恰相反,他们不再寻求这些直接相抵触的事实,而是去寻找人们对另一维度事实的注意力,比如健康风险、增加了医药保险费用以及其他与烟草工业相联系的成本。环保主义者不会否认核计划、烟草公司或杀虫剂工厂会增加就业、工资和税收,也不会否认这些是有价值的目标。他们会选择将公众的注意力转向这些行为的健康和环境后果方面。修辞(rhetorical)论战通常是间接的。政策企业家通常努力使人们忽略而不是诋毁竞争方的形象。

在非抵触性的辩论过程中,不同的集团会向不同的受众发表言论、进行宣传。媒体是这一战略过程的关键要素,因为媒体会强化不同政策制定议定场所公众接受程度的差异。例如,我们在第四章中提到,在核电扩张时期,聚焦于科学议题的新闻业界对新技术特别热衷。沃特这样描绘20世纪50年代支配核电问题报告主题的科普作家群体的情形:"这些新闻从业者群体最不可能怀疑'原子能'能做出令人惊奇的事情"(Weart 1988, 167)。只要核电被看作是科学方面的问题,并在主流报纸上展开讨论,那么核电产业就能得到正面的报道。然而,当这一议题变成了官僚政治的秘密,变成了公民的反抗行为,变成了选举政治或公用事业投资决策的时候,不同媒体记者们就会开始对这些话题进行报道和叙述。他们对核电产业并不持有预想的赞成态度。更为重要的是,即使他们持赞成态度,这一态度也不再成为他们写作的主要观点。如果核电在选举中不受欢迎,关于核电技术的可行性问题就无人感兴趣,或者说至少在竞选中,有关核电议题的政治报道不会涉及核电技术。因此这是一个媒体聚焦点的问题,媒体聚焦于议题的某一维度,其报道基调的正面或负面几乎是被控制的。关于核电的科学性的文章通常隐含了乐观的(can-do)或者含蓄热情(gee-whiz)的意思。聚焦于核电议题的选举意义的政论文,即使是同样的新闻从业者写的,也可能会更多地持批判态度。基调和主题是息息相关的。

不同的个体聚焦于议题不同方面的趋势有助于解释为何单个议题很少被系统地放在政治系统中处理。注意力聚焦于议题的一个方面一段时间,稍后又会聚焦于与这一方面不相关的另一个方面。有战略头脑的政策制定者对特定议题的新闻报道感兴趣,对他们来说,有很多不同类型的报道者。在寻求唤起新的受众的过程中,最重要的盟友之一可能就是持赞成态度的新闻报道者,他们都具有在议题中乏人问津的地方发起一些新的争论的兴趣。

在一些时期,特定的形象可能主导认知政策的所有方式,与之冲突的形象就会被忽略。这并不意味着冲突的形象不存在。相反,当压倒性地聚焦于议题的某一个方面的时候,其他方面只是被忽略了而已。持有反对观点的人很少能找到同情者,而这一领域内的非专家人士也认为对"专家"的共识提出质疑是放肆无礼的。然而,随着时间的推移,形象可能发生改变,并且那些早先被忽略的人会找到很多包容性强的议定场所,并在其中宣扬他们关注的事情。一旦注意力转向同一议题的其他讨论主题,持不同政见者似乎就会无处不在。通常,好多年来他们一直在说类似的话,但一直被忽略,因为大众关注的是这一议题的其他方面。

第六章 媒体注意力的动力学

媒体会聚焦于政策某一特定维度的倾向,其最重要的后果之一是不稳定。当注意力转向同一政策的另一个维度的时候,报道的风格可能会发生戏剧性的变化。即使没有新的发现、新的科学证据或新的论点,只要聚焦点发生变化,围绕议题进行辩论的性质就会发生戏剧性的改变。这是因为政策辩论通常并非是相互抵触性的,或者说政策辩论不会同时包括矛盾双方的内容。随着注意力从一个维度转向另一个维度,另外一些不同的政策制定者开始变得兴趣盎然,另一些不同的媒体管道(以及在这些媒体中从业的新闻工作者)也开始创作不同类型的事件报道,这是一个将所有的议定场所联结在一起的自我强化过程,该过程会导致我们在第一章当中描述的那种政策产出快速变化的情形。总之,媒体的惯例有助于我们解释政策图景何以随着时间的变化而发生改变,也有助于我们解释一旦变化过程开始,这一变化为何会如此之快。媒体的惯例在创造正的自我强化机制的过程中起到了重要的作用,而正的自我强化机制会导致政策的非均衡。

对媒体中杀虫剂和吸烟问题的再审视

我们现在转向前面已经讨论过的杀虫剂和吸烟问题,对其进行再审视。本章中,我们的兴趣点在于媒体注意力是如何改变聚焦点。我们将使用比第五章还要更为精细的编码方式,展示何以存在大量的关于某一议题的相互矛盾的话题(topics)。随着媒体注意力从吸烟和杀虫剂政策的一个维度转向另一个维度,媒体报道的基调也发生了根本性的逆转。没有感兴趣的话题的转换,注意力的基调就不会简单地从正面转向负面。

更确切地说,媒体报道基调的转换是报道话题转换的结果。在所有案例中,我们都能发现:政策制定者转移人们对竞争对手可能会选择的辩论方面的注意力,其效果优于对他们的证据进行驳斥。在非抵触性的政策辩论过程中,事实因素在媒体对特定主题注意力的控制能力面前,显得微不足道。这并不是说事实是不相关的,而是因为在复杂的政策辩论中,一般都会有很多可争辩的角度,而事实本身对于辩论的双方而言都是明确的。注意力对特定产业会有明显的正面或负面影响,因此随着注意力从一个主题转换到另一个主题,卷入政策辩论的产业的前途就会相应地兴起或衰落。

杀虫剂

正如我们在第五章当中所描述的那样,美国杀虫剂产业在战后的增长与新研制产品的压倒性的正面形象紧密相关。杀虫剂意味着农业丰收、远离饥饿,意味着彻底根除家蝇、火蚁等农业害虫,彻底消灭蚊子等带给人类疾病的害虫的可能性。而且,杀虫剂意味着农业生产力的提高,即使农村人口大量涌入城市,美国农产品产量也提高了。由于美国公司主导这一产业的广阔海外市场,杀虫剂也意味着出口创汇。美国军方也希望携带杀虫剂根除诸如疟疾和伤寒这类由害虫带来的疾病。军方还制定了大规模的计划以便根除海外入境人口带来的疾病。

在20世纪50年代的公众意识中,杀虫剂具有以上这些正面的形象,而这些正面的形象都是牢固地建立在事实基础之上的。没有一个反对者可以采用合理的方式否定杀虫剂在维持高利润、提高农业产量方面的事实,否定杀虫剂作为美国公司出口创汇的主要来源,否定杀虫剂根除苍蝇和蚊子从而减少疟疾和第三世界国家的疾病方面的作用。

然而,随着时间的推移,政策中的那些未知的和被忽略的方面开始吸引了更多的注意力。杀虫剂会产生有毒的废料,污染农田和地表水;杀虫剂也不能像它们所承诺地那样根除害虫;杀虫剂必须逐渐增大剂量才能达到同样的效果,因此化工公司会从购买杀虫剂的农民中获得更多的利润。当杀虫剂使用不当的时候会带来更多的疾病等等。正如20世纪50年代杀虫剂负面的东西被大家接受,其正面的方面仍旧被大家认同,只是公众的认知常常会倾向于聚焦在这两个方面中的一个方面。

总之,如同大多数议题,杀虫剂也存在诸多优点和诸多缺点。正面的维度一般会聚焦于科学进步、经济增长和生产力。负面的维度会考虑到环境危害和大公司的失信。很少有人将正面和负面等量齐观,甚至很少在同一时间兼虑两者。辩论当中不同立场的人倾向于聚焦在某一方面的形象。没有必要否认另外一组形象的存在和真实性,它们只是简单地被忽略掉。无论怎样,这只是一种公众如何讨论,以及媒体如何对议题进行报道的行为。

与第五章相比,我们扩展了《读者期刊指南》的编码计划。除了注意到每篇文章对产业持有的支持或批评态度以外,我们还聚焦于以下三个可能的焦点:(1)金融和经济分析(例如,报道杀虫剂的效益,公司获得的利润,新产品的引进或其他与杀虫剂产业有关的商业报道);(2)政府行动(例如,倡导增加地方、州和国家层级的管制;政府发表声明关注与杀虫剂相关的健康问题;新法律和法院判例对以上这些投诉,或任何其他包括农业项目在内的政府行为的讨论);(3)健康和环境问题(比如,有关杀虫剂污染地表水的科学报告;关于DDT或者某种杀虫剂危害的报道;以及其他非政府行动关注的健康问题)。表6.1列出了报道主题与报道基调之间的密切关系。

表6.1 《读者期刊指南》(1900—1988)当中关于杀虫剂报道的主题和基调

报道主题	基调		
	正面	负面	总计
经济或者金融	81.7%	18.3%	100.0%(1026)
政府行动	17.1	82.3	100.0(232)
健康或环境	20.5	79.5	100.0(1132)
总计	46.5	53.5	100.0(2390)

Gamma = 0.82
Tau-b = 0.56
Chi-square(2 d.f.) = 895.58(prob. < 0.0001)

说明:被两组编码者用同样方式进行了编码的文章占总文章的95.6%。编码为"正面的"含义是该文章支持杀虫剂产业。这些文章的标题词当中使用"杀虫剂"、"除草剂"、"杀昆虫药"、"杀真菌剂"、"DDT"、"DDK"、"狄氏剂"(Dieldrin)、"氯丹"(Chlordane)、"有机磷酸酯"、"灭鼠剂"。针对个别杀虫剂的标题词仅仅在该杀虫剂被使用的时候列出。

在公开出版的关于杀虫剂产业的经济和金融问题的报纸和杂志中,有超过80%的文章持正面的基调。即使被编码为负面的文章,批评的态度也不是很尖锐,它们只是坏消息:诸如利润下滑、销售量未达到期望值之类的标题都被当作坏消息,尽管这些文章并没有批评的意思。我们的编码方案是非常保守的,但仍可以看出,当注意力转向该产业的商业维度之时,超过80%的文章的基调是持支持态度的。

另一方面,当我们讨论政府行动的时候,对该产业来说大多数都是坏消息。少于20%的文章可以归入好消息一类,尽管这也只是一个很宽松的统计。按照我们保守的编码方案,我们把那些描述产业在淡化政府管制方面取得成功的文章归入正面一类。最后,当注意力转向健康议题的时候,80%公开发表的文章对该产业来说都是坏消息。(在此我们也同样提醒一下,那些认为杀虫剂对健康的威胁尚未被证实的文章我们将其算作正面的文章,但即便如此,从产业的立场看来,这些话题仍是唯恐避之不及的。)

图6.1展示了公众注意力从有关杀虫剂的一系列议题转向另一系列议题,很可能报道的基调也会转变。然而,该表汇聚了一个世纪的报道,以使对比显得尽可能地简明。我们可以通过历时性数据更为直接地展示媒体中的注意力如何

戏剧性地从正面转向负面。20 世纪 50 年代后期,媒体报道从关注新产业的商业和农民利益这一垄断性的焦点转向更加关注该产业的健康和环境问题。到 20 世纪 70 年代,注意力进一步转向健康方面,并实际上将商业方面的关注排除出局。

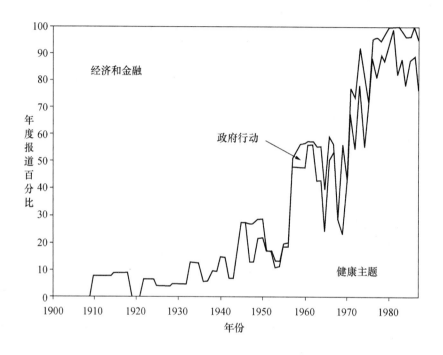

图 6.1 《读者期刊指南》(1900—1987)当中关于杀虫剂报道主题的转换

在杀虫剂产业繁荣的年代,媒体注意力很少聚焦于该产业(参见图 5.3 报道年度水平总览),一旦关注,也是关注和新产品相联系的相对较好的经济新闻——诸如生产力的提高之类的问题。健康方面的关注很少见诸报端。随着时间的推移,注意力从专注于该产业的经济方面转向同样地关注杀虫剂带来的环境和健康方面,绝大多数的文章对该产业持负面的态度。随着注意力由好的方面转向坏的方面,政府行动成为公众的诉求。既然由于经济好处而使得杀虫剂进入媒体关注,那么政府应该通过良性的宽容(benign neglect)予以支持,现在杀虫剂成了重要的全国性问题,政府也应该予以解决。社会问题诞生于曾经只被当作经济事实来看待的领域。

杀虫剂使用不当会污染河流,对人造成危害。但它也能提高生产力并且可以使美国人享用到充足又便宜的粮食。如果一个人只阅读20世纪中单独年份具有典型代表性的关于杀虫剂的文章,他会被单一维度的叙事洪流所淹没。媒体和个人一样,倾向于在一段时间只聚焦于辩论的单一维度。对各个维度进行全面而理性的考虑过于复杂,难以实现。相反,报道者总是从着迷于叙述的一个维度走向专注于叙事的另一个相对的维度。对杀虫剂问题的关注并不是无缘无故地从正面转向负面。不需要对先前已经广为认可的路径进行驳斥,基调的转换仅仅来自于焦点的转换。没有一个人在20世纪70年代或80年代否认杀虫剂产业能够增加就业和利润,而只是将注意力直接从正面内容转向诸如危害健康和环境这类的负面内容。媒体报道的这一特点并不仅限于杀虫剂,这一点我们将在下面几页进行阐述。以上这些有助于解释为何整个政治系统对公共政策问题的关注遵循相似的模式。

吸　烟

正如杀虫剂和核电案例那样,对于吸烟任何人都可以说出诸多好的和坏的方面。在美国关于吸烟的正面形象一度长期占据统治地位:比如自由、性感、成熟、老练、不羁、快乐等等。强化这些形象的是巨大的产业经济力量,这些产业解决了数以千计的来自国会选区的人的工作,为许多层级的政府缴纳了大量的税收。但是关于吸烟的负面形象也长期存在:比如癌症、疾病、过度的放纵、死亡等方面。随着对于该产业负面形象注意力的增加,特别是与健康相联系的注意力的增加,导致了长期以来对吸烟交口称羡的牢不可破的溢美言辞(诸如自由、成熟和魅力)的迅速失色;甚至连该产业经济方面的论点也受到了质疑。

吸烟不再代表就业和税收的形象,在正面形象占统治地位的几十年里从来都没有引起过严肃考虑的问题,比如健康保险费用的增加,工人丧失劳动力,以及其他经济成本,现在越来越多的美国人认为吸烟是这些问题的罪魁祸首。对某个正面形象的挑战导致了人们对其他挑战也更加信任。通过这种方式,正面和负面的形象相互纠结在一起。在这一互动的过程中,政策形象会迅速地发生逆转,这种情况往往是很常见的。

类似于对杀虫剂报道标题的编码,我们对烟草和吸烟的报道进行了编码。鉴于吸烟问题中诉讼的相对重要性,我们将法庭判例从政府行动当中单列出来。最终我们按照基调对《读者期刊指南》和《纽约时报索引》进行了编码。当我们发现报道的全部层次和总的基调是相似的时候,我们只对《纽约时报索引》进行了更为复杂的编码(附录 A 提供了进行相似性对比的细节)。表 6.2 是对《纽约时报索引》当中的报道进行简明编码的结果。

表 6.2 《纽约时报索引》(1946—1987)当中关于吸烟和烟草报道的主题和基调

报道主题	基调			
	正面	中立或无法编码	负面	总计
经济或者金融	65.0%	18.0%	17.0%	100.0%(588)
政府行动	23.3	23.1	53.6	100.0(1035)
司法程序	34.2	22.8	43.0	100.0(79)
健康	11.8	8.8	79.4	100.0(441)
其他	20.1	51.8	28.2	100.0(369)
总计	30.9	23.6	45.5	100.0(2512)

Gamma = 0.35
Tau-b = 0.25
Chi-square(8 d.f.) = 734.78(prob. < 0.0001)

注意：一般而言，我们每隔三年进行一次编码，因为关于这一主题的文章太多了。编码的年份是 1946,1949,1952,1955,1958,1961,1964,1967,1970,1973,1976,1979,1982,1985,1986,1987。两组编码者编码为一样的文章数量占文章总数的 97.5%。主题词使用"吸烟"、"烟草"、"香烟"、"雪茄"。

"正面的"基调意味着支持烟草工业。包括利润报告、销售增长、收成记录和对烟草业有利的法庭程序。政府机构发布的健康警告，已经被编码在政府行动当中，因此"健康"一类当中只包括非政府的申明。

对 1900—1987 年的《读者期刊指南》进行编码，产生了如下的结果：在 2020 篇文章当中,243 篇(17.0%)正面的文章,1192 篇(59.0%)的负面文章,484 篇(24.0%)中立的文章。这些文章没有按照主题进行编码。

与杀虫剂案例相似，对吸烟进行报道的文章的基调与报道的主题紧密相关。我们可以将其编码为正面的或负面的 482 篇对烟草产业经济和金融方面的报道,382 篇(或 79%)是正面的。与此类似,402 篇关于健康的文章当中,有 350 篇(占 87%)是负面的。总之，了解关注的话题的内容，有助于我们较为确切地了解对于产业而言该新闻报道是好的还是坏的。

和杀虫剂案例一样,我们可以展示随着时间的推移《纽约时报索引》当中关于吸烟报道主题的变换。图6.2展示了战后岁月这些主题变化的方式。

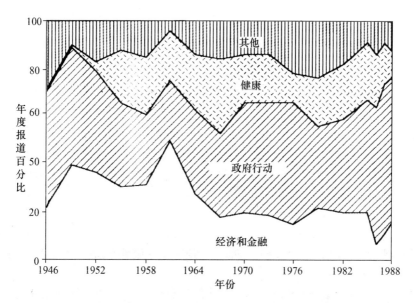

图6.2 《纽约时报索引》(1964—1988)上关于吸烟和烟草报道主题的变化

在战后初期,烟草是一种神奇的农作物,它意味着巨大的经济利益。这时候关于烟草的新闻出版物都聚焦于利润、新产品的引进、赢得出口市场以及政府努力提高烟草种植户的利益等内容。

直到20世纪50年代中后期,健康方面的报道在《纽约时报索引》当中并不起眼。1955年之前这方面的文章少于年度报道总量的5%,但是在随后的岁月里,这方面的文章增长至20%—30%。当时健康报道缺少的一个原因是政府官方将健康申明看作政府行为的一部分。事实上,媒体当中的政府行为一直被作为最大的单独类别进行考虑。政府是否支持烟草作物的新研发,是否给烟草种植户提供补助金,是否在公共场所禁止吸烟,是否发布与吸烟相关的癌症报告,这些考量和行动可以证明:长期以来,政府在一定程度上已经卷入了对烟草业的促进(或管制)过程中。从表6.2当中我们可以清楚地看到,政府颁布了大量的规划、采取了大量的行动用以支持和反对吸烟。然而,这些行动的基调是随时间的推移而改变的。我们在图6.3中分门别类地追溯了政府对烟草产业采取的行动。在战后初期关于政府行动的大量报道中,政府对烟草产业持中立或赞成

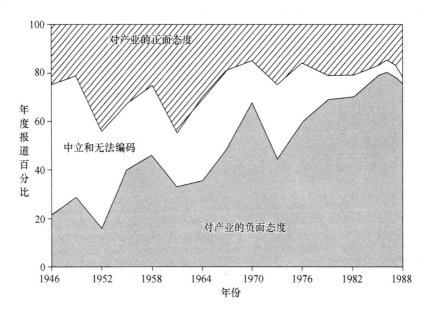

图 6.3 《纽约时报索引》(1946—1988)上报道的关于吸烟的政府行为基调的变化

的基调:比如关于价格补贴的报道、农业部的科研等等。随着时间的推移,特别是在 1964 年由于卫生部长发布了对吸烟批评的声明,负责健康问题的政府部门开始扮演一个更为积极的媒体角色。他们在此前已经发表了一些批评该产业的文章,但是 1964 年之后,报道政府管制的文章的基调已经从较为正面转为压倒性的负面。

1964 年之前有 88 篇与政府行动相关的正面文章,82 篇与政府行动相关的负面文章;1964 年之后,正面的只有 153 篇,负面的有 473 篇。以前农业官员的媒体报道水平与卫生官员的报道水平持平,那时候,农业官员发现与一批由政府卫生官员、管制者和政治家构成的活动家集团相比自己处于下风,而且已被后者超过,因为后者所引起的媒体关注更大。媒体对政府行动的注意力从农业部、商务部和贸易议员转向了卫生部长、疾病控制中心和州健康部门的官员以及其他对烟草产业提出批评的政府官员。这一切导致了关于吸烟和烟草政策的公共话语性质发生了变化。

像杀虫剂案例一样,媒体对吸烟和烟草议题的报道戏剧性地从正面转向负面。也正如杀虫剂案例当中所描述的那样,这一转换并不是基于矛盾的事实,也不是因为烟草产业有利于就业增加的论点受到了驳斥,相反,这一转换与逐渐认识到一些过去一直存在、却被忽略的事实紧密相伴,并最终导致了注意力的转换。对健康方面的关注取代了早先媒体上对吸烟和烟草报道的话题。20 世纪 70 年代和 80 年代烟草种植者和香烟公司不断地为国内生产总值的增加做出贡献,但是这些方面已经不再为媒体青睐。这些曾经主导媒体报道的内容,现在已经威风不在了。随着感兴趣主题的转换,美国政治中的偏好动员也发生了改变。一方只有将讨论的主题限定于健康方面才会获得好处,而对立的一面只有将主题转换为就业才能得到优势。没有哪一方致力于全面开花式的讨论,而新闻报道者的动机都是相似的,他们总是将重要的公共政策议题公开报道。这样一来,公众只会就议题中的某一个方面进行深入的探讨。

媒体沉迷于风险或冲突?

迄今本书中已经探讨的三个案例具有类似的趋势,即随着时间的推移,媒体的聚焦点从就业、经济增长和"进步"转向对健康风险、环境退化和其他公共安全问题的关注。一个具有理性的人可能会得出结论:我们只是简要地描绘了美国人如何对社会风险进行评价的长期变迁的概貌,或者描述了由于科学水平和媒体知识的增长改变了我们对先前一直不知晓的风险的认识。的确有很多论据表明:我们现在知道了比世纪初时更多的关于健康风险的知识,这些知识的增长使我们对很多行为更加担心。但是媒体对公共政策辩论的注意力并不仅仅受到日益增多的科学知识的驱使。

媒体对风险问题的报道具有高度的选择性和暂时性。与那些很少或不能引起媒体兴趣的议题相比,媒体会聚焦于一些很少涉及客观风险的议题。媒体还会在短期内聚焦于那些对公共健康产生持续性危害的议题。在一定程度上,这是因为不存在对客观的(或明确的)风险的公认标准。在缺乏统计和客观指标的情况下,政策企业家和新闻从业者是不会聚焦于那些威胁已经明确的议题之上的。孤立的事件导致戏剧性事件发生的时候,上述倾向可能得到很好的阐释。公众更容易低估开车的危险而高估乘飞机的危险,原因之一在于媒体更易于聚焦于后者而不是前者。许多健康风险与此类似:反对核电者可能会通过聚焦于骇人听闻的核事故,增加不利的公众意识,而煤矿的反对者则会聚焦于矿工尘肺病这一早已为人熟知的问题。一位资深的 EPA 官员对此进行了这样的解释:"人们通常高估那些戏剧性的、敏感的和广受关注的死亡事件的频繁性和严重性,而低估那些更为熟悉的、被广泛接受的、会一个一个夺走人生命的危险"(转引自Clymer 1989）。

除了重大的事件明显地会吸引媒体的注意力之外，专家之间的冲突也会吸引媒体的注意力。新闻记者喜欢写通俗易懂的故事，许多辩论就被划入相互冲突的对立面的写作模式中。比如在总统竞选当中，注意力更可能聚焦于"竞赛"而不是双方的优点。对冲突的沉迷有重要的意义，因为那些有可能从日益增长的媒体注意力中获得好处的政策制定者，只有使议题显得充满争议，才可以吸引到媒体的关注。

对科学辩论的公众反应的研究表明：公众在评价他们无法理解的技术时有一种固有的保守偏见。"科学专家"中争议的出现，不管是何种水平的争议，都会给公众一种安全已经受到威胁的印象。诸如核电之类的产业反对者，如果能将辩论引入公共议程，他们就会获得优势："几个针对技术辩论的详细研究表明，如果媒体以一种值得信赖的方式进行报道，那么至少对（公众）态度会产生直接的影响。当媒体对辩论的报道增加的时候，公众对有争议的技术的反对就会增加；当媒体报道退潮的时候，公众的反对就会落幕"（Mazur 1981 b，109）。然而，我们在第四章中已经提到，媒体报道本身倾向于同步改变。核电与杀虫剂的案例表明：在20世纪60年代和70年代，媒体的支持性报道就一直在下滑。议题的辩论会导致负面报道的增加，这些负面报道会刺激公众的敌对反应。所有的新闻报道都不会同时聚焦于矛盾双方，并且报道中充分地反映了这两个产业的黄金年代的大众热情支持情绪。可见，我们不能简单地说媒体具有反对两个产业的固有偏见。不过我们可以说，媒体沉迷于冲突、竞争和批评，这就会使公众意识到，科学上的共识与预想的相比，其实是非常不牢靠的。

对于那些支持核电或其他复杂技术的人来说，没有什么比反对者利用公众对技术的恐惧和媒体关注于对立面的问题，更让他们恼怒的了。在他们看来，媒体对产业有太多的敌意。媒体报道冲突和分歧的兴趣使其成为了技术辩论中反对者的天然联盟。沃格尔描述了商业领袖们对他们认为是偏见和敏感的商业新闻的失望（Vogel 1989，214—215）。科恩也抱怨：尽管只有少数科学家不同意主流观点，媒体却制造出了人们对复杂议题在科学上不能达成共识的印象。媒体"不断地引用一些少数非主流科学家的观点，放大恐惧的方面"（Cohen 1981，71）。而且，不同技术的相对风险是很难进行对比分析的。媒体对核电的报道充斥着大量的负面形象，科恩就曾引用《美国统计概要》（*Statistical Abstract of the United States*）中列举的关于死因的数据，质疑为什么其他的风险没有得到相同的对待："新闻记者对一些问题的报道总是采用一些诸如'致命的反应堆'、'致命的辐射'等等骇人听闻的语言,来描述很多年都没有造成任何人死亡的一种危险。尽管美国每年都有1200人触电身亡,但是我们从来都没有听说过'致命的汽车'和'致命的电'等语言。尽管每年都有8000溺水者,但是我们从来没有听过'致命的水'这一说法;尽管每年都有15000人被摔死,但是我们从来没有听过'致命的跌落'这样的言辞"(Cohen 1981,71)。

对媒体所报道的健康风险和这些风险实际造成的伤亡进行比较研究有大量的文献。格林伯格和他的同事所作的研究比较具有代表性:他们研究了从1984年1月到1986年2月发布在3个主要电视网络新闻节目上的环境风险事件(M. Greenberg et al. 1989)。他们得出的结论认为,只有发生危机或焦点事件才会引发媒体进行新闻报道,而重大的公共健康风险本身是不足以引起媒体关注的。他们统计了482个涉及航空安全问题的文章,相比之下,平均每年只有220人死于空难。与此相反的情况是:仅仅15篇关于石棉矿的文章,每年却有9000美国人因为石棉矿而死亡;仅仅57篇关于吸烟的文章,每年却有30万人死于吸烟。"如果报道与风险相匹配(以死亡总数进行量度),那么一秒钟的空难报道就应该对应26.5分钟的关于吸烟的报道,对应41秒关于石棉矿的报道"(1989,271—272)。格林伯格等人就此得出结论认为:"对化学事件、地震和空难报道的比例失调,会强化公众高估突发的剧烈风险,而低估那些慢性风险的趋势"(276)。

人们对大范围灾难的病态沉迷鼓舞了媒体的追求轰动主义。(对此我们补充一个逐利的例子:《纽约时报》出版了一张名为"报道辐射事件"的记者教育光盘。这张光盘的广告如下:"如果你被送去报道很小的核事故或者像三哩岛那样的大事故,你就会只身涉险核辐射,你准备好了吗?……"算上多次拷贝的折扣,光盘的成本是249美元。……参见《纽约时报》,1990年4月9日。)

罗思曼和利希特尔(Rothman and Lichter 1982)认为:事实上,科学家之间就核电议题达成的共识比出版物描述的要多得多。由于(1)持不同政见者寻求他们的观点获得媒体的注意力,那些相信占支配地位观点的人则宁愿忽略"局外人";(2)新闻记者有动力聚焦于冲突事项。这两大因素的互动给我们一种印象,即专家之间存在很大的分歧,而实际的分歧并没有这么大。因此对占支配地位的形象不赞同的少数科学家集团会给人们制造出专家中存在很大分歧的印象。对冲突和分歧感兴趣的媒体报道者会自觉不自觉地与那些想要制造分歧印象、吸引公众的注意力聚焦于耸人听闻事件的人们结成联盟。因此,按照罗思曼和利希特尔的研究,可以得出结论:媒体注意力放大了精英层面的分歧。

在大范围灾难概率很小的地方,改变对风险的看法就会很慢。吸烟的健康风险远远大于核电的风险,但是吸烟的习惯导致了人们对公共卫生官员所安排的公共关系活动反应冷淡。吸烟的案例与核电案例的情形不同,科学共同体服膺于"吸烟有害健康"的理念而很好地联合了起来。尽管如此,公众高估核电的风险而低估吸烟的风险可能仍会继续下去。因此美国公众接受技术进步固有风险的自觉性可能会在长期过程中发生改变。然而,并不是所有的风险都会得到相等的对待:一些风险会持续地被媒体报道,另一些则常常被忽视和接受(参见 Cohen 1980;Fischhoff et al. 1978;Johnson and Tversky 1984)。

当公众的讨论从热衷于"进步"和经济增长转向了健康风险和危害,这就成为政策制定者所考虑的基本问题,因为许多政策辩论都可以与这些极其简明的形象联系起来。许多这样的辩论都受到科学知识改变的影响。当我们意识到健康风险存在时,或者一种潜在的避免风险的方式被发明,或者引起了我们的关注之时,我们就会开始关注这一风险。然而,即使缺乏新的技术或更多的科学知识,媒体对"进步"和"风险"的注意力也会随时间推移而发生改变。一个政策辩论的不同形象会在不同时期主导媒体的报道。我们可以选取汽车安全议题来清楚地展现这一过程,该议题技术上并不复杂,在 20 世纪大部分时间内展示了相似的注意力交替,而且该案例中的风险可以合理而客观地进行测量。该案例能够展示媒体注意力循环的特征。很显然,这些注意力的循环无法用公共健康风险的客观标准来解释,因为公共健康风险变化得非常缓慢,并且在所有时期都是稳定的。

汽车安全

每年都有五万美国人死于交通事故,这一数量经过几十年的增长后,近期已经接近于稳定的水平。统计表明,驾驶是危险较大的人类行为之一,并且大多数美国人都认识一些在交通事故中伤亡的人。不过无论哪一年,媒体对汽车安全问题的关注度都无法达到对公共卫生威胁更小的一些主题关注度的十分之一。也就是说,媒体对特定问题注意力的上升和衰退不能用问题严重性这一变量予以解释。

图 6.4 展示了从 1910 年开始刊载在《读者期刊指南》上的与汽车安全有关的文章数量以及交通事故的死亡人数。虽然交通事故的死亡人数逐年上升,但是有车的美国人仍旧不断增长。因此我们还会给出按照运行中的机动车数目而标准化了的死亡人数(按照驾驶的英里数而进行标准化所获得的曲线与按机动

车的数量所获得的曲线在外形上大致相似)。整个20世纪,平均每一辆运行中的机动车的死亡数的下降几乎是稳定的,但是媒体对交通事故的注意力却并不稳定。

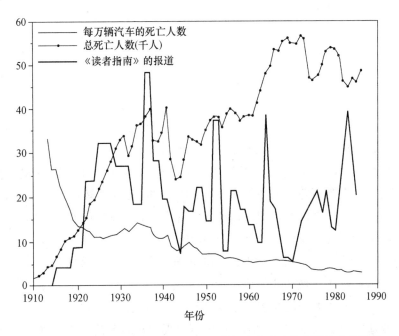

图6.4 《读者期刊指南》(1910—1986)关于汽车安全的报道和交通事故

媒体对交通事故的注意力曾经大幅度地摇摆,注意力起伏的周期大概是十五年,但是问题的严重性是相对稳定的(如果按照每英里死亡数对问题严重性进行测定,就会稳定地改善,如果按照事故的实际死亡人数对问题的严重性进行测量,就会稳定地恶化)。图6.4展示了媒体对汽车安全注意力的汹涌起伏和急剧下滑,不过媒体报道水平的戏剧性改变与我们测量问题严重性的两个指标没有相关性。特别明显的峰值出现在20世纪30年代,多个峰值也出现在50年代,在60年代则伴随着消费者运动和拉尔夫·纳德(Ralph Nader)所著《任何速度都不安全》(*Unsafe at Any Speed*)(1965)一书的出版,80年代中期再次达到峰值。这一问题随着时间的推移变化非常缓慢,而注意力则摇摆不定。

我们尝试去发现媒体对交通事故报道的性质是否会随时间的改变而变化,但事实上这一变化趋势并不明显。交通事故可能归因于不好的驾驶者(例如:他们有很多张罚单,他们不顾一切地提高速度,或者酒后驾驶);归因于车的质量太差(比如没有安全带、防护板或者存在其它设计方面的问题);归因于路况不好(比如暗淡的灯光、设计不当的十字路口、危险地带的急转弯、过度拥挤等)。我们根据这一编码方案对每个有关交通事故的文章进行了编码(对事故或其他话题的简单报道归入其他类别),以便观察媒体报道是否在早期将事故归因于驾驶者或路况;而在后来将事故归因于汽车质量,抑或归因于此类其它因素。除了1930年之前的文章以外,很少有文章将道路基础设施当作问题。

静态媒体(static media)认识交通事故起因的一个重要例外是20世纪50年代对州际高速公路系统的讨论。随着媒体对意外事故和其他原因的强调转向对不安全的道路的强调,掀起了关注交通灾难的浪潮。20世纪50年代早期开始,建筑承包商、卡车司机、卡车制造者和其他希望降低税收、减少收费公路和增加联邦高速公路的人们被动员起来形成了一股强大的政治力量。这股力量推动了公众对汽车问题的讨论,以至于20世纪50年代媒体对基础设施问题进行了激烈的讨论。早先媒体并不关注汽车安全的这维度,后来媒体也转向了对其他维度的关注,但是50年代早中期,持久的、强有力的和有组织的游说团体却将基础设施问题推入了公共议程。国会在1956年通过了《州际高速公路法》(Interstate Highway Act of 1956)(起因于对卡车司机进行了"建设足够的公路工程"的动员,参见Rose 1979),这并非纯属巧合。

甚至在消费者运动期间和关于安全带进行辩论的20世纪60年代,将不安全的汽车作为事故成因的文章比例也没有出现明显的上升。到了20世纪80年代,"母亲反对酒后驾驶运动"再次聚焦于不安全驾驶导致事故,但这一运动并没有导致媒体报道主题的转换。这两个运动实际上促使媒体将交通事故作为公共问题进行报道,增加了对其的注意力,但这并不像我们在前面的章节中讨论过的杀虫剂和吸烟案例,交通事故注意力的增长并没有导致焦点的转换。交通事故是所有美国人都很容易依据自己的经验加以理解的议题,它没有随着时间的推移而发生明显的转化。对这个话题的注意力可谓跌宕起伏,但是注意力水平的改变并没有伴随主题或基调的改变。

媒体关注缺少变化并没有阻止联邦、州和地方政府的政策制定者审时度势地对解决交通安全问题的不同方案进行选择。沃克(Walker 1977)描述了20世纪60年代中期对交通安全问题注意力的增长导致国会制定了主要针对汽车生产商的更为严厉的法律。然而,对事故发生根源的选择并没有清晰地反映在大众媒体中。60年代中期,媒体确实关注事故,但事故发生的原因可能有很多种。正如金登所写的那样,社会或政治问题与政策解决方案之间的关联非常微弱(Kingdon 1984)。在交通安全的案例中,这一问题看似以不规则的间隔出现在战后的媒体议程中。官员总是依赖环境而制定一些解决方案,比如修建更多的高速公路(这是20世纪50年代的解决方案);要求更为安全的汽车(这是60年代的解决方案);或者将酒后驾驶者送上法庭(这是80年代和90年代的解决方案)。交通安全问题属于可以将许多潜在的解决方案与问题本身合理联系起来的议题。关于问题是否应该被解决很少存在分歧,真正的问题在于,哪一个集团会利用公众关切程度的增长来促进合意方案的出台。

大众出版物对事故成因关注的相对重点缺少变化意味着:出版物注意力的波动与议题认知的改变没有关系。另一方面,与以前相比,高速公路、交通控制系统、汽车和驾驶者都可能一年比一年更安全。由于新闻出版注意力的波动,汽车安全方面的公共政策已经影响到20世纪20年代和30年代州和地方政府限速法案的制定;影响到50年代对超高速公路限入的要求;影响到20世纪60年代全国性政府的机动车安全管制;影响到70年代55英里的时速限定;影响到80年代酒后驾驶法律的加强。媒体关注的起伏总体上是与政府行动的起伏相联系的,但是这一起伏与议题一边倒的认知并无联系,这一点与核电、吸烟和烟草以及杀虫剂案例的情形完全不一样。

与核电、杀虫剂和吸烟相比,大众媒体对汽车安全的报道显得更加平衡。尽管如此,媒体报道和政府行动都不是逐渐增加的,相反,它们受到不稳定浪潮的影响。甚至在缺乏焦点事件的时候,随着时间的推移媒体对某一问题的关注在保持相对稳定的同时,也伴随着摇摆和不稳定。奇怪的是,由于公共政策的影响日益增强,媒体注意力的上升和消退与公共政策相联系。这一表面的矛盾很容易解释:公众行动的浪潮会遗留下执行机构,然后这些机构悄无声息地改善了形势。长期来看,由于每次注意力的浪潮都促进政府去制定一些新的解决方案,其结果是现代社会在改善汽车安全方面已取得了相当大的进展。随着岁月的推移,很多解决方案累积起来的效应可能真的带来较为安全的交通。

不稳定的注意力和非均衡政治

微妙、模糊和理性的争论并不是对进入公共议程的议题处理方式的显著特征。对政策问题而言,公众态度和精英的认知可能会随着时间的推移而转移焦点,而不会推翻之前的既定事实。或者,当一个新的事实被发现后,与这个新的发现无关的其他发现也会突然获得更多的关注。在某些时期,负面的东西被忽略,而在另一些时期,正面的东西被忽略了。当然,改变是不可避免的。有时候,议题仅仅只有一个维度会被持续关注数十年。然而,当公众对一个议题的感知发生变化的时候,这种改变通常是激进的而不是缓慢的。而且,事实的相互矛盾或者任何一个合理的论据并不会带来形象的改变。有时候一个新发现、一个事故或自然灾害、一位重要公众人物的一场演讲都可能启动公开辩论基调逆转的戏剧性变化过程。正面和负面双方不会被同时考虑,某些时期无论是对公众还是决策制定者而言对议题完全充满热情的正面的理解,而在另一些时期则完全是负面的理解。核电、杀虫剂和吸烟的案例已经充分地体现了这一点。

然而,这样强烈的正反馈效应并不是不可避免的。我们对汽车安全的研究可以看出,媒体注意力的起伏与公共部门行动的加强相伴而生。但是这种动员并不是我们研究其他议题时总结出来的那种单方面的动员。在汽车被认为是不安全的时期,可以看到大量关于驾驶者问题的文章。因此,即使制定议题的方式没有发生重大改变,注意力也可能有起伏。无论如何,注意力通常是断断续续的,而非持续存在的。

在本章中,我们已经集中探讨了媒体在聚合注意力方面发挥的重要作用。在讨论过的三个案例中(核电的案例已经在第四章中讨论过了),媒体注意力都是间歇的,而不是持续的。对既定议题的突然着迷通常与议题讨论方式的改变相关,但也并不总是如此。除了汽车安全的案例以外,同一议题的不同视角要么在注意力高的时候被强调,要么在注意力低的时候被强调。公共政策的媒体报道的间断性与政府机构决策的间断性相联系。当一个议题进入媒体议程的时候,它也会渐渐进入以前完全不被关注的联邦和州的议程。媒体注意力有时候领先,而有时则落后于政府议程的注意力,因此我们的意思并不是强调任何简单的因果关系。而是说,这些变量之间相互影响,强化了正反馈模式和我们一再观察到的间断均衡模式。

第七章

城市——作为全国性政治问题

迄今为止,本书中描述过的所有政策或早或迟都已经通过次级系统而被组织了起来。就核电、吸烟和烟草、杀虫剂以及汽车安全等问题而言,很多行动都是由相关产业、专门机构以及由个别国会委员会组织起来的。现在我们转向一个头绪纷繁的,并不局限于某一个政策网络的政策领域——城市事务。比由政策次级系统组织起来更为优越的是,全国性的城市政策是由更庞大的政策机构——政党和总统建构起来的。在美国城市状况的问题上,利益集团在辩论中会站在全国的立场,但是它们的影响却由于党派竞争的声浪而显得微不足道。国家城市计划非但不会被利益集团左右,还会激发形成新的利益集团制度安排,即所谓政府间的游说团体。我们即将看到的是,这些利益集团在城市计划中,如同在其他政府间援助计划中那样,在受到以罗纳德·里根总统为首的保守的民主党联盟的攻击时显得不堪一击。

在美国现代历史上,城市事务上升为美国政府机构中处于优先地位的政策分时甚为短暂。从20世纪60年代中期到70年代中期,城市状况在全国性议程中占据优先地位,此后它就被80年代的党派斗争拉下了马。本章旨在理解为什么城市的动议(initiative)在那时发生,以及为什么它崩溃得如此彻底。在此过程中,我们有两个观点。第一,城市动议是由政策活动的5次浪潮带来的,而且这些浪潮与问题的定义和提交的政策解决方案的变化是一致的。以此角度审视城市事务,就必然会得出这样的结论:政策制定是跳跃式的,而不是对政策和社会环境的改变作出平缓的反应。

　　第二,在更宽泛的意义上说,在那个时期,机会之窗打开了,而且这扇窗强烈地受到盛行的党派竞争的裂痕的影响,成为种族关系问题上党派立场变化的缩影。在短短的一段时间内,社会议题取代经济议题成为美国人首要考虑的问题,其中种族问题更是举国瞩目。随着共和党的根基转向南部和西部地区以及在1964年选举中民主党人在北部的选票超过了温和的共和党人,国会中的政党也在种族问题上转换了立场(Carmines and Stimson 1989)。发生的所有一切,与美国的战后繁荣一道达到了它的顶峰。如果说美国的大城市在这一阶段从联邦规划中获益巨大,它们同样也遭受了相应的重要变化——1967年以后,城市与种族矛盾联系起来。城市规划不再被认为是改善美国人生活和重建国家基础的巨大推动力,在许多美国人的头脑中它只是对黑人的简单援助计划。

　　有别于我们在本书以往章节中研究过的政策,城市问题是现代社会中自然条件和社会条件的广泛的、无组织的集合。它们包括住房情况(过于拥挤、老化、废弃)、拥堵、犯罪、种族矛盾、贫困、城市中心和郊区的财政不平等、大众交通以及水土质量。"美国的城市困境"已成为讨论这些问题的简化表示,更重要的是,该词强调了它们的相互关联。这些问题被看作是一个集合体,在这个意义上,"城市问题"这个词成为政策制定修辞(rhetoric)的一部分。对现代生活的病理学式的分解使得支持一组政策解决方案而不用顾及全面情势成为可能。例如,国会成员可能支持犯罪控制,而不参与种族矛盾的问题。将这些问题作为综合病症来讨论暗示着一种综合性的治疗方法,反之,分解则意味着较小的努力。我们将再次审视问题的定义以确定随后的政策反应。

城市失序和系统性政治议程

　　"现在不是发火的时候,而是行动的时候:从立法行动开始来改善我们的城市生活。法律的力量和承诺是对街道惨剧值得信赖的补救……那么,让我们在国会,在市政厅,在每一个社区中行动吧。"林登·约翰逊总统对1967年的大规模城市骚乱作了如是回应。用他的话来说就是,"没有一个国家能经受如此暴力和悲剧性的一周"(National Advisory Commission on Civil Disorders 1968,539)。

　　全国性的政府有段时间确实曾处于对国内政策的狂热行动中,而其中的多数是指向城市的。1965年,创立了一个"住房与城市发展"的新内阁机构。大量的财富被分配到城市问题上——向贫困宣战、模范城市、住房津贴、城市交通

(1966年创立了交通部)、贫困者的医疗保健、公共建设工程项目、劳动力培训研究——多数工作通过政府间拨款计划得以开展。从1965年到1970年,以服务社会为目的的政府间拨款资金翻了不止一番。

约翰逊总统将骚乱(riots)看作是一个公共问题,一个需要政府正面行动的问题。政府不应该总是准备镇压新突发事件,政府的目的是"改进城市生活"。在可选择的范围内,总统会尽可能地追求对议题进行最为广泛的界定。然而,正如我们即将看到的那样,在没有引发政府大规模的国内公开行动之前,城市骚乱就已经开始了。同样骚乱还没有使媒体注意力转向城市事务时就发生了。20世纪50年代虽然就骚乱接连举行了多次有关城市事务的国会听证,但是国会对城市事务日益增长的兴趣在此之前就已经表现出来了。本书中我们使用自己创造的术语可以将其描述为:骚乱发生在系统的正反馈时期,在此期间,公众和精英的注意力都普遍转向了国内政策,特别是城市。其他发生在20世纪的美国城市骚乱并未导致对全部城市生活进行重新审视,与此相比,20世纪60年代的城市骚乱却引发了全然不同的理解。

20世纪波及面很广的城市市民失序(disorders)发生在三个时段:1917—1919年,1943年,1965—1968年。只有后面的那次被认为是与大量的城市问题相关,而且只有那次推动了全面的城市政策议程。第一段失序于1917年在东圣路易斯开始,39名黑人、9名白人死亡,超过300座建筑被毁坏。暴乱(violence)同样在宾夕法尼亚州的费城和切斯特发生。1919年芝加哥发生了为期一周的骚乱,其中25名市民死亡,数百人受伤。同年华盛顿、内布拉斯加州的奥马哈、得克萨斯州的朗维尤也发生了骚乱(National Advisory Commission on Civil Disorders 1968)。

城市暴乱的第二波在二战中涌起——出现于莫比尔、洛杉矶、哈莱姆和博蒙特。最严重的一次暴乱发生在底特律,那次暴乱导致29名黑人和9名白人死亡,以至于要出动联邦军队镇压。1963年到1964年城市失序的最后一次浪潮以相对较小的规模开始,随后1965年在瓦特斯(洛杉矶)爆发,34名市民被杀害,数百人受伤,造成了3500万美金的经济损失。1966年暴乱接着在芝加哥发生。1967年国家遭受了最为普遍的城市暴乱。数百个城市实实在在地经历了种族暴乱。最严重的事件发生在纽瓦克和底特律。在底特律43人遭到杀害,使其成为有史以来最严重的种族暴乱(National Advisory Commission on Civil Disorders 1968)。

在将一种社会情势转变为公众议题的时候,"导火"装置("triggering"

devices)往往作用非凡。这里的几个代表性的事件促成了公共议程(Cobb and Elder 1983,84—85)。这些悲剧性的"导火"事件究竟在多大程度上将城市种族问题激发为政府的政策议程呢?我们用两个标准化的资料来源进行评估:一个是媒体报道,用以测量系统议程;另一个是国会听证,用以测量正式议程。显然,这些方法仅仅代表全国性的议程事件,地方政府的反应虽然显而易见,但超出了我们讨论的范围。

图7.1描述了在《读者期刊指南》的索引中"城市"(cities)、"城市的"(urban)和"郊区的"(suburban)这些标题的年均报道率。在大众刊物的文章标题中使用这些关键词进行搜索发现:城市状况的概念是一个整体。但是其他涉及到住房、歧视或犯罪问题的文章,并不特定地与城市相关,所以就没有包括进去。当然我们在城市问题上也能发现正面的文章:比如文化活动和城市娱乐。无论正面的还是负面的,我们的原则是相同的:我们选择那些聚焦于城市的文章而不关注社会问题或生活福利设施方面的文章。以汽车安全为例,长期以来我们发现乐观地看待城市问题的文章比例总体上并未发生变化。我们编码计划的细节参见附录A。图7.1表明了《读者期刊指南》有关城市和城市事务的文章数量和国会听证的数量。

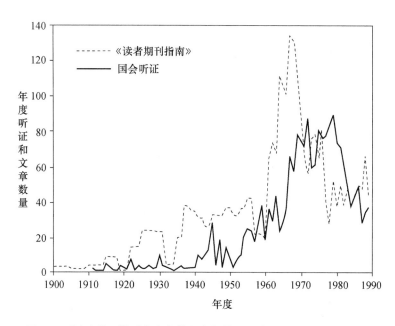

图7.1 《读者期刊指南》当中的文章数量和国会关于城市事务的听证

第七章 ◎ 城市——作为全国性政治问题

在1917—1919年的骚乱中和接下来的时间里,公众媒体对城市事务的关注度并未上升。这一时期,对城市事务的兴趣维持在较低的水平线上,尽管20世纪20年代,兴趣出现了快速增长,但是直到1960年时仍维持在每年35篇或40篇文章的水平。1943年骚乱期间及其后,注意力没有出现明显上升。另一方面,城市在20世纪60年代成为媒体广泛关注的话题。讨论城市事务的文章开始在1961年急剧增长,增长势头延续到1966—1967年时达到顶峰。此外,1960年至1964年间,关于城市问题所发表的文章增长了3倍,这种情况发生在瓦特斯暴乱之前。媒体的兴趣固然是被1965—1968年的失序所强化,但是绝不可以归因于此。虽然注意力在骚乱之后的反应要更集中一些,但是它在这个世纪已经达到了最高点。在20世纪60年代的城市骚乱出现之前"城市"议题就已经处于系统议程之中了。和导火性的行动相比而言,骚乱作为城市问题的代表,为那些已经赢得了全国性支配地位的民主党的社会活动家们准备了论据。

我们注意到这样一个现象,在核电案例中,主要媒体对三哩岛事件报道的范围和立场出现了变化之后,以及蕾切尔·卡森(Rachel Carson)的《寂静的春天》出版以来,所谓的"导火"事件现象就出现了。这些事件的重要性在于它们象征着对问题的特殊理解。它们强化了已经发生的正反馈的进程,但是它们并非该进程的导火线。我们可以将这类事件命名为"导火线的引线"(attributed triggers)。导火事件确已发生,但是它们也许并非我们想像的那样少见。更为常见的是,它们是强化事件——问题的戏剧性象征符号(dramatic symbols of problems),已迅速引起了举国上下的注意。这些事件本身确实重要,但是更多地是因为它们同时与议程事件相关联,而不是由于它们的内在价值。在另一个时间发生的同样的事件可能不会激发任何事件。

正 式 议 程

正式的政治议程包括纳入政府认真考虑之前的事项。一个问题进入正式议程之时,政府机构就会安排对这件事展开讨论并采取可能的行动。在前面几章中,我们用国会委员会的听证活动来测量全国性政府机构的注意力。总统在全国性议程设置中的作用已言之甚详,但是正如赫尔利和威尔逊所称,"政策议程也是由国会来界定的"(Hurley and Wilson 1989,247)。而且,即使不一定采取行动,大致上总统的提案也通常是由国会委员会来安排讨论的。所以和立法机构一样,由行政机构提出的政策建议也要经过委员会过程的筛选。

利用《国会信息服务摘要》(CIS Abstracts),我们使用以下关键词对 1870 年到现在关于城市事务的国会听证活动进行编码:城市(cities)、城市的(urban)、城市问题(urban problem)、城市复兴(urban renewal)。然后我们将所有的听证分别归入以下类别:物质基础设施(运输和其他基础设施改良),种族和社会问题(歧视、失序、福利、人力教育、住房),地区开发和府际财政(普遍的政府间援助、区域性协助、地区开发),以及环境(水、土壤和垃圾处理的质量)。这些类别与管理和预算局(the Office of Management and Budget)关于联邦支出的分析相一致,便于我们研究听证类别和支出之间的联系。听证只被归入一个类别中,很少有听证的类属是模糊不清的。我们对这些听证的编码见附录 A。

正如媒体报道所表明的那样,我们所获得的数据清晰地展示了政府正式机构对各种问题蜂拥而入系统议程的反应。图 7.1 描绘了 20 世纪媒体报道和国会听证双方在城市问题上的活动。媒体报道总比国会关注要早,这在图表的时间序列中很明显。媒体报道峰值滞后于正式行动峰值说明:在通常情况下,一个连续进程的运转包含着一个外部的动员过程(Cobb, Ross and Ross 1976)。

20 世纪 40 年代期间的国会听证是在广泛的媒体关注的环境中发生的,这些关注始于 30 年代中期,并以每年 35 篇到 40 篇文章的速度持续到 50 年代晚期。这期间的多数文章是关于城市住房问题的。同样地,国会听证也关注住房问题。1960 年,媒体对城市问题的注意力猛增,并领先国会听证的进程数年。最后,媒体对城市问题的兴趣在 70 年代下降了,国会听证也随之消退。在城市决策中政策的波动浪潮展现了一幅复杂的画卷,但大致轮廓是清晰的:城市决策的案例中,媒体讨论先于国会的注意。[①]

现在这里当然就没有具体的因果关系了。事件并不直接导致听证。更可能的解释是强调媒体在特定情境下的作用。返回到图 7.1,我们发现媒体报道在数年内一直持续在一个高水平线上,领先于国会兴趣的增长。国会只是在媒体讨论之后的一个延续期内才对解决城市问题表现出迅速增长的兴趣。在纷繁芜杂的政策领域,比如城市事务的案例中,媒体报道通过一个非常分散的因果过程与政府活动连接起来。我们对媒体报道的测量反映了关于什么能被定义为城市

---

① 我们利用回归分析,对新闻报道率和国会听证之间关系的两种模型作了检验。一种模型进入媒体活动是与国会听证同时发生的,第二种则在媒体中安排了 5 年的滞后。检验结果显示:滞后模型显然更加适合。详情参见附录 B。

第七章◎城市——作为全国性政治问题

问题的社会理解的变化。国会听证反映了正式的政府注意力的变化,并且与来自媒体的具体可感的压力相比较而言,很可能对分散的社会理解作了更多的回应并采取了行动。

政策产出和正式议程

国会中的听证活动可能与政策变化联系在一起,但是这种联系并不是直截了当的。虽然许多听证关涉到立法,但是许多其他的听证只是发现事实的过程而已;一些听证涉及到国会的监督作用,还有些听证仅仅提供纯粹的象征性产出、提供公众信息并允许公开传播抱怨,而不诉诸于法律或拨款。即使当听证确实关涉到立法时,它们通常也不会导致具体的政策制定。正式议程和随后的政策行动之间的关联是一个经验问题。另一方面,议程理论认为具体的行动很可能在问题被政府广泛讨论的地方产生。所以我们希望在听证活动和随后的政策行动间找到一种积极的联系,即便这种关联并不是即时发生的。

通过比较联邦对各州和地方拨款的国会听证活动,我们可以详细地考察这种关系。管理和预算局(The Office of Management and Budget)用政府间拨款预算类别下的大量子类别编制支出表格。可获得的能用作比较的分配资料从1940年开始。理论上,人们可能认为拨款是明确指向城市的,但是这当中存在两个问题。第一,许多分派给州的联邦拨款事实上是以城市问题为目标的。第二,无法获取长期的针对具体城市拨款的可比较的表格。我们的办法是研究管理与预算局(OMB)确定的类别中联邦政府对州和地方的拨款,我们将这些类别与我们对听证的分类相应地联系起来。我们使用的大类是社会规划(包括管理与预算局的一些类别,如收入安全、健康、教育、职业培训);地区开发和政府间的财政、一体化的一般性分享收益、城市复兴、地区开发部分拨款,以及以特定社区为基础的工程拨款;基础设施开发,主要由对公路和大众交通的拨款组成;还有环境,其中主要资金都投向水和土壤。以上是针对城市问题的主要政策,尽管并非所有的资金都用到了城市地区。我们在分析中省略了农业计划。编码的细节参见附录A。

图7.2展示了在城市问题上举行的听证,之前的图7.1用媒体报道对此加以描述,在此用通货膨胀调整后的对州和地方的政府间拨款来加以标示。该图说明预算行为通常与国会听证活动相伴随。随着听证活动在20世纪50年代晚

期的增加，城市相关问题的开销也开始增长。听证活动在60年代中期增加，而支出从60年代晚期到70年代晚期也明显地增长。国会听证活动从1962年开始到1972年达到了峰值，直至1979年仍维持在非常高的水平线上，其后便急剧下降。补助金（grant-in-aid）计划在1979年至1981年期间达到了顶点，80年代早期出现了一定程度的下降，其后又略有回升。

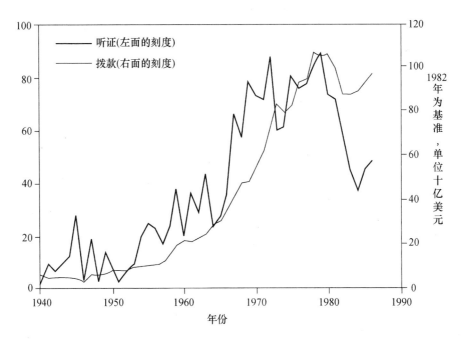

图7.2 国会关于城市事务的听证和联邦政府对州和地方政府的拨款

很明显，国会的注意力在城市问题上引导了预算行为，而当国会转向其他事务时，规划的增长便停滞了。1980年和1982年，补助金数量出现了实际的削减，正在此时，国会正专注于里根预算提案问题。不过，在城市问题上国会听证活动的急剧减少并没有严重影响到城市计划的资金。

也许国会的注意力对规划的产生和大范围扩展是必需的，但是对其存续而言却不一定是必需的。如果这个假设正确的话，如此全面和大规模的规划提案所遵循的议程逻辑就同那些通过次级系统组织起来的政策大为迥异。特别值得注意的是，次级系统通常是在媒体报道的浪潮中创建起来的，几乎与国会的注意力无关。次级系统似乎只有进入媒体和国会决策者关注中心时才遭到破坏。对城市动议而言，至少有一些相反的动议产生。大笔的资金增长只是在主要的政策注意力指向城市的时候才发生。当国会注意力转移的时候,规划资金便减少了。

城市政策制定的浪潮

迄今为止,我们是将城市动议作为解决城市综合症中一个单一的、完整的政策来看待。仅在最一般的层面来看这是正确的。正如我们即将看到的那样,政策制定的过程实际上是由五次浪潮构成的,每一次都对城市问题有不同的定义并对这个问题有一套不同的解决方案。我们发现了与第六章所述汽车安全问题类似的模式:每当议题进入系统议程就有一种不同的解决方案被采纳。

图7.3提供了四个主要行动领域的独立图表。每份图表提供了每年每个问题的国会听证数据,并附有对各州和地方政府通货膨胀调整后的相应类别的补助金。

A. 社会规划和种族关系

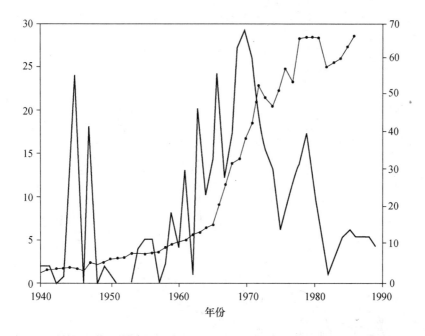

年份

B. 基础设施

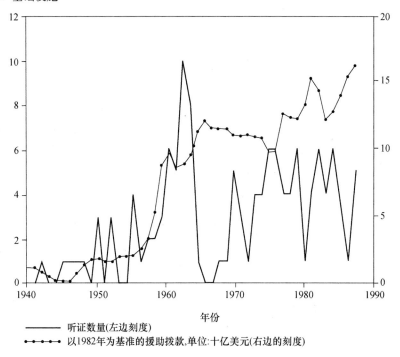

—— 听证数量(左边刻度)
•—•—• 以1982年为基准的援助拨款,单位:十亿美元(右边的刻度)

C. 社区发展和府际财政

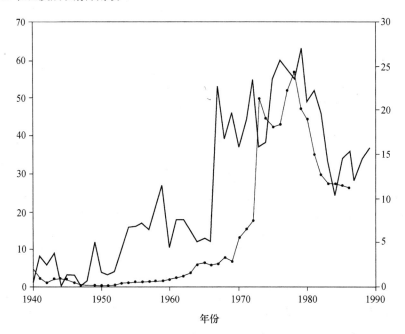

年份

第七章 城市——作为全国性政治问题

D. 环境方面的关注

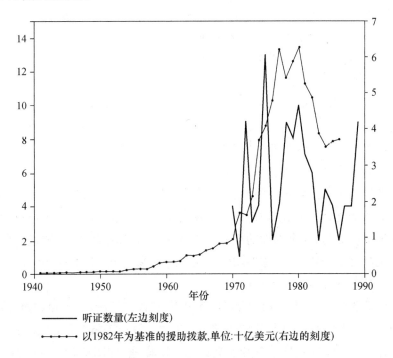

图7.3 国会关于城市事务的听证和联邦政府对州和地方政府的拨款（按照类别）

前兆：住房和公路的次级系统

城市事件在20世纪40年代第一次出现在国家政策议程中。媒体报道和国会注意力都没有受到1917至1919年城市失序的影响。然而，在1943年的骚乱中，国会举办了大量的听证。其中大多数听证并未直接牵涉骚乱，但它们是1949年《住房法案》（Housing Act）的前奏。这个法案被认为同时囊括了建造低收入者的住房和实现城市复兴（或者更为精确的说是贫民窟的迁移），因此这个法案至少与战争时期的失序是无关的。但是，这个法案的主要框架早在1941年就已初见雏形了，30年代，有关贫民窟迁移的建议被提出并系统地传播开来（Foard and Fefferman 1966）。联邦的城市议程主要涉及到住房，但是住房问题多被表述为恶劣的环境条件和贫民窟的改善。（社会规划类别中涵盖了所有的住房听证，见表7.3A。大多数住房拨款包含在社会规划中，但是城市复兴资金包含在社区发展类别中，见表7.3C。）

作为联邦政府第一次插手城市事务，1949年《住房法案》造成了对美国城市问题的批评。论战沸沸扬扬，并偶尔在"黑人迁移"和动用联邦资金建造非住宅物的问题上爆发。该法案在五年内为地方住房当局批准了5亿美元的直接拨款和10亿美元的借贷，而且总数还逐年递增。953年作为对当年所制定法案的修正，首次开始针对城市复兴进行直接拨款。

20世纪40年代晚期的城市住房动议形成于大众传媒对城市问题并不怎么感兴趣的氛围下，不过此时国会已为城市事务召开了多次正式的听证。随着住房问题被广泛传播，1949年法案的修改主要针对北部和西部的大城及旧城。该种模式表明政府外部的利益集团动员有限，广大选民也没有被激发起来，而政策的参与者们只关注狭隘的政策目标。尽管那些受到城市复兴影响的城市发生了翻天覆地的变化，但是当时城市政策制定的第一次浪潮对议题的界定非常狭窄，只有少量选民参与，与全国性的规划相比，那些规划都比较小。城市复兴政策的次级系统联合了一些团体，这些团体虽然都纷纷聚焦于重建老化的城市，但是他们对城市事务的理解却稍有不同。

如图7.3A所示，从1940年到20世纪50年代晚期，针对各州和地方政府的政府间拨款增长缓慢。这些计划主要由"新政"（New Deal）中适度的福利计划构成，再加上1949年住房法案和复兴计划。同样地，如图7.3B所示，战后国会对于发展城市物质基础设施并不怎么关注。1956年的《州际公路法案》（Interstate Highway Act）出台后，公路支出持续增长。值得注意的是，这项拨款行为事实上刺激了国会听证活动。正是公路修建活动的增加将公路放进了全国性的城市议程。州际公路法案使得"近邻对公路"（neighborhoods versus roads）的城市争论愈演愈烈，并在60年代早期进入了国会议程。

从1940年到1960年期间，国会的兴趣只限定在非常狭窄的城市事务中——几乎只专注住房和公路。这些政策被置于次级系统中，而这些次级系统在公共政策执行上歧见丛生，不过次级系统本性就如此。问题被狭隘地界定，没有包括宏观政治力量（macropolitical forces）。这期间没有涌现出处理城市问题的宏大的国家战略。然而，20世纪60年代期间交通和住房双双成为城市问题解决方案体系的一部分。在城市运输问题上的听证数量一直很少，并且这些听证还时常发生争议，在对于资金应该流向大众交通还是高速公路的问题上尤为突出。

主要的浪潮：社会规划和地区开发

从50年代晚期开始，关于在城市社会规划的听证数量显著增多。如图7.

第七章 ◎ 城市——作为全国性政治问题

3A 所示,从 1957 年到 1970 年,社会规划的听证呈渐进式增加的态势,前一年倒退然后恢复并在次年超出上次的数量。接着,从 1971 年开始,听证活动明显减少,并且持续下降,直到目前也只有微弱反弹的意图。每次听证活动之后,社会规划中流向城市项目的资金就会巨幅增长。从 1940 年到 1966 年社会规划拨款稳定增长。1967 年,急剧的增长出现了,创造了社会支出方面的新高,并畅通无阻地延续至 1974 年,直到 1980 年才出现了一点小起伏。随着听证的增加,拨款也会在数年后增加。随着听证的削减,拨款也会在数年后稳定下降。

在社会规划方面听证数量剧烈减少的主要原因是有关城市问题的讨论发生了转移。共和党人以及各州和地方官员开始将有关城市问题的讨论抛出他们的责任范围之外,他们认为地方政府应该有能力决定他们自己的优先事项而不是接受由国会和联邦官僚设定的优先事项。他们赞成在府际关系中采取地方政府一揽子补贴(block-grant)的方法,联邦政府从其似乎无穷无尽的供给中提供税收,而州和地方政府则在各种限制下使用这笔钱。这就将讨论从"我们要为城市做些什么"转向了"我们所允许的地方官员的回旋余地有多大"。

图 7.3C 展示了城市问题讨论的转移。这里我们将听证数量和政府间拨款以及社区发展(一个大类,表明实质的地方自由裁量权)拨款总数绘制了表格。图表显示,议题在国会的扩张出现于一个单独的年份——1967 年。而且,随着这种增加,1973 年在债券方面出现了巨幅增长——这一年尼克松在他的地方政府一揽子补贴计划上取得了一定成功。

随着尼克松政府的一揽子补贴的发起,除了一个小小的例外,关于城市的动议结束了。20 世纪 70 年代期间,仅有一个城市问题引起了国会的注意——市政府对市内污染的捐款。显而易见,这是与环境保护相关联的,国会对这一问题的关注带来了针对污水处理的拨款。虽然这些拨款不像其他类别的拨款那样数额巨大,但是它们确实在 70 年代初期以一种非渐进的方式增加了,正如图 7.3D 所示的那样。

审视一下图 7.3 呈现出来的曲线,如果不采取非渐进方式来考虑城市动议问题而采用其他任何方式考虑,城市动议问题都将是很难解释的。即使将 20 世纪 60 年代至 70 年代的债券增长看作是由真实的税收增加所驱动的渐进式递增,仍然不能解释城市注意力的几次浪潮,而这些注意力是和随后几次主要的拨款(funding)上涨联系在一起的。国会的注意力和拨款处于下降趋势,而对城市事务的新的理解赢得了青睐,新的解决方案也脱颖而出。此外,一旦一个解决方案以创立机构和拨款的方式,在国家决策系统中赢得合适的生存空间,那么它就不会消失。

四个图中有三个表明，1960年以后的国会听证活动增长迅速，遥遥领先于规划的非渐进拓展。给人印象尤其深刻的是60年代中期在种族和社会问题上听证活动的增加，以及随后在60年代晚期和70年代早期社会规划拨款的增加（图7.3A）。大致与之相似的是，政府间的财政（包括住房和社区发展）在1967年一年中增长了四倍，国会对此的关注随后相应地引起了1973年对地方政府一揽子补贴预算行动的剧烈增长（图7.3C）。

不同类别政策行动的巨大差异使得国会注意力峰值出现的时间各不相同。国会对城市基础设施的注意力在60年代早期达到了峰值；对种族关系和社会问题的注意力的峰值则出现在1967年；财政问题的峰值出现在1967年并在1979年再次出现，其间也有高频度的波动；环境问题的峰值出现在70年代。看来城市动议已被一系列的浪潮推进，每一次浪潮都定义了当时的城市问题，并且在当时和国会议程中的其他事务缠绕在一起。最初对基础设施发展的关注导致了50年代后期交通运输业的发展。第二次浪潮集中在民权和社会问题上，这次浪潮自1958年形成以来稳定发展，在1970年达到了顶峰，而后便戏剧般地衰退了。第三次浪潮关注的是政府间财政。它在1967年进入了国会议程并在国内政策对话中占据了统治地位，这种状况一直延续到70年代晚期。这场党派分野明显的辩论考虑的不仅仅是资金，还有更为根本的控制权：国内规划应该由联邦政府指挥还是应当将适当的财政权和大量的自主权移交给州政府？最后，城市动议的最后一次浪潮由环境保护论者掀起，他们更多地是对环境敏感度极高的矫枉过正者，而不是对城市人口困境的具体关注者。①

对城市规划而言，系统的注意力和政策产出之间的双重滞后发生了：首先，媒体报道率在延续一段时间之后才引发国会兴趣；其次，拨款资金在国会发生兴趣的数年之后才增长。媒体对城市的注意力的峰值出现在1967年，与1968年的报道率峰值几乎是一样的。拨款活动在1978年到达峰值——几乎落后了10年。对于众多的议程模型而言，峰值与峰值间的滞后并非评估政策反应的最好方法，然而，人们最感兴趣的是议题引起决策者注意的非渐进动态过程。政策反响最重要的测量办法是拨款曲线倾斜度的变化。对城市规划来说，在图7.3的各曲线中辨别出来是很容易的。对社会规划来说，1966年是关键的一年，而对

---

① 在媒体报道与国会注意力之间关系的案例中，我们可以使用回归分析以更加系统的方式去检验听证和拨款分配之间的相关性。有人认为持续的国会听证行动对于广泛政策动议的预算拨款的增加是必需的。为此我们将拨款是听证的同时性函数的回归模型与拨款是听证的滞后性函数的回归模型进行了比较，对上述两个模型完整的回归分析的结果详见附录B。

第七章 ◎ 城市——作为全国性政治问题

社区发展来说 1972 年则是关键的一年。

政府注意力和政策反响的这种模式与我们对政治中正反馈作用的强调是一致的。系统的议程行动在 20 世纪 60 年代早中期短暂地爆发，但是它激发了国会的兴趣和联邦官僚以及地方官员的行动。拨款的增长在 70 年代一直保持着良好的态势，在里根的预算提案提出后减少了，形成了政策产出中的非渐进式波动。

全国性的城市动议

20 世纪 60 年代的城市失序发生的环境与发生在 20 世纪早期的骚乱发生的环境比起来简直是大相径庭。曾被两任激进的民主党总统主导的国会在 1960 年以后逐渐转向了广泛的国内议程，其中城市问题是一个主要方面。1960 年，国会主持了 20 次听证，有的直接涉及到城市事务，有的则与之无关。1970 年，国会召集的听证超出了原来的四倍之多。这是我们在本书研究到的议题中为数最多的听证。如此强烈的国会兴趣一直持续到 1976 年，此后便迅速地消退了（参见图 7.1）。

对城市弊病的全国性救治当属林登·约翰逊总统的一次成功之举。总统们总是在他们试图主导内政领域的过程中遭到阻挠，因为有无数的力量要终止（或说改变）他们的计划。因此总统们必须试图结合各种各样的政策次级系统并将其导向一个综合性政策（Jones and Strahan 1985）。20 世纪 60 年代早期在对国内问题激烈攻击的浪潮中，住房、交通运输和福利计划迅速拓展。约翰逊及其国会同盟在激发热情支持的动员中获得了成功，这种动员的主要特征就是将纷繁芜杂的社会问题融合到一个综合的全国性规划中去。

国会对城市事务的兴趣既广泛又深入。图 7.2 和 7.4 展示了在 20 世纪 60 年代，国会听证聚焦于城市问题和计划的诸多种类。城市问题进入正式议程产生了大量的立法和巨额的新支出。除了物质基础设施的支出，对州和地方政府的转移支付在 60 年代晚期和 70 年代大幅度增长。这次扩张的主要媒介是分类补助款。联邦官员严格地界定了计划和项目，州和地方官员加以执行，从而绕过了政府中各个层级的大多数选举官员。

在某种程度上，这种方式直接扩展了自"新政"以来用于国内规划执行的机制。而且它也同样与那些在肯尼迪当政期进入华盛顿的决策者的理念相契合。人们曾认为州和地方官员不会对城市的诉求有所反应，部分是因为当时的立法机关代表名额的分配不公影响了州的立法。因此普遍认为新的规划必须绕过各州首府的保守意见。分类规划通过要求特殊的行政形式做到了这一点。而且，联邦拨款首次直接指派给市政府的做法就完全绕过了州政府。"向贫困宣战"（the War on Poverty）就是直接指派给公民团体处理的，尽管管理方式在城市与城市之间参差不齐（Greenstone and Peterson 1976）。

州和地方官员对联邦的款项兴趣盎然，但是他们内部以及他们同负责规划管理的联邦官员之间存在巨大的分歧。比尔认为20世纪60年代飞速成长的分类计划衍生了一种新型政治。他在1978年写道："新中心对政府行动的强大影响已经在政府内部出现"（Beer 1978, 17）。这种"政治组织的公共部门"（public sector of the polity）采取了两种形式："专家和官僚的联合体，即每种计划有一个由拥有科学或专业资格的政府官员作为核心"，它们的运作与对此感兴趣的立法者及受益群体的代言人紧密联系在一起；而且政府间的游说者由地方长官、市长、各县主管、城市经理以及其他官员组成，他们大多是选举出来的，对州和地方政府全面负责（Beer, in Conlon 1988, xviii）。

所以全国性政府（national government）受到两种来源影响的控制：一是与"现代国家的功能专门化……即专业与官僚化的联合体联系在一起。另一种产生于区域的专门化——政府间的游说者"（Beer 1978, 17）。"伟大社会"（the Great Society）的新计划从这两个来源中产生了强大的、专门化的游说者。这种州扩张的美国特有版本产生了一组特别强大的、以规划和区域代表为基础的同盟者（Beer 1977, 1978）。这就意味着总统的综合性解决途径在国会委员会、国家官僚（national bureaucrats）以及在州和地方官员中分崩离析了。每一方在具体计划中都有利益，但是没有人关切综合的、协调性的政策。

20世纪60年代联邦政府开始实行美国历史上绝无仅有的一次广泛的城市政策，原因是有一位激进主义的总统定义了一项综合性的国内计划并付诸实施。由于美国政策过程的动力机制，这一动议难以协调一致，它依靠各级政府的立法和官僚机构的合作。这一动议受到了关注，但人们只关注该动议的具体问题而不关注处理现代美国政治体系中城市作用的全局战略。它内在就是冲突的，比如公路计划导致了住房和近邻环境的新问题。它引发了对处理复杂、重复事务中行政承载能力不够，国内问题解决方法固有的分割性，被抱怨的核心是分散性和间接性：分散是因为规划只关注具体问题；间接是因为它们依靠联邦的拨款机构来执行。庞大的数十亿联邦资金直接或间接地被用于改善从住房、交通运输到少数族群权益（minority empowerment）等城市问题。1960年到1968年间，联邦拨款计划的数量增长了3倍，从1960年到1970年联邦援助增长超出了3倍——从

70 亿美元到 240 亿美元（Conlon 1988, 6）。当时, 20 世纪 60 年代的全国性的城市动议虽然是综合性的,但不协调,并且招来了许多批评,这些批评既有来自大规模政府参与的反对者,也有来自那些在复杂的行政中被绕过的州和地方官员。

城市动议的结束

截至 20 世纪 70 年代早期,根据《读者期刊指南》进行评估的媒体兴趣迅速下降,从 1965 年的 120 篇文章到 1972 年的 60 篇（图 7.1）。大众媒体的文章在 70 年代中期稳定在 70 篇左右,然后在 1978 年再次骤跌。那时对城市的大众兴趣仅仅略高于 40 年代和 50 年代的水平。由民意测验测定的公众舆论表明,民众对国内政策提案的支持也下降了。对公众支持的不同领域内政策支出水平进行全国性调查发现：接受调查的人中有 49% 认为 1973 年至 1974 年间,在大城市问题上花费太少。截至卡特政府时期,只有 40% 的人持这种观点（Bennett and Bennett 1990, 90—91）。城市事务从公众视线中消退了。

国会的注意力也消退了——首先在基础设施,然后在种族事务和社会规划,接着在政府间的财政结构方面。如上所述,这些注意力的消退发生在媒体报道率消退很久以后。20 世纪 70 年代持续的国会兴趣反映了尼克松总统的议程,尼克松主要的内政议程体系就是将"伟大社会"的多个分类拨款计划合并在少数的分区拨款中。70 年代的大多数听证考虑的是结构的冲突和对这些拨款的裁决。尼克松提出要合并六个普通的政策领域,但只成功合并了两个。每一次改革意见都是在特殊的政策竞技场上以斗争的方式解决,结果导致了碎片化的政治,于是总统就试图将这些分散的政策统合起来（Conlon 1988, 62）。尼克松当政时的大部分政策是由 20 世纪 60 年代的议程所规定的,尽管这些事件中的系统注意力（systemic attention）已经迅速地消退了。

有人也许会认为,在缺乏国会注意力的情况下,与单一产业的次级系统制度安排类似的结构化政治会处理这种政策。官僚联合体和政府间的游说者是这些制度安排的强有力的基础。在城市事务中,就像在普通的联邦制度中一样,稳定运转的制度安排会随着系统的扩张而建立起来（Anton 1989）。随着特殊计划的广泛扩张,这些制度安排花费了数十亿联邦资金,支配着从约翰逊政府到里根政府的国内政治谋划。

然而,系统的局部崩溃已经开始出现。一揽子补贴的各大类转移支付的实际资金在 1977 年达到峰值之后就迅速下降了（图 7.3C）。站在对地方政府有利的立场上来看,这种下降显得尤其残酷。1978年,联邦资助对美国市政当局自有收入的比率为0.26,也就是当地方税收每上升1美元,就有额外的0.26美元通过直接的联邦资助甚至通过州政府更间接地划拨到各个市。到1984年,这个比率下降到0.15——下降了58%(Wright 1988, 165)。由"专业化——官僚化的联合体"及"政府间游说者"(Beer 1978)组成的支持网络不能再支撑这个在城市动议期间建立起来的财政转移支付系统了。实际资金的下降同样发生在其他类别中(图7.3A、B和D),但是远远没有这样严重。在社会规划的案例中,80年代中期拨款的增加重新开始,差不多与70年代期间的增长率是一样的,这次增长应专门归功于公共医疗补助计划(Medicaid Program)。

提供集体产品的三个类别(基础设施、环境以及地区开发)拨款减少,而再分配和集体消费规划(collective consumption programs)的拨款增长。正如第十一章所述的观点,以上三个政策类别与城市政府政策优先事项联系的紧密程度要比社会规划紧密度高。这些政策赋予了地方官员更多的裁量权(discretion),所以它们更受政府间游说者的欢迎。拨款结构的压缩会首先限制提供集体利益并赋予地方裁量权的城市规划。

更令人称奇的也许是随着国会注意力的消退,次级系统的崩溃也发生了。在其他那些我们研究过的强有力的次级系统中,国会的注意力在该次级系统创立之初是相对较低的,但是随着冲突扩张超出了次级系统的界限,注意力也随之增加了。城市政治则以相反的模式运转:国会的兴趣在系统创立时非常高,但随着系统遭到攻击,国会兴趣反而减少了。1974年以后国会举行听证的能力明显拓宽了。(事实上,在能力增长的时期城市听证却出现了一致削减,这一点可以作为重要的证据证明:观察到的次级系统政治模式不应归因于注意力容量的简单扩张,而应归因于国会注意力不断变化的模式。)

机 会 之 窗

以上的发现提出了三个关于全国性城市议程的兴起和衰退的根本性问题。第一,为什么城市动议在那时发生?很明显,城市问题是处于不断地改进之中的。例如,20世纪60年代早期黑人争取到了他们最大的收入。在全国性的内政动议尚未完成的时候,失序就已经发生了。第二,为什么动议崩溃了?据说是无所不能的官僚-专业联合体以及政府间游说者的联合在捍卫它们权威时彻底失败了。这些公共部门的政治力量应该是很难动摇的,但是他们却亲眼目睹了

第七章 ◎ 城市——作为全国性政治问题

与自己相关的议题的退出,并带走了曾经拨付给他们的大部分拨款资金。最后,为什么在没有引起更多的国会注意力的情况下城市动议就崩溃了呢? 有人也许会认为,原因在于:与城市拨款系统的急剧缩减相关联的冲突,可能会反映到国会听证活动中去。但是我们的证据却不能证明这一观点。

如果对发生在60年代的各个因素缺乏详细而综合的了解,我们就不能理解全国性城市动议的增加与减少。在那时,一扇史无前例的机会之窗(window of opportunity)敞开了,这是三个主要的社会趋势共同作用的结果:(1)美国战后的繁荣;(2)短期内社会趋势从经济事务转向了社会事务;(3)由一位欲推行雄心壮志的内政议程的激进主义总统所领导的民主党的罗斯福联盟留下的强烈印迹。可以说正是经济的、社会的和政治的因素使得城市议题成为重要的全国性的优先议题。

国家对城市议程的接受的一些迹象可以在图7.4中看见,该图表明了从20世纪30年代直至1984年以来公民将经济或社会事务作为国家面临的主要问题的百分比(Smith 1985)。

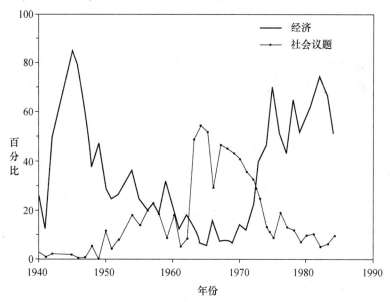

图7.4 美国面临的最重要问题调查:盖洛普民意测验的
回复情况,仅限于国内议题

资料来源:Smith 1985。注意:在一些年份有多次民意测验结果的报告,为了平滑较小的
波动,我们对结果进行了平均。全部基于Smith在1985年对171次民意测验的报告。

从30年代中期开始,盖洛普民意测验组织对美国公众进行了有关国家主要问题的提问。盖洛普组织使用不超过11个类别来做调查,并保存了50年内的数据,而大多数反馈都被纳入了5个类别中(外交事务、经济、社会管理、公民权利以及政府)。在图7.4中,社会管理和公民权利是合并了的,正如韦斯伯格和腊斯克(Weisberg and Rusk 1970)所做的按比例缩放工作(scaling work)证实的那样。在30年代和40年代,以及50年代的大段时间,公众认为经济事务的重要性超出了社会问题。50年代的后半期,社会问题开始赢得相当数量美国人的青睐,但是直到60年代早期这些问题才上升进入公共议程。很短一段时期内,大概是1963年到1972年,社会事务主导着公共议程,远远超出了公众心目中经济情况的比重,从图7.4可以看出这段时期非同寻常;1972年以后,公众的关注转向了更为传统的经济事务。

公众不仅仅在60年代这一短期内特别关注社会问题,而且,正如贝内特(Bennett and Bennett 1990)指出的那样,公众对政府在当时的态度相较以往和以后的时期而言,持赞同和支持态度。虽然这些民意测验的数据不能作为结论性的证据,但是它们确实意味着60年代早期的美国人不但相信政府是解决问题的工具,而且更加关注社会问题。关注问题似乎与乐观主义是一致的,他们认为政府可能有能力提供一个良好的解决方案。当然,不论是关注还是乐观主义都难以长期维系,但是在这些条件存在时,它们就为全国性的城市动议提供了完美的环境。

当政策环境发生迅速变化时,问题与政策解决方案之间的连接就很关键了。这需要政治领袖发挥作用,在国家政治层面就是总统。总统能够在提出系统议程的问题中起重要作用,但并不能独自控制程序。尽管如此,他们选择问题解决方案的立场仍是唯一的,正如他们在国家议程中所显现出来的崇高地位一样。回到本章开头对林登·约翰逊总统讲话的引用是具有启发意义的。这位总统坚决地将社会事务定义为可以通过正面的政府行为来改进的事务,而不是镇压的事务:"改进我们城市生活的立法行为"。民主党联盟在1964年在北方大部分地区取代温和的共和党并赢得热情的支持。

如果说1964年的大选使民主党在短期之内无所不能的话,那么它也表明了长期罗斯福式统治的终结。民主党人将该议题定性为政府作用的不充分,共和党人利用了这个留给他们的机会。民主党对国内事务的方法集中在服务战略上,它依靠专业人员介入并改善社会问题。评论家们将此方法称作社会工程(social engineering)(Beer,1976)。共和党人熟练地将社会事务和传统的保守经

第七章 ◎ 城市——作为全国性政治问题

济政策结合在一起：尼克松依靠南方和西部的力量，宣称要站在被遗忘的大多数的立场上。共和党的评论家认为：即使这些目标曾是有价值的，但自由主义的民主党人实施的社会工程并未起作用，并浪费了数十亿美元的税收。

与日俱增的大量党派斗争集中在种族关系问题上。党派不仅仅为联邦政府在内政生活上的新角色而战，也为了黑人融入美国政治而斗争。黑人开始争取在城市中获得巨大的政治权力，促使民权运动进入鼎盛期。联邦政府在内政问题上所发挥的更大作用，与黑人团体融合在一起共同形成了对政党议题原则的新理解。对这种定义最具有说服力的证据来自卡迈恩斯和斯廷森（Carmines and Stimson 1989）的著作。两位作者展示了国会政治党派是如何在1960年到1970年的竞争中转移立场的。随着民主党愈发地自由主义化，共和党则变得更加保守。

在这个混乱的时期，城市动议受到了政党冲突的深刻影响。民主党的多数成员雄心勃勃地推动国内议程，而使城市从中获益。对约翰逊等民主党人来说，城市问题就是国家问题。但是城市问题还有另一面：移民的安置、少数族群、犯罪以及腐败的政治领导集团。城市问题的这一面就是引起共和党注意并加以强调的社会秩序。

城市问题既已成为新的党派之争，就变得停滞不前了。约翰逊的激进主义（Johnson activism）刺激了共和党长期奉行将内政议程往后推的策略。在某些领域，诸如社会保障，共和党的策略异乎寻常地失败。但是在政府间的拨款系统上，尤其是在住房、社区以及地区开发的统筹财政补贴方面它又赢得了非凡的成功。人们也许会得出这样的结论：政府间的游说者在70年代晚期是极为强大的，他们完全由来自全国的数千名有薪酬的专业人员组成。很难预计到他们会在保卫自己所得方面会失败。他们的困难几乎都集中在为处境的形象（image）辩护而不是为人民辩护的问题上，而在这个时期之后，对城市的普遍的负面观点被强化了。

城市以及其他政府间计划的拥护者们在复兴对城市问题系统的、正式的注意力方面遭到了失败。严格来讲，为什么会发生这样的事并不完全清楚，但是这个综合体中的一个关键成分是共和党试图将城市问题重新定义为地方性问题。尼克松总统迈出了第一步也是最重要的一步。他的新联邦主义（New Federalism）原则上就是试图将债券从政策优先事项中分离出来。在他的地方政府一揽子补贴方法中，联邦政府提供资金，州和地方政府在宽泛的指导方针下提供服务。在稍后几年中，共和党就可以宣称全国性政府对地方项目没有营业性投资。

与尼克松不一样,在奋力争取重提州和地方责任的时候,里根总统及其同盟有心缩小政府的规模和范围。他们目的很明确,旨在增加贯彻保守主义政策的各级政府的权力(Conlon 1988)。我们可以认为这是个大规模的议定场所挑选(venue shopping)。很不幸,对共和党而言,这并未达到他们所希望的效果,因为在整个80年代,州和地方政府被限制在联邦政府正好减少授权的领域拓展它们的活动(第十一章详细讨论了其间的联系)。而且,在公共医疗补助计划支出增多的推动之下,针对社会规划的联邦拨款在仅仅数年的停滞之后重新螺旋上升。

看看我们对城市议程兴起和消退的测量,我们发现反动员机制(countermobilization)并未发生。也就是说,当里根时代城市事务从国家议程中被强制推出时,支持者们并没有集结起来严肃地反击。媒体报道率从20世纪70年代晚期的低潮过后也没有反弹。同样地,国会听证也没有剧增,因为住房计划、社区发展以及其他政府间的拨款结构已被废除或严格限制。貌似强大的政府间游说者看来已经不能将城市事务再推回到国家系统的或正式的议程中去了。

当然,我们的数据并不能告诉我们为什么某些事没有发生。然而却能合理地推测出:共和党全面抨击民主党推行的福利国家导致了人们对城市事务的忽视。和尼克松时期一样,里根时期的共和党人不攻击具体计划。他们抨击的是积极国家(positive state)的整个哲学,而且他们抨击预算和税收政策,而不是关于计划的法定条款的辩论。此外,尼克松已将联邦议题归结为里根留下的巨大优势:能够在国家官僚机构不介入的前提下解决地方问题。最后,城市的不利条件在于它与种族间的冲突全面地联系在了一起。政治上压力一定的情况下,民主党人选择仅仅保留那些产生最广泛的大众吸引力的规划,其中最主要的就是社会保障。

结　语

城市动议的增减不同于我们在本书中研究的任何一类情形,它是与广泛的党派斗争紧密联系在一起的。不论是它的产生还是减少,都不能从关于政府行为适当范围的全国性辩论之外来理解,也不能在不考虑党派对种族关系立场变化的前提下来理解,因为种族关系涉及联邦政府在内政中发挥什么样的适当作用的讨论。而且不能在不考虑各位总统的计划的情况下来理解:约翰逊开始了对城市弊病的攻击,尼克松试图通过州和地方来引导联邦的内政提案,卡特尝试通过形成全国性的城市战略使城市规划打上他的印记,里根则将财政联邦主义

第七章 ◎ 城市——作为全国性政治问题

作为一个适合消除城市问题的强大的政府干预因素。

更为重要的是,城市动议的增减是美国政治系统制定的政策失败的范例。城市动议仅仅是在规模上有所不同而已。20世纪60年代随着关注上升为内政的导火线,城市动议具有了极端正反馈作用的特征,在整个60年代,媒体注意力和政策反响交互影响。

动议不能由简单的导火线事件来解释,也不能由恶化的社会环境来解释。系统的(systemic)和正式的(formal)注意力双双上升先于最为显著的导火线事件,即城市失序。城市环境那时已大大优于从前。居住在不合标准的住房中的市民减少了,而无论白人还是黑人的收入都以前所未有的速度提高了。我们可以推测出,动议来自于独特的事件组合:战后的繁荣,黑人与日俱增的政治意识,公众对非经济事务的关注,认为政府规划有能力解决主要社会问题的短暂的乐观主义,以及自由民主主义联合的增加。上述结合在它还没有显现出来之前是无法预测的。我们在前面章节阐述过政策次级系统的不稳定性,同样为国内政策动议所具有。

城市动议的转移和它的出现一样突然。20世纪70年代媒体兴趣消退,而国会兴趣则增加了。80年代期间,当里根对联邦政府在内政方面的作用发起攻击时,倡导者们不能为城市计划提供令人满意的辩护,加之国会对城市事务的注意力随着联邦债券的发行而迅速消退。城市问题虽没有60年代那样恶化但依然严峻。此外,民主党的内政政策动议产生了大量的由联邦、州及地方组织起来的强大利益网络。有任何一名公正的社会科学家能预料到20世纪70年代中期这些公共部门力量的缺陷吗?

第八章

解决方案和问题的连接：
三个单向性议题

单向性议题（valence issues）已被定义为那些辩论双方中只有一方合理的问题（Nelson 1984）。在这种情况下，对问题的重新定义似乎是不可能的。然而，在本章中我们发现某个特定的问题也许会与许多不同的解决方案联系起来。单向性议题的议程设置通常包括一系列重要的决策，这些决策最恰当地解决那些达成一致的问题。毒品滥用究竟是利是弊毋庸置疑。然而，究竟什么事项应当由政府回应却成为了重要的问题。针对毒品问题有各式各样的解决方法：关押吸毒者和贩毒者、禁用、治疗、教育。解决方案与问题连接的方式影响了其后的政策动力。

本章中，我们简单地检视三个单向性议题：毒品滥用、酒精滥用以及儿童虐待。在这三个案例中，对问题的界定意味着那些可能进行相反动员（countermobilize）的人的立场难以取得任何程度的合法性。所谓持有相反立场，只是在解决方案上有所区别，而不是对问题概念的认识上有所区别。例如，所有人都谴责儿童虐待，然而对此进行干涉的诉求却与社会规范相背离，社会规范强调家庭的圣洁性和父母在不受国家干预的自由下养育孩子的权利。同样地，在毒品和酒精滥用的情形中，关于强制办法的过多考虑可能会导致对隐私的侵犯或者对医疗的政治干预，正如经常发生在毒品滥用管制领域中的情况那样。虽然酒精消

第八章 ◎ 解决方案和问题的连接：三个单向性议题

费有所下降，但大多数人并不认为禁酒的全国性试验是成功的。渎职、腐败以及群体暴力成了与严格强制相生相伴的另一面。虽然没有人会喜欢任何形式的毒品滥用，但如果有人认为毒品滥用者是罪犯，或者认为他们是受到疾病折磨的人时，公共政策反应的差异就会非常大。对医学团体而言，酗酒者和瘾君子有时候被看作是需要治疗的病人，而不是需要被关押的罪犯。

看来单向性议题确实具有几个方面的特性。可是，几乎任何一个问题都具有单向性议题的特征。我们在前面章节讨论过的许多案例中，占据支配地位的观点认为：保护和反立场是"反美的"。考虑到50年代，是谁在反对核技术的问题时，我们发现核电案例显然属于这种情形。总之我们在将特定的问题作为一个单向性议题来鉴别时必须慎之又慎。

即使单向性议题总被看成是负面的事项，在不同的时期它也可以作不同的理解。这些不同的理解意味着不同的政策解决方案。比如，对儿童福利的考虑曾经聚焦在雇佣条件和童工的不合法问题上。近来，这种关注又转移到了贫穷和营养问题，以及这些问题对教育成效的影响上。在所有案例中，善意的人们总是关注儿童福利的某些方面，但是具体的关注点在这些年来有所改变。对该议题的战略性界定不同于对问题性质的某些基本特征的定义，战略性定义通常规定一个问题是否是单向性议题。与政府官员只考虑对儿童虐待做有限的斗争相比，如果政府官员认为儿童虐待问题是一个宽泛的"家庭政策"，那么这种问题界定会导致更广大范围的反应。

许多单向性议题最终会导致自相矛盾。它们诱导政治家们去提出问题，但这些问题却不易解决。安东尼·唐斯（Downs 1972）关于"议题注意力周期"（issue attention cycle）的论证是在关于环境问题的讨论中被发展出来的，这些观点可以轻松地运用于后续类似问题。政治家们和公众可能全神贯注于严重的问题，可是当他们开始投入资源去解决这些问题之后，他们通常感到这些问题并不是那么容易解决。在数年的挫败之后，他们就会将注意力转向另外的事情。我们在第五章讨论过这个理论的一些细节，而且我们注意到唐斯忽略了注意力周期中的一个关键要素：大众关注的浪潮经常性地导致长期的和强大的机构被创建，即使数十年后公众的注意力已经退却，这些机构仍会继续聚焦于该问题。

我们从这里的每一个事例中都将看到，强大的专家团体在处理禁止滥用毒品，他们对滥用者和滥用行为实行治疗，或者在公众关注已经退去之后，强制实行禁止滥用的法律。这些专家共同体继承了官员对滥用进行政策回应的想法。公众和媒体对于问题的关注程度也许会从低变高，然而，政府对方案采纳的决策将遵循不同的模式。尽管如此,问题在系统议程中出现的方式会强烈地影响到不同的政策解决方案的采纳。这是议程设置过程影响政策结果最重要的方式之一。它同样有助于解释为什么政治系统常常会从一个相对稳定的时期突然落入(lurches)另一个相对稳定的时期。

埃德尔曼(Edelman 1964,1989)发表了一种适用于很多类似问题的观点:政府给那些与时弊作战、但不关心问题解决方案的人提供象征性的保证。毫无疑问许多竞选公职的人总是郑重地宣布他们热情地支持某些方法,比如对"毒枭"处以极刑以及在土耳其或是秘鲁根除古柯(coca)种植地。然而,我们在将所有的这些努力仅仅作为象征(symbolic)来排除之前应该小心谨慎。它们也许没有效果,但是正如我们在下文展示的那样,全部计划的累积效果和由大众关注(例如毒品滥用事件)浪潮产生的预算是非常巨大的。因此仅仅将其作为纯粹的象征来排除未免太过简单化了。

毒 品 滥 用

毒品滥用比本书当中讨论的其他议题更加周期性地出现在国家议程中,短暂地吸引了媒体、公众、立法者甚至是总统的注意。每年有超过250篇关于毒品滥用问题的文章不时出现在《读者期刊指南》中,这标志着全国大范围内的出版物实质性地被这一话题所吸引。在全国性动员时期,各种公共政策被采纳,包括全面的立法(20世纪之初的现状),严格的执行(例如,禁酒令时期毒品滥用也同样被指责),限定褒奖的界限(60年代期间),醉心于将上瘾作为疾病来处理的可能性(在尼克松总统时期),最后还包括对禁止、强制以及惩罚的再次强调。

戴维·马斯托在关于20世纪对毒品滥用的立法、政策和态度的全面记载中发现:我们从未达到任何价值的平衡或毒品政策的平衡。即使在19世纪,当美国是仅有的没有将毒品非法化的西方大国时,市场不受阻碍的规则也远远不足以产生一种均衡。例如,在其引进的时候,可卡因在19世纪80年代几乎被认为是一种奇妙的药品,但是它在医疗圈内的魅力和热情很快便转换为怀疑,并最终遭到排斥:"到1900年时,它被认为是所有药品中最危险的一种"(Musto 1987,x)。根据马斯托的说法,我们"从对毒品的容忍时期走向了不能容忍的时期。均衡的状态只存在于毒品(包括酒精)在美国几乎没有出现的时候"(1987,x)。

我们注意到在第二章,公众关注的许多能有利发展的议题也许被认为是个人的不幸(因此适用于慈善行动,但是并不需要政府的干预),或者被认为是社

第八章 解决方案和问题的连接：三个单向性议题

会问题(参见 D. Stone 1989)。毒品问题就在这两种公众意识的观点之间摇摆。在某些时期，瘾君子被看作是那些可能已经毁掉了他们自己生活的"灵魂空虚者"，他们的行为不必牵涉政府。在另一些时期，人们认为毒品滥用逐渐侵蚀了美国的生产力，因为它危及到对少数族群的社会控制力，导致了城市暴力和犯罪。当这些社会问题，而不是个人问题涌现出来时，人们就要求政府作为代表采取行动去解决这些问题。政府行为交替在两方之间摇摆，一面是对强制执行和关押的强调，另一面是对治疗、阻止和教育的强调。

图 8.1 展示了 20 世纪毒品问题在《读者期刊指南》和国会听证上是如何被关注的。毒品在 20 世纪上半叶并不是全国性媒体的主要考虑。少量的注意力出现在 30 年代、40 年代和 50 年代，直到 60 年代中期毒品滥用才作为媒体的主要报道出现。70 年代这一议题淡出了注意的视野，注意力只短期存在了一段时间。随后该问题在 70 年代晚期开始了它快速而异常的增长，在 1986 年达到了最大值，超过了 250 篇文章，并在 1989 年持续上升。可见在这一百年中，除了 60 年代晚期和 80 年代晚期这两个时期，毒品基本上没有进入系统议程。与第一阶段相比，第二个阶段毒品已经不再是当务之急。

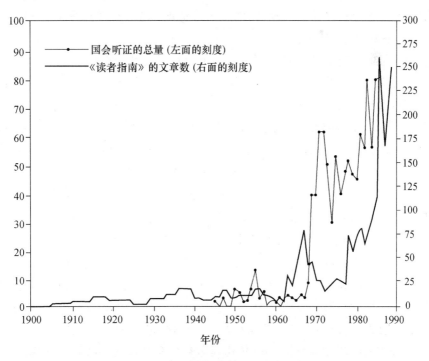

图 8.1　国会和媒体对毒品使用的注意力

60年代晚期之前国会决策者不会在任何程度上涉及毒品问题。图8.1表明由听证来测量的关于毒品滥用主题的国会注意力在1969年前后急速上升。可是，与媒体注意力不同，在该话题开始进入正式议程之后的整个时期，国会的注意力依旧保持了一段很高的水平。70年代毒品滥用从系统议程中退去，但是它从未在国会委员会的正式议程中减少。

在毒品滥用还没有作为公众或媒体主要关注话题出现之前的那些年里，联邦政策集中于惩罚而不是治疗或教育。普遍看法认为：吸食毒品的人是"有毒瘾的人"，鉴于饮酒者有多种类型并来自不同社会阶层，有必要强制执行反毒品的法律。毒品的法律强制执行比以往的任何尝试——如酒精管制甚至是禁酒令都要严厉。亨利·安斯林格（Henry J. Anslinger）作为第一位麻醉品专员，是1930到1962年的联邦毒品滥用政策中的一位核心人物。安斯林格在禁酒令时期就很活跃。那时他提出了对酒类购买者（不是销售和生产者）的第一次行为施以六个月监禁的定罪。他因此而家喻户晓。"公众虽然不赞成禁酒，但他们却一定会支持关于麻醉品控制的政策……在美国联邦麻醉品局（Federal Bureau of Narcotics），安斯林格关于怎样最好地强制执行这一法律的意见几乎没有遭到反对"（Musto 1987, 212）。安斯林格的个人立场也成为这个时期联邦毒品政策的缩影（参见Sharp 1991）。

负责强制执行的联邦政府官员通过保持相对的低姿态，通过鼓励外面的禁酒集团正面攻击那些试图建议以其他方式来处理"毒品威胁"的立法者，从而做到了在数十年的禁毒政策中保持实质上的统治地位。在联邦政府内部，许多活跃于禁酒令时期的类似集团是强制执行团体的天然同盟军。反卖酒联盟和基督教妇女戒酒联合会（WTCU）是特别强大的支持团体，可以依靠它们来保护强制执行团体的利益不受联邦政策焦点转移的任何威胁（Musto 1987, 214）。

在20世纪上半叶，麻醉品强制执行从未得到联邦政府的重点强调，即使强制执行总是比治疗计划发展得更快。虽然强制执行团体可以保护自身免于国会的攻击，但是在国会中它几乎没有强大的支持者，正如图8.1表明的那样，毒品滥用在当时并不是国家主要关注的对象。然而，当这个问题于20世纪60年代出现在议程中时，联邦反应的变化却是戏剧性的。针对同样的公共政策问题的解决方案的变化在数十年前就埋下了伏笔。正如金登（Kingdon 1984）所断言的那样，新的政策建议通常需要数年的"软化"（softening up）。战后出现了许多面向毒品滥用者的治疗新举措。60年代媒体和公众对毒品问题的关注迅速膨胀，这导致了关于毒品滥用治疗的研究全面进入了联邦禁毒政策。

第八章 ◎ 解决方案和问题的连接：三个单向性议题

自第二次世界大战结束后开始，联邦政府对心理健康的支出迅猛增长，研究心理健康的专家团体有能力并乐于辩称毒品问题可以不通过关押而通过治疗的方式来解决。毒品滥用官员清楚：如果他们企图将联邦的重点从强制执行转向治疗的话，那么他们将遇到安斯林格这样强大的对手。然而，由于人们知道他将在1962年退休，于是多种压力就随之而来：许多人显然将此作为转移重点的机会之窗（参见Kingdon 1984）。毒品滥用问题的媒体报道率从1962年《读者期刊指南》上仅有的5个标题上升到了1963年的33篇文章（比20世纪里之前任何一年都要多）；图8.1表明，媒体注意力的蜂拥而上持续了数年。安斯林格退休后接下来的5年里，联邦的禁毒情况发生了各种各样的变化。实际上这些变化无一例外地将重点转向赋予心理健康专家更多的权力（参见Musto 1987, 238）。联邦毒品治疗设备在60年代中期制造出来并普及全国；毒品滥用管理局（Bureau of Drug Abuse Control）成立于1965年并不隶属于任何一个执行机构，仅属于卫生教育福利部（Department of Health, Education, and Welfare）。

总而言之，针对毒品滥用的国家政策在60年代经历了巨大的变化。第一次，"对瘾君子施行严厉惩罚的提倡者发现他们已被忽视了"（Musto 1987, 230）。60年代，随着这个问题进入系统议程，针对长期存在的毒品问题提出了新的解决方案，而且它们与先前政府处理毒品成瘾者的姿态根本不同。媒体注意力的浪潮过后，教育和治疗作为可供选择的解决方案出现了。在将这个议题界定为教育和治疗问题而不是执行问题的过程中，尼克松总统起到了尤为重要的作用（Sharp，未注明出版日期）。

尼克松对毒品宣战是与对教育及治疗的强调相联系的，而在里根总统执政时期，开始重新强调强制执行，而非强调教育。基调的变化在国会很明显，国会中议员们彼此竞争，竞相提出对毒品和犯罪法案最严重和最具惩罚性的修正案。克劳德·佩珀（Claude Pepper）是一名佛罗里达的老民主党人，他说道："现在，你可以提出一个修正案直到搁置、草拟以及停滞……这就是你在处理类似的富有感情色彩的议题时所发生的事"（引自Kerr 1986）。

对强制执行问题的强调是如此重要以至于总统发布了一个耗资1亿美元的新计划以加强沿海湾滨海地区（the Gulf Coast）的禁毒成效，在此之前总统办公厅甚至收到了联邦有关机构关于这笔支出的建议：

> 执行机构中没有人会对接收增加的数亿美元感到不快，但是一些官员也注意到，对如何使用这些钱他们并不完全确定……（在总统关于沿海湾滨海地区的禁毒成效申明发布之后，）联邦执行机构的各位长官，于九月进

行了会晤,均认识到这笔钱至今没有分配到任何机构。

"突然间这就像一个篮球蹦得越来越散漫,而整个地板上所有的人都尝试去抓住它,"一位毒品法律强制执行的高级官员如是说。每一个机构都被要求拟定使用这笔钱的计划。(Brinkley 1986)

乔治·布什总统继续了里根时代对法律强制执行而不是对教育和治疗的强调,因为即使在80年代的紧缩财政时期,毒品滥用预算仍然剧增。1989年9月5日,在他对全国发表的第一次黄金时段的演说中,布什总统将他对毒品的宣战公之于众。若说他的愿望是提升公众对毒品的注意力的话,那么他的确成功了。在这场演说之后,关于毒品的电视报道率的数量增加了8倍(Barrett 1990)。这个问题已经进入了公众视野:1989年6月,纽约时报、哥伦比亚广播公司的新闻民意测验发现,在接受测验的人中有20%的人认为20世纪面临的最重大的问题就是毒品滥用。这超出了那些认为经济问题和财政赤字以及税收问题是最重大问题的人的比例。在布什总统的演说之后,那些将毒品作为国家主要问题的人剧增,超过了60%——正如总统所愿,此举强有力地证明了总统把握国家议程的能力(参见Sharp,未注明出版日期,与关于1972年尼克松成功提升公众对毒品问题关注的类似论述)。1990年1月,关注迅速开始下降至30%左右并在1990年8月降至仅10%(Oreskes,1990)。

如果没有总统权力的推动,媒体关于毒品滥用问题的注意力巨大波动也许不会发生。尼克松、里根和布什等各位总统各自开创了"对毒品宣战"的高调吹捧,比如个人电视露面、众多演说和实实在在的关注。和公众一样,媒体对总统许诺反应强烈。更为重要的是,这种关注从真正的偏执狂到自鸣得意者,各式各样,与问题的严重性的改变不存在单纯的关联,正如我们在下一节看到的那样。

问题的严重性

毒品管理政策在国家议程中出现和衰退如此迅速的一个原因是毒品问题领域内的统计数字和可信赖的指标非常稀少。政策制定者依赖有关毒品的不同数据来源。每种来源都有缺陷,因为这些来源自身是受政治系统对毒品关注程度影响的产物。对涉毒分子逮捕的增减在某种程度上依赖于指派给涉毒任务的警察数量以及警察对"毒品引发"的罪行的认识偏好。医院对服药过量和毒品问题的急诊室治疗的统计数据也是五花八门。最后,直到毒品问题被认为严重到足以威胁中学高年级学生的时候,才开始对常规人口中中学高年级生进行调查,而且同侪压力(peer pressure)也许会鼓励全社会在一些时期比在其他时期更容

第八章 ◎ 解决方案和问题的连接：三个单向性议题

易接受严禁使用毒品的应对方案。

从1980年到1986年联邦内被宣判毒品犯罪的被告数量增加了136%，而犯罪总量仅仅增加了46%。1980年，毒品犯罪在所有的联邦罪行中占17.5%，但是在1986年占到了28%(Bureau of Justice Statistics 1986,4)。《全美犯罪报告汇编》(Uniform Crime Reports)中报告的逮捕行为从1981年到1989年上升了32.3个百分点，但是毒品逮捕激增了243.2%。依照毒品滥用的一个重要指标，问题在整个80年代早期就恶化了。根据这些统计数据，80年代媒体关注的增加看来是完全合理的。

自1974年起，联邦政府开始资助关于毒品滥用的调查。这类调查的存在应归因于决策者们的注意力，他们从60年代晚期开始关注违禁药物。然而，毒品滥用受注意力影响，此调查作为测量毒品滥用现象的工具，是最不灵敏的。虽然逮捕的统计数据可能反映检举人、警察部门以及联邦授权机构的行为，并反映毒品成瘾者的行为，但是对调查的回应也会受到外部的一些影响。依照调查证据，美国的毒品问题从1979年开始一直在减少。1974年调查报告显示上一年仅有45%强的中学高年级生使用了违法药物。1979年54%的学生使用了违法药物。随后，急剧而稳定的下降开始了，到1990年时，只有不到33%的学生在头一年有过使用的迹象(National Institute on Drug Abuse 1989;Treaster 1991)。

对常规人口的调查显示出相同的减少。1979年，差不多47%的高使用年龄群(从18岁到25岁)表明他们在过去的一年中曾经服用过大麻。到1988年这个数据下跌到了27.9%。所有的毒品都呈现出相同的模式，包括可卡因，其服用数据在1979年是20%而在1988年是12%。同样地，在那个年龄群中，海洛因从1979年的0.8%下降到了1988年的0.3%(National Institute on Drug Abuse 1989)。从1985年到1989年，毒品使用在每一个年龄层和种族类别中都下降了，加速了1979年以来的趋势。在当年不少于一次的可卡因服用报告中，年轻的黑人男性(18岁至25岁)作为高服用的群体其服用比例从15.2%减少到8.1%。

官方报告中经常突然出现的一个决定性指标是对过量吸毒者的急诊室治疗。根据这个指标，令人担忧的是毒品使用从1984年到1988年增加了。确认的急诊室报告提到可卡因使用者的增长超出了四倍，从8831人到46020人(National Institute on Drug Abuse 1989)。与吸食可卡因相关的入诊者从1984年的549名增加到1988年的15306名；而可卡因的注射同样激增——从3717宗到12461宗。

毒品滥用的统计数据经常是矛盾的。因为滥用的特殊形式在相对较短的时间内发生变化，几乎总有一类或另一类"危机"成为警醒公众所发布报告的基础。大范围内的指标趋势显示：在整个80年代，毒品问题严重性在减退，即使在阻止高纯度可卡因服用的增加上仍面临大量严峻挑战。在布什总统将"对毒品宣战"作为高度优先考虑的事项，而且使大部分美国人确信这是国家面临的最为重要问题的同时，毒品滥用的每一个指标实际上都显示出问题的严重性正在减退。

国会的反应

正如图8.1中展示的《读者期刊指南》的文章一样，随着毒品滥用在系统议程中出现和减退，它同样成了国会的一个重要考虑。图8.1表明60年代中期媒体对毒品关注的浪潮中，国会听证数量是如何激增的。很明显，媒体关注的增加导致了毒品滥用作为一个重要的主题出现在国会议程中。与此同时，国会内部的各种力量也被激活了，因为它们试图说明国会对毒品问题的反应。

我们将所有关于毒品滥用问题的1044次国会听证进行了编码，以便区分联邦政府中两种互相竞争的针对毒品滥用的广泛解决方案。聚焦于教育和治疗问题的听证编码类别和聚焦于关押、禁止以及法律强制执行的编码类别是相对的两类。这样，通过记录这两个相竞争的解决方案相对强调的部分，我们可以大体上描述有关该主题的国会注意力程度随时间变化的情况（见图8.1）。图8.2展示了国会关于毒品滥用主题注意力随时间变化的情况。（附录A描述了编码的细节。毒品滥用的国会注意力在第十章将会有更详细的讨论。独立作出的类似分析可参见Sharp 1991。）

随着60年代毒品滥用在系统议程中的提升（如图8.1），60年代晚期它同样上升为正式议程。虽然在尼克松总统对毒品宣战后，这个问题在系统议程中逐渐沉寂，但它从未从国会的注意力中退出。图8.2的顶线（top line）展示了每年国会听证的总数（图8.1中也有报告）。自1969年始，国会每年就毒品滥用都会召开数十次听证。二战时期只有一次关于这个主题的听证，到1968年达到了10次，1969年后每年从未低于30次。图8.2中的两个部分展示了关于毒品问题聚焦于教育的听证数量和聚焦于强制执行解决方案的听证数量。从中我们可以看出：随着议题在70年代和80年代涌入正式议程，国会注意力的状况发生了戏剧性变化。60年代国会注意力开始增多几乎应全部归功于多位国会议员的热情，他们认为教育和治疗可能会对解决毒品滥用问题起效。然而，在官方注意力提升后的几年里,强制执行悄悄地成为了更主要的解决方案。在福特和卡特总统执政期间,媒体对毒品滥用问题的注意力减少了,与此同时一场关于毒品滥用政策的革命在国会静悄悄地发生了。

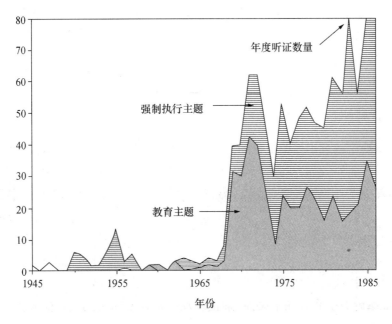

图 8.2 国会对毒品滥用的听证

图 8.2 表明国会针对毒品滥用政策采取行动旨在回应教育治疗方案。然而,在开头几年的热情支持过后,对于强制执行、边防控制以及关押的传统强调又重新建立起来。一个简单的数据分析表明,1969 年开始国会兴趣增多是和 25 个额外增加的教育问题听证相关联的,除此之外,仅有 6 个额外增加的关于强制执行的听证。然而,在接下来的几年中,教育听证每年都在下降,而强制执行则平均每年增加两次。1969 年后的每一年,国会注意力持续关注两个对立的相关部分,随着政府对毒品问题回应的首选政策的变化,强制执行的解决方案体系逐渐取代了教育的方案体系。(附录 B 提供了对图 8.2 的统计数据的详细解释。)

毒品滥用在 60 年代晚期进入了美国政策系统议程和正式议程。媒体注意力在大致 5 年后消退,但是官方注意力仍很高。由于政府开始在毒品滥用的治疗、根除以及强制执行上花费大量金钱,多个领域内的多位专家在国会中活跃起来。每个人都想从巨额的毒品政策预算中分得一杯羹。图 8.2 表明了强制执行团体如何赢得了比教育团体更大的成功。我们将在第十章以更详尽的篇幅讨论国会注意力的动力机制。目前,公众也许会逐渐关注特定的问题,但是回应该问题的解决方案却有多种。在不同的历史阶段,受媒体对该问题关注程度的影响,官方的注意力亦聚焦于该问题。究竟应当启用哪套解决方案却遵循一个不同的逻辑,这个逻辑与公众和媒体的注意力相关程度低,而更多地依靠华盛顿特区的政治要人的影响力,正如金登(Kingdon 1984)同样论证的那样。我们在第六章看到过公路安全政策案例中的类似模式。一个问题在国家议程中可能不止出现一次,但是不同时期选取的政策解决方案却大为迥异。

预算与解决方案体系

强调治疗相对于强调执行的变化在图 8.2 中很明显,这一变化亦反映在联邦预算中。此外,总的注意力水平几乎都直接转化为资金和预算请求。在 60 年代晚期和 70 年代早期,联邦用于毒品管理的支出迅速增加。尼克松对毒品的战争有两个主要组成部分:强制执行和治疗,且对治疗计划强调得稍微多些。从 1970 年(约翰逊的最后一个预算)到 1974 年,预防和治疗的拨款从 5900 万美元上升到 46200 万,而强制执行支出从 4300 万增加到 29200 万(Musto 1987, 257—258)。尼克松执政时期将毒品管理的教育对强制执行的花费比率提高了两倍以上,将这个数字从 1970 年的 0.78 推至 1973 年的 1.75(Sharp,未注明出版日期,7;Goldberg 1980, 57)。

联邦关于毒品管理的支出从尼克松时期激烈增长,但最重要的是它们转移了重点。在里根和布什执政时期,毒品相关计划的拨款增长了 8 倍(从 15 亿到 117 亿)。持续了大约 9 个月的增长被用于强制执行机构,而与教育和治疗的努力无关(参见 Sharp,未注明出版日期;Faico 1989)。治疗和预防占了 1981 年总数的 36.4%(这个数据从强调教育的尼克松时期已经有了明显的下降),但是 1992 年治疗和预防仅占行政请求的 27.2%。布什总统 1992 年对国会提出的请求包括 71.68 亿美元用于强制执行的支出,相比之下,教育和治疗计划的请求支出仅为 31.7 亿美元。

公众对毒品滥用政策和预防的青睐不能通过问题本身的严重性来解释。相反,公众和精英分子对这个问题的注意力却导致了大规模的预算和政策产出。联邦和州官员绝不仅仅象征性地关注重要的全国性问题,他们在 80 年代和 90 年代已经在治疗和强制执行计划上花费了数以十亿计美元。80 年代期间,毒品政策并不由少量的专家群体来考虑,它是选举战役和总统演说的标志性要素。议程中的高地位让执行机构在预算上受益颇多。与第七章讨论的城市领域的问题不同,城市问题也曾在某些时期引起相当高层次注意,但毒品政策的官方注意力从未消退过。毒品滥用曾一度在60年代晚期的国会议程中占据一直持续很久的较高地位。官方一直高度重视这一问题,只是两套互相竞争的解决方案的相对力量随时间推移发生了变化。唐斯(Downs 1972)在他的议题注意力周期中假定——在面对难题时,兴趣和承诺会减少——这一点完全不能在毒品滥用中得到证明。毒品滥用政策不仅没有减少,相反已经成为法律强制执行和边防控制产生巨大花销的正当理由。

酒精饮料滥用

酒精饮料的滥用在美国长期存在,是一个比毒品滥用更严重的问题,至少在受酒精滥用折磨的美国人数量方面比毒品滥用更为严重。我们在第六章中曾看到,常见的熟悉的风险比那些不常见的或不熟悉的风险更容易令人接受。酒精饮料的滥用似乎就要比毒品滥用更容易让我们的政治系统接受。然而,我们在20世纪20年代是不可能这样说的。当时禁酒令甚至规定啤酒销售都是违法的。即便是酒精饮料,我们也经历了反对和容忍的浪潮。虽然这些起伏波动未曾像毒品滥用问题一样的剧烈,但是酒精饮料滥用在媒体和国会议程中的上升和退却在一定范围内可以清晰地说明:先前稳定点迅速而持久的改变至少与政策产出和当务之急中的渐进主义一样普遍。

图8.3展示了20世纪在酒精饮料滥用问题上媒体和国会注意力的年均水平。

酒精饮料的滥用总是在美国争论不休,产业的反对者们长期以来用普遍接受的道德和精神性论据来支持对饮酒者实行严格的警察控制(police control)。古斯菲尔德认为戒酒运动是一次象征性的改革运动,其成功主要源自于对饮酒问题的重新定义(Gusfield 1963,1981)。从宗教的立场来看,酒是恶的;从另一个观点来看,政府对人们的正常和普通行为的干预同样是恶的。正如其他情况下,利益的动员要求增加国家控制或者要求国家采取积极行动推动议题进入议程;那些希望将政府从商业管制中解脱出来的人也许在较低地位的议程中获利最多。在图8.3中我们可以找到部分证据证明这一点在宣传第18修订案制定之前媒体报道率上升,然后下降(即使在废止运动期间)。具有讽刺意义的是,禁酒令时期关于酒精饮料滥用的媒体报道率并没有达到高水平。媒体兴趣在40年代提升,虽每年有些变化,但稳定在每年大约20篇文章,这种情形一直延续到 70 年代中期。自那时起，戏剧性的上升便开始了，80 年代发生了一次真正的文章大爆炸。

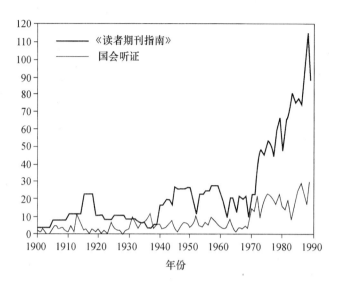

图 8.3　国会和媒体对酒精滥用的注意力

70 年代和 80 年代关于酒精饮料滥用问题的媒体注意力迅速攀升，与毒品滥用的模式非常类似。图 8.1 中毒品滥用的文章比酒精饮料的文章要多得多，但是这两个系列都遵循了相同的模式。从 70 年代早期开始，毒品文章开始增多，从每年大约 25 篇增加到这个水平的 10 倍。同样地，酒精饮料的文章也从 1970 年不到 20 篇增加到了 1988 年的 100 多篇。

传统上，国会对酒精饮料问题的注意力一直高于毒品滥用问题，部分原因是有一个关于常规性税收问题听证的背景。由于联邦对酒精饮料有税收，国会经常讨论是提高还是减少税收。图 8.3 表明自世纪之交到 1969 年，每年平均有 4 次关于酒精饮料的听证。从 1970 年到 1989 年，年均数达到了 19 次。（同样地，列于《读者期刊指南》的文章数也从 1970 年以前的年均 15 篇达到了 1970 年以后的年均 62 篇。）图 8.2 中 80 年代中期的毒品滥用听证一直在年均 50 次以上。

为什么比起酒精饮料的滥用，毒品滥用产生了更多的国会听证？其一，国会议员几乎并不害怕提出对"麻醉品成瘾者"（dope fiends）的关押，但提出对啤酒加税就不同了。然而，一般说来，国会和媒体对毒品及酒精饮料滥用的注意力表现出更多的共同性而不是差异性。在毒品和酒精滥用的两个案例中，潜在问题的变化是缓慢的。但是，我们的图揭示出：媒体和政府对这些问题注意力的不

第八章 解决方案和问题的连接：三个单向性议题

稳定与任何潜在问题的严重性没有任何关联。特别地，一旦政府注意力达到历史高度时，它就很难再退回到从前的低谷。这就是议程切入的机构遗产：在高度的政府注意力时期，制度被创建，机构被重组，预算被划拨。所有的这些新组织在将来的运转都是为了保证它们自身的持续存在，这种存在一般意味着官方在该问题上保持着一定程度的兴趣。

最后，无论是毒品还是酒精饮料都可以被理解为个人的或是社会的问题。只有当它们被理解为社会问题时，政府对它们的注意力才有可能提升。以毒品为例，犯罪一直是将个人问题转化为社会问题的联结点。政府必须强制执行严厉的禁毒法律以防止毒品成瘾者对无辜的受害人犯下罪行。在酒精饮料的案例中，始终不存在这样一个社会联系点。然而，70年代和80年代，伴随着一些明显的社会化论证，这一问题浮现出来。其中最有力的就是酒后驾驶。

酒后驾驶问题在1966年随着《国家公路交通安全法》（National Highway Safety Act）的通过而成为全国性的问题。这个法案由国家公路交通安全局（National Highway Safety Bureau）制定，该局资助了酒后驾驶的研究（Jacobs 1989）。国家公路交通安全局先于国会和其他的议定场所提出了酒后驾驶问题（Laurence 1988）。美国国家酒精滥用与酒精中毒研究所（The National Institute on Alcohol Abuse and Alcoholism, NIAAA）由1970年的《酒精滥用及酒精中毒的防止、治疗和康复综合法案》（Comprehensive Alcohol Abuse and Alcoholism Prevention, Treatment, and Rehabilitation Act of 1970）设立，这个研究所负责引导针对酒精滥用的联邦治疗、研究和教育方面的努力（Lender and Martin 1987, 190）。图8.3表明1970年以后国会对酒精的注意力就没有消退过，保持在研究所（NIAAA）创建和法案通过之前的水平。换言之，酒精滥用和之前的毒品滥用一样，被联邦政府的正式议程制度化了。这两个问题的国家化（nationalization）发生在相同时期，在约翰逊时代采取了大量行动而在尼克松执政期间得以制度化。国会的注意力导致新的法律创制并产生了新的联邦机构来管理它们。与大众和媒体的关注不同，不曾有人指责过联邦机构是变幻无常的，它们并没有"凋零"。

儿童虐待

在巴巴拉·纳尔逊（Nelson 1984）关于80年代儿童虐待问题如何进入公共议程的杰出研究中，她宣称媒体重新定义并放大了问题，而与此同时，许多政府机构在这个领域中变得活跃起来。差不多在同一时间内，国会、行政机构、州以及地方都专注于儿童虐待问题。在本书所用术语中，形象的变化与议定场所是相互作用的，议定场所力求在面向长期公共问题的公众意识和政府政策中产生迅速影响。

纳尔逊指出，"媒体既产生了对儿童虐待的紧张情绪又对其作出回应……媒体的角色转化了，有时刺激政府行动，有时则正面地报告政府的兴趣"（1984，51）。她注意到以前儿童虐待也被看作是重要的全国性问题，但是它从未像80年代那样引起决策者如此多的注意。我们对《纽约时报索引》和《读者期刊指南》的研究表明，就整个20世纪而言她是正确的。纳尔逊（1984）报告称：在19世纪70年代一个著名的虐待案例推动议题成为焦点。媒体报道率在20世纪20年代掀起了一个小浪潮，但直到50年代，《纽约时报》年均仅有大约20篇文章。随后由于某些原因，报道率逐渐下降至趋近于零，但在60年代中期开始稳定上升，一直延续到80年代。参见图8.4。

图8.4提供了《纽约时报索引》和《读者期刊指南》中所有有关儿童虐待主题的年均报道率水平。1959年以前，《读者期刊指南》中完全没有这个主题，所以我们的曲线只能从那时候开始（有可能发表的有些文章在《读者期刊指南》中有索引，但是没有相应归入的主题类别；参见 Nelson 1984）。无论如何，从1959年开始，这两个媒体渠道中的报道率水平在数年中都惊人地相似。60年代都表现得很低，随后从1972年开始拥有上升的趋势，并双双在同一年——1984年达到了报道率的顶峰。

儿童虐待和毒品及酒精滥用一样，既可以被看作是个人的不幸也可以被看成是一个公众问题。正如斯通（Stone 1989）警醒我们的那样，同样的问题可能在进行简单但重要区分的基础上，以不同的方式来处理（同样参见 Kingdon 1984）。这些年来公众理解的关键性要素在儿童虐待的案例中发生了变化，我们曾经以为这是私人的悲剧，而现在通常被看作是公共暴行。尤其当虐待的事情发生在公共场所，例如学校或日托中心（day-care center）时，这比起发生在家里，更容易引起对公共管制的需求和增强国家防范的需求。甚至连公众态度也都表明我们应当寄予更多的意愿，以便将这个问题作为一个需要政府反应的公共问题来处理。

为了描述这些变化，我们希望发现围绕儿童虐待问题的公共讨论的本质，相比其他问题而言，我们在《纽约时报索引》上以更为复杂的方式绞尽脑汁地进行了研究。正像我们在其他章对议题进行讨论所做的那样，我们不注明针对采取行动的文章究竟是支持的还是反对的态度，我们制定出了如下分类计划：首先

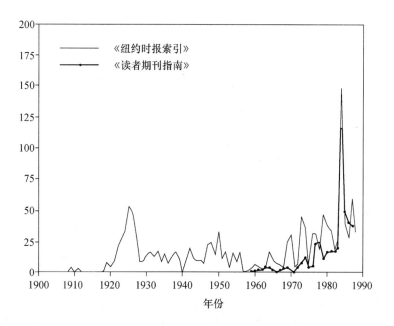

图8.4 媒体对儿童虐待的注意力

对虐待或忽视进行的一般性报告,其次在不提及其他的虐待类型的前提下而对遗弃儿童进行的报告,第三是法院案例,第四是关于政府官员活动的讨论,对更严厉的政府规章的需求以及针对儿童虐待的政府行动的所有讨论。少量的案例无法编码分类。在《纽约时报》有关儿童虐待主题的1447篇文章中,有268篇是关于虐待的简单报告,266篇是关于遗弃的报告,615篇讨论法院案例,275篇讨论政府管制,23篇无法编码。如果我们追溯各个类别的报道率随时间变化而变化的轨迹,我们就可以看到这个问题在这些年来是怎样被重新界定的。图8.5展示了四个序列中的每一个单独分类。

从图8.5我们可以看到,首先关于儿童虐待的公共讨论几乎一度专门聚焦于遗弃问题。虐待的讨论是近来的现象。法院案例类的文章占有关儿童虐待问题文章的数量最多,似乎为图8.4提供了主要的背景干扰(noise)。关于儿童虐待的法院案例这些年来并不是绝对不变的,它们有规律地形成了许多有关这个话题的文章,使这个问题或多或少地保留在公众视线之内。法院案例的需要意味着对增加政府管制没有特殊的需求,并且我们可以看到:儿童虐待的运动从"社会环境"转向了"公共问题",似乎完全是近来出现的现象。

A. 关于遗弃和虐待的报告

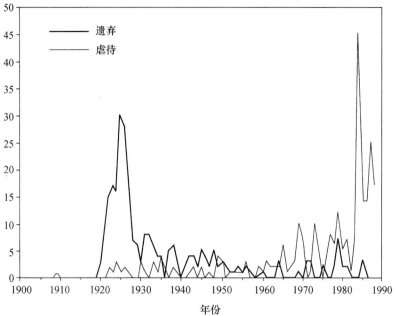

B. 关于法院判例和政府管制的报道

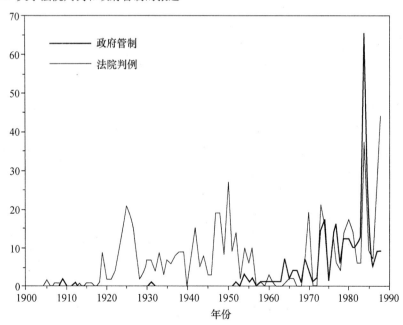

图 8.5 《纽约时报索引》(1900—1988) 当中关于儿童虐待的四类报道

第八章 解决方案和问题的连接：三个单向性议题

70年代期间,曾一直被作为不幸的社会环境来对待的问题开始转变为人们会自然而然地要求更多的政府行动去限制虐待影响范围的议题。由于媒体开始讨论政府行动,政府官员变得积极多了。图8.6展示了关于儿童虐待主题的国会听证数量,以及关注儿童虐待的政府管制的有关文章数量。

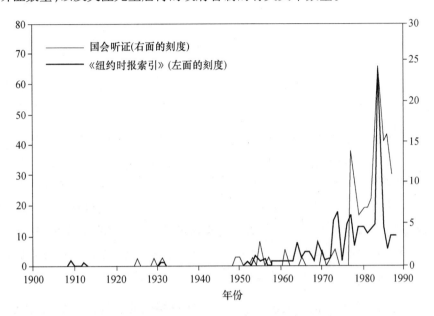

图8.6 国会关于儿童虐待的听证和《纽约时报索引》对政府行动的报道

纳尔逊记述了1964年以来有关儿童虐待问题的重大的国会认识,1964年哥伦比亚行政区委员会(District of Columbia Committee)考虑该行政区关于虐待事故报告的法案(1984,98)。我们可以从图8.6中看到在整个20世纪以来的三分之二的时段里,在这个问题中国会确实缺席了,而且有关滥用问题的新闻报道几乎从未提及除了法院案例以外的政府行动。在此之前,只有重要的个别法案和少量的听证。与此同时,在1977年以前,国会作为一个整体从没有表现出对儿童虐待问题的极大兴趣。但是在1977年,国会委员会关于这个主题召开了14次听证,这一年里的次数几乎是20世纪里所有听证总数的两倍。正好和本章中先前讨论过的毒品和酒精情况一样,国会兴趣的第一次激增领先于媒体关于这个话题的新闻报道率的剧增。国会一旦变得活跃,其行动就不会消退。

《儿童虐待的防止和处理法案》(The Child Abuse Prevention and Treatment Act, CAPTA)在1973年通过,并需要定期的重新授权(参见Nelson 1984,112—121)。事实上,1977年对《儿童虐待的防止和处理法案》的第一次重新授权解释了图8.6中表现出来的国会活动的激增。1978年,修订后的《儿童虐待的防止和处理以及收养制度改革的法案》(Child Abuse Prevention and Treatment and Adoption Reform Act, CAPTARA)也通过了,而国会从那时以后就忙于每年针对这个问题召开听证,1984年听证达到了20多次,同年媒体关于政府关注儿童虐待的讨论以及虐待案例的媒体报道率也达到了它们的顶峰。

随着国会变得活跃,它所通过的特定法律需要国会持续的活动(或者使得持续的国会活动成为可能)。儿童虐待问题媒体报道率的增加加强了这些制度化的改革,而这些制度化改革本身也是由国会的部分行动所产生的。大规模的和成长中的专家团体发展了。贝斯特"Joel Best"描述了这一增长:

> 基金会和政府机构资助了研究和试验计划,大学开始开设课程,加入研究会的专家们开展研究以发现和处理儿童虐待的事件,保护性的服务机构也拓展了。现在有更多的人参与到儿童虐待的防止、发现行动以及保护性服务中来,他们中的多数是拥有更多资源和更多固定特权的官员。相应地,新的儿童虐待法案的制定逐渐为更长期规则的制定奠定了基础,所以防止儿童受威胁而采取的每一项成功的运动都得益于数量不断增长的专家的支持,以及那些已经关注到儿童保护的世人的支持。(1990,179—180)

换言之,自我强化的系列改变使政府中所有层面的决策者们意识到问题已经转变了:社会服务者、福利管理者、心理学家和学校官员们形成的委员会成功地论证了儿童虐待问题不仅仅是一个个人问题,而且是一个需要政府干预的公共问题。纳尔逊描述了20世纪70年代,同时存在于国会、州及地方的对儿童虐待的注意力是如何迅速地发生变化。这些联邦、州和地方行动产生的联合影响比它们中的任何一个单独产生的影响都要大得多,我们将在第十一章再次讨论这个问题。

结 论

公众、媒体以及政府对于长期的社会问题,如毒品成瘾、酒精中毒和儿童虐待的关注远远多于已经发生变化的周遭的社会事实。在上述三个案例中,我们已经观察到什么是议程设置中重复出现的特征——注意力的突然倾斜(lurches)。最初时段对特定问题的媒体注意力攀升之后,官方的注意力开始提升。寄希望于这个领域中有更多政府活动的决策者们,利用了公众或媒体对这个问

第八章 ◎ 解决方案和问题的连接：三个单向性议题

题关注的瞬间爆发推动了新的立法。一般而言，新的立法拨付资金并创建新的机构。即使公众或媒体对这个问题的关注消退了，这些新建机构及在其中工作的人也不会被撤销。事实上，他们能轻易地使自身永久化，因为他们能在第一时间产生统计数据和报告以证实他们一贯的结论：他们的问题占有非常重要的分量，因此需要政府加强干预。

毒品执行官员由于成瘾率、偶尔吸食率的下降而受到好评，而且毒品滥用的其他一切指标，自从它 1979 年左右达到巅峰值以后也一直在减少。然而，他们更有可能聚焦于毒品罪犯和罪行数量的大幅度增加，因为这些数据可能会支持他们要求越来越多的预算资助。联邦对毒品滥用的回应中，教育和治疗计划极有可能具有一席之地，因为它们是 60 年代晚期初创时就是联邦计划的组成部分。正如金登（Kingdon 1984）所说的那样：在这两个案例中，问题和解决方案存在明显的分离。

定义政策解决方案的关键在于总统的姿态。传统上毒品计划比酒精滥用计划得到了更多的联邦资金；关于儿童虐待的联邦计划单一地集中于信息收集和发布。不曾有人向儿童虐待问题宣战，总统办公室（Office of the President）也不曾独揽联邦酒精滥用事务。总统并不对这些事件负责。当总统确实承担起解决问题的责任时，他就能受到媒体的关注。但是媒体的注意力同样可能有其他的来源，比如名人的死亡或者新毒品的引进。更重要的是，总统的立场可能会带来针对问题解决方案的大笔预算承诺，不过在没有国会的前提下这些承诺显然是不可能生效的。比较一下共和党总统（尼克松、福特、里根和布什）的毒品政策，我们可以清楚地看到总统在单向性议题中表现出来的政策姿态对公共政策所造成的影响（基调的确立可能比特殊的政策建议更起作用；参见 Edwards 1989）。

在毒品滥用和儿童虐待这两个案例中，联邦立法的主要原则促进了对问题的发生频率进行更好的统计。如果没有对问题严重性的明显证据，决策者们就不能知悉他们的计划是否有效。然而，在报告机制刚被引入的最初几年，加之社会服务人员、法律执行官员、教师和其他人开始寻求那些先前没有发现但可能存在的虐待问题的迹象时，统计数据就会在许多年里出现戏剧性的上升，这不是由于问题的恶化，而是由于统计数据变得更精确了。例如，对虐待和忽视儿童的全国性评估报告显示，数据从 1976 年的 66900 次有规律地上升到 1987 年的 2170000 次。每千名儿童的（受虐）比率在这段时期上升了三倍不止（American Humane Association 1989,5—6）。政治影响力的提升伴随着更为精确的统计数据，因为官方报告宣称这个问题变得越来越严峻，这构成了赞成政府采取更广泛行动的有力证据。

　　精确的统计数据存在风险：它们对问题的直接呈现可能要低于提倡者的期望。1979年以来一波接一波的调查显示出十几岁的青少年和普通公众的毒品滥用正在减少,于是毒品政策官员就不得不修订公共战略。禁毒官威廉·贝内特(William Bennett)声称1989年有两场毒品战役：一场针对偶尔吸食者,政府赢得了这场战役;另一场针对严重成瘾者,但在这场战役中政府输了。贝内特用被捕者和医院入院记录的统计数据来支持他的观点,但是大多数政策专家却认为问题在逐渐减弱。正如我们在第六章中所提及的那样：明确的数据可能导致潜在的议程项目失去其吸引力,这一点正如对老年人的犯罪欺骗案例一样(Cook and Skogan 1989)。精确的和公认的社会问题严重性指标可以证明：那些将会引起官方注意力转移的事由的支持者是有根据的;或者至少它们不会为政治家们进入这个议题提供足够的动机,因为相对于其他一些议题而言,政治家需要为这一议题搜索一些受欢迎的和有新的价值的事由来支持自己的合理性。

　　正如本章中所讨论过的那样,政府对社会问题的兴趣遵循了自我强化(self-reinforcing)模式,这一模式意味着：注意力的前一次增长会刺激注意力在将来达到更高的水平。这些注意力的增长也许并不一致,但是由专家们组成的新政策共同体会随着预算的增加接踵而至,他们负责解决受质疑的问题。这些专家,包括社会工作者、心理学家、法律强制执行官员、福利管理者等等,都很可能要求在其领域以内有持续的政府干预。

　　在第五章我们讨论了唐斯和沙特施奈德的"双重动员"(dual mobilization)理念。新技术的潜能引发了公众最初的热情支持,进而引导决策者们创建机构,并对如何最好地利用新技术的研究提供支持。不过,公众注意力消退后,剩下的这些新机构在重要的公众支持并且几乎没有政治监督(oversight)的环境下运作。但是,随后公众对这个问题的兴趣可能重新滋长起来,所不同的是此次兴趣点是呼吁制度的改变,以淡化主管部门的权威。在这个过程中,我们勾勒出议程设置的动力机制如何使政府的行动发生突然的跃迁性变化。本章提供了这一事例比较深入的信息。由于早先公认的社会环境被重新定义为公共问题,政治议程变得更加丰富。现在国会针对酒精饮料的滥用每年平均召开大约20次听证,针对儿童虐待召开大约15次听证,针对毒品滥用召开60次听证。然而本世纪早期,官方几乎不关注这类问题。公众和媒体对于一个特定问题的注意力可能有短暂的迷恋期,但会很快消退,美国人已经设计出了一个具有即刻处理多个问题的惊人能力的政治系统。

第八章 ◎ 解决方案和问题的连接：三个单向性议题

这些年来，由于政府官员在诸多问题中变得活跃，媒体报道率、科学研究以及公众舆论在解决问题时也同时受到了社会问题自身和政府解决问题报告的影响。由于它们在过去可能完全被忽略，这通常给美国人留下了问题很糟糕的印象。本章的每一个案例都展示了议程设置和公共政策自我强化方面的另一个要素。公众和媒体的注意力导致了政府活动的增加，并在将来最终引发更多的公众和媒体注意力。问题在政府议程中的最初出现可能被认为是媒体注意力上升的结果，但是问题一旦进入议程，因果关系就模糊了，从而使预测变得困难。

下一章我们将转向自我强化变换的其它要素：20世纪不断变化的美国利益集团的环境。环境的变化既是公共议程中许多议题增加和减少的原因，又是它们的结果。这些年来，某些议题，例如杀虫剂、核电以及吸烟，由于逐渐增加的难以应付的政治讨论已经发生了改变。每一个议题都曾仅由一个业内小规模的、相对同质的专家团体来考虑（比如农业专家、核工程师和公用事业官员或者烟草种植主），但是由于其中掺杂了多元化的利益，如今每个议题都发生过满怀恶意的政策讨论。其他议题，例如本章中讨论过的三个议题当中，我们可以看到，政府活动随着时间变化的增加相应地导致了庞大的州、地方以及联邦官僚机构的创立，这些机构负责法律的执行（或强制执行），或指导研究提出解决滥用问题的潜在方案。在上述所有案例中，长期以来利益集团所处环境的性质已经发生了转变。随着议题上升进入议程，新的利益集团形成了。在更多种类的利益集团形成并变得活跃起来的同时，先前并没有争议的议题现在变得有争议了。美国利益集团环境性质的转化构成了快速变迁和长期稳定循环系统具有的自我强化性质的关键要素，这一点我们在本书中已经反复强调过。

第三部分

政治中的结构和背景变化

本书第二部分的五章已表明,在公共政策回应重要的全国性问题过程中所发生的戏剧性变化是多么普遍。本部分我们将聚焦于美国政治制度本身结构和背景的长期变化。美国的政策制定发生在永远变动的社会和政治环境中。历史上的几个特定时期,使政策制定过程中的参与结构化的社会制度和政治制度自身亦经历了戏剧性的变化。于是这些背景的变化影响了美国政治中跨领域政策的变化。我们关心其中的三种:第九章讨论环境保护运动的兴起,更普遍地关注利益集团系统的变化;第十章考虑了国会行为的结构;而第十一章考虑联邦制度内部政府各个层级之间的联系。在每个案例中,我们注意到政策制定背景内部的重要变化。假定背景和结构对于形成稳定的政策产出很重要,对此已在本书的前两部分研究过,那么背景和结构的变化有时会带来戏剧性的、甚至是无意识的结果。美国人总是抱怨他们的政府系统正在变得笨拙;第三部分的各章给出了一些抱怨的原因。由于许许多多先前被排除在政治博弈之外的团体诉求得以表达,偏好结构便发生了根本性的改变,所以本部分的三章将注意力专门放在这些结构性问题上,展现出它们是怎样随着时间的流逝而改变的。

第九章

利益集团和议程设置

通览全书,我们关注了围绕公共议题的政策过程是如何随着时间的推移而发生变化的。本章我们关注政策变化的一个重要原因:政策行动的利益集团是如何被组织和动员起来的。第一,我们注意到不同的议题领域是不同偏好结构的产出。有些议题领域使得各式各样互相竞争和冲突的利益集团获得利益,但是另一些议题领域只能看到针对议题的某一方面的动员。第二,我们注意到偏好的动员机制可以随着时间发生改变。随着时间的推移,单一议题领域可能会由利益集团的单边动员变成冲突重重的多面体。

在美国,围绕在许多重要公共政策周围的政策共同体一直经历着变化。有的职业共同体是新组建的,而另一些职业共同体自19世纪末以来就在华盛顿共同体中有过杰出表现了。不同的政治历史时期的政策行动使不同的团体组织起来,从而偏好动员也就改变了。几乎没有政治科学家研究过利益集团的组织是如何改变的,因为很难发现可信的证据来解释利益集团的相对动员(relative mobilization of interests)。这就是本章的任务。

有的政策共同体被组织成声望极高的专家层,没有其他有组织的对手与之匹敌。比如,医生团体有的时候就在保险公司或其他担心医疗费用的人之间面临冲突,但是没有一个团体总是会和医生团体所致力于的每一件事情发生实质冲突。同样地,律师、建筑师以及许多专业成员很少面对同样的对手,他们可能会在不同的议题上和不同的团体发生冲突,比如他们的专业利益和另外不同的专业团体或者和那些只想让政府少花钱的人冲突了,但是不会有单独的团体专门系统地反对专家的利益。不是所有政策领域都以其内部强烈的冲突作为标志。工会一年到头都要面对来自相同的商业对手的可预期的反对。同样地,杀虫剂制造商们也许能预计到环保主义者反对他们的多数建议。烟草公司现在可以预料到医疗权威们不同意他们的大多数诉求。总之,有的政策团体比其他团体会遇到更多的冲突。

在以往各章,我们已经讨论过某些政策系统是统一的、强大的和自治的,而另一些系统则会遇到更多的对抗性,拥有更少的自治权(同样参见 Meier 1985;Thurber 1991)。正如新的利益被动员起来那样,有组织的冲突可能进入或退出政策共同体,而最重要的变量可能随时间而改变。这样看来,纵向的和跨部门的方式看待同一问题是同时存在的。每个观点都表明一个政策共同体的内部结构对政策自治权有着重要的意义。次级系统属于更为广泛的政治系统,但持续的内部争论削弱了次级系统的独立性。专家团体能对外展示其统一性,这使得他们能够从政治系统中得到他们想要的东西。所以内部的动态过程影响了次级系统的有效性。

专家共同体内部利益明显存在的差异程度,根本性地决定了公众对问题的反应。政策共同体的一致性能更好地形成某一议题的正面公众形象,从而将议题自身与广泛的政治关注隔绝开来。另一方面,以激烈的内部冲突为标志的共同体更有可能成为广泛政治辩论的主题。这些年来随着不同的利益被动员或退出行动,政策共同体一致的或冲突的性质可能也发生了改变。因此,如果我们希望理解公众对重要公共议题的反应,我们必须关注利益集团动员的变化。

我们考察了一系列的证据,发现围绕多个重要公共政策的利益集团和政策共同体在这几十年来发生了变化。美国政治中有许多最为强大的次级系统,它们中的一些在前几章已经讨论过了,这些次级系统的创建和近来历史上大多数利益集团的单边动员是一致的。在本世纪中叶,营利部门容易建立和成长,而代表消费者、环境保护以及其他广泛利益的组织则处于停滞时期。然而,60 年代和 70 年代出现了相对动员模式的大规模转变。早先由单边的利益代表制所统治的政策领域,在近数十年间,已经被公民以及消费者团体的广泛动员所颠覆(参见 Vogel 1989,描述了 60 年代以来商业团体一方和消费者、环境游说团体一方影响力水平的变化)。

20 世纪随着政府在美国的扩张,表达诉求或保护自身不受其他团体影响的利益集团的数量和种类也增长了。但是,这次扩张不是以整齐划一的形式发生的;不同类型的集团因不同时期的政治行动而动员起来。沃克(Walker 1983)发现:在国家福利机构、公立学校或医院工作的非营利部门的专家,在本世纪早期被动员起来。战后的岁月见证了营利部门雨后春笋般的成长历程(同样参见Hansen 1985;Aldrich and Staber 1986),而且60年代以后公民部门也发展起来了。

  罗伯特·索尔兹伯里对日益增长的拥挤的华盛顿政策过程作了一些梳理:1942年大约有628个活跃于华盛顿游说活动的集团,这个数字在1947至1948年增长到1180个,1981年则增长到7000个。其中1600个是贸易协会,与其结合的受雇人数达40000人(参见Salisbury 1984,72—73)。换言之,游说者大军在华盛顿延续下来了,当初他们只有很小的几个部分。鲍姆加特纳和沃克(1988,1990)估算过这一时期加入利益集团或是为利益集团捐款的美国人的百分比增长迅速,从50年代早期每个成年人中不到一个成员上升到80年代中期超过两个成员。财政捐助是许多营利部门之外的团体得到支持的重要来源,以简单的财政捐助来计算(simple financial contributions),到80年代中期,每个成年美国人中参与捐助的人的数值已超过了3。变成利益集团以后,广阔的群众基础意味着更大的财力、更多的工作人员、更多的团体和更丰富的活动。沙伊科(Shaiko 1991)的报告称现在超过4千万的美国人每年单单向公共利益集团的捐款总额就达到了40亿美元。集团系统增长的一个重要指标是《协会百科全书》(*Encyclopedia of Associations*)(Bureh,Kock,and Novallo,年鉴)中列出来的贸易协会的数量。图9.1描绘了这一类型组织自60年代晚期以来的成长。

  贸易协会履行了许多非营利的功能:当然它们工作的大部分趋向于纯粹的专业事务。然而,随着政策的发展,它们在华盛顿和各州首府也同样活跃起来。现存的贸易协会的简单数据不能衡量它们的影响,但是图9.1中的明显增长表明:如今大量的政策共同体比以前要更为臃肿了。以前只有少数的主要组织在特定领域内关注联邦政策,而图9.1中展示出的有组织的利益团体的明显增长表明,政策过程是如何变得更加拥挤的。

  由于经济领域的复杂性和互相依赖性的增加,以前相对于其他团体独立存在的政策共同体日益交互作用。恰在此时,政府不断地扩张,对公共资源的竞争变得更加艰难。比如,医疗保健在美国是如此昂贵以至于许多以往不怎么关注医疗程序或政策的集团现在也活跃得多了。企业和政府官员被服务费用的增加警醒,越来越多地介入这个领域。以前,这个问题专门由医院的行政人员、医生和保险公司的职员控制,但现在情况不一样了(参见Wilsford 1991)。社会保障

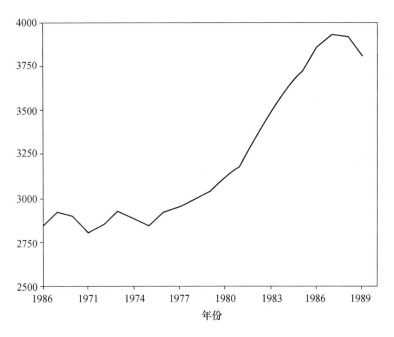

图 9.1　美国的贸易协会

政策以前是由很小的集团制定的,现在政策制定中不可避免地包括了更多的参与者,因为计划的规模扩展了(参见 Derthick 1979)。政策共同体可能改变它们的成分,因为它们的庞大预算吸引了外来者的注意力。经济中复杂性和互相依赖性的增加制造了许多跨政策共同体的冲突,并模糊了政策共同体的边界及其政治环境开始的界限。过去特定问题的专家可能针对议题分享重要的观点,并能够在几乎没有其他经济领域干涉的前提下制定政策,而在 90 年代,强化次级系统的这两个特征越发难以出现。

在没有冲突的时候,议题很有可能仅仅通过我们称之为"热情支持的动员机制"进入议程。由于议题被置于一致的利益集团的环境中考虑,换言之,我们能够预期到正常情况下,议题的处理是远离公众注意力视线的,议题更有可能保持一种正面基调和低注意力的结合,即所谓的典型的次级政府。当议题确实出现在公众议程中时,我们期待它能出现在由某些新政策的提议者推动的大众热情支持的浪潮中,这将导致政策次级系统的后续制度被设计出来以支持正在讨论的产业或政策。从那时候开始,次级系统的支持者们也许就尝试将他们自身和政治系统隔绝开来,而我们也就不可能看到议程切入。

这种相同的思想使我们预测到在以强烈冲突为标志的利益集团环境内部处

理的议题不太可能在更为广泛的政治压力下保留它们的独立性,并且作为由沙特施奈德首次提出的冲突扩张模型(expansion-of-conflict model)的结果,它们应该常常出现在公众议程中。唐斯式动员和沙特施奈德式动员与不同的利益集团环境相联系。随着环境的改变,可能出现的这两种动员类型也会发生变化。

收集和比较围绕不同议题的组织和利益集团动员的系统数据并不容易,这也是以前鲜有人进行类似尝试性研究的原因。尽管如此,接下来的部分还是提供了一些涉及到经济领域中各式集团现存结构的发展的新证据。我们首先利用了杰克·沃克1985年所做的活跃于华盛顿的利益集团调查。该资料便于我们对纷繁芜杂的经济领域进行比较,也便于我们了解不同类型的集团是何时形成的。接着,我们通过分析1961、1970、1980和1990年的《协会百科全书》中所列出的集团,重点关注环境游说者集团的发展。这个时期是对最广泛的利益集团的动员的第一次调查,我们记录了进一步的变化。美国利益集团系统的变化为我们讨论美国政治在数年内如何转变提供了经验基础。

美国利益集团系统的转变

运用各种指标,我们可以看到:20世纪美国政策团体的巨大变化。实际上无一例外的是,团体数量的增长导致了先前同质的政策次级系统内部观点差异的增加。关注如今活跃于华盛顿决策中的利益集团的创建日期,我们可以发现:1960年以来,不同利益的代表增加了,而且20世纪早期的多数时期,偏好动员都是单边的。我们可以看到:当前活跃在国家决策层面的利益集团群落和早期相比已是大相径庭。此外,我们发现政策次级系统在最热情支持的浪潮中建立起来的时期以及政府最大规模优先拨款时期和20世纪美国单边利益集团的动员时期是一致的。随着团体动员从60年代开始改变,这些强大的次级系统的实力也发生了改变。

沃克(Walker 1983)已经阐明了美国团体系统的不同部门在不同的历史时期是如何具有不同的增长率。实际上,公民团体相对华盛顿团体而言是迟到者。沃克1979年所做的调查展示了公民部门自60年代以来急速上升的增长率,并且讨论了这种变化将有可能使多个决策领域发生转变。在这一部分,我们利用他1985年的数据分析展示了公民部门发展所产生的作用(同样参见 Walker 1991)。沃克已经记录了:在20世纪早期代表经济的利益集团和非营利团体数量的快速增长以及它们在战后时期的持续增长的情况。另一方面,这些年来,公民团体创建的步伐相对放缓。不过,从1960年开始,与竞争者相比,它们增长的步伐大大地加快了。

我们可以通过一个简单的比较——计算历史上不同时期公民部门团体中营利部门所占的比率——描绘出相关利益集团偏好动员的清晰形象。(沃克的类型学划分同样包括了非营利部门,其中增长的阶段与营利部门大致相似。非营利集团中公民团体的比率与这里描述的形象实质上具有相同的模式。)图9.2提供了20世纪的数据。

图9.2　不同时期公民团体中营利团体的比率

资料来源:Walker 1985年数据集。

华盛顿共同体中的偏好动员发生在20世纪初,华盛顿共同体中营利部门团体与每个宣称代表公民的团体(而不论其职业身份)的比率是1:2。直至30年代,这个比率上升到3:1,而相关的偏好动员将这种不平衡水平保留了将近40年。在1960年以后,环境保护和消费者运动开始之后,这个比率才发生改变。改变是和团体系统中公民部门的快速增长联系在一起的,它远远超出了职业部门的持续增长。直至1980年,公民团体对营利部门团体的比率下降到1.6:1,这是20世纪以来的最低水平,几乎是20年前水平的一半。

通过追溯《协会百科全书》对各类集团进行分类收集的资料,我们可以获得透视美国利益集团动员模式变迁的不同视角。百科全书1974年版列出的农业和贸易协会的数量是3531,1992年是4996。这些团体的数量增长了41%。但是,其他的专业协会也增长了82%:从5134到9328。最快的增长发生在"公共事务"类协会:它们增长了176%,从1974年的792增加到1992年的2182。列出来的其他类型的团体也从3171增加到5872(增长了85%)。列出的团体数量总计从12628增加到了22348,增长了77%。贸易和农业协会数量41%的增长乍看起来令人印象深刻,但与其他领域充满活力的增长相比就显得如此微不足道。

这些数据在某种程度上回答了以下问题:为什么40年代至50年代华盛顿的政治科学家、其他研究决策及利益集团的人热衷于讨论铁三角、次级政府等类似情形,而那些在70年代至80年代研究同样话题的人更倾向于描述分散的政策网络和倡议联盟(advocacy coalitions)(参见第三章)。当然在团体系统内部并不完全是冲突,甚至大多数情况下可能都没有冲突,这可以用图9.2中展示出来的动力机制说明原因。许多斗争使得一个营利部门组织与另一个营利部门组织陷入竞争(比如在能源政策中石油利益集团和天然气利益集团的斗争),或者使一个营利部门集团和一个非营利集团竞争(比如吸烟政策中烟草利益集团与健康专家集团)。然而,最好通过长期的历史视角来观察华盛顿共同体内偏好动员的变化,正如这些图表所展示的那样,这些变化创建或毁灭了美国政治中多个有限参与的系统。

以1985年调查为基础推测过去,失去了对图9.2模式进行多种可能解释的机会。毕竟各个团体具有完全不同的消亡率。大量的公民团体如过客般出现在历史舞台上,而营利部门团体却长盛不衰。因此我们可能对偏好估计过高了,因为1985年的调查只涉及现存团体。然而,20世纪中期,经济领域内华盛顿共同体中营利部门的产生速度和代表性都占据了巨大优势,这肯定不能仅仅通过各种团体不同的消亡率来解释。一些公民团体在相继数年中如过客般出现在历史舞台上,而许多营利部门的团体已经不复存在。此外,该调查中所涉及的非官方协会和贸易团体并不能代表全部的经济营利部门。我们可以通过查找不同时期编辑的那时现存集团的名单获得集团消亡率的数据。我们接下来会详细阐明对《协会百科全书》的分析,它使我们确信1960年现存团体中仅有很小一部分直至1990年才停止运作。不同的消亡率不能解释图9.2显示的模式。相反地,消亡率与美国政治中不同类型的利益集团动员的重要变化是一致的。

特定领域内营利部门集团数量和公民团体数量的比率至少可以让人们对相对偏好的动员窥见一斑。也就是说,在某些领域存在精心组织的营利部门集团,几乎没有组织与之分庭抗礼;而在其他领域则可能存在更多冲突。图9.2提供了整个沃克调查的数据,沃克还要求团体领袖回答他们所在团体与十个经济领域利益集团的相关性,所以我们可以通过议题领域将数据进行一定程度的分解。表9.1 显示了对每个主题都很感兴趣的不同类型团体的数量。

表9.1 营利、非营利以及公民部门非常感兴趣的主题领域

非常感兴趣的领域	成员基础			总计	营利部门占公民部门的比率
	营利	非营利	公民		
经济管理	63%	28%	9%	100%(225)	7.05
交通	65	19	16	100(142)	4.00
农业	50	22	28	100(116)	1.81
能源	48	22	30	100(205)	1.58
政府组织	36	33	31	100(144)	1.18
住房	31	32	37	100(106)	0.85
健康	26	43	31	100(275)	0.82
外交事务	26	32	42	100(159)	0.64
教育	12	61	27	100(233)	0.46
公民权利	17	41	42	100(277)	0.40
总计	40	35	25	100(808)	1.59

资料来源：Walker 1985 数据系列(Walker 1991)。

正如表9.1 中所见,不同的经济领域是广泛多变的利益集团结构形成的温床。沃克根据团体自身情况对团体分类的做法没有把握住可能存在于利益集团之间的冲突的全部类型,不过,它总结了历史上美国决策者之间的重要分歧点。我们看到这样的政策结果后可能并不会感到惊奇,比如交通运输政策经常被作为卡车司机、生产者和承包商单边动员的例子加以引证,而教育政策则是一系列广泛歧见的温床。

正如我们在图9.2 所展示的那样,团体系统作为一个整体是怎样随着时间流逝而发展的,我们可以在个别经济部门重复这一分析。比如,表9.1 显示,沃克的调查中有62 个公民团体和98 个营利部门团体对能源问题表现出了十分浓厚的兴趣。能源政策领域包括范围广阔的团体,其中营利团体对公民团体的比率几乎刚好和所有政策领域数据分析的比率相同(整个数据平均是1.59:1;能源政策是1.58:1)。追溯这些团体的成立日期,我们发现这个领域几乎一度由营利部门团体所统治。在1900 年以前存在的利益集团中,每个公民团体对应2.5 个私人部门的团体。这个比率随着时间推移发生了变化,但是从1900 年至1960 年,这个比率在2.5 到3.6 的范围内保持了相对的稳定。从1960 年开始,

公民部门远远领先于营利部门的增长,到了1970年,这个比率降到了2.2,到1984年降到了1.6。换言之,能源领域表现出与图9.2研究的所有团体相似的模式。

当我们在农业领域重复我们的分析时,我们再次发现各类团体具有相同的增长模式。表9.1显示了这个领域中的32个公民团体和58个营利部门团体。就整个样本而言,存在的比率是每个公民团体比1.8个营利部门团体。1940年以前,这个比率高于3.5,1950年下降到3.5,1960年进一步下降到3.1,1970年降到2.2。换句话说,随着越来越多的公民和消费者团体卷入那些以前只有农民和其它在生产上有经济利益的人感兴趣的领域,农业领域中一个更具冲突性的稳定利益集团的动员就形成了。不论我们考虑到Walker调查中利益集团的整个样本,还是仅考察经济的某些领域,我们都看到了一个类似的模式。从1960年前后开始,有利于营利部门的利益集团动员的巨大优势开始被公民和消费者团体与日俱增的动员弄得支离破碎。这些团体在许多经济领域中已经活跃起来,将以前相对绝缘的次级系统转变为充满更多冲突的政策网络,这些冲突性的网络对政策目标首次表现出重大分歧而引人注目。

不同议题政策制定的变化不仅仅是因为政府的结构差异,还因为议题或多或少的复杂性。不同利益的相对动员同样与之有关,而且在这部分我们已经展示了在某一时间点上,动员的跨时间变化和跨问题领域的变化。利益集团动员的纵向变化对于解释我们本书观察到的许多变化尤其重要。曾经以一致的、支持工业的方式来理解的议题稍后变得更有争议。20世纪60年代以来核电政策的冲突开始猛增,原因之一就是利益集团环境的变化。随着公民团体的成长和动员起来的反对者数量增多,议题被推进了政策议程。同样地,在第五格章已讨论过的杀虫剂、吸烟和烟草案例中,农业领域内利益集团动员的变化与如何应对议题的政策变化是一致的。所以利益集团动员似乎在决定政策的形象、议定场所和结果中起着重要的作用。

环保利益集团的增长

战后由于志愿者协会不断增长的动员,美国政治中许多领域的政策制定已经发生了转变。虽然增长了的动员并不仅限于这个领域,没有一个领域比环境质量领域更为明显。一些公民团体围绕普遍的意识形态目标而被组织起来(比如"道德的大多数"或"美国公民自由联盟"),另一些则围绕消费者或纳税人的利益组织起来(比如"共同目标")。然而,公民部门中最大的、最明显的和最快的增长部门是环境保护运动相关部门。此处,我们聚焦于环境保护团体一是为了更一般地解释公民部门的增长,二是考虑到这些团体自二战以后在众多的美国政治领域内对改变政策制定模式发挥过作用。

为了找到关于美国环保运动增长的系统性佐证,我们利用了《协会百科全书》。该书从1961年开始,每年的各卷列出了活跃于全美范围的每一个协会。虽然该百科全书与任何一个关于利益集团的单独出版物的报道之间存在差异,但是迄今为止该百科全书涵盖的类型是最广泛、最完善的。比如,它1990年的版本列出了超过25000个组织。我们的编码者通读了1990、1980、1970以及1961年的百科全书版本,以便追溯环保运动随时间推移的发展。他们仔细审视了环境领域中所有活跃的团体(附录A详细描述了对团体的选择)。总共找到了461个团体。这些团体的类型从毫不起眼的团体例如"美国植物病理学会"(the American Phytopathological Society)到鼎鼎大名的诸如塞拉俱乐部(the Sierra Club)。实际上,所有这些有规律地出现在新闻中或出现在其他利益集团概览中的团体都被收入了百科全书,所以我们可以确信我们的分析几乎没有遗漏重要的团体(关于这点同样参见Walker 1991 and Knoke 1990)。

我们格外小心地把那些由营利部门赞助进行环境保护研究的组织从分析数据中排除出去。比如,明显是由木材公司、煤炭制造集团、化学公司以及类似公司来赞助的团体就属于排除之列。简言之,我们构建了一个能让我们追溯从1961年到1990年美国环境保护运动发展的数据分析库,而且我们可以肯定在此列举的环境保护团体并非实际上的生产者主办的公共关系机构或研究机构,而是真正支持环境、野生动植物和陆地保护的团体。

最大规模的协会体系就是那些关于野生动物或者动物保护和延续的协会(158个团体)。其次就是那些关于一般环境质量和保护的团体(131个团体),其后是植物和陆地保护团体(110个团体)。有27个特别关注水质问题的团体。一些团体覆盖了一系列的利益,一些团体的关注非常广泛,还有一些则非常狭窄地聚焦于诸如毒素、太阳能研究或环保运动的其它特殊方面。很明显,美国的环境保护运动根深蒂固,我们编码了268个团体,环保团体占了总数的58%,环保运动本质上与植物、动物和陆地保护是相关的。在1950年以前成立的75个团体中有68个聚焦于保护而不是一般的环境质量,而在世纪之交时成立的10个团体中有8个的情况与此类似。保护型团体很明显是在现代环保运动成长起来的基础上形成的(这可能是一个普遍现象;参见Lowe和Goyder 1983年对英国的研究)。

我们从我们已编码的四版《协会百科全书》中建构了一个数据分析平台,使得我们可以追溯过去 30 年来的单个团体的成员规模、成员人数和活动。此外，我们可以追溯整个系统的成长，因为在每个随后的版本中列举了更多的团体（而且我们可以根据百科全书第一次收入团体的年份，通过比较团体的成立日期，从而检查百科全书编辑者可能漏勘的错误）。早年在百科全书中刊登的利益集团都标有成立日期，因此人们在看早年的版本时显得很清楚；然而，1990 年的版本没有包括 1980 年前成立的团体。换言之，百科全书最初的少量版本可能是不完整的，但是我们确信，70 年代左右的版本对全国所有的活跃团体的普查是准确的。这种分析便于我们计算消亡率，因为我们可以观察到百科全书其中一个版本中列出的团体是何时在下一个版本中消失的。

对美国的环境保护团体所作的第一次也是最令人惊讶的观察表明：现在比 1961 年的环保团体数量多出了三倍多：1961 年列出了 119 个团体，1970 年是 221 个，1980 年是 380 个，而 1990 年是 396 个。团体系统在 60 年代到 70 年代的快速增长不完全是《协会百科全书》精确度增加的产物，因为当我们以团体的成立日期为分析基础时，同样模式的增长也很明显。表 9.2 展示了所有反映这个信息的团体的成立日期（在至少一个版本的《协会百科全书》中，461 个团体里有 448 个标明了其成立日期），而这些团体在 1990 年依然存在（标明了其成立日期的 396 个团体中有 388 个在 1990 年仍然处于运转之中）。①

表 9.2 环保集团创建的数据

	1900 年前	1900—1949	1950—1959	1960—1969	1970—1979	1980—1989
1961、1970、1980 或 1990 列出的所有集团	10	70	39	100	171	58
累计总数	10	80	119	219	390	448
直到 1990 年仍在运行的集团	10	65	30	81	144	58
累计总数	10	75	105	186	330	388

资料来源：由 Bureh，Kock 和 Novallo 汇编，多年数据。

---

① 在这个时期的某几个时间点上停止运转的那些团体中，有 5 个被更大的团体合并了，31 个消亡了，有 23 个完全没有列入《协会百科全书》1990 年的版本，虽然它们在 1980 年时已经被收入。很可能最后这一系列的团体中有些仍然存在只是已经改名或改变了初衷，或对《协会百科全书》编辑者的询问完全失去了回应。其他的则很有可能消亡了。因此我们必须假定停止运转的环保团体的数量可能介于我们已确定消亡的 36 个团体到包含了那些可能消亡的 59 个团体之间。所以自 1961 年到 1990 年以来的各个时间点上，停止运转的团体数量占现存的 461 个团体总量的百分比介于 8% 到 13%。

在世纪之交之前广受尊崇的环保组织的小核心就已形成。直到第二次世界大战,约有80个关注环境的组织已开始运转。这个数字在接下来的十年间增长了一半,达到了119个。60年代达到了将近双倍,219个,然后又在70年代几乎再次翻倍,达到了390个。里根时代所形成的团体较少,但是即使在这个困难时期,环境保护组织的数量仍全面增长。图9.1展示了活跃于美国的贸易协会数量的增长;它们从60年代的约2800个增加到了80年代的将近4000个。沃克(Walker 1991)更多地揭示了所有类型的利益集团数量快速增长的证据。表9.2表明,最快速的增长可能正好发生在环境领域;环保运动从1960年到1990年其规模扩大了将近400%。

环保团体的数量增长令人印象深刻,然而,由于这些团体掌握的资源增加,团体的数量减少了。无论在成员人数方面还是职员规模方面,80年代到90年代的环保运动几乎和50年代到60年代的环保运动不存在类似之处。环境领域中一个最重要的、但最少被注意到的变化就是随着环境保护运动被组织起来并在华盛顿粉墨登场,它们呈现出了与日俱增的专业主义特色。沙伊科(Shaiko 1991)报告了1972年到1985年间所做的比较研究,该研究显示:公共利益部门在职员人数上呈现出快速增长的势头。1972年贝里(Berry)研究的82个公共利益团体中19个团体有多于10个的专职职员,而1985年沙伊科研究的219个团体中有151个团体拥有10多个专职职员。表9.3记录了所提及的各个年份百科全书中列出的所有环保团体的职员数量。

表9.3 环保集团工作人员数量(1961—1990)

年份	集团报告的成员数				所有集团工作人员加总
	1个或多个工厂试验设备(FTE)	11个或更多	25个或更多	100个或更多	
1961	23	8	2	0	316
1970	36	16	6	1	668
1980	116	38	10	2	1732
1990	151	50	20	6	2917

资料来源:由Bureh,Kock和Novallo汇编,多年数据。

会员众多的团体不仅表现出了对环境保护的兴趣,而且这些团体在1990年所雇佣的专职雇员是30年前的9倍多。随着时间流逝,随着为环保运动工作的职员总数的增加,职员规模参差不齐的团体数量也稳步增加了。随着这一情况的出现,团体变得愈加专门化和专业化,避免了工作的重复浪费(参见 Bosso 1991)。无论如何,它们现在不仅在大众层面上表现出力量,而且它们可以利用专家职员来主导研究、为听证证明,并在华盛顿内部博弈,正如它们一般民众反对方所做的外部博弈一样。

环保运动的成长同时经历了新团体的成立和扩张以及最古老的团体的强化。这场运动根植于20世纪30年代的保护运动,但是新型团体的成长比如"绿色和平"组织并不是以旧团体为代价产生的。比如,成立于1953年的"荒野保护协会"在《协会百科全书》1961年版本的报告中是7个职员,但是这个数字稳步上升到了1970年的30个,1980年的42个和1990年的112个。表9.4展示了部分长期存在的保护性和环境团体的职员规模的增长,并提供了1960年前后成立的所有团体的职员规模的总数。

表9.4 一些集团成员数量的增长以及所有创建于20世纪60年代前后的集团的成员数量的增长

集团名称	创建日期	成员数量			
		1961	1970	1980	1990
A. 1990年报告的超过百人的集团					
全国野生动物联盟	1936	80	20	400	500
马鲛俱乐部	1892	15	60	130	250
野鸭基金会	1937	10	12	55	210
公共用地基金会	1973	—	—	46	130
自然资源保护委员会	1970	—	—	80	125
荒野社会	1935	7	30	42	112
库斯托协会(Cousteau Society)	1973	—	—	20	100
B. 所有集团总数					
1960年前创建的集团		316	617	1069	1563
1960年及其后创建的集团			51	662	1353

资料来源:Bureh,Kock 和 Novallo,多年数据。

环境保护运动的成长没有出现努力目标的重新聚焦。老团体像新建团体一样充满活力。当然比起40年代或更早的情况来说,广泛的环境保护的关注是通过集团系统来表达的,但是这些变化经历了环保运动规模的全面扩张,而没有损害大多数已成立的集团。许多老团体,比如 Audobon 协会,面临来自带有更多现代形象的各种团体捐款的日益激烈的竞争,然后内部的辩论——仅作为一个保护性团体还是需要转变为更受广泛关注的环保组织的多样性的需要——将其毁灭了。然而,已存在了数十年之久的保护团体在环境保护运动中仍处在核心。从历史观点上说,先前团体的人员基础促进了现在构成美国环保运动的各种各样的团体的成长。从 1960 年起到现在,半数环保组织职员数量的增长来自新团体的增加;还有半数来自先前组织规模的扩张。

我们可以从环保组织的预算中获取某些信息,虽然《协会百科全书》1980 年及以前的版本没有报告预算的信息。此外,许多团体没有报告它们的预算(虽然许多是非营利的,拥有 501(c)(3)①的免税待遇,但是它们的预算是公众信息,而且的确报告了一个令人吃惊的巨大数字)。无论如何,对 1990 年版百科全书列出的 396 个团体中的 206 个我们有其预算信息(占 52%);剩下的或者是没有预算或者是没有报告。当然那些报告了预算信息的团体中,预算的中间值大约是 10 万美元(尽管算术平均值是 180 万美元)。至少那些团体中有 16% 报告的预算超出了 100 万美元。81 个团体同时报告了职员和预算,并且这两者之间的相关性是 0.93(当我们排除掉了三个极高的有可能扭曲相关性的结果例外,事实上相关性达到 0.96)。我们不能评估随时间变化团体预算的增长,但是预算和职员之间极高的相关性使我们想到了表 9.3 报告的数据可以用作 50 年代至 90 年代以来的所有环境保护运动支持资源增长的良好指标。不管我们研究团体数量、职员规模还是预算,我们的结论是一样的。偏好动员的大转变已经发生了。

议程设置和偏好动员

利益集团环境使得决策者们的动机结构化,也使得决策者寻求扩大或限制参与的可能性结构化。与 1988 相比在 1948 年形成对核工业支持的环境要容易得多。反对利用核电的人在他们影响政策所做的努力中,有一个可以依赖的、非常强大的制度基础。同样地,比起 50 年代来说,杀虫剂制造商们和农业利益集团在 80 年代面临一个更危机的环境。当利益集团的环境已经改变的时候,在第

---

① 《国内税收法》的第 501 条第 c 项第 3 款规定的税收豁免权。——译者

第九章 利益集团和议程设置

五章描述过的沙特施奈德式动员的每一次出现都不是偶然的。热情支持的动员大多数出现在单边利益集团组织的情况下。随着偏好动员因时而变,可能的政治冲突和议程设置就会在批评反对的条件下产生,这就是"沙特施奈德式动员"。

在本章,我们选择环保运动进行讨论是因为它的规模、重要性和成员人数易于区分,当然我们也可以追溯其他一些种类的利益集团环境的发展。例如,城市和市区发展的利益集团环境、与吸烟和烟草相关的健康问题的利益集团环境或者任何一个在本书中讨论的案例中的利益集团环境。无论如何,我们至少可能找到了一个共同点。随着时间的推移利益集团动员的变化,使特定问题成功进入公共议程的可能性产生了差异。利益集团对于明确表述问题、影响公众舆论和界定讨论的条件起着重要作用。利益集团围绕问题的一个维度被精心组织起来;问题的另一个维度则少人关注,从而此处不可能发生冲突和政治讨论。相反地,次级系统的政治很有可能成为规则,就像 70 年代以前发生在杀虫剂和核电案例中的一样。随着偏好动员的改变,我们对潜在议题的理解通常也发生改变。所以利益集团环境在构建决策者可利用的选择和公众理解时起着重要作用,公众理解的对象是那些公共政策讨论中被密切关注的事项。

当然核电和杀虫剂的案例并不完全表明:当存在一个发挥作用的强大利益集团体系时,批评反对的动员就会更为容易。事实上,强大利益集团体系的斗争促使环境保护的地位上升成为首要的议题。随着 60 年代和 70 年代期间反核运动的成长,环境保护运动也普遍成长起来。同样地,50 年代晚期反对航空喷洒斗争和 1962 年蕾切尔·卡森的《寂静的春天》的出版催生了人们对各类环保团体更进一步的支持。所以团体系统的增长也为议程设置过程各种特征之间的互相依赖提供了另一个例子。当反对者们试图进行动员时,首先面临一些困难的任务。然而,每一次成功都伴随着一个更进一步成功的更大可能,正如正反馈机制启动运行一样。显然,环保运动是强大的正反馈机制的一个实例。围绕特定斗争而形成的团体在斗争结束后仍在运作,准备着被重新卷入下一次斗争。随着时间流逝,更容易提出对环保问题的关注,因为更多的团体已经做好了被动员的准备。同样地,这些团体已经极大地影响了公众舆论,这是它们最初的成功和有组织的影响力导致的结果。因此环保议题比起 40 年代来说变得更为强势。尽管潜在的事实和问题并没发生任何变化,但这些因素的联合使 80 年代和 90 年代的决策大大不同于 40 年代和 50 年代的决策情况。相反,偏好动员的改变使某一方比以前更有能力去反抗那些曾经被成功描绘为经济增长问题的提案。

在环保运动增长中出现偏好动员的巨变导致了什么结果呢？许多以前有限参与的封闭系统已经开放了，而一大堆以前很少或没有被公众讨论或争论的主题已经进入了公共议程，而且许多其他重要的公共政策结果也来源于这些变化。博索(Bosso 1991)注意到环境已经成为公共议程中的制度化问题。与早期相比，如今环境问题出现在公众视线的可能性要大得多。莱斯特和科斯坦追溯了1890年到1990年间《纽约时报》中环境问题的新闻报道率。它们在新闻报道中的数量呈现出稳定而富有戏剧性的增长，从40年代每年40篇的少量专栏到50年代110篇，60年代285篇，70年代超出900篇(Lester and Costain 1991，以及图2)。本章解释了其中的原因。环保运动获得的资源动员了大量民众，保证专业职员进行可信的研究，环保运动在国会内部、在执行机构(特别是在环保署的创设)、在各个州和地方机构中要求更多有利的政策制定议定场所。最为重要的是，它改变了对于什么是可接受的和什么是不能接受的事物的看法。总之，在这20年中大量相关因素在正面的交互作用中结合起来，从而在政策制定的广阔领域内掀起了众多的变化。

唐斯(Downs 1972)对生态环境的公共利益将很快消逝所持的论证是错误的，因为他忽略了彼得斯和霍格伍德(Peters and Hogwood 1985)正好注意到的东西：议程设置可能具有长期组织化的含义。这些变化的组织不一定仅仅是额外的政府机构、新的国会次级委员会或者重新组建的州一级机构，它们也有可能是非官方的部门。塞拉俱乐部及其同盟在提高对某问题的公众注意力时可能与政府机构一样有效。因为团体和机构的工作是一致的，我们不必要对其中的任何一个进行独立的解释。公共议程中新议题的出现和消退留下了各种机构遗产，它们将在稍后影响新问题切入议程的机会。利益集团像政府机构一样正处在这些半永久性的遗产中间(参见 Costain 1991)。

第三章我们注意到政治科学家们用于描述决策者团体用语的演变：从政策次级系统的铁三角，逐渐转变为倡议联盟和政策网络。(查尔斯·琼斯写到能源政策制定是"宽松的小三角……变成了松散的大六角"(Jones 1979, 105)。)换言之，美国社会的许多部门已经从利益集团单边的动员转向了更为拥挤的、更复杂和更有代表性的利益集团代表系统。第五章我们注意到唐斯式和沙特施奈德式动员的重要区别。热情支持的动员最有可能发生在单边的利益集团组织环境中，而批评和冲突的动员更有可能发生在利益集团各方被精心组织起来的时候。本章，我们已经发现相对偏好的动员是如何随着时间而发生变化的。反过来组织性问题对议程设置具有重要的含义，正如70年代和80年代许多产生争

第九章 ◎ 利益集团和议程设置

议的问题被轻易接受那样,甚至这些问题在40年代和50年代曾被狂热地认同。所以我们得到了方法论的教训:类似过去通常所做地那样去关注跨部门的变化,政治科学家们极有可能得出这样的结论:与政策内容自身相关的因素是影响冲突模式的关键性要素。事实上,动员模式可能随着时间发生改变,所以聚焦于纵向分析的研究可能揭示了不同的发现。不过,本章所研究的利益集团环境变化并不是对议程设置产生重要影响的唯一历史因素。在下一章,鉴于国会变得更加活跃和分散化,我们将考虑国会长时段内重大的变化。

第十章

国会——争夺管辖权的战场

前一章我们关注了美国利益集团系统长期发生的重要变化。20世纪60年代晚期和整个70年代相对偏好动员发生了关键的变化，图9.2就是一例。在利益集团环境中制造了变化的社会力量在国会大厅里却失势了。国会内部组织在70年代发生了戏剧性的转变，这些转变在整个60年代和70年代制度性地强化了新利益集集团所需要的议程切入通道。本章我们重点关注与利益集团系统变化一致的国会内部长期变化的强度，并展示它们是如何影响政策制定的。在下一章，我们将关注几乎同时经历了同样大规模变化的联邦政府和各州之间是如何联系的。

国家政治制度的结构强烈影响听证事项与利益集团的相关程度。60年代和70年代新组织起来的社会力量，要求变革国会内部的结构。本章将聚焦于这些变化，并在某些案例中将这些变化与政策变化联系起来。国会既是正反馈系统创建的最重要因素，亦是潜在不稳定性创立和政策产出发生逆转的一个最重要因素（前面的章节已经介绍过这种情况）。国会权限比起那些执行机构来说更容易改变；国会议员积极地利用与他们相关的议题来推出新的议题；许多在执行机构内部斗争中失利的团体能够在国会内部找到一些支持性的生存空间。国会被称作"华盛顿组织的拱顶石"（keystone）[①]（Fiorina 1989），其成员在维持强

[①] 拱顶石：拱的中部楔形石头，使拱的各个部分连在一起。——译者

第十章 ◎ 国会——争夺管辖权的战场

大的政策次级系统中起了重要作用。在这个意义上,国会是稳定性的来源和现状的保护者。然而,国会中存在激烈的竞争,权限斗争是司空见惯的事,政策变化经常从机构内部的冲突中涌现出来。当这些变化发生时,政策系统可能从某一点的相对稳定突然跃迁到另一点的相对稳定性。因此在次级系统的保持(从而在渐进主义或稳定性的创建中)、破坏或替代中,国会具备发挥重要作用的潜力。

国会是诸多次级系统的一个重要部分,但是它充满竞争和矛盾的内部结构也使它成为那些要求拆分现存次级系统的人的主要诉求途径。第八章中我们已经研究过,毒品、酒精和儿童虐待等议题在系统议程中的快速涌现是如何先于国会注意力的增加。然而,一旦多个国会委员会都卷入这些议题,即使媒体对该议题的兴趣已经消退,他们的兴趣也不会减退。相反地,短期的议程切入导致了围绕这些议题的整个决策结构的改变。当国会注意力上升时,通常会伴随着政策制定结构的变化(Jones and Strahan 1985)。在某个议题的关键历史时期,立法机关内部和外部原本与此议程无关的团体被鼓动起来参与其中;其他那些曾居于统治地位的团体被结构化地排斥在议题之外,要么他们的影响被极度地淡化。迄今在本书里研究过的每一个议题中,国会都是不稳定的突变行为的制造者。

当我们在某个时候研究某个议题时,我们能够发现一些临界点,在本章中亦是如此。然而,也存在一些普遍性的制度变革发生的时期,这一系列的变革还以相似的方式影响了各种类型的次级系统。70年代中期就是一个制度变革的时期。在众多案例中,这些变革使标准惯例(standard practice)永久化和合法化。我们无论如何都不会轻视它们的重要性;不过,像蕾切尔·卡森的《寂静的春天》一书一样,它们也许更可能是变化的征兆和变化的强化因素,而不是变化的原因。许多政策次级系统在70年代被分割得支离破碎;致力于改变相对偏好动员的努力导致了立法机构内部结构的分散化和民主化。这些制度变革会持续数十年:议程设置的制度遗产涉及国会结构、人事程序、预算和内部规则,我们随后将关注这些问题。

在对西方民主政治中的官僚和政客的研究中,阿伯巴赫及其同事发现:选举出来的立法者、职业公务员和任命的执行机构的官员之间的关系在美国与在其他国家之间的差异相去甚远。比起其他西方国家类似位置的官僚,美国的公务员同时和委托人团体以及国会的选举官员保持着更为紧密的联系。这些联系通常比公务员和他们自己上级的联系还要紧密,对此作者将其描述为一个美国背景下的"迂回模式"(end-run model)(Aberbach,Putnam and Rockman 1981,234)。

根据阿伯巴赫及其同事的说法："制度激励滋生了美国官僚的企业家本能"（1981,231）。其中美国官僚主义者或决策者们必须具备一个最重要的本能就是要密切关注国会的动向。其成员可能是有限参与系统中老练的自愿参与者，或者国会可能成为现行政策的反对者们云集的议定场所，从而成为反对者首选的契机。

国会和执行机构规划之间的联系通常以专门的方式组织起来用以限制参与者的数量并增强那些拥有既定利益人的权力。比如在第四章的核电案例中，我们看到，当政策制定者重点关注新产业的培育时，原子能联合委员会（Joint Committee on Atomic Energy）诞生了，并被授予了很多涉及该主题的例外管辖权。另一方面，国会在核电次级系统的毁灭中同样发挥了重要作用。当次级政府开始崩溃时（我们在先前几章看到了它们经常如此），导致这一结果的起点通常可以追溯到国会行为的变化。

有两种互补的和相互强化的机制使国会行为的改变结构化。第一，各国会主体活动的权限边界的划分并不是泾渭分明的；事实上，拉动因素和推动因素共同导致了国会主体间权限的变化。不满的决策者们、利益集团和执行机构向国会要求某个新领域的权限（过去这个领域由另一些敌对的委员会统治）促使国会委员会在新领域中变得活跃。第二，当他们认为从新活动中能得到潜在的政治利益时，国会中的"企业家"成员（entrepreneurial members）及其职员会推动他们的委员会和次级委员会在新领域中活跃起来。国会内部和外部联合起来改变委员会权限行为的激励是必需的。如果没有内部的合作者，没有一个外部团体能够在委员会活动的领域促进变化的发生。如果没有从变化中获利的一系列外部团体的坚持，几乎没有内部的企业家能够推动权限的改变。因此国会在许多政策团体中发挥了整合的作用。

国会外部的政策制定者们希望将他们的议题转向一个更有利的议定场所（或者仅仅是淡化敌对方的力量或反对委员会的权威），他们的利益可能会与国会中那些寻求潜在政治议题，以便使自己声名鹊起的"企业家"成员联系起来（参见 Walker1977；Baumgartner 1987 在另一文章中提出了类似的发现）。在前面几章，我们已经注意到国会在毒品滥用、核电、杀虫剂和吸烟等案例中的重要作用。在每一个案例中，国会注意力的增长或要求不同议题管辖权限的委员会及次级委员会的数量的增长会引发重大的政策变化。有时，这意味着原来强有力的次级政府的崩溃（例如在核电、杀虫剂和吸烟问题上）；在另一些案例中，它还会创设新的执行机构和新的专业团体去执行重要的新方案（例如在城市事务、儿童虐待和毒品问题上)。每个案例中,国会注意力都关注不稳定的突变行为,因为形象和议定场所相互影响会使政策过程发生变化。

本章中我们首先审视一下国会活动的纵向趋势。自20世纪中期以来,国会已经变得日益复杂,处理问题的数量也增加了许多,而且国会内部组织和权力平衡也发生了变化。这对所有实质的决策领域都有着重大意义。为此我们首先考虑这些长期的趋势,然后回到特殊议题的详细情况上来。我们发现:国会活动的重要变化总伴随着美国政治中各个次级系统的相对自治权的变化。

国会活动的长期趋势

在第九章中,我们已经看到在60年代和70年代美国的利益集团系统发生了戏剧性的转变。这些变化类似地反映在国会资源、行为和动机的变化中。马克·彼得森揭示道,随着利益集团系统变得日益复杂,总统的建议在国会更有可能遭到反对或搁置。在利益集团系统不那么复杂时,总统更有可能在国会中达成一致意见(Peterson 1990,119),利益集团环境会对国会就某项政策建议的反应产生影响。随着环境变得日趋复杂,国会的反应也更加多样化。利益集团环境是国会近十几年来立法实践变革的外部影响力量,同时国会也对自身进行了改组,从而强化了许多外部的变革,并且对华盛顿政策共同体的多样性和复杂性的形成起到了至关重要的作用。

与这项研究相关的最富戏剧性的变化可能是国会如今已经获得了日益增多的资源、拥有了更多新的内部组织。预算的增加、更多的职员以及更大的调查权形成了将更多问题带入公众议程的机会。随着战后美国国会拥有了更多的资源,它扩大了对现有以执行机构为中心(agency-centered)的政策次级系统进行干预的巨大权力。这里讨论了两种类型的重要变化:(1) 70年代发生的分权化行政改革;(2) 分离出来的国会机构使自身的职员和资源不断增长。

当众议院民主党人在1974年反对资历制度(Seniority System)①以及具体的委员会主席时,他们抱怨的是职员的规模和控制。强有力的委员会主席习惯于将控制成员(和信息)作为维持成员间紧密联系的方式(事例参见 Krehbiel 1991,145)。在改革前的国会中,强大的委员会主席习惯将控制成员和预算调查作为一种手段,避免有争议的东西侵蚀它们与外部利益集团维持的紧密关系。

① 国会把在某委员会内任职最久的多数党议员任命为该委员会主席的规定。——译者

最有力的手段之一是扩大职员的数量和提高信息能力,这一手段使次级委员会的权力在70年代中期的地方分权改革中得到加强。随着对职员控制的强化,对原本紧密的次级系统的侵蚀能力也增强了。

表10.1展示了部分国会职员类别的增长。1974年改革之后,委员会职员以特别急剧的速度增长起来,并持续增长直至80年代早期,那时人数已达到50年代的5倍多。同样的趋势不仅仅发生在委员会职员总量的增加上,也发生在支持机构(support agencies)中,举例来说"国会研究中心"(Congressional Research Service)的职员从1950年的161名增加到1985年的860名(Omstein, Mann and Malbin 1990,139)。

1990年,27个众议院委员会(House committees)和158个次级委员会(Subcommittees)控制了将近5700万美元的调研职员预算(investigative staff budget)。利用这些资金,他们雇用了2109名职员。加上每个委员会通过正常拨款分派而增加的30名职员(共计810名职员),大约有2900名职员为101届国会的众议院委员会和次级委员会工作(Summary of Comparative Data 1991,16—17)。20世纪里,与具体的委员会无关的职员数量同委员会及国会特殊机构中的职员数量相比,增长幅度甚至更大。但后者的增长发生得较早,大概是在60年代。1974年改革以后,参众两院的职员变得相对稳定,大约在11000名左右,这与1950年的2020名形成了对比(Omstein, Mann and Malbin 1990,132—133)。美国众议院委员会的预算拨款在70年代早期一直徘徊在每年800万美元这个区域中,但是它们在1976年暴增到2500万美元,并自此之后继续增长(Subcommittee on Legislative Branch Appropriations,年度)。70年代中期,国会资源发生了某些剧烈变化。这些增加的职员和预算资源使国会成为一个日趋复杂的机构。

总之,我们可以从表10.1和其他信息来源中看到80年代期间国会赋予自身以资源,在各个政策领域中发挥了比50年代或50年代以前更为积极的作用。这些实质性的变化强化并构成了以削弱最强大成员权力为目标的组织内部革新。这些变化中有的是在1974年改革以前就已经出现了,那些改革也强化了这些变化。另一些变化则是在规则变化之后发生的。大多数这样的改变至今仍旧发挥着重要的作用,使现在的国会比起三十年或四十年前来说更富有企业家精神而且更难以管理。其中,国会改变的最重要的方式之一就是它对政策发挥更为精细的作用,拥有更小的规模和具有更多数量的各式各样的功能权限。

表 10.1　国会成员的增长（1950—1985）

年份	委员会和次级委员会成员	个人成员	几个持支持态度的机构		
			CRS	OTA	CBO
1950	546	2030（a）	161	—	
1960	910	3556（b）	183	—	
1970	1337	7706（c）	332	—	
1975	2737	10186（d）	741	54	193
1980	3108	1117	868	122	218
1985	3086	11625	860	143	222

资料来源：Ornstein, Mann and Malbin 1990,132,136,139。

注意：CRS = 国会研究服务机构；OTA = 技术援助办公室；CBO = 国会预算办公室。

a. 1947 年数据。

b. 1957 年数据。

c. 1972 年数据。

d. 1976 年数据。

与国会委员会相比，国会次级委员会在政策过程中发挥了更为精细的作用。举例来说，即使在职员数量水平提高的时候，从第 90 届国会（1967—1968）到第 100 届（1987—1988）国会，提出的议案数量仍然下降了。颁布的议案总量从第 80 届国会到第 100 届国会有轻微的下降，但是议案的篇幅却急剧增加了。在 40 年代，典型的议案提案篇幅仅有两到三页，但是在 80 年代每个议案的篇幅增至超过 8 篇文章。这个时期中，委员会和次级委员会开会的数量急剧增加（Ornstein, Mann and Malbin, 1990, 155）。精细立法如今已经成为规则；委员会和次级委员会拥有的职员资源（staff resources）便于国会成员在进行精细立法的时候扮演更为靠近的角色。它们可以用精细的方式影响具体计划，所以它们在政策过程中发挥着重要作用，并成为国会外部政策制定者寻求保护的诉求对象。

158 个众议院委员会和大量的参议院团体之间的权限边界是很难保持不变的。成员和职员对其势力范围充满警惕，但是每一个都试图去侵占别人的范围。对那些相信一个委员会或次级委员会可能比另一个更受欢迎的战略决策者来说，他们有明显的动机尝试使用特定的方针掌控立法。从 1975 年开始，当众议院改变议案通过的规则时，偶尔会有一个以上的委员会同时提交议案。多头提案曾经是不存在的，它们从占所有立法中的一个小而无关紧要的部分增加到占据了全部议案的大约四分之一（参见 Schneider 1980；Davidson 1989；Davidson, Oleszek and Kephart 1988）。按照决策制定者固守一个特定的国会委员作为合作者的观点来看,这些变化意味着他们将会遇到麻烦。维持孤立和绝缘的有限参与系统变得更加困难,因为国会的规则、程序、预算和职员都发生了变化。

由于委员会和次级委员会数量巨大,每个团体的领袖都力争避免同其他团体的冲突。根据巴里·魏因加斯特(Barry Weingast)的研究,"改革时期的一个主要变化就是许多议案中关键权利的草拟由原来的18到22个委员会移交到125到150个次级委员会。在《次级委员会权利法案》(Subcommittee Bill of Rights)时代,这些变化根本性地改变了进行交易的能力"(1989,809)。依照魏因加斯特所说,地方分权导致了即席修正案①(floor amendments)数量的剧烈增加。作为回应,较小团体坚持要求制度化的保护。它们不断强烈地要求对众议院成员对部分立法提供实质的修正的权利加以约束,随着时间推移众议院规则委员会(House Rules Committee)更倾向于同意这些请求。不允许进行修正的限制性规则数量、修正案的特定类型以及对众议院即席修正案(House floor)数量的限制已经戏剧性地稳步增加了。第95届国会(1977—1978)上,议员席中讨论的85%的众议院法案在开放的规则下进行,但是在随后的十年这个百分比稳步下跌。限制性的规则构成了第101届国会(1989—1990)所有规则的主体(Summary of Comparative Date 1991,H17;同样参见 Bach and Smith 1988)。权力被大量分散了,换言之,新的强大的次级委员会通过请求、接受的限制规则努力维护它们的影响力。比起之前的表现,国会在80年代以更加精细的方式影响着政策。专门化和地方分权的增加更加经常地使次级委员会卷入相互间以及与其母体之间的权限斗争中去。修正案和限制性规则是这个过程的一部分。

虽然国会研究者们通常聚焦于委员会和次级委员会在确定的权限下怎样保护自身免于受到其他委员会的侵犯,但是一些新的研究表明:权限的变化可能是司空见惯的。国会议员必须根据惯例向拥有管辖权限的委员会提交议案,但是"议案起草者学会了聪明地起草议案,因此这些议案总是被提交给'恰当'的委员会"(Davidson and Oleszek 1977,51)。戴维·金(David King)揭示了其他人已经观察过的权限斗争是如何通过新权限的形成而不是通过强化现状来加以解决的。用他的话来说,"委员会的权限在不断地重新排列"(1991,3)。这些重新排列有时候发端于不再很好地适用于先前的委员会的权限新技术和新的公共政策问题的增加。权限的重新排列通常是扩张普通法律权限的战略性努力。

委员会和次级委员会的领导者们积极寻求权限扩张的新领域,而且他们利

---

① 参议员个人提出的修正案——译者

第十章 ◎ 国会——争夺管辖权的战场

用了对公共问题的新理解来拓展他们自己的权力。听证过程是可以表明委员会将资源投入到新领域和要求新领地的意愿的一种。任何一个委员会都可能对它乐意的话题举行听证,哪怕处于其他委员会的权限中。然而,当一个议案被引入时,出于对有管辖权限委员会的尊重,这一议案存在提交或不提交的两种可能。议案的分派就是思量的过程;经常召开听证则被认为是声明未来权限的方法,因为新的议案将会根据听证分派给特定的委员会。金表明:随着时间的流逝,一些委员会成功地侵占了其他委员会的权限;或者一些委员会认为一些新议题与他们现存的、曾经逐年扩张的管辖权限相关。他描述了从1947年到1989年以来,众议院商业委员会(House Commerce Committee)中议题数量的增长。1946年之后不久颁布的《立法重组法案》(Legislative Reorganization Act)设定了战后委员会的权限,超过90%的众议院商业委员会的活动被限定在按法规描绘的议题体系中(铁路、内陆水路、有价证券与兑换、电话)。然而,直至80年代,委员会的权限扩展到如此程度,以至于最初的政策领域只占其努力扩充得来的政策领域的三分之一(King 1991,10;贸易委员会和银行委员会之间权限冲突的近期真实案例参见 Wayne 1991)。

国会内部的权限变化没有阻止国会议员和外部利益集团合作这一普遍的法则。事实上,阿伯巴赫已论证,国会的许多失败活动主要集中于提供帮助而不是对执行机构的批评:"许多失败的听证,不论其表面现象可能意味着什么,都是在一个根本无敌意的、实际上受支持的环境中进行的"(Aberbach 1990,161)。一个最高委员会的职员告诉他:"我认为任何一个有自身隶属关系的次级委员会,无论其隶属的类型是哪一种,它们都是倡导者。老龄化的次级委员会赞成老龄化的计划,而艺术委员会赞成艺术规划,要知道教育委员会支持教育,而卫生委员会支持卫生。他们如果不感兴趣的话是不会做出努力的"(引自 Aberbach 1990,163)。

在国会中拥有一个支持性的委员会固然很好;然而,正如有时所发生的那样,如果委员会失去其权限,它也就没什么价值了。随着国会变得更加分权化,随着它的资源增加,随着它发挥着更为具体的政治作用,随着它的成员更积极地寻求在政策创新的基础上使自己获得名望,议定场所也就更加可能发生变化。这些长期的趋势解释了本书中讨论的观点:如此之多议题的议程切入为什么是在70年代而不是在更早的时期发生了戏剧性的变化。对那些谋求拆散强大的次级政府的人,比如聚焦于杀虫剂、吸烟或核电的人而言,国会虽然不是可以诉求的唯一途径,但它是一条重要的途径。20世纪70年代,国会委员会及次级委员会规则和行动的变化增加了可以诉求的议定场所的数量。

权限侵蚀和政策变化

我们在前面几章已经看到重要的政策变化的产生通常是由政策形象和制度性议定场所的变化引起的。随着一个变化的开始,其他变化也变得更为寻常,而且这种相互作用可以导致政策产出的快速逆转。我们在第四章研究过核电政策是如何改变的:先是公众对技术持日益负面的观点,然后原子能联合委员会的权力遭到了侵蚀,接着是对工业进行监管(overseeing)的行政机构的重组以及国会、州和地方政府委员会反核电行动的增加(实例参见表4.2)。同样地,我们在第五章看到杀虫剂政策的制定起初是怎样由农业部官员和国会农业委员会的领导者们来支配的,但是这些官员又如何逐渐失去了他们的垄断权限。1958年德莱尼修正案(the Delaney)①的听证使国会对杀虫剂次级系统的反对进入了自我强化的过程。

史蒂文·德尔·塞斯托(Del Sesto 1980)在对国会关于核反应堆安全性的证词的研究中发现:赞同和反对核电的各方证人自始至终提出了不同的问题。他们的证词并不互相矛盾,而只不过提出了不同的主题。一方面聚焦于对国外能源资源进行限制的需要,另一方面讨论放射性泄露的危险。证词的非抵触性是如此明显,以致德尔·塞斯托作出结论:辩论双方持有不同的逻辑而对事实并不存在分歧。某一方强调的重点另一方不会去争辩,只是将其作为不相关的内容。国会是许多这样非抵触性的和自我肯定的"辩论"的庇护所。不同的委员会或次级委员会经常对同样问题提出不同的方法。国会中的政策变化通常是权限斗争的结果,而不是个别立法者心情变化的结果。权限和程序性规则建构了政策的产出。

在本节中,我们将进一步地考察围绕杀虫剂、毒品滥用、吸烟和航空运输的国会活动,以展示不断变化的权限边界是如何引起和回应议题界定的改变的。我们总能发现每个不同的委员会或者次级委员会都有与众不同的政策偏好,它们有时会卷入权限竞争的过程中去。这些竞争经常导致政策的快速变化,因为对那些曾经热衷于权限垄断的委员会而言,即使他们完全失去其权限的可能性较小,他们也不得不被迫分权。我们在第二章讨论过相同的议题如何拥有许多

---

① 美国食品、药物和化妆品条例的修正案,无论致癌物质的用量多少,禁止使用一切有致癌作用的添加剂等。——译者

第十章 ◎ 国会——争夺管辖权的战场

不同的含义,以及不同时期政策的某一方面是如何支配政策辩论的。这些单一议题的不同方面在国会委员会中都有所反映。随着一个特定议题原来并不重要的方面赢得主导地位,国会内部的新团体就申明它们要控制这个议题。比如,吸烟和烟草政策曾一度专属于农业委员会,因为这一问题被看作是如何最好地保持烟草种植者的生计。近些年来,随着将烟草议题的界定从支持种植转向烟草导致的健康后果,国会行动也就转向了那些能够申明自己拥有健康问题权限的委员会。

不断改变的政策界定和国会权限之间有着紧密的联系。国会内部的政策变化较少由成员的态度、信仰和价值来驾驭,而是由权限和程序的变化来控制,权限和程序的变化使得变化的提倡者们可以完全绕过对手。更现实的策略不是说服敌对者转向新的思考方式,而是在其周围呼吁或向其领导提出诉求,或者通过一些别的方法避开他们的权限。国会权限的复杂性是政策制定者们进行多数最重要的斗争的基础。我们在前一部分已描述过随着国会愈加分权化,更多类型的强大的次级委员会就会卷入特定的权限之争,因此诉求的策略越发重要,而诉求也越易成功。大量的新权限的联合行动会导致多次剧烈的政策变化。随着新议题进入议程,许多国会主体就可能要宣示某些行动。在对70年代能源危机的政府反应的研究中,琼斯和斯特拉恩描述了这样一种权限的膨胀:"其间国会的反应呈现出俄克拉荷马州土地开拓(Oklahoma land rush)①的特征……宣示对能源政策有权限的委员会和次级委员会的数目与日俱增,从而增加了参与该议题领域的成员、国会职员和游说者的数量"(Jones and Strahan 1985,155)。

在这种环境下,权限宣示倍增,同时带有不同政治观点的新的参与者也加入到这场争论。国会中的这些权限失序是沙特施奈德式动员机制的特征,它打乱了具有支配地位的次级系统序列。它是国会范围内部的一次正反馈过程。

近来某些重大的争论在各个国会委员会政策偏好程度的文献中可以看到(参见Krehbiel1990,1991;Hall and Grofman 1990)。我们的研究以委员会听证和证人的证词为基础而不是基于成员的唱名表决,从这一研究中我们可以推断出偏好很可能存在于大多数国会委员会,而争论通常也是牛头不对马嘴的(miscast)(同样参见Hall and Grofman 1990)。任何一个国会委员会的偏好只有在它和权限垄断结合起来的时候才显得重要。后者很可能比个别成员的观点更为重要,因为如果这里没有垄断的话就几乎没有理由认为最终的立法会反映那些十

---

① 1889年,随着俄克拉荷马州政府的一声令下,原印第安人居住的俄克拉荷马州向白人及移民开放,他们以插旗等方式来宣称对土地的所有权,俄克拉荷马州的开拓就此开始。——译者

分强大的委员会成员的观点。最后,随着时间推移,权限变化可能压倒解释政策产出的个体。

杀虫剂:对转变的鼓吹

自世纪之交以来,约有7000美国人在关于杀虫剂的国会听证中作过证。这些证人中的大多数鼓吹过转变。对促进杀虫剂使用感兴趣的国会委员会趋向于听取农民、农业利益团体、杀虫剂制造商以及代表强大的农业利益的国会议员的意见。那些批评杀虫剂的委员会和次级委员会则从环境保护的激进主义者、卫生官员以及产业的其他批评家团体中听到了占压倒性多数的意见。当然没有一个团体只是从单方面获得专门的信息;听证几乎总是包含各种各样的观点。然而,听证不仅仅是报告性的;它们同时意味着信息传递,这个信息可以通过对国会杀虫剂听证中的证人名单进行分析而清楚地分辨出来。

针对1900年到1988年关于杀虫剂话题的每一次听证,我们对每一类作为特定类型利益代表的证人进行了编码:(1)农业方面的,(2)环保主义或卫生的,(3)其他或不能编码的。农业方面的利益代表包括来自美国农业部、农民组织和杀虫剂制造商的官员,还有那些我们可以确定的、国会中强烈支持农业的个别议员。环保主义或卫生的证人包括那些来自环保组织、卫生官员以及其他明确从属于卫生或环保专家而不是农业专家的人。在总计6973个证人中,我们能够把其中的86%归入这两个实质性类别中的某一个。对证人进行编码的组间信度(intercoder reliability)是98.2%。(正如本书中所有的编码问题的细节都可详见附录A;对国会听证证人编码的另一个事例参见Jenkins-Smith,St. Clair, and Woods 1991。)

对举行听证的委员会和次级委员会进行编码的时候,我们采用和证人编码一样的方式。某些委员会明确地支持农业方面,其他委员会则明确地关注卫生和环保问题,还有一些是不能编码的。从1900年到1988年,39个不同的委员会和89个不同的次级委员会关于杀虫剂的主题总共举行了385次听证。我们已经对每一个委员会和次级委员会进行了编码,分为支持农业的议定场所、卫生和环保的议定场所,或者其他和不能编码的议定场所。议定场所的编码以讨论问题的委员会和次级委员会的名称为依据,而不论听证的具体主题是什么。因此我们确信议定场所的编码与所讨论主题基调问题完全不同,也与前面谈到的证人的编码完全不同。以后一种方式进行的杀虫剂听证的议定场所编码中,95.2%的案例编码是完全一样的。

第十章 国会——争夺管辖权的战场

最后,通过标题的基调以及《国会信息服务摘要》(Congressional Information Service Abstracts)中描述过的基调,我们对每一次杀虫剂听证进行了编码。有些听证主要关心促进新技术以应用于杀虫剂;其他则主要是关心在农场工人中调查由杀虫剂引起的疾病。我们使用证人和议定场所的基调两个维度对听证进行分类。而基调则通过询问"一个杀虫剂制造商是否愿意或担心国会"就这个话题展开听证进行确定。对报道基调进行编码的组间信度是96%。

表10.2列出了证人类型和议定场所类型之间的关系。它表明农业委员会趋向于邀请支持杀虫剂的证人来作证,而卫生和环保委员会更有可能要求该产业的批评者来作证。委员会喜欢在其同盟者而不是其反对者中进行听证。

表10.2 国会杀虫剂听证的证人分布(1900—1988)

听证议定场所	证据类型			总计
	农业或者环境代表	健康或者环境代表	其他或无法编码者	
农业	1593(75.7%)	510(24.3%)	161(—)	2264(100.0%)
卫生和环保	861(27.5%)	2267(72.5%)	657(—)	3785(100.0%)
其他或不能编码	357(47.9%)	389(52.1%)	178(—)	924(100.0%)
总计	2811(47.0%)	3166(53.0%)	996(—)	6973(100.0%)

Gamma = 0.78
Tau-b = 0.47
Chi-square(1 d.f.) = 1174.2(prob. <0.001)

注意:表中的百分比和相关测量数据仅仅基于可编码的案例进行计算。

农业委员会举办有关杀虫剂议题的听证时,其成员更倾向于邀请杀虫剂产业或其他可能对杀虫剂持赞成态度的代表,这一数量比邀请卫生或环保代表数量高出三倍。当一个卫生委员会关于类似主题举行听证时,对证人的选择的偏好也很明显:出现在这些委员会面前的几乎四分之三的证人是卫生或环保专家而不是农业官员。从表10.2我们还注意到:卫生及环保委员会和农业委员会相比,在召开杀虫剂问题听证时要活跃得多。有超过3700人曾受邀在这些委员会面前就杀虫剂问题作证,这与在农业委员会前作证的不到2300人形成了对比。已编码的有关杀虫剂主题的385次听证中,220次发生在卫生或环保议定场所,而与此形成对比的是只有102次发生在农业议定场所。

与其说听证是对事物现状的维护,不如说听证是一种经常地暴露问题和抱怨现状的媒介。自农业委员会普遍对促进杀虫剂使用感兴趣以来,它们并未就此事举行大量听证,而当它们举行听证时,它们邀请的是那些希望保护产业的证人。国会专门化了。当杀虫剂受到攻击时,一个委员会团体举行那些听证而一个成员团体听取它们的证词。当杀虫剂不得不进行防卫时,另一个委员会举行听证并邀请不同的专家团体提供证词。委员会利用听证赢得对它们既有观点的支持。

关于杀虫剂问题国会证词的高偏好程度可能意味着:如果农业或环保议定场所对杀虫剂事件有垄断权限的话,那么代表性就有严重问题。事实上,权限总是变动的,并且我们可以看到随着议题的变化,权限范围变化的重要性。第五章中我们看到国会对杀虫剂事件的注意力随着时间发生了剧烈变化(具体参见图5.4),而且我们注意到国会对该产业的注意力的扩展是怎样与强大的杀虫剂次级政府的衰退和崩溃保持一致。通过单独追溯上述两个议定场所中杀虫剂问题的注意力,我们可以发现在此过程中权限变化所发挥的重要作用。

图10.1表明杀虫剂议题如何通过环保和卫生委员会的活动,而不是通过农业议定场所内部的支持性活动出现在国会听证中。

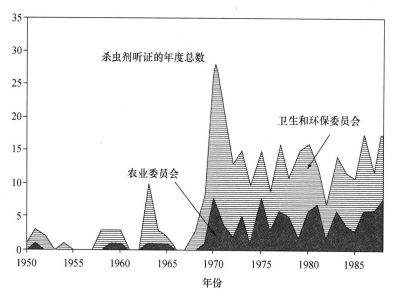

图10.1 根据举办杀虫剂听证的委员会和次级委员会类型来进行分类的国会听证(1950—1988)

20世纪70年代国会对杀虫剂问题注意力的增加,不是由农业委员会成员情绪的任何一种变化所造成的,实际上它是由权限变化带来的。卫生和环保委员会将自己的行业惯例推进到新的问题领域中去。图10.1清楚地表明了环保和卫生团体一度曾在70年代早期开始的环保浪潮中宣示权限,它们从未放弃过这个领域。在第八章中我们看到：60年代晚期进入国会考虑范围的毒品滥用问题是如何与基调的戏剧性变化联系在一起的。注意力的提升不仅仅因为聚焦于强制执行问题，而更主要是与对成瘾者的教育和治疗的新强调息息相关。以下我们能够看到基调的转换与权限的转换相联系；随着议题被重新定义为治疗问题，卫生和劳动方面的委员会也转向了这个领域。这一模式同样也能完全适用于杀虫剂：我们可以清楚地看到基调和议定场所之间的联系。表10.3表明不同类型的委员会如何聚焦于杀虫剂议题的不同方面。

我们在表10.2看到，当卫生和环保委员会或次级委员会针对杀虫剂议题召开听证时，它们所邀请的卫生和环保方面的证人几乎是农业方面证人的三倍；不足为奇的是：这些委员会召开的听证，即使按照对杀虫剂工业要么支持要么批评的标准来编码，也有98%的听证是批评性的。国会通常以避免公开的方式来全力发挥对强大次级系统的支持作用。当议题进入国会听证的范围时，它更像是处于批评的浪潮而不是感觉良好的潮流中。正如表10.3所展示的那样，即使尚处于最具支持力的制度性避难所内部，绝大多数关于杀虫剂的听证仍是批评性的。不过，我们从表10.2中得知，当农业委员会就与杀虫剂相联系的问题举行听证时，它们很可能邀请那些可以保护这个产业的证人。几乎没有听证被组织起来对杀虫剂大唱赞歌。国会作为强大产业的支持者已经竭尽全力地默默为促进杀虫剂的使用而起草立法，或者创造出促进单一栽培（monoculture）的价格补贴立法了。当杀虫剂次级系统处于最强大的状态时，国会完全没有针对这个主题举行听证。随着议题越来越有争议性，国会内部的权限变化也开始了。敌对的议定场所内部的听证是政治争论扩展的主要途径，而且通常预示着权限垄断的结束，垄断对强大次级系统的维持来说是必要的。

表10.3 议定场所和国会关于杀虫剂听证的基调（1900—1988）

听证的议定场所	基调			
	正面的	批评的	中立的	总计
农业	18(18.4%)	80(81.6%)	4(—)	102(100.0%)
卫生或环保	4(1.9%)	205(98.1%)	11(—)	220(100.0%)
中立的	7(11.9%)	52(88.1%)	4(—)	63(100.0%)
总计	29(7.2%)	337(92.8%)	19(—)	385(100.0%)

Gamma = 0.84
Tau-b = 0.30
Chi-square(1 d.f.) = 27.1(prob. < 0.0001)

注意：表中的百分比和相关测量数据仅仅基于可编码的案例进行计算。

毒品：强制执行 *vs.* 教育

当然，关于毒品主题的国会听证全都是批评性的。这些听证仅仅存在强调程度的差异，它们或者强调法律强制执行、禁止和走私问题，或者强调作为对立面的治疗、健康和教育问题。正如在杀虫剂的案例中我们发现的那样：国会内部不同的议定场所压倒性地倾向聚焦于同样问题的不同方面，而权限垄断可能随着时间推移而变化或消失。与杀虫剂的例子一样，我们将所有举行了毒品听证的委员会和次级委员会编码进两类议定场所中的一类：强制执行的议定场所包括诸如外交（Foreign Affairs）、司法（Judiciary）、政府运作（Government Operations）、商业海运（Merchant Marine）以及其他主要处理强制执行问题的委员会；教育和治疗的议定场所包括劳动和教育以及其他。表10.4 展示了议定场所和利益集团的焦点是如何紧密相关联的。

表 10.4　议定场所和国会对于毒品滥用的听证（1945—1986）

听证的议定场所	基调		
	强制执行	教育	总计
强制执行	419（74.7%）	142（25.3%）	561（100.0%）
教育或健康	44（15.5%）	239（84.5%）	283（100.0%）
中立或无法编码	129（64.5%）	71（35.5%）	200（100.0%）
总计	573（54.9%）	471（45.1%）	1044（100.0%）

Gamma = 0.88
Tau-b = 0.56
Chi-square(1 d. f.) = 265.68 (prob. < 0.001)

注意：统计数据仅基于四个编码的单元。

国会对毒品问题的大部注意力来自那些主要考虑强制执行问题而非教育问题的委员会。然而，有些重要的和强大的议定场所几乎专门处理教育问题：战后在参议院劳动与人力资源委员会（Labor and Human Resources Committee）举行的93个毒品听证中，有84%聚焦于教育而不是强制执行问题。另一方面，在众议院外交委员会（Foreign Affairs Committee）中举行的42个听证中，98%聚焦于强制执行问题（大部分是禁令，结合外交援助来实行根除计划，以及类似问题）。很明显，每一方都没有做到全面控制联邦对毒品问题的回应。我们在第八章看到竞争的委员会团体在战后时期是如何争夺毒品政策的控制权。60年代晚期该会议在国会议程中的爆发，至少部分地是教育和治疗委员会及次级委员会团体意愿的产物,这些委员会介入了一个以前与它们无关的领域。表 10.5 展示了 1968 年以前国会对毒品滥用问题的注意力由强制执行的议定场所全面支配,但这个权限垄断在该议题成为高度重视的议程事项后被削减了。

表 10.5　1968 年前后在两个议定场所中国会对毒品滥用的听证

时期	议定场所			
	强制执行委员会	教育或健康委员会	其他或者无法编码者	总计
1968 年前	62(97%)	2(3%)	6(—)	70(100.0%)
1968 年及其后	495(63%)	285(37%)	194(—)	974(100.0%)
总计	557(66%)	287(34%)	200(—)	1044(100.0%)

Gamma = 0.89
Tau-b = 0.19
Chi-square(1 d.f.) = 29.4(prob. < 0.001)

注意:统计数据仅基于四个编码的单元。

　　从 1945 年到 1967 年,国会中关于毒品主题的听证仅有 70 个。在以议定场所编码的 64 个听证中,97% 发生在强制执行的议定场所内部。正如我们在第八章看到的那样,从 1968 年开始,这个议题开始吸引大量众议院和参议院委员会及次级委员会的注意力。当这个情况发生时,聚焦于强制执行的权限垄断被淡化了,而教育和治疗问题变得更加突出。从 1968 年至 1986 年,举行了 974 个关于毒品问题的听证。在那些以议定场所编码的听证里,超出三分之一的听证是在教育的而不是强制执行的议定场所中。强制执行委员会从一个实际的权限垄断者变成了仅仅在毒品领域内忙于举行听证和颁布法律的诸多国会团体成员之一。在对毒品政策听证样本的独立分析中,夏普(Sharp 1991)对给定的证词进行了分类。夏普的分析与我们的分析非常吻合,因为她揭示了早年主张强制执行和禁止的利益集团占据了几乎完全的统治地位。这个联系紧密的次级政府稍后转换成为一个更具多样性和冲突性的议题网络,这种情况与那些对毒品议题宣示了权限的委员会和次级委员会的数量扩张相仿。

　　许多议程过程是由国会团体之间的竞争驱动的。随着某个团体在一个特定领域内愈发活跃,其他的委员会和次级委员会便做出反应来保护自己的地盘或者避免被竞争者胜过。通过权限的竞争过程,国会对中成百上千个分散的和独立的委员会以及次级委员会的注意力也就联结起来了。在更为广阔的政策过程内部选取相似行为的小型模本来看,正面的强化机制导致了国会注意力的摇摆不定。我们结合了夏普的分析说明国会和利益集团系统是怎样紧密联系起来的。

吸烟：卫生还是农业？

我们在第五章研究了国会关于吸烟和烟草议题的注意力总是紧随于媒体注意力之后。这些问题曾一度是国会农业和价格补贴团体的专门领域，但是随着议题变得更加有争议性，更大范围内的委员会也卷入其中。这些新加入者对烟草工业持有较多的敌意。1973年以前，当烟草议题的年度听证超过每年10次的水平时，所有听证中几乎90%在农业、对外贸易或者税收的议定场所中举行，仅有17次听证（总数的11.4%）在卫生方面的委员会中举行。然而，1973年至1986年，在卫生委员会或次级委员会中举行听证的百分比增加到总数的35%。这个时期，在农业委员会中举行的听证从占总数的55%下降到26%——从占所有有关该主题听证的大半部分下降到仅占四分之一。随着满怀敌意的委员会对已确立良久的次级系统的攻击，吸烟议题在70年代进入了国会议程。

正像我们研究过的其他案例一样，新委员如果打算闯入某个它们以前不曾活跃过的领域，那么它们不能直接挑战已经确立的权限。没有哪个卫生团体能够宣示对价格补贴立法的立法权。相反地，入侵的委员会只能讨论相同问题的新方面。当然，在吸烟和烟草的条例中，即使在70年代该议题已经纳入了更广泛的公共议程之后，农业和贸易委员会仍坚持继续讨论诸如产量、补贴以及国外市场之类的该产业的正面形象。不同之处在于一个新的委员会团体引出了该产业的负面形象。表10.6展示了在两个竞争的议定场所中的委员会和次级委员会是如何不断讨论吸烟问题的不同方面的。

表10.6 国会关于吸烟和烟草的听证的基调和议定场所（1945—1986）

议定场所	基调			总计
	支持产业	反对产业	中立	
农业	116(84.1%)	22(15.9%)	65(—)	203(100.0%)
健康或税收	3(3.8%)	76(96.2%)	25(—)	104(100.0%)
其他	—	2(—)	4(—)	6(—)
总计	119(54.8%)	98(45.2%)	94(—)	313(100.0%)

Gamma = 0.99

Tau-b = 0.78

Chi-square(1 d. f.) = 131 (prob. < 0.001)

注意：表中的百分比和相关测量数据仅仅基于可编码的案例进行计算。

第十章 国会——争夺管辖权的战场

我们以支持或反对烟草工业为准对1945年以来有关这个主题的313个听证进行编码,其中在农业或贸易委员会中讨论的84%的听证对烟草工业而言是正面的;在卫生或税收委员会中举行的96%的听证对烟草工业来说是坏消息。斗争的每一方在国会都有其同盟。次级系统政治的问题在于了解某一个这样的团体是否掌握了垄断权限。在吸烟的案例中,战后曾有一个团体处于这个位置,但是在诸如杀虫剂、核电和毒品滥用的案例中,权限斗争导致曾经强大的团体失去其垄断地位。议程的动态性总会导致相对的偏好动员的变化。随着议题在国会议程中出现,国会内部的新团体就被动员起来了。这些变化对围绕该问题的政策系统具有强大而长期的影响。

航空运输:针对管辖权限的混战

这个部分我们将展示:即使没有新的冲突维度的侵入,国会内部权限竞争的政治是如何导致政策产出的快速和不可逆转的变化的。国会领导者们互相争夺对航空运输议题的控制权,这种实实在在的竞争导致的政策变化比在更受控制的系统中发生的变化要剧烈。金登写道:"地盘的争夺完全不会导致僵局,事实上它们通常促进了政府议程中某个讨论事项的提出。例如,国会委员会主席相互竞争以赢得那些他们认为将会盛行起来的问题的主动权。与缺乏竞争的情况不同,在这场互相打击对方的混战中,某个主题可能会迅速地突显出来"(Kingdon 1984,164—65)。琼斯和斯特拉恩发现了类似的结论,70年代的能源政策受到了国会次级委员会议员之间竞争的强烈影响(Jones and Strahan 1985)。在航空运输的案例中,这样的竞争很明显是70年代晚期联邦制度规则剧烈变化的原因。随着70年代放松管制的思想席卷联邦政府,领导者们一个接一个地寻求他们可能放松管制的产业。航空运输的经济涵义和管制涵义在国会中经历了长期讨论,尽管并没有新的冲突维度出现,新的参与浪潮也席卷了这个系统。

航空运输曾经是精心组织的次级政府的一部分,这个次级政府以国会商业委员会和民用航空局(CAB)的执行机构为中心(Redford 1960)。因此,从世纪之交直到1968年国会总共只召开了47次听证。这些听证中21次(或总数的45%)是在参议院和参议院的商业委员会中进行的;另外有7次听证在众议院拨款委员会中进行,没有一个委员会在整个时期举行过5次以上的听证。随着放松管制在70年代成为政府的中心词,这个平静的系统被迅速地拆散了。70年代中期到晚期,政府放松了货车运输、长途电话服务、储蓄和借贷以及其他所有产业的管制。图10.2展示了60年代晚期到70年代早期,国会对航空运输的注意力的提升,正如从1944年到1989年关于这个主题听证的数量变化所揭示的那样。在这个图中,主要聚焦于安全问题的听证(229次听证中有27次,或总数的12%)与那些聚焦于经济和管制(202次听证,或总数的88%)的听证差别明显。

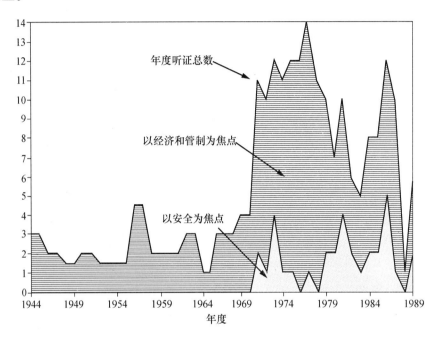

图10.2　国会关于航空运输的听证(1944—1989)

安全绝不是最有兴趣的主题。与核电、杀虫剂和烟草问题不同,新的冲突维度的引进并未推动议程的切入。相反地,在这个案例中出现的是来自其他领域的放松管制活动的扩散。无论如何,权限竞赛都是激烈的,一旦放松管制成为主要的政治问题,曾经控制航空运输政策的坚固次级系统就被迅速地摧毁了。70年代早期随着该议题在国会议程的爆发,许多不同的团体宣布要对此采取行动。

虽然整个40年代、50年代和60年代商业委员会和民用航空局(CAB)分享了航空运输问题的权限,尽管相对较少地受到来自其他国会团体的干预,但是权限的寡头垄断局面也好景不长,很快削弱了。商业委员会并没有从这个领域全面退出:它从1969年到1989年举行了52次听证。然而,关于公共建设工程(public works)的众议院和参议院委员会在稍后时期也召开了40次听证;各种财政委员会举行了35次听证;政府事务和运作委员会举行了10次听证,其他听证则由关于科学、小企业、司法、陆海空三军以及其他团体的委员会举行。当这

第十章 ◎ 国会——争夺管辖权的战场

一产业被放松管制的时候,从1969年到1978年,每年平均有六个以上不同的国会委员会针对航空运输的某一方面召开听证。从1950年到1968年,每年只有不到两个委员会召开听证。这类变化很多是被制度性地设计出来的,正如1974年的改革赋予了新组建的公共建设工程和运输委员会大量的航空运输议题方面的官方权限(参见Davidson and Oleszek 1977)。其他的变化肇始于非正式权限的扩大化,正如许多委员会和次级委员会中的议员对这个议题的某个部分施加影响力一样。权限的寡头垄断已让位于权限的自由竞争。

当然国会的这次疾风暴雨式的行为与强制执行机构内部的大量行动相一致。正如我们设想的那样,一个机构的行动马上引起了另一个机构的回应。尼克松总统和福特总统支持放松管制,而且福特总统在1975年提出的具体建议得到国会委员会考虑。吉米·卡特(Jimmy Carter)总统任命阿尔弗雷德·卡恩(Alfred Kahn)为民用航空局局长,以清除航空运输的价格管制,但是很明显,卡特当选之前这个议题在正式议程中就已存在多年。卡特对卡恩的任命进一步强化了自身已经聚集了大量能量的变化。国会继续针对航空运输放松管制,并在经济方面召开定期的听证,直至放松了航线和价格管制,1978年民用航空局被撤销。就某一议题而言,国会兴趣水平和议定场所的一次又一次的迅速变化可能不仅会对将来的国会组织产生戏剧性的影响,而且会对强制执行机构的行为产生影响。随着民用航空局的撤销和放松航线管制,该产业和美国公众进入了一个崭新的时期,要知道在60年代晚期这一议题还没有出现在全国性议程之中,这是一个不可能通过占支配地位的联邦航线政策的渐进主义观点来预测的时期。

航空运输的案例很好地说明了一旦系统被扰乱,政治系统很少回归政策均衡的原因。政策过程的真实本质是永恒地变化,它不可能严格地回到从前的状态。民用航空局原来是管制次级系统的核心部分,现在已经被撤销了。新的机构被创建出来,形成了政治力量的新格局。首先,竞争增加了,新航线形成了,而费用下降了。接着兼并的浪潮袭卷了这个产业,剩下的运输公司开发了星型结构(hub-and-spoke)系统通过控制登机门入口处的终端设备来安排运输行程。随着竞争减少,价格就上涨了。里根执政时期坚决拒绝利用反托拉斯法来加以干涉,促使产业发展为卖方寡头垄断,形成了以星型结构系统的开发和鼓励"飞机常客"忠诚于一定数量的运输公司的计划为主要内容的进入障碍。

航线的放松管制突然跃迁进入正式议程中的方式和我们研究过的其他议题是相似的。在议题进入议程高度关注的时期,掌控政策过程的机构发生了根本的改变。随着70年代放松管制的兴趣浪潮快速涌入联邦政府,新团体将自己纳入到以联邦机构和国会商业委员会为中心的相对紧密的受控制的次级系统中去。仅在数年之后,这个平静的系统在各团体争夺权限变化带来的政策优势的竞争中被分割得支离破碎。

国会和次级政府的稳定性

政策制定具有不稳定的潜在性,因为美国政治系统内部不同的议定场所具有不同的偏好。这些与众不同的特征在国会内部的微观世界中随处可见。大量的国会实体在国会行动中产生了不稳定的可能性,正如五十个州、政府的三个分支以及成千上万个地方政府导致了华盛顿特区外部更大的政治系统的不稳定性。具体议题通常通过国会内部的专门的委员会或次级委员会处理,由于这些委员会并不是小网络的构成部分,因此处理时很少受到干扰。稍后,当那些对现状感到不满的人通过战略性的呼吁使某一议题进入国会议程时,大量国会实体可能开始介入我们在本书中反复描述的过程。当然对管辖权的优先性有重要的限制性规则,这个优先性给那些在本领域中拥有长期管辖权的人带来了极大的好处;专门化的委员会可以保护它们的地盘。然而,我们在本章中已经看到,国会活动的变化可以是剧烈的,因为管辖权坚如磐石。随着议题因时间的改变而被重新界定,国会内部的不同团体就可能宣示对这些议题的权限。国会内部的政策变化通常产生于管辖当局的变动。

在上一章,我们注意到利益集团环境内部日益增长的复杂性和竞争性。由国会自身发起的国会改革并未创建一个更为复杂的政策过程。相反地,国会对在其他领域中导致变化的一些力量作出了反应。随着第九章描述过的环保运动中的公民动员的兴起,促使各种各样大量的、以前被忽略回避的问题公开化,或者在政策次级系统内部其他利益集团支配了这些问题。普遍的社会环境导致了环保运动的成长,这和70年代导致国会行动变化的环境是相同的。换言之,政策过程的所有部分都是关联的。系统中某一个部分的变化往往很快反映到其他部分中。在第九章中我们描述了利益集团系统的改变,利益集团系统开始改变时,同样的力量会导致了国会行动的巨大变化,这一点正是本章所描述的。在接下来的一章,我们聚焦于联邦制的政治学,关注多种政策竞技场上联邦政府对州政府的相对重要性是如何随时间推移而发生变化的。

通过将议题的考虑从一个议定场所转向另一个议定场所,或者通过淡化最

第十章 ◎ 国会——争夺管辖权的战场

强大成员的影响力,或将其整个摧毁,政策过程结构的改变影响了单个的政策次级系统。例如在本章和前一章描述过的,制度性的和社会的累积影响可能比它们各部分加总的影响还要大得多。在70年代的美国,许多有限参与系统被摧毁或削弱了。这个事实比这些事件中的任意一个单独事件更为重要:80年代到90年代的美国政治系统可能比40年代和50年代的要更难控制。普通的公共议程绝不可能处理所有重要的公共政策事务,因此政策专门化(及其与之伴随的偏好问题)总会出现在任何一个政策系统中,而管辖权的垄断或多或少也是稳固的。在一个拥有大量议定场所的系统中,每一个议定场所都处于竞争中,并且都会努力满足不同选民的需求;与此相反,那些管辖权限边界清晰的、少数团体很少有机会成功进行诉求的系统,会使政策与公众的看法保持遥远的距离。美国政治中存在重要的和强大的次级系统;然而,从平均意义来说,这些系统在90年代比它们在50年代更难维持,其原因就在于第九章描述过的偏好动员以及本章所描述的国会程序的变化。

第十一章

作为政策议定场所制度的联邦制

美国的联邦制创建出了一大批截然不同的、部分自治的针对政策行动的议定场所。次全国性的管辖权限(subnational jurisdictions)经常成为新思想试验的领域,如果成功的话就会被其他人采纳或效仿,如果发现不可行就会被遗弃。虽然联邦制度的各个部分在很多方面都不尽相同,但是它们都是一个整体的某一部分。作为单一制度的构成部分,它们可以全部同时受到联邦制度自身结构变化的影响。在本章中我们考察到政府间拨款制度发生的巨大变化,随着时间的流逝这一变化导致了州和地方政府行为的戏剧性改变。

本章和前两章一样,弹奏出两曲互补的和弦。首先我们聚焦于从议题到议题的跨部门变化。就像某些利益集团环境或国会权限更能培养稳定的政策次级系统一样,联邦制度的某些方面也是如此。其次,正如利益集团系统和国会作为一个整体从60年代到70年代经历了重大的变化,我们聚焦于整个联邦制度纵向的趋势,结果发现同样的变化也发生在联邦制度的内部。

联邦结构中不同政府对具体政策建议的接受能力的差异分为两个部分:第一,州和地方政府比联邦政府更善于接受人力和物质基础设施方面的政策,而联邦政府更多地和集体消费政策有关——这是以改善个体生活为目的的政策,但是与其所作的改善相比耗费了更多税收。第二,次全国性政府(subnational gov-

第十一章 作为政策议定场所制度的联邦制

ernments)对具体政策建议的接受能力各不相同。例如,某些州或地方政府更愿于接受福利计划而不是其他计划,原因就是政治文化或阶级构成的差异性。

对政策建议接受能力的差异意味着联邦制度为正反馈过程设置了重要限制。另一方面,它也意味着联邦结构能够为稍后扩张到其他政府实体的政策理念提供生存空间(niches)。以核电为例,联邦制度内权力的分立实际上加剧了次级系统被摧毁的过程,因为某些州的公用事业管制者是在消费者和环保运动逐步增长的压力中行动。大多数有关联邦制度的研究强调了它在限制综合性政策变化方面的作用。然而,具有讽刺意味的是联邦制度可以促进变化,因为没有团体能够控制这个制度的所有部分,而停止对那些不受欢迎的政策的关心。与其说联邦制度限制了变化,不如说它制造了几乎不受任何约束的变化。由联邦制度提供的为数众多的议定场所带来变化的不可预知性远远超出了单一系统的变化。

我们理解政策动力学的方法强调单一的行为系统内正负反馈效应的作用。在某些情况下,政策创新被抑制了;在另一些情况下,它们快速地通过政治系统蔓延开来。正反馈过程的一个关键因素是政策议定场所联结的程度。当议定场所是分散的和独特的时候,在对地方压力作出反应时,它们与那些有更多相互依赖性的议定场所相比,较少可能产生正反馈的效应。在美国联邦制中,联邦政府和州政府通过复杂的迷宫似的政府间拨款和关联性需求连接起来。这些联结有的时候比其他时候更为紧密,并且联结的强度会影响政策在议定场所之间的流动。

联邦制发展的长期趋势强烈地影响了联邦制度中多个议定场所相互依赖的程度。议定场所的相互依赖性越强,政策变化的整体方向就越容易预见。正如我们即将展示的那样,政策跨越权限边界的流动在国家化时期较强而在地方分权时期较弱。

联邦的特征

美国有8万个以上的政府:一个联邦政府,50个州,4千个市政当局,2万6千个特区,以及1万5千个学区。有将近5千个选举产生的官员和超过1300万的任命官员任职于这些政府(Anton 1989,4)。一方面,这些政府单位代表了国家的构成成分具有多样性,并将这些多样性融入到了国家政治制度中。另一方面。正如利文斯顿(Livingston 1952,93)指出,政府的多样性产生了忠诚度和政策预期的发散模式(divergent patterns),这种多样性甚至比一个多元民族国家的社会和经济多样性还要丰富。政府的制度安排提供给了政策企业家许多机会。单纯存在(mere existence)的多个议定场独立于社会和经济特征变量而对政策产出形成影响。另一方面,较小规模的地方政府意味着它们更容易受到单一选民的影响。因此双重力量都在发挥作用。通过给政策企业家以更多机会来影响联邦结构内部空间,或者通过单独推行某些普遍标准,联邦制就能促进政策产出的广泛多样性。

许多联邦制研究者认为联邦制妨碍了全国性的综合对内政策的执行,而对此表示不满。通过要求所有层级的政府官员之间达到超常程度的合作,联邦制实质上保证了国家计划能被整齐划一地执行。联邦制同样确保了交易和冲突作为达成一致和妥协过程的构成部分。60年代晚期随着政府间的拨款系统的扩张,詹姆斯·森德奎斯特(James Sundquist)写道:"在一个将组织化战略作为唯一战略的单一系统内部,制度化的资源、弹性和回应性还有可能吗?"(Sundquist 1969,28)。

有几位学者认为联邦政府通过补助金系统提供较高的财政和政治激励而成功地实现了中央政策的控制。约翰·查布(Chubb 1985)将这一观点发挥到极致,他以两个系列的委托—代理模型模拟了联邦制。第一个系列由选举出来的官员组成,他们控制其执行者和国家官僚的行为。第二个系列中,全国性的选举官员和任命的官员控制了无数的州和地方官员的行为。在国家化时期,这个模型也许有一定的有效性。然而,丹·伍德(Wood 1991)将查布的方法在空气洁净政策的执行中进行了仔细的定量审查。伍德的结论是,该制度是一个混合体,上层系列具有清楚的科层特征,而下层系列则由多种力量驱动。

存在允许多种利益表达和赋予多种利益集团资源去影响政策的系统,有些人尝试对这种系统进行强制协调,结果他们总是遭受挫折。实际上,执行的政府间关系视角并不是可以用来评估联邦制表现的最佳办法。一个可替代的途径是远离华盛顿,而将注意力直接指向州和地方官员的企业家式活动和其他那些寻求从政府获得利益的政治活动家(实例参见 Anton 1989;Rich 1989)。

联邦制度的长期变化

在前两章,我们已表明利益集团和国会内部结构的长期变化与政策次级系统是有关系的。同样地,联邦制的组织机构也发生了长期的变化,而且这些变化

第十一章 作为政策议定场所制度的联邦制

还影响了政策次级系统的构成。这些长期变化影响了联邦制在制定和执行公共政策中的作用,30年代以来从倾向于集中决策转向了分散决策。赖特(Wright 1988)详细描述了美国政府间关系的七种状态,其中有六种是从30年代开始发生的。在此之前,政府间的关系局限于详细界定权限和影响范围。这个时期以后政府间关系开始变得更加复杂。

我们可以粗略地将30年代以来美国联邦制的发展分解为两个阶段。第一个阶段持续至1978年,是国家化或集权化的时期。联邦政府对越来越多的政府职能负责,其中很多职能是州和地方政府以财政减免作为报答才愿意放弃的。1978年前后是政府间系统的收缩时期,联邦政府不太愿意挑起问题的负担了。第七章中我们可以看到70年代晚期出现了与地区开发和政府间拨款系统相关的城市事务国会听证的高峰期。以实际美元(real dollars)计算的拨款大约也在同时期达到了最高点(参见图7.4)。

考察国会对联邦制感兴趣的程度是了解联邦制使议题国家化的另一条路径。图11.1显示了1945年以来和政府间关系相关的国会听证的数量(附录A提供了细节)。从1945年直至1969年,听证数量呈现出了一个稳定向上的趋势。然后,政府间议题在尼克松时代早期一跃进入国会议程,当时总统的建议合并了自新政以来颁布的多个分类计划,使地区拨款成为主要的国内议程条款。

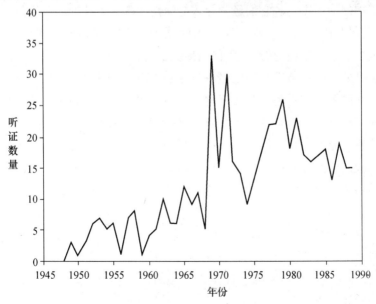

图11.1 国会关于政府间关系的听证

辩论同时集中于实施计划的细节和联邦制本身的性质（Conlon 1988）。70年代中期国会对联邦制度的兴趣发生了暂时的下滑，1979年则明显复苏并达到顶点。自那时起在预算的紧迫性和里根的新联邦主义的双重压力下，政府间关系方面的国会听证快速下滑。正如我们在第七章注意到的那样，这个时期政府间的游说团体在国会中几乎找不到同盟，并且不能动员起来保护政府间拨款不受里根时代收缩政策的影响。

通过为政策企业家们提供新的行动机会，国家对政府间制度兴趣的衰退改变了美国的利益分配。特别需要注意的是，国家化使议定场所联结了起来，相比之下权力下放则部分地减弱了议定场所的联结。不过国家化的衰退并不是全部，因为联邦机构和国家组织从1979年以来并没有消失，而且这些组织促进了政策专家之间的互动。

政策专门化

即使在政府间关系最为集权的阶段，州和地方政府仍拥有充足的权力和资源来实施独立的政策优先事项。事实上，联邦制的制度性特征推动州和地方政府在确定的政策类型上走向专门化。不同层级政府政策明显的专门化是美国联邦制最基本的特征之一。它们经常导致全国性和次全国性的政策优先事项出现偏离，因此虽然阻碍了全国性政策的执行，但同时增加了政策的多样性，并且增强了政策企业家们的适应能力，为他们提供了更多的机会。

在本书的前面章节里我们已经阐述了：在20世纪中期，以促进经济增长为目的的公共政策支持者和那些强调增长的社会和环境后果的人之间存在政治冲突的循环。政府设计出来的促进增长的政策是间接地发挥作用的。就是说，它们并不关注就业或新的贸易；相反它们设计出来是为了提供私人商业赖以建立的公共基础设施。因此有人可能根据它们促进经济增长的程度和它们为团体或个体提供利益的程度来对公共政策进行分类。实际上，基础设施为团体或个体提供的利益转移了增长过程。考虑到议题的恰当含义可能随着时间发生了变化，我们在第三章研究了全部政策类型问题。过去促进增长的政策今天可能变成了浪费支出的政策。正如我们所强调的那样，这并不意味着政策分类是无用的，但是我们更应该小心谨慎地对分类作出推断，这种分类应该与过去或者将来的某一个时间点相吻合。

分权的一个后果是州和地方政府致力于制定促进经济增长的政策，然而，联

第十一章 作为政策议定场所制度的联邦制

邦政府则更多地致力于制定为了弱势公民的利益而进行"再分配"的政策。彼得森(Peterson 1981)依照其对经济增长的预期效果将公共政策分成(1)促进增长的发展政策(2)使弱势群体受益的再分配政策。① 彼得森认为联邦政府在执行再分配政策方面更成功,州和地方则在从事发展政策方面更为有效;因此各级政府趋向于专门化,发挥它们最为擅长的功能。

为了调查联邦制度内部不同制度性议定场所的政策绩效,我们修改了彼得森的分类,将政府支出分成投资政策和消费政策。我们将投资政策定义为在经济增长中与其消费的税收相比能提供更多税收的政策,而消费政策是税收资源的纯粹消费。投资与消费政策的区分与彼得森做出的发展和再分配政策的区分相对应,但有一个重要差别。"再分配"这一术语意味着在经济衰退时期,将从富人那里收取的税收分给较为贫困的人。但是各类获利颇丰的富人团体可能会告诉政府这样做对未来的增长没有好处,农场补助金就是一个很好的例子。

种类广泛的消费政策击垮了使穷人、中产阶级或上层社会——农民或工人、商人或土地所有者受益的政府行动。重要的是在考虑经济上的影响时,这些集团的情况就完全相同了。如果得到拨款,他们的要求也许会导致短期内经济增长更加缓慢了(Olson 1982)。一些集团也许是因为获得了分配利益才提倡促进经济增长的政策。这些为了自利的目的而追逐经济增长政策的集团与政策对经济的影响是不相关的。

联邦制和选择的压力

我们可能会构想一些制度安排作为选择机制(selection devices),以便排他地筛选出某些种类的政策并培育另一些政策。事实上,完整的议定场所接受能力(venue receptivity)的概念可以重新表述为——为政策企业家们的活动提供选择的压力。政策企业家们通过试验和试错的过程发现某些政策建议会在特定的议定场所中被顺利接受,而其他的则不能。通常情况下,联邦制度内政府的单位越小,支持投资政策的选择压力就越大。

为方便起见,让我们以"投资的支出"除以"用于消费的支出"比率来考察两种一般类型政策的相对活动。不同层级的政府如果对不同类型的政策进行了专门化的话,"投资-消费比率"(investment-consumption ratio)的值就会明显不同。

---

① 彼得森还有第三个分类,即分配政策,它包括公共服务,该公共服务维持经济功能而不对任何一个团体给予支持。在稍后的研究中,彼得森和翁(Peterson and Wong 1986)从他们的分析里去掉了分配政策。

聚焦于投资-消费比率便于我们观察联邦制中各级政府的政策专门化,而联邦系统仅仅是整个公共部门的一部分。聚焦于政府规模的争论模糊了投资与消费之间的选择,而这些选择能更好地抓住政府的全部优先事项。

政府层级的差别体现在许多重要的方面,而这些差别极有可能导致不同政策的混合,因此在联邦结构中层级越下降,投资-消费比率就会增加。有几个理由可以解释这一点。第一,州和地方政府规模小,这使它们不太可能与经济力量隔绝开来,而且更倾向于参与经济增长的竞争(Peterson 1981)。第二,州宪法对债务的限制意味着经济增长或增加的税收是提高正常运转额外收益的唯一途径。因此将增长和政策联系起来对州和地方政治家而言就比对国家领导人来说更清楚。

第三,州和地方在服务生产和基础设施发展上的历史依赖性意味着在次国家层面上对投资政策更为关注(Scheiber 1987;Kantor 1988;Eisinger 1988)。第四,地方商业精英能更好地影响小规模政府的政策产出,因为他们的财力对地方政治家的成功来说举足轻重。根据斯通(Stone 1980)的研究,地方政治家对形象工程有特别的兴趣,他们需要动员商业团体来获得这些工程必要的财力。当然,地方商业精英可能对投资或者消费政策感兴趣。但是洛根和莫洛乔(Logan and Molotch 1987)认为,在促进增长的商业精英之间存在着共享利益。这些利益将会引导他们选择投资政策而不是消费政策。

第五,联邦政府能更好地执行再分配政策是因为它拥有更为广泛的税收基础及从经济力量中获得的相对自治权(Peterson and Wong 1986)。此外,联邦政府能够提供产业的保护性政策,这是州和地方政府办不到的。这就意味着联邦政府会受到来自商业和劳动者双方各自有关消费主张的困扰。最后,有证据表明投票者对州和国家一级的政治家在经济管理方面持有不同的期待(Stein 1990)。这些期待的差异是和联邦制功能的分化联系在一起的。投票者期待州和地方一级的政治家执行以增长为中心的政策,而国家一级的政治家执行消费政策,这强化了各机构促进不同类政策功能的自然趋势。

为了进一步检验政策专门化理论,我们根据1940年以来的支出对象收集了联邦支出的数据,根据1934年以来的支出对象收集了州和地方支出的数据(Bureau of the Census 1970,1990)。对州和地方来说这是由美国人口普查局收集的时间最早的支出分类。联邦数据以管理与预算办公室的分析为基础,并且可以获得1940年以来以等价形式(in equivalent)计算的数据(Office of Management and Budget 1991)。

第十一章 作为政策议定场所制度的联邦制

对每一级政府来说,我们已经列出了按消费或投资分类的支出(在联邦政府中我们排除了国防和外交援助支出)。(这种分类的原理和政策分类的细节参见附录 A。)对国家和次国家这两个层级来说,我们计算出了上面已经讨论过每一年的投资—消费比率。这些都体现在图 11.2 中,直到因二战而中断后的时期。(这个图还提供了名为"拨款影响"的曲线,我们将在下面进行讨论。)

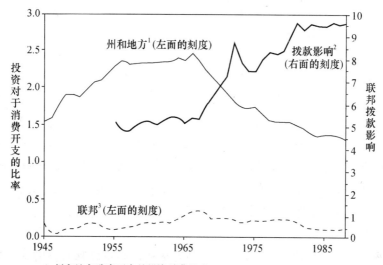

1. 州和地方政府开支的投资消费比率。
2. 州和地方政府预算中来自联邦专项拨款所占的百分比。
3. 联邦政府开支的投资消费比率。

图 11.2 联邦政府拨款对州和地方政府支出优先事项的影响

资料来源:Bureau of Census 1970,1990;
Office of Manage and Budget,1991。

图 11.2 表明,首先,州和地方政府的投资—消费比率一直比联邦政府中的比率要高得多。所有时期,州和地方投资资金是消费投入的 2 到 3 倍;而在联邦政府中几乎相反。第二,这两个比率中的每一个都随着时间的推移而产生了巨大的变化。虽然在图中没有体现,但是州和地方的比率从 30 年代到 40 年代还算恒定。它在 40 年代中期开始提高。到 1955 年,这个比率比 1945 年的比率高出了近 50%,不过它保持着这个水平直至 60 年代晚期。70 年代的大部分时期这个比率迅速下降,70 年代晚期和 80 年代早期该比率下降减缓,到 1985 年以后就平缓了。联邦政府的比率在 40 年代下降迅速,50 年代中期到 60 年代晚期有少许恢复,并维持不变,直到 80 年代,之后开始急剧下降。

我们的分析表明美国政府中不同层级的政府从事不同的投资战略。每一层都是专门化的。在下一个部分,我们讨论联邦政府改变州和地方政府行为的成效,其做法是以联邦结构的顶端对政策优先事项施加影响。

联邦对州和地方政策优先事项的影响

当较高层级的政府没有能力或没有政治意愿改变较低层级的优先事项时,不同层级政府的政策优先事项才有差异。补助金系统已经发展到可以精确地产生这些差异。毫无疑问联邦政府通过补助金可以影响州和地方的特殊计划优先事项。但是,联邦政府的拨款结构是否影响了州和地方执行投资政策的基本倾向仍然不清楚,这种影响是否随着时间而发生变化也不清楚。

因为我们对各级政府普遍优先事项的投资—消费比率进行了大致的概要性测量,所以我们可以更准确地验证中央政府强加的优先事项和与之观察相联系所产生的优先事项。因果之间的相互作用是复杂的,而且在一定程度上州的支出是由内向力量所控制。例如,在密歇根,自由劳动联盟(liberal-labor coalition)在60年代和70年代期间取得了最大成功,当时联邦制度的国家化最显著(Jones 1986)。不过,在一定程度上联邦优先事项转向了消费支出,并通过政府间的拨款系统强加于州。

为了考察这些问题,有必要发展一种方法用以衡量联邦对州的优先事项的影响。一个可能的方法是完全利用州和地方依赖联邦拨款的程度。该指标可以通过州和地方收入与联邦政府拨款的比例来衡量。州对联邦拨款的依赖性从1955年(此时美国政府间关系委员会开始对其计算)以来变化多端,从那一年的10.2%变化至1988年的26.5%。

很不幸的是,这个数字在投资拨款中包括了消费拨款。对此我们借助用于消费目的的联邦拨款的百分比调整了这个数据。最后得到了以消费为基础的联邦拨款占州预算的百分比。这个百分比越高,联邦消费优先事项强加于州和地方的优先事项就越大。这就是图11.2中展示的"拨款影响"的变化。所有针对个体的拨款落入了消费领域。某些不是针对个体的拨款同样可能落入消费支出的类别——例如医院的花费——但是对个体的拨款构成了消费拨款支出的主体部分。

针对个体的联邦补助金百分比从1955年的50%下降到1978年的31%,然而在1989年和接下来的几年再次上升到超过54%(按照管理与预算办公室的估计)。这一模式的产生源自复杂的交互力量,但是随着联邦政府在50年代将资金转向公路和城市复兴,以及在60年代和70年代转向社区发展,这个模式大体上就衰落了。从60年代晚期开始福利计划的扩张和医疗计划的制定导致联邦补助金百分比上升。于是里根政府通过不均衡地将政府间援助集中于社区发展计划减少了政府间的援助,避免了对个体拨款的削减。

从图11.2可以很清晰地看到州的投资——消费比受到了联邦指定用作消费目的的百分比的强烈影响。这种负相关关系意味着州对联邦个体拨款的预算依赖性的增加,导致各州偏离了它们首选的投资政策而转向联邦政府以消费为基础的优先事项。两个序列之间简单决定系数(simple coefficient of determination)是0.958。差不多96%的州优先事项的变化可以借助联邦政府的补助金结构来解释。由于联邦政府通过拨款结构推动各州的政策方向的调整,各州在1967年开始转向消费政策(不过应该注意的是,投资—消费比率的变化范围虽然相当大,但是从未形成州与联邦政府优先事项相同的局面。即使在联邦政府成功地将州优先事项改变得更像联邦政府的优先事项之后,这两级政府仍然相去甚远。1989年,州消费开支每1美元对应的在投资方面的开支是1.55美元,而联邦政府相应的数据是0.18美元。)

再次回到图11.2,我们注意到在拨款影响测量值平稳的时候,即1955—1965年,和1980年前后,州的投资—消费比率还算恒定。但是拨款测量值在60年代晚期和70年代早期快速上升,各州则将它们的政策优先事项迅速地从投资支出转向消费支出。联邦制作为一个施行国家政策的系统来说,各州和地方优先事项的变化至少是相互关联的。拨款系统利用的增加与对消费政策的强调结合在一起,共同导致了各州消费支出的增加。70年代后期,以州为基础的消费政策稳定下来并转向投资政策,导致了拨款结构利用的减少。①

政府间的财政专家已经指出了拨款的一个替代效应(substitutability effect),即接受单位用联邦的捐赠资金来替代本地形成的资金(Anton 1989)。以上的分析表明:各州愿意用它们自己的资金来替代联邦的投资拨款,但不会用自己资金替代消费拨款。60年代晚期和70年代是州投资—消费比下降最严重的时期,而在那时联邦对个体拨款的百分比却几乎没有什么变化。1967年是31.3%;1978年保持在31%。另一方面,州和地方对联邦拨款的依赖性就是在

---

① 我们的分析指出政府间援助的依赖程度对州和地方所产生的影响要比对施加于个体的拨款所产生的影响更强。拨款依赖性和州投资—消费比之间的简单的决定系数是0.602,但是这个数字在对个体的拨款中仅仅是0.095。在对因变量,即州投资—消费比率的多重回归分析中,对联邦拨款的依赖性的系数是 -0.0979,但是对个体拨款的依赖性的系数仅仅为 -0.0484,这就意味着前一个变量所产生的影响几乎是后者的两倍。双方在统计学上都是很显著的。

这个时期急剧增长的——从16.9%到26.5%。因此投资和消费的双双增长却导致了针对消费支出的优先事项的偏离,因为没有新的资金流入投资事项。80年代,对投资政策的联邦援助的减少没有过多地影响州投资—消费比率,这是由同样的原因引起的:州的传统投资优先事项刺激了州和地方对处于下滑趋势的联邦税收进行再替代(re-substitution)。

联邦制在正反馈和负反馈中的作用

我们在本章早已讨论过联邦制度应该在政策动力机制的正反馈过程中扮演制动器的角色。各级政府的优先事项存在很大的差异就强有力地证明了这一点。此外,政策专门化的现象意味着次国家的政府彼此相依的程度超过了联邦政府,至少在主要的支出类别方面是这样。这同样意味着投资政策在各州之间的传播将比消费政策更为迅速。在政策专门化给定的前提下,我们如何解释经常发生在美国政治中的正反馈作用呢?

80年代州和地方官员讨论得最激烈的政策主要以投资政策为中心。特别值得注意的是招商和教育改革方面的产业政策在州和地方官员的议程中地位很高。通过各州官员及其专业组织的相互作用,吸引和保留产业的观念传播开来,但联邦官员几乎就没有对此进行过提倡鼓励(Boeckelman 1989)。这当中最重要的机制是竞争。州和地方将自身看作是为了经济增长这种稀缺物品而竞争的个体(Jones and Bachelor 1986)。对私人部门而言,政治系统之间的竞争促进了政治观点的迅速传播。竞争从特殊的激励性优惠政策转向了更为普遍的基础设施,包括公用事业的发展(Taylor 1991)。若不是州和地方对那些干预经济增长的政策加以限制的话,人们是不会观察到发生在消费政策领域的这些竞争的。

在本书中研究过的许多政策是以消费为基础的政策,其中政府行动旨在改善商业投资发展带来的生态和健康后果。在某些案例中,最初以促进经济进步为目的的政策也随着次级系统的崩溃而改变了。以核电和杀虫剂为例,政府政策明显地从坚决的投资导向转换为以消费为基础。于是一个主要的问题产生了:包括州和地方政府在内的次级系统具有追逐投资政策的动机时,为什么正反馈使其出现了崩溃的征兆?从另一个方面来看,投资政策在州和地方政府之间所发生的快速传播和非渐进改变很容易解释了,因为对经济增长成果的竞争是一个激励性的手段。但是消费政策领域的扩散就不容易解释了。是什么力量促使各州和地方政府背离了它们通常对投资政策的主要关注呢?

第十一章 作为政策议定场所制度的联邦制

首先，某个政策议题究竟属于投资还是消费领域的问题是一个经验问题。但这是一个困扰重重的经验问题，这为政策采纳过程的政治讨论(political rhetoric)提供了充足的空间。特别是，诉求团体能熟练地在经济增长的语境中证明其政策建议的正当性。此外，大多数政策是投资和消费这两个基本要素的混合体(O'Connor 1973)。在特定的政策混合体中，政策的合理性可以随着时间而发生转变，在不同时期有不同的内涵。教育的例子就很有说服力。在美国，教育的正当性经常和进步的理念(ideal of upward mobility)——即机会的平等联系在一起。然而，教育也偶尔以其对经济增长作出的贡献而获得正当性。语言的转换带来了政策的不同含义——一方面是促进了知识技能的一致性，另一面则是促进成绩分组(tracking)和某些学生要求课程的增加。最重要的是，它使不同方面的支持者们根据当局支配性观点从不同方面来提出他们的政策。

其次，各州本身在规模和政治文化及制度变化上就有差异，所以某些州（大的自由主义的州）应该比其他州（小的保守主义的州）要更乐于接受这些改进政策。一旦政策在某个州确立，它们就会传播到其他州。最后，我们在前面已展示了联邦制的国家化时期消费政策的较为易行，因为联邦和州的议定场所已经通过政府间拨款过程和已成立的负责这些政策的联邦机构联结了起来。正如我们将在下面看到的那样：在联邦制的国家化时期，大约是1965年到1975年之间，许多在今天已经完全确立了的政策开始引起全国性的重视。

政策次级系统中议定场所的联结

联邦制度的国家化使利益集团系统的增长和国会能力的递增结合起来，国会作为强大的长期性力量影响了政策次级系统的组成。以下我们聚焦于州和地方的议定场所中政策理念和认识图景的传播问题再次审视在本书早些时候研究过的部分政策。

核电和利益集团的国家化

我们在第四章中描述了联邦制中的活动家们通过议定场所的选择而形成了民用核电的衰落，联邦制就是以许多独立但是重叠的政策中心为特征的。国会中的各式各样的委员会和许许多多的行政机构对核电政策展开讨论，使联邦政府成为政策讨论的舞台。联邦政府中的多个议定场所在众多方面推动了反核运动的成功，但是州和地方的议定场所却数量锐减。这些场所同样起到了关键作用。除了更为重要的各州公用事业委员会和地方规划机构,州的不同机构(包括法院和立法机关),也许是 70 年代反核的议定场所选择的重要基础。

公用事业管制一直以来是州的一个主要功能。在大多数州,公用事业委员会主要关注电力公用事业的定价。从 60 年代开始,为了促使州公用事业委员会对其管制之下的电力事业垄断采取强硬的反对立场,消费者的支持者们开始关注公用事业委员会。贝里(Berry 1979)分析指出,有些州拥有更专业化的公用事业委员会,这些州开发出了受小团体消费者欢迎的费率结构。贝里(Berry 1984)还指出:消费者代表的作用和过程公开化往往会降低电的价格。最后,一个专业化的委员会能够更紧密地根据消耗来为电力定价,因此公司不可能获得超额的利润。所有这些意味着专业性委员会比起那些不怎么专业的委员会来说更能对消费者的利益作出回应。正如我们在第四章讨论过的和戈姆利(Gormley 1983)与坎贝尔(Campbell 1988)全面描述过的一样:州的公用事业委员会对那些反对核工业的人来说是一个进行诉求的最有效的议定场所,因为它们的决议直接击中了资产负债表中的公用事业。

政策企业家们开发议定场所(venue-exploitation)的活动并没有因州的公共服务委员会而停止。美国的地方政府拥有管制土地使用的主要权力。规划编制和分区制法律(planning and zoning laws)通常要求建设核设备的各式各样的核设施必须经过地方规划委员会(local planning boards)的授权,而无论这些工厂坐落何处,反核的活动家们总会对这些委员会提出反对意见。"别把垃圾放我后院"(NIMNBY)这一公民中流行的口号致使计划延迟,并因此大幅抬高了工厂的成本。这样的不稳定情势对选举政治家开发议定场所来说时机已经成熟,而且,纽约和马萨诸塞州的地方长官和首席检察官们对 Shoreham 和 Seabrook 工厂建在长岛和新罕布什尔州意见颇多。

正如我们在第九章所讨论的,60 年代和 70 年代早期,环境保护主义成为全国性运动。环保团体最剧烈的增长发生在 60 年代和 70 年代,大多数增长集中在 1968 年到 1975 年这一时期。国内核电政策被议定场所开发的强大的正反馈系统所吸引,而且形象的恶化是和分散在全国的环保集团之间的沟通和增援行动联系在一起的。政府间系统、国会组织以及利益集团系统中发生的变化都得到了彼此的强化,这意味着核电和许多其他政治次级系统遇到了麻烦。环保运动的全国性组织将单独的制度性议定场所联系起来。另一方面,议定场所的存在意味着越过国家级次级系统的权力,也能够找到乐于接受的议定场所。

第十一章 作为政策议定场所制度的联邦制

通过全国范围的协调而进行的传播：儿童虐待和交通安全

州和地方政府具有倾向于投资政策的内在机制。然而，政府间的拨款系统推动（或者强烈地鼓励）了各州采纳各种卫生或福利政策。从新政开始，联邦政府已经利用政府间拨款促进了以执行卫生和福利政策为使命的州和地方机构的发展。拨款系统一夜之间就同时创造出预算资源和促进这些政策的支持者。在许多州，尤其是东部，政府有对卫生和福利议题关注的传统，因此拨款结构进一步强化了现存的机构。

儿童虐待报告条例（child-abuse-reporting statutes）的传播就是一个恰当的案例。1962年，卫生教育福利部儿童局（Children's Bureau of the Department of Health, Education, and Welfare）主办了一次关于儿童虐待的会议。会议的一个主要成果是起草了各州法律报告的模版。从1963年到1967年，各州和哥伦比亚特区都采纳了报告条例（Myers 1986；Nelson 1984）。显然，条例模版产生了一定影响。分散在各州的支持者以及对这个问题感兴趣的全国性组织在这一次异常迅速的传播中发挥了很重要的作用（the American Humane Association）。

该条例提高了国会对这个议题的兴趣，导致了比大多数卷入其中的立法者设想的可能还要多得多的争论。"报告立法最初通过的时候似乎完全毋庸置疑，但后来渐渐成为了'公众'和'私人'之间许多激烈争斗的战场"（Nelson 1984，77）。此外，由于报告法令的杂乱无章，儿童虐待最初是在哥伦比亚特区的国会委员会（众议院和众议院）引起关注的（Nelson 1984，98—99）。国家专业性和支持性协会以及联邦机构发起的运动使其扩展到了50个州，然后又由国会行使对哥伦比亚特区的管理作用。我们在第十章讨论过国会是如何在此时期之后立刻深深卷入这一议题。

在儿童虐待报告条例的案例中，以州为基础的提倡者通过全国性组织和一个促进这个问题的联邦机构——儿童健康局（Children's Health Bureau）互相联结起来。以州为基础的团体在接近它们各自的州立法机关中大获成功。各州制定政策的议定场所通过倡导者的活动和儿童健康局而联结了起来。政策网络成为报告法律传播的媒介。报告法令获得了有关儿童虐待问题严重性方面更可靠的数据，并使得这个问题在公众视线内保留了数年之久。

公路安全的国家化作为一个政治问题可能也遵循了类似且更为成功的政策路线。正如我们在第六章所展示的那样，公路安全在注意力高涨的浪潮中进入了系统议程。每一次浪潮都会形成一种由交通官员制定的解决方案。最近的一套安全解决方案强调了驾驶员责任,这与以前对交通管理、公路工程以及汽车安全的关注完全不同。全国性的注意力可以追溯到1966年,当时根据《国家公路安全法》(National Highway Safety Act)设立了国家公路安全局(National Highway Safety Bureau),推动驾驶员责任问题进入了国会议程(Jacobs 1989)。国家公路安全局资助了对酒后驾驶以及其他安全问题的大学研究,还支持了州立法的发展。该法令帮助创立并协调了一个促进公路安全的国家政策网络。这个网络最大的全国性成果是确定了全国性的驾驶年龄——21岁,以及限速每小时55英里,这两个条款都通过拒绝向那些不遵守规定的州划拨联邦公路资金而得到了执行。全国性的立法者和全国性政策专家共同体致力于将类似驾驶法律的变化迅速传播到所有的50个州。

杀虫剂、环境以及传播的三种形式

州对州传播、州对联邦传播以及联邦对州传播之间的复杂相互影响也许放在环境管制的案例中来解释是最好的。我们早先对杀虫剂的讨论强调国家政策的变化,其实变化同样发生在次国家的层面。直至60年代,大多数州都实施了管制杀虫剂的法律:这些政策一般基于一个由州政府委员会(Counal of State Governments)制定的法令模版(Conn, Leng, and Solga 1983,7—8)。州政府委员会以1947年《联邦杀虫剂、杀真菌剂和灭鼠剂法》(FIFRA)为其法令模版的基础。然而,很多州对杀虫剂的管制先于1947年的联邦法案,因此这个法令模版对于促进已经实行杀虫剂管制的州之间的一致性方面发挥了作用。

在1970年的《国家环境保护法》通过之后,政策强烈地受到了这个核心法案的引导。自那时起,环保署(Environmental Protection Agency)就负责执行联邦杀虫剂管制。根据法律,州不能对那些之前没有在环保署注册的产品进行安全注册。但是,州可以拒绝对已在环保署注册过的产品注册。此外,各州在执行杀虫剂管制时居于首位,并且各州执行中存在巨大的灵活性。加利福尼亚高度发达的管制系统包括对杀虫剂的许可证和详细的公开要求。佛罗里达也发展了充满活力的杀虫剂管制系统(Conn, Leng, and Solga 1983)。

70年代和80年代环保政策的僵局意味着环保政策领域内的主动权已经落入各州之手。诸如加利福尼亚和佛罗里达这样的州拥有更为强大的管制系统,而在得克萨斯州杀虫剂管制则留给了仁慈的农业部,化学方面的造管制几乎不存在。加利福尼亚的杀虫剂管制是该州强大的环保运动的产物。城市污染的联邦标准变化多端,但是环保运动还是来势汹汹,最终限制了汽车尾气排放。加利福尼亚南部广泛存在的空气污染问题令这种激烈的反应成为可能。东海岸官员积极地讨论了加利福尼亚州的计划,而国会考虑了国家方案的适宜性。另一方面,虽然休斯敦与洛杉矶相比污染要小得多,但是仍然在汽车污染物排放的严重性上排在美国城市的第二,休斯敦也只是制定了非常少的政策来处理这一问题。90年代早期"公路对铁路"的热烈争论从未与污染控制的问题融合过,取而代之的是"中心城市对郊区角落"的讨论。

在环保管制中,和其他政策活动一样,政府各州的干预程度存在很大的差异。然而,这些单独的议定场所很明显是联结在一起的。与对地方政治环境的考察得出的看法相比,通过专业协会的传播和联邦政府本身的活动,更容易形成环保管制中的一致性。各州和联邦政府的多重议定场所并不意味着改变国家政策尝试的失败,相反这些议定场所有时候结合为一个单一的正反馈系统,彼此激励对方实行比在其他地方所发生的还更为强烈的改革。

结　　论

本章中我们考察了美国联邦制中议定场所接受能力(venue receptivity)的问题。州和地方政府承受了与其税收基础保持和增长相关的竞争性压力,然而联邦政府却不必担心这一压力。因此两级政府执行了根本不同的混合性公共政策,联邦政府专注于消费政策,而州和地方政府则强调投资政策。

但是竞争性压力在不同的州和城市表现迥异。加利福尼亚和得克萨斯两州容易受到这些压力的影响,但是它们的政策混合体区别也很大。此外,对这些竞争压力所产生激励的认识不断深化,并逐渐提炼出了分析家们十年前设想过的几种不同竞争类型。在应对资本竞争的过程中,州和地方没有将其税收降至最低,而是在提高了税收的同时改善了人力和资本基础设施建设。这有助于平衡改善生活质量的内部压力和以吸引资本投资为目的的政策要求。

议定场所接受能力的差异并不是问题的结果,因为议定场所是相互联结的。在联邦层面发生的事情与在州和地方政府所发生的事情并不能隔离开来。当政府的较小单位倾向于导向投资政策时,它们同时也卷入了福利服务和诸多产业和产品的管制。州和地方政府的专家通过地方专家协会以及这些协会在联邦层次上的对应者彼此联系。这些联系保证了政策观点可以跨越议定场所的界限。

联邦制中复杂的政府混合体创造出了许多机会与限制并存的局面。那些对"政府可治理"(the government can govern)存在疑虑的分析家们经常聚焦于多个政策行动的议定场所的局限性,认为政策行动必须被控制以达成一致的政策。众多联结的议定场所为活跃的政策企业家们提供了许多机会。有些政策企业家谋求选举,有些则谋求特殊的政策行动,他们在联邦制中都有可能发现一个更能接受其要求的议定场所。这种寻求有时候是仔细和温和的,有时候则是狂热和感性的。它总是包含着尝试和错误。某个议定场所中的失败可能导致顺从,但是顺从也可能导致对新的议定场所的寻求。如果州是无回应的,那么法院如何呢?联邦机构会介入我们的利益吗?我们能作为一个潜在的同盟接近学校管理层吗?诸如此类的考量每天都在美国上演。这些使得联邦制的运行过程(这是一个过程也是一个结构)充满活力,而不是被束缚和弱化。

我们认为联邦制并非不带有偏见。事实上,每个议定场所都有其偏好。正是这种偏好为变化提供了机会。更多的(或更重要的)议定场所更容易被诸如商业利益集团的团体占据,因此构成联邦制的整个制度综合体可能也是有特定偏好的。但是多重议定场所的存在意味着分歧很有可能出现在某处,而这些正是能被政治活动家所利用的地方。

利益的特殊分配受到了联邦制国家化(nationalism of federalism)的影响。这一影响从60年代晚期开始并延续到80年代早期,许多政治家和政策倡导者认为联邦制可以作为国家政策优先事项的执行机制。民主党人通过补助金的国内规划实践了这一观念。共和党人赞成地方分权并推动了地区拨款计划,导致了政府间系统的严重缩减。因为联邦支出的优先事项随着时间的推移转到了管制和改善资本发展的政策上来,所以国家化时期的政策倾向于使州和地方的优先事项脱离传统上对投资政策的青睐。

值得注意的是在利益集团系统增长最为迅速以及国会发展出了更多相互关联的制度性结构的同一时期,联邦制被严重地国家化了。60年代晚期直至70年代早期这段时间是美国政策活动的一个颇具特色的时期,也是一个将治理的制度安排从次级系统转向联邦系统的适宜结构的时期。我们已有的案例描述表明:正反馈系统不仅有可能发生在单个政策共同体中,亦可能发生在本部分最后三章所描述的几种重要而长期的趋势中。我们将在结论章中讨论这一现象与"国民情绪"(national moods)之间的关系。

第十二章

通过制度的瓦解进行治理

最近许多学术的和大众流行的文献,都对民主制度应对变化的能力持消极评价。他们论证的主线可以概括为"政府可治理吗?"他们认为美国(以及其他地方)的民主政府被那些从强势的利益集团获利的平庸政客所困扰,以至于英勇的政策行动变得不可能,至少在国内事务上是如此。而当政治家们依据流行的观点来发起和证明他们的行动是合理的时候,他们发现这个观点是不成立的。与此相反,每一个政治家都已发现乐意提供支持的利益集团网络;同时选举战役越来越少地在党派和议题中展开,而越来越多地涉及到个性特征以及特意安排的美好的亮相机会,显然这些缺乏实质性信息的活动,仅仅具有情感象征的作用。其他观点认为,现代社会递增的复杂性导致了政府治理的无能。很多人都接受这一结论,认为现代民主政府已经不能回应 20 世纪晚期的巨大挑战(实例参见 Chubb and Peterson 1989;Is Government Dead? 1989)。

我们严重反对关于政府是"紧身衣"的观点(straightjacket view of government)。当人们使用长远视角观察时,正如我们在本书中一样,他们会为美国社会所发生的广泛的政策变化所震惊。这些变化是渐进和爆发式的统一,而当爆发出现时,处理问题的老办法就被抛弃,而旧的组织形式也由新的组织形式代替。在美国政治的长期起伏变化中,人们不怎么关注政治家、利益集团和媒体之间的紧密安排对变化的阻碍,而更有可能回答将现行政策清除出局的新政策安排何时和怎样出现。

美国政治中的议程与不稳定性
Agendas and Instability in American Politics

我们在本书中开发的方法建立了对美国政治的现代发展进行更明智地评价的基础。我们的主要理论是：美国政治制度建立的初衷在于设计一个保守的宪政基础，以便限制激进的行动。然而事实上这一制度却不断地被政策变化席卷，这些变化在渐进的缓流和现存制度安排快速改变之间交替。在政策制定的平静时期，负反馈起主导作用；多数个体很少能想像政策创新，所以变化缓慢而稀少。在快速变革的时期，正反馈占主导地位；每个行为都产生了不成比例的大面积反应，所以变化就会加速。临界点发生在正反馈过程开始之前；这些时期被称为"机会之窗"。正是间断均衡，而不是稳定和墨守成规，刻画了美国政治制度的特征。

如果给定了复杂社会的所有种种问题，那么问题在正常情况下是分派给由专家所支配的政策次级系统解决的。这种专门化使系统能够以并行方式而不是以串行方式处理问题的唯一途径。对任何一个问题来说，并行处理在同时处理许多问题时是必要的；政治制度确实可以看作是一台大型计算机。然而，有的时候议题通常被限制在进入了政治议程的政策次级系统里，在那里每次只处理一个或少数几个议题。当新的参与者对辩论感兴趣时，议程切入时期就是重大变化即将发生的时期，此时通常会导致一个或更多个政策次级系统的瓦解。所以政治制度同时将并行系统和串行系统结合起来考虑，它涉及政策次级系统的不断创建和毁灭。

以这种方式讨论美国政治变化，清楚地表明：非渐进的变化不意味着综合的、理性的决策制定，也不意味着某一个具体系列的决策者们控制着决策过程。在政治议程中被高度关注的议题往往在声势浩大的乐观主义时期（或是在席卷政治系统的悲观主义的浪潮过后）得以处理。这一事实通常是对那些未能从政策行动中得利的人进行的动员的结果，此时议题被局限于政策次级系统内部的专家进行分析。因此，政策产出的快速变化并不意味着理性、综合性或质量。广泛的政策变化的产生可能既没有综合性也没有协调性。我们不同意那些认为美国政府穿着"紧身衣"的观点，但是我们也没有怀疑"协调的行动计划是不可行的"这条格言。

事实上，我们的方法聚焦于临界时期（critical periods）各变量产生的复杂交互作用，我们认为在非渐进变化的时期政策动力特别难以控制。当然政治行动家们能够洞悉事件的起伏变化是否支持他们的建议，而且最熟练的政治行动家也许能够认识这些趋势，或者国民情绪，以便能够尽早地利用它们。正如莎士比亚剧作中布鲁图对恺撒所言：

第十二章 ◎ 通过制度的瓦解进行治理

> 世事的起伏本来是波浪式的,人们要是顺势而上勇往直前,一定可以功成名就,要是不能把握时机,就要终身蹉跎,一事无成。我们正在潮涨潮落的海上飘浮,倘不能顺水行舟,我们的事业就会一败涂地。①(Julius Caesar, IV, iii)

同样地,在政治学中也存在着席卷整个系统的强大的变化力量。它们不被由任何一个单独的团体或个体来控制或创造,而是谋求提出对议题重新理解的团体、借助新议题谋求使自己功成名就的政治领袖、谋求权限扩张的机构以及对整个情况作出反应的投票者之间交互作用的结果。有时,老练的政治领导者可以预见到汹涌的潮流,并有能力引导这个潮流走向某一具体方向。其他不能洞明这个潮流或者试图抵抗它的人,事实上总会失败。于是成功的政治领袖通常是那些能认识到席卷系统的政治观点力量的人,也是那些能利用这些观点来支持具体政策提议的人。领导者能够影响政策的洪流被引导的方式,但是他们却不能扭转洪流本身。

总之,美国政治系统的特征就是间断均衡。某些时期产生稳定性的力量同样也是那些在临界期产生剧烈变化和其他时期产生长期变化的力量。这些力量并非由任何一个单独的团体、机构或个人控制,而是社会中许多机构复杂联系的结果。当它们结合起来加强变化的压力时,它们的力量似乎无法阻挡。在这些变化时期中,它们可以被导向特殊的方向,最有谋略的政治领袖可能是那些在其任期内认识和引导所出现的各种力量的人。所以系统作为一个整体,在抑制所有变化这个意义上来说并不稳妥,但是它也不会顺从单一的趋势。

研究方法和发现的总结

我们描述了美国许多政策变化的本质,但是上述讨论并没能对其加以解释。我们的解释依靠三个来源:议程设置研究方法;政策次级系统分析;社会选择学派。政策议程的研究聚焦于新政策观点被选择性采纳的方式;因此该研究方法意味这种变化。政策次级系统分析以孤立的组织安排为中心;它关注稳定性。社会选择的视角澄清了政治中均衡过程的作用;它增加了政治中很少看到的均衡发生的可能性。将这三个重要的现代政治思想的主流分析放在一起,能够发

---

① 此处引用了《莎士比亚全集》中译本的部分内容(莎士比亚全集:第八卷.北京:人民文学出版社,1978)。——译者

展出一种综合的观点,能同时引导人去寻找政治学中的间断均衡,并提供令人满意的解释。依据关于政策和对政策负责的机构的多种资料来源,我们研究了长时段内间断均衡的动力学。

我们最重要的发现可以简单地概括如下。

美国政治系统造就了众多政策次级系统,其特征是容纳感兴趣的对象并排除漠不关心的对象。我们研究过的所有次级系统的建立面临的都是来自被排除团体的微弱反对。在核电的案例中,某些工会声称原子能委员会是给大商业的一个"奖品"(giveaway),但是实际上他们并没有强硬地坚持到底。烟草和杀虫剂案例中的农业次级系统,其发展则很少或者没有争议。航班乘客对民航局制定的航空运输管制没有什么发言权。即使在毒品和酒精饮料滥用的案例中,专家对治疗形式持有不同意见,也没有人发言支持酗酒或者毒品交易。"缺乏兴趣"是政治中的一个关键变量。偏好的差异强度导致专家们被不断地卷入其中,但是那些没有既定兴趣的人只有在某个时候才会对特定的政策领域感兴趣。

政策次级系统通常作为"结构诱致的均衡"而被制度化,其中流行的政策理解居于支配地位。我们研究所得的一个最清楚的发现是:在政策次级系统特别强大的时期,关于某政策议题的主流概念同时支配了媒体报道和官方行为。我们很值得对图 6.1 再作一次考察。在杀虫剂的全盛期,关于杀虫剂的对话几乎完全考虑的是金融和经济问题。杀虫剂议题被限制在某个维度,即杀虫剂使用带来的利益和发展同使用代价的比较。我们注意到同样的模式也出现在我们所研究的其他政策中。在那些偏好差异强度很大的时期,并且当某个受欢迎的公共形象促使人们善意地而不是敌意地看待次级系统时,专家们就开始忙于创建制度性的结构,以保护自己免受随后的侵犯。机构是议程切入的遗留物。它们在那里会存续数十年,使进一步的参与结构化,创造出明显的均衡,而这种均衡只能通过制度本身的改变而改变。

那些从政策次级系统中排除的事物形成了"松散的资源"(slack resources),可以被政策企业家们动员。大多数政策变化的产生是因为新的参与者被某个议题吸引。这些原来毫无兴趣和漠不关心的公民们差不多总会卷入议题的某一方面。因此很普遍的情况是对某一方面的兴趣使冲突扩展(这些公民至少在现存的议定场所中是失败者);而另一方面的兴趣则容纳了这场冲突。对漠不关心者的动员决定了一个具体问题是否仍会被指派给给予它保护的政策次级系统,或者是否可能出现在其他政治议定场所中。

对盛行的政策形象进行重新界定是动员出现的典型方式。随着议题被重新

第十二章 通过制度的瓦解进行治理

界定,新参与者被这场争论所吸引。当一个议题被局限于单一维度时,很少有新的参与者会卷入到政策冲突中。再看图6.1,很具有说服力。当议题被重新界定为不仅涵盖经济而且包括了由于杀虫剂使用而产生的卫生和环境破坏的议题时,杀虫剂次级系统中的冲突就产生了。新的参与者们很少认为杀虫剂是没有经济效用的。然而,他们还认为环境和卫生的后果更为严重,以至于超过了杀虫剂使用带来的经济利益。我们能够看到类似的议题重新界定出现在我们研究过的每一个案例中。随着政策倡导者们谋求将那些在特定政策上支持自己观点的新团体动员起来,他们会寻求系统地改变议题讨论的方式。形象的变化影响了对漠不关心者的动员,还影响了那些被指派的对议题有管辖权限的议定场所。

存在两种对比性的动员类型。我们描述过热情支持动员和批评反对动员的区别,热情支持动员通常会在先前的空白地带创建新的机构,批评反对的动员则通常会摧毁现有的制度安排。在媒体兴趣高涨时期,在一些我们突出强调的事件中,新的次级系统被创建出来,不过次级系统的创建总是遵循同样的内部的策略(Cobb, Ross, and Ross 1976),例如航空管制的案例就是如此。当政策建议者们与政府外部的极大兴趣相一致时他们会遵循外部策略,我们将其归为唐斯式动员,或说热情支持的动员。然而,次级系统的毁灭(或者重大改变),几乎总是通过冲突的扩张而发生,我们将其归结为沙特施奈德式动员。在这两种情况中,从次级系统政治到较高的议程地位导致了能使参与结构化的制度结构的改变。唐斯式动员导致了有利于强化专家的权力和自治的制度结构的建立,而沙特施奈德式动员往往导致这些制度性结构的崩溃。每种动员都导致了政策产出剧烈而长期的变化,因为他们都留下了与众不同的制度遗产。

美国政治系统的多重议定场所为政策企业家的诉求提供了许多机会。联邦制经常由于抑制变化而遭到攻击,因为它需要相当多的各种官员对政策行动达成一致。我们的分析表明,将非渐进的变化与理性的、综合的变化相混淆是很容易看出来的。联邦制度也许强烈地限制了政策自上而下的协调;然而,它的多重议定场所无论如何也没有阻止变化。许多美国政治的观察家们已经注意到州是民主的实验室,因为它们在问题还没有提升至国家议程之前就提前解决了问题。联邦制度和分散的权力共同为美国政策制定增加了巨大动力。正如评论家们对管理联邦制度的困难所作的抱怨一样,国会委员会之间宣示权限的冲突不利于理性决策。然而,委员会之间的权限争论是政策议题得以重新界定并进入政策过程的主要途径。政治的多重议定场所通常被认为是变化的抑制者,但实际上,这一观点并不正确。联邦制度、分散的权力以及权限的交叠为变化提供的机会和它们对变化的阻碍一样多。

许多政治议定场所的存在与保守主义相对立。在瓦解政策垄断的过程中多重政策议定场所的存在尤其关键。在对立者有许多潜在议定场所用以表达诉求的地方,他们成功的机会可能更多。在一个单一机构保持着对特殊问题的垄断性控制而反对者没有机会向其他议定场所进行诉求的地方,那些拥有权力的人就很少失败。因此,美国政治系统的许多议定场所使这个系统容纳了数量可观的政策变化。联邦结构、权力的分散以及许多机构和立法委员会交叠的权限使许多政治领域的制度性控制变得不稳定。所以我们必须小心翼翼,不要将快速变化的可能性与控制政治系统的能力相混淆。

政策形象的新观点可能迅速地在互相联结的议定场所之间蔓延开来,从而使正反馈系统启动。控制一个有多条诉求途径的系统非常困难,许多议题会快速地从一个议定场所转向另一个议定场所,因为它们都同时做出反应或者迅速过渡为新的政策认知图景。许多议程设置过程具备正反馈过程的特征,观点和认知图景在议定场所之间的流动可能非常迅速。因此联邦制度复杂的结构、分散的权力以及权限的交叠并不总是按照保守主义的方向运转。相反地,它们经常相互影响,创造出自我强化系统,导致了比另一种可能情况要快得多的变化。

议定场所也许或多或少是紧密联系的,而且这些联系会随着时间推移发生变化。政策发展关键时期的一个重要指标就是政策议定场所之间的联结程度。联邦制建立的理论基础是联邦政府作为决策者,州和地方政府作为执行者,关于联邦制中政策运行的结果我们在第十一章中已经讨论过了。建立在国家内政概念基础上的联邦拨款结构导致了次国家单元被迫接受更多的以消费为基础的政策,而不能拥有正常的首选权。消费政策的传播比正常情况要快,所以机构可以彼此正式地相互影响。然而政策议定场所却没有正式地联结起来。新的议定场所是活跃的,因为野心勃勃的政策活动家们搜寻新的可以为他们的计划赢得支持性决议的舞台。专家群体在工作过程中阅读着同样的杂志,走向同样的会议,而且在同一时间学习新技术,获得新信息。在紧密结合的专家群体中,各种各样的制度性议定场所可能被掩盖起来。这一事实在受到环保运动影响的政策领域的案例中最为清晰,儿童虐待的政策传播同样具有启发意义。多重议定场所的存在通常不是为反对而是为快速的政策传播服务的。

宏观政治制度的介入普遍强化了快速变化的可能性。随着对议题的新认知通过正反馈获得了动力而传播到整个系统,主要的国家政治行动者开始意识到这些新认知的扩散并且尝试利用它们服务于自己的目的。这更进一步地推进了

第十二章 通过制度的瓦解进行治理

快速变化,在正反馈过程中提供了另一种联系。在我们的经验研究中,这一点在全国性政府对城市问题的解决途径中得到了最为清楚的解释。城市问题是诸如犯罪、贫困、住房以及交通等具体问题的集合体。这些问题可以被看作单个的问题或者是潜在综合症的症状。60年代,人们更多地接受将议题进行广泛的界定,而且问题从州和地方转向了国家级的行动。从以每个单个问题为目的的相互不关联的政策转向了一个被采纳的投入了大量资金的统一解决方案。第七章中我们展示了城市议题的界定是如何推动该议题在60年代成为国家议程高度关注的对象,以及经过尼克松的地区拨款计划以后城市问题的分歧如何使它在70年代晚期和80年代早期退出国家议程。

总统的参与可能是决定性的。总统的个人参与在正反馈的进一步加强中能起到关键性的作用。没有一个单独的行动者可以像总统那样使注意力清晰地聚焦,或者改变大量的行动者的动机。我们看到少数的几个案例,最显著的是在毒品和城市议题中,总统的参与如何推动这些议题成为议程高度关注的对象。我们也注意到在许多案例中,类似的过程在没有总统个人明显的参与下而运作。所以我们得出的结论是总统没有必要对每件事都采取行动,但是当他决定参与的时候,他的影响可能确实是决定性的。

问题和解决方案是相互关联的,但它们总被分开来考虑。城市问题的国家化,以及随后的去国家化(denationalization)可以这样解释。主要的政治行动者对综合政策的要求并不意味着系统有能力以综合的形式来解决这些问题。60年代和70年代城市问题的处理经历了一个起伏变化的序列,每次变化都由某个略微不同的议题界定引起,而且每次起伏变化都由一个不同的政策共同体来处理。最后,政府的反应是离散的而不是综合的,从而引发了很多批评,批评认为:联邦政府没有单独的城市计划。即使对城市区域的问题有一个综合的理解,也并不意味着在大范围内政府的解决方案是类似的。相反地,每一个政策解决方案都聚焦于问题的某一个单独部分。

在正反馈时期,人们通常认为某个或某几个行动者的行动或事件会引起新观点的快速传播,而事实上原因更为分散。金登(Kingdon 1984)对无限回归(infinite regress)所作的描述是尝试追溯某个政策观念的终极来源。总是存在一个先驱者。同样地,一个人可能指出政策发展的关键性干预因素,但是不能找到关于这个行为的唯一原因。事实上,通过在社会事务中无休止地寻求特殊原因,可能带来将原因归结于许多作用因素中的仅存一个的风险。我们称此为"《寂静的春天》现象",因为蕾切尔·卡森的书聚焦于对杀虫剂在环境保护方面的攻击，也是环保方面的象征，但是正如人们有时所想到的那样，它并没有导致（现实中的）攻击。其他的例子也比比皆是：人们通常认为三哩岛事件摧毁了核工业，但是甚至在1979年以前，我们就已经知道核工业的前途将是暗淡无光的。类似地，人们有时认为1967年的城市骚乱导致了70年代的城市动议，但实际上甚至在1967年之前就埋下了伏笔。正如塞缪尔·波普金注意到的那样，"我们在回忆中经常颠倒年表，使得某一个单独的象征性事件具备了复杂过程的含义"（Popkin 1991，112）。

最近，一本书对关于最高法院影响的一些文献提出了质疑，杰拉尔德·罗森伯格（Rosenberg 1991）认为最高法院有关民权、妇女权利以及其他问题的最重要的决议，事实上并不是稍后政策变化的原因。从我们的角度来看，罗森伯格很可能是正确的，但是他认为最高法院不重要的结论却无法证实。在正反馈过程中，当其行为与其它行动者联结在一起的时候，单个的行动者就很重要。罗森伯格宣称单个的法院决议可能不会导致诸如民权、妇女权利等领域的巨变，这一点当然是正确无疑的。更确切地讲，单个法院的决议仅仅强化了其他领域的类似决议。在正反馈过程中，没有一个单独的决议会被看作是决定性的。所有的决议更依赖于前后情境。戏剧性的事件，例如三哩岛事件、城市骚乱或者最高法院的重要决议，通常只是整个变化过程的象征。与任何一个单独行动者的行为相比变化原因要复杂得多。

长期的社会变化影响了跨越整个政治范围的政策。我们在第九、十和十一章所做的大部分分析牵涉到美国政治制度对议题的界定和政策次级系统建立的影响。我们已经展示了利益集团系统的组成和运转是怎样变化的。国会以及联邦制度支持对议题进行确切的定义。但是我们也注意到政策次级系统建立和破坏的过程嵌入了更广阔的趋势，从而政策次级系统得以扩大并对更多经济领域产生了影响。新的政策系统的诞生形成了机构遗产，这些机构促进了相关议题的进一步发展。随着单个的政策次级系统在特定时间内被创立或破坏，这些事件也影响了其他的政治系统领域。许多微小变化的累积性影响常常会导致整个政治系统的剧烈变化。所以作为一个整体而不仅仅是某一部分议题领域的政治系统，可能同时经历稳定和迅速变化。

我们关于议题界定的行动浪潮和政策次级系统的构成的结论在戴维·梅休（Mayhew 1991）所做的一项重要研究中都有所反映。梅休研究了大量新政策制定过程，他推测：在20世纪"界限分明的时期出现了持续的高能量活动"（1991，157）。梅休写到了"连锁的政治运动"，认为它们"能够渗透和鼓舞两个政

第十二章 ◎ 通过制度的瓦解进行治理

党——通常对一个政党的渗透和鼓舞要多于另一个,但是对两者都有实质性程度的渗透和鼓舞"(163)。这些发现和我们这本书的结论是类似的;我们强调的正反馈时期和政策行动的不稳定性在梅休的书中得到了强化。

以上要点并不是我们对前述章节经验的全部总结,而只包括了其中最为重要的几条。我们的方法还具有其他更多的含义。我们会在随后的篇幅中考察其中的少数几个。首先是政治中的周期和不稳定性问题;然后是国民情绪的观念;最后讨论一下政治中的阶级偏好和政府注意力的有限范围。

政治中的周期和不稳定性

我们将次级系统政府解释为一个决策系统,这个决策系统通过参与规则或者自我选择排除了更为广阔的政治力量。次级系统的普遍特征是政治党派、总统和大众传媒的低度关注。然而,这些关注力量同样出现在次级系统的创建、显著变化和毁灭过程中。如果组织是偏好的动员,那么动员亦可能形成组织的偏好。每一次动员的涌现和减退都留下一个和以前的偏好相比肯定不同的新组织结构。在美国,变化的各个阶段全国性政府内部都存在大量不同的次级系统制度安排。在许多次级系统创建时,结构引致的均衡被确立,使系统内部的偏好同一化,从而排除了分歧意见。许多次级系统是在热情支持的浪潮中创建的,因此排除分歧意见很简单。有力的支持性观点总是与国民价值的象征联系在一起,例如"经济进步"这一象征被附加到治理系统中。核电、杀虫剂和许多其它议题也是如此,对此我们在本书前面的部分已经阐释过了。

我们讨论过次级系统的治理过程呈现出不间断的连续特征,即是说,次级系统在不断地被创建、改造和摧毁。然而,政治具有起伏的特点,在某一政治时期许多类似次级系统的创建,而在其它时期这些次级系统又被改造或摧毁。第九章我们以图表展示了利益集团在60年代和70年代的变化,改造者们摧毁了许多产业次级系统。第十章我们分析了国会委员会的结构,它们为新议题的界定找到了制度性表达的便利,而新议题的界定与旧的次级系统相对。第十一章我们展示了:在60年代和70年代,政策观点在各个议定场所之间的流动是如何受到联邦制集中化的影响。

几位观察家认为:在美国如此广泛的政策变化遵循循环模式(cyclical patterns)。循环模式意味着会对过分的偏离作出反应,因此是动力均衡模式。历史学家阿瑟·施莱辛格(Schlesinger 1986)描述了分散在国事削减(retrenchment)、休息(rest)和复兴(renewal)期间的快速进步主义的政府行为。安德鲁·麦克法兰(McFarland 1991)认为美国政治中存在着有规律的循环,它们以强大的次级系统的创建为基础,而这些次级系统以商业利益的支持为中心,随之这些次级系统遇到的不可避免的反对方则以保护消费者、民主的平等主义和其他理念为基础。城市政治经济学家描述了要求大幅度增加预算的激进的城市发展计划与商业团体和纳税人针对相关税收负担作出的反应循环(Shefter 1985;Pecorella,1987)。塞缪尔·亨廷顿(Huntington 1981)还讨论了美国政治的循环理论。

我们书中所列的证据支持政治循环的观点。特别地,我们还观察到了间断变化的模式。但是我们不赞同政治循环理论,因为我们没有发现意味着循环的政治动机与结构的关联。商业循环源于投机过度以及对此所作的反应。政治循环不能与商业循环的动力作类比是因为议程设置会留下机构遗产。随着次级系统被创建出来,新机构也被创建了出来,从而使未来的政策制定和对外部团体的影响结构化。这些制度性变化不一定等同于之前已经存在了一代或两代的变化,因为之前的每一个变化都没有对政治议题进行新的界定。麦克法兰还讨论了长期趋势(称为历史的"螺旋形")中循环分层的可能性,这个概念意味着新制度是对老制度的反应,从而重新创建出一个以前存在过的制度。虽然我们赞同美国政治中的利益集团的动员是对现有政治制度安排的回应,但是它却不一定和前一代的动员有关。所以就像我们一再阐明的那样,快速变化的周期的确是存在的。然而,我们如果从中推断出政治是循环的可能就会犯错误。政治系统的间断均衡模式与循环中固有的动力均衡类型存在很大的区别。

还有一个更重要的问题是在讨论美国政治中保守和自由"情绪"的循环。这些情绪的表现一定会出现在永恒变化的经济和社会背景中。我们在本书中关注了许多议题,展示了次级政府的创建和崩溃。许多这类议题(尤其是核电和杀虫剂)是战后经济增长岁月中美国经济的综合产业和制造业基础的一部分。这一时期通过科学进步和制造业创造财富是当时人们持有的乐观主义基调,因此类似的产业似乎在许多方面都得到了支持。随后,正如我们描述的那样,乐观主义改变了。我们不能从对制造业经济的强调中推断出这样的循环是必然的,或者推断出这种趋势会同时影响所有经济领域以及政治系统。金融服务业就是一个反例。

80年代随着美国经济从大规模的工业企业向金融服务业转化,新的强大次级政府就在几个领域形成了,尽管当时它们还微不足道。1992年我曾经写过,在次级政府这一制度安排保障存贷发展的情况下,过多地提及储蓄和贷款问题

第十二章 ◎ 通过制度的瓦解进行治理

是不必要的,因为鼓励抵押作为家庭价值观的核心,是广泛受到公众支持的形象,这一形象对节俭理所当然地有助益。我们无须再详述80年代制度安排的过剩。同样地,在债券交易中,在政府有价证券的买卖中(参见 Wessel 1991),以及在各个服务和金融部门,我们推测公众参与其中的程度非常之低,以至于即使其他次级政府正在被摧毁时,也有利于大量的各类金融服务次级政府的创建。

这并不意味着政治行动者对制度安排过剩没有反应。他们无疑是有所反应的。但是我们相信:与行动反应的循环模式相比,新的议题界定是变化的更为重要的源泉。同样地,和循环理论所暗含的规律性相比,进化模式与政治更加相关。

国民情绪和公共政策

研究民主制度的公共选择方法探讨了:从政策议题到政策产出的投票者偏好排序之间的一致性。它对民主均衡的可能性持悲观的看法,这种悲观的观点与偏好匹配的不可能性相关。然而,还有一些研究代议问题的经验主义学者们采取了另一种途径。政府中的主要趋势与国民情绪明显的起伏摇摆相一致会怎样呢?这难道不能被看作是环绕式民主(encompassing democratic)的均衡吗?从这个角度来说,次级政府的创建和摧毁没有政府在公民生活中广泛作用的变化那么重要。对国民情绪的关注首先需要对国民情绪进行界定。它是大众意见还是特殊精英的考虑?是相互关联的偏好选择还是那些毫无关联的选择?对何种事物一些公民比另一些公民的感受会更为激烈?他们的偏好需要区别权衡吗?

本书中,我们始终如一地使用对某个特定主题的媒体兴趣水平作为议程地位的一个指标。这并不是一个完美的指标,因为它不一定与大众的关注完全吻合。我们一般避免讨论公众关注是如何与媒体注意力相联系的,因为我们仅仅将媒体注意力作为系统议程地位的一个指标。当我们想要理解政治家们和政策制定者们为什么会对进入了系统议程的议题作出反应时,我们还需要了解:媒体兴趣是公众关注的一个指标吗,或者公众关注常常落后于官方或媒体兴趣吗?公众舆论如何与公共政策相联系的观念取决于我们对因果关系和时间顺序的理解。例如,我们在第四章中注意到针对核电的公众舆论仅仅在三哩岛事件之后、在精英阶层的博弈结束很久以后才变得极端负面。

詹姆斯·斯廷森(James Stimson)在对1956年以来公众舆论的民意测验的

详尽研究中提出了这样一种情况:普遍的政策情绪加强了政策议题的特定观点,而这些潜在的变化是"比那些测量得出的偏好还要'真实'得多的"(1991,39)。斯廷森对政策自由主义的测量以源于针对特殊问题的大量民意测验的平均数为基础,测量值从1956年到20世纪60年代早期一直在增加,随后一直到20世纪80年代都处于下降趋势,随后出现了稳固的更大范围的坚定的自由主义运动(118)。

我们所测量的媒体注意力、国会兴趣和政策产出的系列中没有一个与斯廷森书中所描述的公共情绪的变化相一致。随着大量资金被投入国内问题,许多产业次级系统崩溃的时候,斯廷森定义的情绪变量达到了最大的稳定值(conservative values)。当80年代早期减税运动和里根经济政策开始推行的时候,国民情绪稳定地产生出更多的自由主义者。根据斯廷森的定义,从所列出的证据来看,政策情绪有可能对政策变化而不是对周围其他情形作出反应。当我们利用斯廷森关于自由主义的数据(该数据基于对问题的回答,问题是政府在解决各类问题时是"做得太多"还是"不够")我们将联邦对州和地方的拨款数据与斯廷森对自由主义测量的数据进行比较,我们发现二者之间的相关性是-0.51(其中联邦对州和地方的拨款数据在第七章中已展示过)。很明显,政府付出越多,公众就表现得越稳定。当我们滞后于拨款一年来推测以后的公众舆论时,这个数据略微增长了,达到了-0.58[①]。从这些结果中,我们可以按照因果关系变化的路径推断两个事件中的任一件。如果由斯廷森测量的公共情绪导致了政府的反应,那么我们可以肯定地推论出:政府正如公众所要求的那样在作系统性的反方向运动。如果和我们讨论的一样,政府行动通常领先并导致了公众情绪随后的变化,那么我们可能看到:当政府开始做得过多时,公众的要求就减少了,当他们认为政府开始做得太少时,他们的要求就会更多。公众舆论对公共政策所作出的反应比它所导致的反应要多。

即使公众舆论看起来滞后于官方行动,同样的情况也不可能发生在媒体注意力中。这里的关系更为复杂。在书中的几个案例中,我们看到:在起始阶段媒体报道的显著增加要领先于国会兴趣或其他正式议程活动的显著增加。这至少发生在核电、杀虫剂、吸烟及烟草、毒品、儿童虐待和城市政治的案例中。然而,一旦议题成为国会正式议程中的一个重要部分,媒体注意力和政府注意力之间

[①] 斯廷森所计算的有关城市问题的自由主义的测量与一般的自由主义测量高度相关,自1965年以来,这个时期里两个数据列表之间的相关性是0.78。利用这个测量,在这里报告过的案例中产生了类似的结果。

第十二章 通过制度的瓦解进行治理

的关系就变得复杂起来。在毒品政策的案例中,大众传媒在1970年以后落后于国会听证,1970年这个议题第一次涌入全国性的议程;媒体对官方活动作出的反应与它们在最近20年的反应领先于官方差不多。另一方面,在城市事务的案例中,60年代和70年代强烈的媒体兴趣紧随着系列的政府行动。在随后的时期,官方行动很多,媒体注意力却急剧减少了。显然,媒体注意力和政府行动之间的关系可能会朝任意一个方向发展。有时候媒体报道引导了政府行动需要的增加;有时候政府行动刺激了更多的媒体注意力。对州而言,不必要抱怨这种复杂性:决策系统不同部分之间的快速交互作用是正反馈机制的一部分。

然而,比公众舆论是否依赖于政策活动更为重要的是国民情绪的含义问题。我们相信国民情绪是许多因素汇合的结果,不应当仅仅与代表公众舆论的学者相关。金登注意到:

> 政府中以及环绕在政府周围的人都能感觉到国民情绪。他们乐意去讨论其内容,并相信他们知道情绪何时转移。这些观点被安上了形形色色的称呼……但是在一般意义上……(国民情绪)是这样一种观念,即全国相当多数量的人沿着某种确定的共同路线进行思考,国民情绪以各种清晰可见的方式一次又一次地变化着,而情绪或思潮的这些变化对政策议程和政策产出产生了重要的影响。(Kingdon 1984,153)

金登所访问过的精英将他们情绪感觉的基础建立在各种来源之上。当然公众舆论的民意测验是其中之一。州立法机关、法院、他们的支持者中的活动家团体、专业协会以及各种其他行动者的行动也是来源。决策者们尤其要和他们感知到的趋势相协调,所以正反馈过程在感知变化情绪的时候特别重要。正如我们所认为的那样,公众舆论是多元社会中众多议定场所之一。当国民情绪的某个成分被决策者所感知后,国民情绪确实会发挥重要作用。然而,如果政策制定者本人不愿意仅仅依赖某一种信息来源,那么研究者也不应如此。政治领袖也许会呼吁大众,而大众当然有能力作出回应。我们的证据表明:大众动员和公众舆论的反应经常在议题发展过程中姗姗来迟,它们发生在许多最重要的问题已经在精英阶层辩论和大量权限斗争落幕之后。沙特施奈德在回答"为什么要在行动者登上舞台时研究大众"时赢得了声誉,不过这个问题只有我们能做出解释。正如许多对人对沙特施奈德的评论所说,这个问题在目前的情况下仍旧适用,正如第一次提出这个问题 样。

间断均衡和偏好问题

据说,美国制度通过所谓的政策垄断为特权精英提供了特殊的保护,政策垄断即由强有力的形象所支持的专门的政策次级系统。虽然沙特施奈德观察到的所谓"组织是偏好动员"是正确的,但是他的名言却低估了政治组织的脆弱性。事实上,长期以来,美国制度似乎不怎么关注那些有能力建构政策垄断的人。像核电、杀虫剂以及航空管制的次级系统,以及类似于毒品政策中的政府间游说团和治疗专家那样的组织能够动员偏好,但是并不存在永久性的保障。

不过,沙特施奈德指出有两种政治偏好。第一种是被排除在政策过程之外的观念。正如我们研究表明的那样,事实并非总是如此。第二种政治偏好体现在他的抱怨中,即:"多元主义天堂的瑕疵就是神圣的合唱伴随着强大的上流阶级的声音"(Schattshneider 1960, 35)。这里沙特施奈德没有考虑到观点的排除而只考虑到了阶级的排除。许多发生在现代民主政治系统中的议题几乎和阶级偏好没什么关系。例如,我们在本书中研究过的许多议题包括复杂的中产阶级利益的相互影响。此外,我们注意到大众的意见通常对精英阶层的政治交易(而不是对高于他们的阶层)作出反应。我们认为本书通篇观察和证明过的政策变化对所有的美国人都会产生重要的后果。不过,我们不得不注意,比起那些使下层阶级受益的政治制度,美国政治制度更多地服务于中产阶级各个派别对利益问题的处理过程。

一个人如何理解某个议题有助于解释他如何理解该议题与阶级利益的关系。尽管在美国政治中被定义为阶级利益的议题,或者被贴上保护下层阶级反对商业利益标签的议题很少有机会成功。然而,我们猜想,许多产生重要的再分配结果的议题确实在美国政治系统中得到了认真的处理,而且弱势群体多次获胜。这些政策不能被定义为阶级冲突(如果是的话它们就不会被采纳),但是它们仍然可能产生这样的后果。我们注意到第九章中的环境保护运动的成长。和在其他情况下所展示的一样,这场运动主要是一次中产阶级的努力。的确在那里不存在失业工人、教育程度较低的服务业人员或者其他弱势团体的类似动员。但是,正如重要的民权运动至少会对种族关系产生影响,环境保护运动对产业政策也产生了相同的影响。美国当前对健康保险业的考虑可能是由商业或中产阶级的利益来主导的;然而,它可能会为当前被排除在系统之外的千百万穷人提供很好的低收费健康保险。我们在这些篇幅所描述的动员的过程以及间断均衡过程通常包括冲突的精英或者中产阶级的利益。不过,它的动力机制影响了政治系统所有的领域和多重议定场所,它使快速变化成为可能,保证了如果下层阶级团体确实没有平等的话语权的话,那么精英的小团体也不可能控制过程。

有限的注意力范围和政府

美国政治中多重政策议定场所的存在意味着这个系统可以一次处理许多不同问题。它具备令人印象深刻的并行处理能力,换句话说,这些能力会随着时间的推移而增加(参见 Beecher, Lineberry, and Rich 1981)。另一方面,政治领导者必须以串行模式来处理问题。这就会导致并行和串行处理系统同时运转,以至于政治系统明显地存在有限的短期注意力的范围。也就是说,存在这样一些阶段,其中某些问题赢得了来自多个政策议定场所的不成比例的注意力,尤其是来自于国家领导者的注意力。人们很容易抱怨:高度的注意力水平会很快地从一个议题转向另一个议题,而基本上不考虑涌现的议题的严重程度或者近来所决定的政策的成效。

赫伯特·西蒙(Simon 1985)描述了人类认识中的"注意力瓶颈",在人类认识中复杂事实通过决策而被简化和加工。这样一个瓶颈正是并行处理的一个点,它使得多个自治政策次级系统的同时运作成为可能,也与国家政治领导阶层的并行处理相汇合,这正好符合我们对政治系统的观察。个体如何进行选择和整个政治系统如何处理类似决定之间存在并行关系,但并不意味着它们由相同的过程所决定。我们在这里的观点更为简单:无论采用何种政治决策制定者模式或者何种整体决策制定系统模式,都必须与我们观察到的突变和平稳相一致。无论专家具备哪种独立工作的能力,有时必定有高层政治的介入。这种介入不会在好几种情况中保持不变,整个系统必然会产生不稳定的突变和暂时的平稳。正如个人可能会依靠直觉而不是理性行动,因为他们可能没有能力处理他们所要处理的全部信息,政治系统也与之类似。政治系统的领导者们当然要为实现确定的目的而行动。然而,他们不能平均地处理所有问题,以至于他们在任意一个领域的介入都是零散的和摇摆不定的。议程设置过程产生出政治的不稳定的突变和暂时的平稳。

大众动员,比如注意力,不能永久地保留。曾经进入公众视线的议题会逐渐消退。随着时间的推移,来自公众议程的各个议题不断地出现和消退,促使系统扩张以处理大量的各类问题。此外,偶发的兴趣机制(mechanism of spovadic interest)防止了愚笨无效且自我保全的渐进主义,渐进主义可能导致同样的团体获得持久的议题利益。总是一个不稳定的突变的系统比惰性的系统更具适应性,即使它们中没有一个符合理性观念。

  我们回到本书开始所说的政治的基本特征:政治缺乏均衡性。我们认为我们的政府最好被理解为制度迫使形成的稳定序列,它被戏剧性的变化周期性地中断。正如麦克法兰所写到的那样,在某种意义上可能存在广泛的均衡,某个集团的权力循环中,大堆事件引导它们走向"过量",从而形成来自其他反对集团的反动员。然而,在强调均衡值可能波动的过程中,分析家们忽略了美国政治系统的某些重要特征。它最根本的特征和公共政策的行动可能受临界期的影响长达数十年;在临界期新的机构成立起来,对老议题的新理解也传播开来了。变化发生时很有可能留下机构遗产,留下的机构将建构和影响公共政策产生的偏好长达数十年。与将它们放进稳定性和渐进主义模型的尝试相比,政治科学家们采用这种间断均衡模型,也许能更好地解释这些断裂时期及其意涵。

附录 A

数据来源

本书中我们用于建构指标和时间序列的资料有多种来源。本附录旨在阐明这一系列资料的来源、收集方法、编码系统及其编码的细节,并解释收集资料的程序。这样就可以确保我们的研究结论是可复现的。首先让我们看看媒体报道的编码方法。

媒体报道

在第四章中 Spencer Weart(1988)对美国核电正面和负面形象的讨论使我们确信,我们也可以采用类似的这种做法对其他公共政策议程进行编码。看了 Spencer Weart(1988,387)书中绘制的一些图表之后,我们写信索要这些资料。Weart 慷慨地提供了资料和数据,在此基础之上,我们对民用核电资料进行了再次编码。Weart 的分析是建立在《读者期刊指南》中的三千余篇文章的基础之上的,这些文章包括了《读者期刊指南》从 1900 年到 1980 年的各卷。对于所有的议题,我们培训研究生助手的时候,都采用以下所阐述的方法。

编码程序的细节

对于任何议题而言,首要的问题是确定搜索的关键词,以确保所有的同主题文章都能够被检索到,下面列举了我们对议题进行搜索的所有关键词。一般而言,对于每个要研究的议题,除了按照关键词搜索所得的文章以外,我们尽可能地把所有资料都搜罗进来。《读者期刊指南》和《纽约时报索引》,是我们对议题的媒体报道进行研究的资料来源。一些资料常常也同时属于其他话题,我们以"也可参见"(See also)进行标注。我们在囊括全部文章的同时确保没有任何重复。比如,在儿童虐待的案例中,"也可参见"的参考书目可以引导读者查找系列法院案例,这些案例一般是按照原告和被告的名字分散列出的。在一些案例中,"也可参见"的参考文献数量非常大。

关键词一旦确定(有时候关键词会随着时间推移有所改变,下面所列的关键词包括对跨越一个世纪的资料进行整理时所使用的全部关键词),我们采用数字代码标示内容这一简洁的方式将每篇文章类型化。编码者按照时间顺序,针对某一议题,对《读者期刊指南》和《纽约时报索引》每卷进行分门别类地编码。(《纽约时报索引》的报道不仅仅包括标题还包括简短的摘要,我们的编码员用文档中预设的很少的几个单词概括摘要,采用结构化的方式将其进行编码。)1965年之前,《读者期刊指南》每卷包括好几年。为此我们调整了所有来自《读者期刊指南》中的资料,将放入一卷中多年的资料逐年进行编码。

另外对于一些文章数量较少的年度,我们会重点关注报道的基调。我们根据该标题是否标明了因为支持(或反对)问题而采取行动,而对我们关心的大多数议题进行编码。例如,一篇报道引入新的、高效的杀虫剂的文章就被编码为正面的文章;而描述毒品扩散的文章则被看作负面的文章。编码的细节会稍后进行阐释。

在一些案例中,我们使用附加内涵的、更为复杂的编码方案。以有关杀虫剂的文章为例,我们告诉编码者注意标题是否有经济和金融含义,是否有政府行动,是否涉及健康或污染等等因素。这样一来,在一个总的基调(正面的和负面的)之下,可以进一步细分为更为复杂的事项,以标明与此问题相关的经济含义或者政府的适当作用。在烟草和儿童虐待的案例中,我们进一步将政府行动与法院案例区分开来。因为对法院案例的报道占据了媒体对政府行动进行报道的很大部分。以上这种编码方案便于我们考察议题是作为政府议程还是仅仅作为社会问题的一部分,也便于我们考察政府行为的积极程度。

表A.1列举了我们对《读者期刊指南》和《纽约时报索引》进行编码的概况。随后将更为详尽地描述议题编码方式的微小变通。例如,在儿童虐待的案例中,很少有人对虐待行为持宽恕态度。也很少鼓励车祸和交通安全之类的事件(不过有时会有少量的文章提及事故率下降问题,我们将这些文章作为正面的文章进行编码)。

附录 A 数据来源

表 A.1 媒体报道的编码概况

议题	编码的文章数量				两组编码者编码相同的文章所占百分比
	正面的	负面的	中立或无法编码	总计	
杀虫剂	1111	1279	0	2390	95.6%
经济新闻	838	188	0	1026	
政府行动	41	900	0	232	
健康议题	232	900	0	1132	
吸烟					
《读者指南》	343	1192	485	2020	
《纽约时报》	776	1145	595	2516	97.5
经济新闻	382	100	106	588	
政府行动	241	557	241	1039	
法院程序	27	34	18	79	
健康议题	52	350	39	441	
其他	74	104	191	369	
酒精	458	950	576	1984	
毒品	469	1096	607	2172	
城市事务	2130	725	1973	4828	
核电	660	1267	1336	3263	
原子能安全				1264	
儿童虐待,《读者期刊指南》				452	
儿童虐待,《纽约时报》				1447	96.0
遗弃	266				
虐待	268				
政府行动	275				
法庭程序	615				
其他	22				
编码的文章总数				22336	

注意：除了注明的以外，文章均来自《读者期刊指南》。

表 A.1 清楚地展示了对大范围的媒体报道进行编码的基本情况。超过 2 万 2 千多篇文章按照不同的方式被编码。在一些案例中，我们用同样的规则进行了二次编码，表格最右边栏目是两次编码进行对照的结果。对于杀虫剂、吸烟和儿童虐待的案例来说，我们发现超过 95% 的文章在两次编码中是一致的。一个编码者将文章编码为"正面的：经济和金融"，另一个编码者将其编码为"正面的：政府管制"，那么这就统计为"错误的信度记分"（reliability score counts as errors）。根据这种正面-负面基调的简单编码方法，信度甚至可以达到100%。得到这一令人鼓舞的结果之后，我们不再进行可靠性检验，而将同样的编码方法用于其他议题的编码中。我们对国会注意力进行探讨的案例当中，也进行了类似的信度检验，结果是非常令人满意的。

我们可以拿杀虫剂为例看看如何进行编码。从表 A.1 我们可以看到《读者期刊指南》中有2390篇文章涉及杀虫剂的话题，并且有1279篇文章是负面的基调，这些文章更多地聚焦于杀虫剂不利影响的一面，而不是潜在好处的一面。在整个20世纪当中，我们发现有1111篇文章持正面的观点，并且这些文章都聚焦于杀虫剂对农民和消费者可能产生的潜在利益。只有少数文章关注杀虫剂的健康和环境影响问题（一般会报道如下的内容：考虑到新杀虫剂的引入减少了毒害，威胁并不像一般人所认为的那样大。这些报道会聚焦于一些生产厂商们乐于看到的关于健康方面的新闻）。最后，关于政府行动的大多数讨论都涉及对杀虫剂产业的批评并呼吁更多的政府管制以及一些不可能施加于杀虫剂生产商的要求。

下面我们列举了搜索某一个议题文章的关键词，以及如何进行编码的信息。

杀虫剂 关键词：杀虫剂（pesticides）、除草剂（herbicides）、杀昆虫药（insecticides）、杀真菌剂（fungicides）、灭鼠剂（rodenticides）、有机磷酸酯（organophosphates）、DDT、DDK、氯丹（Chlordane）和狄氏剂（Dieldrin）。正面的文章对杀虫剂产业持支持态度；负面的文章则持批评态度。经济和金融方面的新闻包括新产品的生产、产业利润和其他商业新闻；政府行动包括关于管制的任何报道或讨论、立法或者法院案例；健康问题包括所有的毒品和污染问题。

吸烟和烟草 关键词：吸烟（smoking）、烟草（tobacoo）、香烟（cigarettes）和雪茄（cigars）。正面的文章包括获利的报告、销售增长、审判记录（record corps）以及有利于烟草产业的法庭程序。负面的文章包括不好的产量新闻、生产力的降低、政府的健康警告以及法院反对烟草产业的案例。经济新闻包括产量大小、利润和销售的报道；政府行动包括所有关于政府官员行动的讨论，也包括卫生部长的报告；法院的审理单独进行报道；健康议题包括任何非政府方面对吸烟对健康影响的陈述。

酒 关键词：酒（alcohol）、含酒精的（alcoholics）、酒精饮料（alcoholic beverages）、酗酒者（alcoholics anonymous）、酒精中毒（alcoholism）、酒精及其伴生物

(alcohol and the following)——飞行员(air pilots)、空难(airplane accidents)、汽车驾驶员(automobile drivers)、犯罪(crime)、雇佣(employment)、宗教(religion)、性(sex)、体育(sports)、老人(aged)、妇女(woman)、年轻人(youth)。正面的文章包括酒所起的有利作用、酒生产方面的正面的经济信息以及酒用于加工和烹饪的积极方面。

毒品 关键词：毒品(drugs)、毒品滥用(drugs abuse)、毒品复原(drug rehabilitation)、毒品及其伴生物(drug and the following)——动画(motion picture)、教育(education)、生理效应(physiological effects)、飞行员(air pilots)、庆典(celebrities)、空难(airplane accidents)、汽车驾驶员(automobile drivers)、儿童(children)、犯罪(crime)、跳舞(dancers)、大众传媒(mass media)、音乐家(musicians)、内科医生(physicians)、政治家(politicians)、公众官员(public officers)、服务员(servicemen)、运动(sports)、性(sex)、老人(aged)、年轻人(youth)、压力(the press)、妇女(women)。正面的文章包括药物使用对于增进健康的效果以及新药的引进。负面类型的文章是关于诸如可卡因(cocaine)、大麻(marijuana)、类固醇(steroids)等药物使用的危害。

城市事务 关键词：城市(cities)、城镇生活(cities and town life)、城市规划(city planning)、城市交通(city traffic)、首都区(metropolitan areas)、郊区住房(suburban homes)、郊区生活(suburban life)、郊区(suburbs)、市区(urban)。正面的文章包括城市生活当中好的方面，诸如优良的城市规划、城区拓展和经济增长。负面的包括犯罪、财政问题和犹太人区。

核电 关键词：核电(nuclear power)、原子能发电(atomic power)、核能(nuclear energy)、原子能(atomic energy)以及其他(参见 Weart 1988)。Weart 将文章编码为如下几组：风险与收益、反应事故、辐射、燃料循环和废料、环境和其他。我们将这些搜索的文章简单地编码为正面的、负面的、中立的或不能编码的三类。在其他案例当中，Weart 分别论述了军事和民用核电，我们在本书中只使用民用核电的资料。

汽车运输安全 关键词：汽车安全(automobile safety)、汽车事故(automobile accidents)、交通安全(traffic safety)和交通事故(traffic accidents)。只有总数的报告。

儿童虐待。关键词：儿童虐待(child abuse)、儿童遗弃(child abandonment)、对儿童的残害和忽视(cruelty and neglect of children)。《读者期刊指南》中只有总量的统计。在《纽约时报索引》当中我们分开统计了几种类型的文章：

第一，一般的遗弃和实际的虐待分开统计。其次，我们将政府行为（立法行为或者执行机构的行为）与法院案例分开。鉴于所有文章对儿童虐待都持反对意见，我们就不进行基调编码了。

《读者期刊指南》与其他指标之间的比较

《读者期刊指南》是期刊最全面的索引，涉及很多大众期刊和专业期刊，当然，它涵盖的范围也并非没有遗漏。它不包括新闻报纸和很多人依赖的电子传媒。当我们将《读者期刊指南》的报道水平和报道基调与其他媒体进行比较时，索引结果只有些许差异。媒体注意力具有相似的模式而与这些指标使用的媒体无关。Patterson 和 Caldeira（1990）利用《纽约时报索引》作为媒体中国会注意力指标，发现对于国会的报道，多家全国性的媒体非常接近（参见 Robinson 1981，72—75；Tidmarch and Pitney 1985，471—75；Veblen 1981，153—55）（1990，34）。

《纽约时报索引》和《读者期刊指南》之间存在明显的差异，但是一般而言，我们研究过的媒体指标具有相似的发展趋势。与《读者期刊指南》中的期刊索引相比，作为纪实性的报纸，《纽约时报索引》更为详细和全面地记录了政府行为。为了验证媒体对每个议题的报道是否类似，我们就儿童虐待和吸烟问题，从《读者期刊指南》和《纽约时报索引》中收集了一些相似的资料。结果显示，《读者期刊指南》和《纽约时报索引》当中的所有媒体报道都显示了相似的趋势。图8.4 呈现的数据来自《读者期刊指南》和《纽约时报索引》，这些数据表明双方具有相似的报道模型，并在相同的时间达到了曲线的最高点。在《读者期刊指南》开始单独分类的时候，《纽约时报索引》和《读者期刊指南》的媒体报道数量的相关性是 0.88，这表明了高度的一致性。全部年鉴的数据并非没有变化，《纽约时报索引》的数据倾向于不断地升高，但是其峰与谷之间的变换时间是一致的。我们完全可以断定：1984 年是大量媒体注意到儿童虐待的一年，因为两者分别独自得出了明显相同的结论。

在吸烟和烟草的案例中，我们同样也收集了来自于《读者期刊指南》和《纽约时报索引》的可比较数据，我们得出了相似的结论。对于《纽约时报索引》而言，我们从 1988 年追溯到 1985 年进行编码后发现：吸烟的媒体报道非常之高（平均每年有 169 篇文章），以至于我们在从 1982 年到 1964 年这一段时间内，每隔三年选取一次以减少工作量。对《读者期刊指南》而言，我们收集了从 1900

年到 1987 年的全部数据。图 A.1 对《读者期刊指南》和《纽约时报索引》中关于吸烟的媒体报道总水平进行了比较。

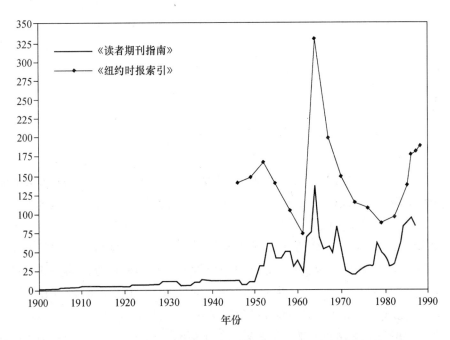

图 A.1 《读者期刊指南》和《纽约时报索引》中对吸烟的报道

与儿童虐待的案例相似,对于吸烟和烟草的注意力程度在《读者期刊指南》和《纽约时报索引》中的反映是相似的,来自于两者 16 年的数据的皮尔森(Pearson's)相关系数达到 0.73。两者的趋势表明大约在 1964 年媒体报道达到了最高峰(这与卫生部长发表关于吸烟的报告相一致),进入 20 世纪 70 年代媒体报道开始下滑,进入 20 世纪 80 年代又开始上涨。两者之间的确存在很明显的不同(例如《纽约时报索引》中的媒体报道总量一直高于《读者期刊指南》),尽管如此,我们还是能看出:任何一个媒体指标都在同一时间出现高峰和低谷,这与议题在公共议程中出现和退出相一致。某一媒体中的细小变化是不同的,但是总的趋势是完全一致的。

Rogers,Dearing 和 Chang 研究了 AIDS 在六大媒体中报道的情况,发现它们的报道水平非常接近:"六大媒体关于 AIDS 事件历时报道的数量相互之间具有高度的相关性",当一个媒体刊载了较大数量的关于 AIDS 的新事件时,另一些媒体也会效仿之。就 AIDS 新事件的报道而言,《纽约时报索引》和《华盛顿邮报》之间的相关系数最高,达到0.96;美国广播公司(ABC)、《洛杉矶时报》与《纽约时报索引》的相关系数最低,只有0.73。……三大报纸组合与三大电台网络报道组合的相关性是0.84(1991,9)。我们可以证明,本书中讨论议题的媒体报道,多种媒体指标即使不完全相同,其表现出来的趋势却是相似的,已有的研究和我们的研究都支持这一结论。我们并不打算过分强调报道水平的微小而暂时的改变。就我们集中关注的几十年跨度的变迁而言,《读者期刊指南》和《纽约时报索引》提供的信息是可靠的。

国会听证的数据

国会听证的数据来源于报道国会行为的《国会信息服务》(Congressional Information Service)。《国会信息服务》公开出版的资料包括了1789年至今的全部资料,这些资料可以通过出版的卷册和CD-ROM版本的电脑数据库获得。这两个版本的内容是完全一样的,而且CD版本(应用于除了核电和毒品之外的所有议题)使研究的速度加快。在CD当中每个听证会都会根据合适的关键词进行交叉引用(cross-referenced)。但是在纸制卷册当中,有必要同时进行好几个主题的搜索,然后必须仔细地删除那些已经被包括在引用之内的听证,因为这些听证被按照很多个主题而不是一个主题进行了搜索。这一方法在每个案例中的使用细节如下:

我们建构了一个数据集(dataset),这个数据集包括听证年份、召开听证会的委员会和次级委员会的名称、探讨主题的摘要。在杀虫剂的案例中,我们进行了更为详细地分析,包括对每个证词进行分类编码,这些在第十章中已经进行了详细的描述。在核电案例中,我们让编码者关注到每次听证会的五个主题,我们发现绝大多数听证都是同质的,因此所有的主题都按照趋势上的相似性进行编码:要么支持核电产业,要么对核电产业持批评态度。在随后的案例中,我们对每次听证的摘要进行简单编码:对正在讨论中的产业持正面的、负面的和中立的(或者不能编码的)态度。当然,在毒品案例研究中我们做了些微的改变,因为很少有听证对毒品的功效持赞美态度。在毒品案例中我们区分了聚焦于强制执行问题的听证和聚焦于教育和联邦对治疗的回应方面的听证。在一些案例中我们并没有展示听证的详细编码方法,只是简单地收集了年度(鉴)的统计数据。表A.2总结了我们进行国会听证的编码系统。

附录 A 数据来源

表 A.2 国会听证编码概况

议题	基调				两组编码者编码相同的文章所占百分比
	正面的	负面的	中立或无法编码	总计	
杀虫剂	29	337	19	385	96.0%
吸烟	119	98	94	313	
毒品				1044	86.8
强制执行	573				
教育	471				
核电	168	694	375	1237	87.3
航空运输安全				229	97.1
安全					
经济和管制					
儿童虐待				155	
酒精				679	
府际关系				520	
城市事务				2002	
基础设施	156				
社会议题	448				
社区发展	1288				
环境	110				
编码的听证总数				6565	

注意：按照错误进行计算的信度评价（Reliability scores count as an error）等于这样一种情况，即一个编码者将一篇文章编码为正的或负的，另一个编码者将其编码为中立的。直接完全不能达成一致的编码是非常稀少的。

  我们对国会听证进行编码的过程中，努力使这一编码方法与媒体报道的编码方法一致。在大多数案例中，我们指派同一编码者就同一议题既进行媒体编码也进行国会听证编码。与媒体指标相比，在《国会信息服务》(CIS)中选择关键词是很简单的，因为 CD 技术便于我们使用较少的关键词将重复的"也可参见"参考文献汇聚在一起。将纸制卷册的手工搜索与电子搜索进行比较，使我们能够确信：交叉引用（cross-references）完全囊括在我们的电子搜索中。以下是关键词列表和每个讨论议题的详细情况。

  杀虫剂 关键词：杀虫剂(pesticides)、除草剂(herbicides)、杀昆虫药(insecticides)、杀真菌剂(fungicides)、灭鼠剂(rodenticides)。通过阅读每次听证的摘要，对该次听证的基调进行单独编码。正面的听证讨论一些杀虫剂使用带来的好处，负面的基调讨论杀虫剂使用存在的危险或者危害。根据委员会和次级委员会的名称，每个次级委员会被归入两个议定场所中的一个。农业议定场所由关注农业问题的委员会和次级委员会组成，其中有 102 次听证在农业议定场中举行。健康和环境委员会由以下这些委员会组成，比如：野生动物、渔业、环境和室内委员会(220 次杀虫剂的听证会在此举行)。一些委员会和次级委员会不能归入任何一类(63 次听证在不能归类的会商场所当中举行)。参与情况根据使用 CIS 附件(或者通过阅读目击者在听证会上的证词)进行编码。参与者要么属于农业、健康和环境，集团要么属于其他集团。

吸烟　关键词：吸烟(smoking)、烟草(tobacoo)、香烟(cigarettes)和雪茄(cigars)。议定场所的编码区分为农业和商业委员会，这些议定场所很可能促进烟草的增长和销售、促进烟草生产、促进那些更多地聚焦于管制的健康或税收领域。203 次听证在农业(贸易)议定场所举行；104 次听证在健康(税收)议定场所举办；还有 6 次听证在无法归类的议定场所举行。

毒品　关键词：毒品(drugs)、毒品滥用(drugs abuse)。将主题和议定场所区分为两类进行编码，一类是强制执行型的听证，一类是教育型的听证。强制执行型的听证包括国境线上的禁毒，扫除毒品的战役和法律的强制执行行为。教育型的听证一般涉及毒贩的住院治疗和戒毒中心。每次听证都通过概括听证的摘要进行单独编码；议定场所的编码按照举办听证的委员会和次级委员会的名称进行。强制执行(禁止)委员会举办了 561 次听证会；健康和教育委员会举办了 263 次听证；还有 200 次听证举办的委员会无法按照这一方案进行归类。

核电　关键词：核电(nuclear power)、原子能发电(atomic power)、核能(nuclear energy)和原子能(atomic energy)。每次听证要么编码为正面的，要么编码为负面的。每个次级委员会或者委员会要么编码为支持核电产业，要么编码为批评核电产业。例如一个正面的听证愿意支持核电及其使用，而负面的听证对核电的安全和核健康持有疑问。利用每次听证的摘要对其基调进行编码，议定场所则使用举办听证的委员会的名称进行编码。提倡使用核电站的委员会包括原子能联合委员会(Joint Committee on Atomic Energy)，一共举行了 611 次核能问题的听证；批评的或反对的委员会举办了 274 次听证。352 次听证在无法分类的委员会当中进行。

城市事务　关键词：城市(cities)、城区(urban)、犹太人区(ghetto)、贫民窟(slums)、城区问题(urban problems)、城区更新(urban renewal)。与毒品案例类似，考虑到不存在反城市("anti"-cities)的听证，因此不需要按照基调进行编码。我们根据关于拨款(grants)的可获得的预算资料将这些听证编码为四个主题域：(1) 硬件基础设施;(2) 社会议题;(3) 社区发展;(4) 城区环境。

补助金的资料来自于管理与预算办公室(OMB)关于美国政府预算的附录(Office of Management and Budget 1991)。我们将管理与预算办公室的分类(农业除外)合并成以下四大主题:(1) 基础设施(交通、高速公路、大众运输);(2) 社会议题(教育、培训、雇佣、社会服务、健康、收入保障和住房);(3) 社区发展(社区和区域发展、普通(常规)用途的财政援助、能源、一般政府①);(4) 环境(自然资源和环境)。管理与预算办公室的分析家尝试将规划归入不同的功能类别,因此机构的预算分配也是按照功能分类进行的。例如,住房政策归于住房和城市发展部(Department of Housing and Urban Development)。一般根据规划的目标进行划分,因此一个越冬御寒的规划一般属于能源类,从属于社区发展这一大类。对中低收入者的住房补助属于管理与预算办公室列举的收入保障类,属于社会规划这一大类。在进行城市听证编码的时候使用管理与预算办公室的拨款分类,可以确保国会听证行为与补助金形式的政策产出相一致。

航空运输　关键词:航空运输(air transportation)。航空运输的主题编码分为安全问题(27次听证),经济和管制问题(202次听证)。除了安全问题单独讨论以外,后一类包括拨款和组织方面的听证。听证按照主题、年份和委员会(次级委员会)进行编码。

酒精　关键词:酒精(alcohol)、酒精滥用(alcohol abuse)和酗酒(alcoholism)。只收集每年的总量统计。

儿童虐待　关键词。儿童虐待(child abuse)和儿童遗弃(child abandonment)。只收集每年的总量统计。

府际关系　关键词:府际关系。只收集每年的总量统计。

议题的密度问题

我们对国会听证和媒体报道进行分析时,只报告年度总量,这样做是为了追踪议题在政府议程中出现和退出的过程。当然,随着时间的推移,国会举办听证的能力也日益增强;同样地,媒体报道的管道(outlets)也日益增多。于是有人可能质疑我们为何使用总量数据,而不使用比例数据。在此我们陈述一下采用媒体和国会注意力总聚集水平(total aggregate levels)这一标准化的议程状态测量

---

① "一般政府"(general government)包括中央政府和各种地区性政府以及分散的机构如国家养老基金组织和公立大学。——译者

方法的相对优势。一般而言,媒体报道的总水平在几十年之内逐年增高,但是这种全面的增高不能作为本书发现的和本书各类图表所反映模型的竞争性解释。与 1920 年相比,确实有更多的杂志和期刊被编入《读者期刊指南》中;而且如今,国会也比 20 世纪 30 年代举办的听证要多(参见 Ornstein, Mann, and Malbin 1990)。本书各章中的各个案例所反映出来的快速变化并不能通过长期趋势进行解释。

表 A.3 列出了我们统计的两个主要数据来源:《读者期刊指南》和《纽约时报索引》。

我们发现,从 1965 年开始《读者期刊指南》才出版年鉴。20 世纪的第一卷包括了五年的内容。我们发现每一期《读者期刊指南》中包括的年份数量逐渐减少。我们按照年份分开每年的报道数量(或者以报道的月份数为基础选择合适的时间跨度)对编码进行标准化。我们可以从表 A.3 中清楚地发现:文章数量和在《读者期刊指南》中被索引的期刊数量逐渐大幅度增加。同样地,《纽约时报索引》也遵循了相似的模型,国会听证的数量也是如此(参见 Ornstein, Mann, and Malbin 1990)。

表 A.3 《读者期刊指南》和《纽约时报索引》组成概况

年份	《读者期刊指南》卷号	报道的总月数	卷的页数	每月报道页数	在《读者期刊指南》中被索引的期刊数	《纽约时报索引》[a] 页数
1990	1	60	1.640	27.33	67	164
1901	1	60	1.640	27.33	67	164
1902	1	60	1.640	27.33	67	164
1903	1	60	1.640	27.33	67	164
1904	1	60	1.640	27.33	67	164
1905	2	60	2.491	41.52	111	244
1906	2	60	2.491	41.52	111	244
1907	2	60	2.491	41.52	111	263
1908	2	60	2.491	41.52	111	325
1909	2	60	2.491	41.52	111	346
1910	3	60	2.868	47.80	115	361
1911	3	60	2.868	47.80	115	300
1912	3	60	2.868	47.80	115	368
1913	3	60	2.868	47.80	115	1.524
1914	3	60	2.868	47.80	115	1.856

附录 A 数据来源

续表

年份	《读者期刊指南》卷号	报道的总月数	卷的页数	每月报道页数	在《读者期刊指南》中被索引的期刊数	《纽约时报索引》[a] 页数
1915	4	48	2.193	45.69	111	1.722
1916	4	48	2.193	45.69	111	1.801
1917	4	48	2.193	45.69	111	975
1918	4	48	2.193	45.69	111	848
1919	5	36	1.827	50.75	111	855
1920	5	36	1.827	50.75	111	878
1921	5	36	1.827	50.75	111	1.000
1922	6	36	1.906	52.94	—	1.156
1923	6	36	1.906	52.94	—	1.201
1924	6	36	1.906	52.94	—	1.277
1925	7	48	2.809	58.52	126	1.373
1926	7	48	2.809	58.52	126	1.507
1927	7	48	2.809	58.52	126	1.319
1928	7	48	2.809	58.52	126	1.119
1929	8	42	2.834	67.48	129	1.162
1930	8	42	2.834	67.48	129	2.864
1931	8	42	2.834	67.48	129	2.777
1932	8	42	2.834	67.48	129	2.733
1933	9	48	2.506	52.21	113	2.986
1934	9	48	2.506	52.21	113	2.686
1935	9	48	2.506	52.21	113	2.951
1936	10	24	2.038	84.92	119	3.356
1937	10	24	2.038	84.92	119	2.583
1938	11	24	2.040	85.00	117	2.303
1939	11	24	2.040	85.00	117	2.400
1940	12	24	2.259	94.13	129	2.331
1941	12	24	2.257	94.13	129	2.173
1942	13	24	2.247	93.63	124	2.026
1943	13	24	2.247	93.63	124	1.859
1944	14	22	1.963	89.23	118	1.997
1945	15	22	2.275	103.41	128	2.265

续表

年份	《读者期刊指南》卷号	报道的总月数	卷的页数	每月报道页数	在《读者期刊指南》中被索引的期刊数	《纽约时报索引》[a] 页数
1946	15	24	2.275	94.79	128	2.716
1947	16	24	2.272	94.67	—	2.406
1948	16	24	2.272	94.67	—	1.211
1949	17	23	2.273	98.83	124	1.161
1950	17	23	2.273	98.83	124	1.258
1951	18	24	2.326	96.92	121	1.216
1952	18	24	2.326	96.92	121	1.293
1953	19	24	2.663	121.05	124	1.224
1954	19	24	2.663	121.05	124	1.223
1955	20	24	2.769	115.38	115	1.267
1956	20	24	2.769	115.38	115	1.424
1957	21	24	2.183	90.96	111	1.059
1958	21	24	2.183	90.96	111	1.025
1959	22	24	1.866	77.75	110	1.092
1960	22	24	1.866	77.75	110	1.131
1961	23	24	2.120	88.33	134	1.125
1962	23	24	2.120	88.33	134	1.062
1963	24	24	2.304	96.00	119	911
1964	24	24	2.304	96.00	119	1.189
1965	25	12	0.222	101.83	126	1.157
1966	26	12	1.335	111.25	128	1.396
1967	27	12	1.319	109.92	128	1.440
1968	28	12	1.346	112.17	160	1.710
1969	29	12	1.361	133.42	160	1.949
1970	30	12	1.349	112.42	157	2.304
1971	31	12	1.306	108.83	157	2.029
1972	32	12	1.336	111.33	164	2.564
1973	33	12	1.210	100.83	160	2.811
1974	34	12	1.232	102.67	163	2.828
1975	35	12	1.232	102.67	172	2.777

续表

年份	《读者期刊报道的指南》卷号	总月数	卷的页数	每月报道页数	在《读者期刊指南》中被索引的期刊数	《纽约时报索引》[a] 页数
1976	36	12	1.290	107.50	163	1.901
1977	37	12	1.316	109.67	162	1.526
1978	38	12	1.582	131.83	186	1.918
1979	39	12	1.601	133.42	188	1.521
1980	40	12	1.763	146.92	183	1.640
1981	41	12	1.893	157.75	184	1.278
1982	42	12	1.801	150.08	185	1.122
1983	43	12	1.873	156.08	189	1.403
1984	44	12	2.080	173.33	197	1.436
1985	45	12	2.182	181.83	190	1.395
1986	46	12	2.192	182.67	188	1.488
1987	47	12	2.200	183.33	182	1.396
1988	48	12	2.130	177.50	203	1.435
1989	49	12	2.117	176.42	205	1.369
1990	50	12	2.108	175.66	194	1.324

资料来源:作者整理。

注意:虚线表示缺失值。

a.《纽约时报索引》从 1970 年开始成为年鉴。这之后的很多年里,我们报告的是标准化数字。

我们不采用表 A.2 中所示的总量数据作为测量议程接近的标准化方法,因为我们认为绝对数量是议程状态的重要指标。我们认为表中所示的媒体报道的戏剧性增长本身就是非常重要的。美国社会已经逐渐可以更好地同时讨论众多不同主题的议题。Beecher,Lineberry,和 Rich(1981)已经提出了议题密度(the issue density)问题。一些政府超负荷的根源在于这样的简单事实:与早年相比,现在美国的传媒和政府机构有能力同时讨论更多的问题。这一点有重要的意义,意味着占据优势的特权者可以相对安静地、以保密的方式讨论公共政策问题。由于这些实质性的理由,我们没有选择将议程状态指标标准化。

需要补充的是,在我们研究的大多数议题中,国会和媒体注意力水平的显著快速变迁与对这些机构的全部报道的变化率并不一致。例如 Weart(1988)计算出了核电文章占整个《读者期刊指南》中文章的百分比,并且他得出结论与我们使用非标准化数据得出的结论是一致的。

《协会百科全书》的数据集

在第九章中我们报告了《协会百科全书》(Encyclopedia of Associations)的分析结果(Bureh, Kock, and Novallo, annual)。这个百科全书是可获知的最全面的有关利益集团的参考书,它列举了美国所有类型的协会。该书收集了从1961年开始的资料,并不断更新。

我们从第一版开始,以后使用1970年、1980年和1990年的版本,建立了环境利益集团的数据集平台。这个百科全书列举了利益集团的名称、地址、会员人数、职员人数、出版物和其他一些信息。我们让编码员就特定的时期通读一个版本,选择出主要关心环境事件的集团。(我们排除那些受到工业组织支持的集团,比如附属于木材公司、化学公司等等一类公司的环境研究组织。)对于每一个版本我们都会关注集团的名称、建立的时间、会员人数、会员的类型[会员的类型包括,会员是否是个人身份、公司、州分会(state chapters),或者根本就没有会员]和职员人数,及活动领域(包括全面的环境质量或保护、野生动物保护、节能、能源、毒素、水质或者其他)。在连续出版的版本中,我们会发现一些新建的、废止的或合并的集团,对此我们也都进行了编码。在1990年的版本中,一些集团的预算数据也列了出来。我们在百科全书的这些版本中共统计到461个集团,见表9.2—9.4。

对于那些针对每个议题列举的百科全书中的集团,我们的数据集包括:名称、创建时间、会员类型、活动领域、1990年的预算规模、四个年份中每一年的职员和会员数量(这四个年份是:1861、1970、1980和1990),以及1970年、1980年和1990年末合并或更名的信息。

百科全书在某些方面也是不清楚的。比如一些组织没有职员,并且这些组织没有对有关联员的问题作出回应,这时我们在列表中就不给出数据。换言之,实际的数值是0还是缺失数据(missing data)有时候很难区别。第九章中我们报告了这些数据,我们没有详细地报告平均值,或者指出其他数据可能是错误的,原因在于这些数据模糊不清。

附录 A 数据来源

投资—消费比率(Investment-Consumption Ratio)的建构

在第十一章中我们展示了州和联邦层次的投资和消费支出分析。联邦支出数据来自于《美国政府预算》(Budget of the U. S. Government)的附件(Office of Management and Budget 1991),州支出的数据来源于人口普查局(Bureau of the Census)关于州和地方财政的系列出版物中所列的表格(Bureau of the Census 1970,1990)。我们根据以下的程序对这些信息进行了分类。州与地方支出的类别是根据 Jones (1990)的分析。他使用不均衡调整模型(disequilibrium adjustment model)使支出与随后的经济增长联系起来。这项研究认为随着时间的改变所有的政策在某种程度上具有混合效应。正如 O'Connor (1973)研究所预料的那样。从长期来看,对于高速公路、教育、警察和消防的支出可以归为投资性开支,与此相对,福利、健康与医院属于消费政策。我们将水、下水道和自然资源归入投资消费,将公园、普通行政(general administration)和利息支付归入消费支出。这样以来,我们就设计出了一个关于州和地方支出的详尽分类。Dye (1980)赞同将高速公路支出归入投资支出的做法。Plant 和 Pilila (1983)的研究间接支持地方支出(公共安全、水和下水道)作为投资支出。这些研究者发现了财产税(property taxes)对于经济增长的积极效果,并且认为财产税是地方政府的主要税源。

对于联邦政府而言,我们没有比照州和地方政府的分类方式进行研究。将转移支付类型的政策(transfer-type policies)归入消费领域是合理的。这些都包括在管理和预算办公室对收入保障、社会保障和退伍军人利益的分类中。同样地,债务利息和农业规划也包括在消费支出中,在消费支出中压倒多数的基金用于养老费支出(support payments)。不像州和地方政府,它的债务通过资本项目筹集,联邦政府基金自身都是通过赤字来运营的。因此消费支出是清楚的。

联邦层次的投资支出更难以分类。即使这些支出用于影响经济增长,它们的实际效果也可能不会如此,而且我们也没有通过经验研究得出两者之间的差异。州层次的研究认为交通和教育支出应该属于投资领域;我们也将自然资源、社区和区域发展(包括住房)、自然资源(包括能源)以及科学和技术(主要是国家航空和宇航局的建设)包括在投资类别中。

一方面我们能够切实地感觉到投资-消费比率,另一方面我们对投资和消费的任何一方所知信息都不多。为此关于比率问题我们有两点说明。第一点是由于遵循不同时间路径而形成的两类投资消费比率的构成问题。我们已经分析了通货膨胀调整后(inflation-adjusted)的每种类型的每项总开支,保证了投资率的简明表达,我们的做法可以参见图11.2,任何被认为有价值的、详细的信息都是清晰的。

第二,联邦和州与地方层次的投资支出被低估了。联邦政府通常通过货币政策实现自身的政策目标。州与地方政府针对投资项目使用单独分列的资本预算,我们只研究了运营预算(operating budgets)。这两个因素会对比率产生恰好相反的影响,但是它们不可能彼此抵消。

附录 B

议程动力学的回归分析

尽管有多种分析的技术性方法可以采用，但在本书中我们是用曲线图的方式呈现数据。我们选择这一方法出于两种理由：首先，最重要的是曲线图自己能够说话。在图中，可以清晰地展示我们研究的程序。其实为了获得我们理论的要点而采用更加高级的技术是不必要的，我们尽可能使分析简化，通过简化的策略实现我们的目标，提高有效性。其次，在很多议题中采用时间序列技术对议程模型进行分析也是合适的。我们偶尔采用统计模型吻合我们的数据，在本附录中我们将报告这些分析结果。当然，我们会首先留意那些在吻合议程的时间序列时遇到的特殊问题。下面的陈述没有一个可以作为证据来证明不能开发出更加系统的模型。我们只是指出在处理过程中可能遇到的一些困难，因为可以预料到，我们和其他人都可能会花费相当大的努力寻求更加成熟的吻合这些数据的统计模型。

最致命的问题在于我们在本书中开发的理论都建立在正反馈和强相互作用（strong interaction effects）的基础之上，这一理论可以提供强有力的解释力，但是预测能力较弱。可以模拟正反馈的结果，但是对这一过程可能何时开始却没有准确的概念。在议程接近时期，多种变量变化的关系更难以弄清楚。我们已经反复强调了政策形象在临界点发生改变的方式。我们也观察到了其它变量的变化，比如系统议程与正式议程指标之间的关系。

吻合议程数据的典型模型是连续系列中的某一点戏剧性地增加后突然下

滑。这样的模型导致了连续系列的非平稳性(参见 Box and Jenkins 1976,26)。这种非平稳性将叠加在下一个非平稳性的来源中:这表明媒体和政府机构(比如国会)与过去相比,倾向于处理更多的议题,后来的问题容易处理。在回归模型(regression models)中,议程动力模型的趋势偏离可能被合并。在 ARIMA 模型当中,尽管可能存在许多异方差(heteroskedasticity)问题,不同的时间序列会作一些非稳定性的校正(McCleary and Hay 1980,43—44)。

议程动力学中不可预知的急剧上升与下滑是时间序列建模的基本问题。在一些案例中,议题在议程中急剧上升先于缓慢的下滑时期,但在另一些模型中下滑显得更加突然。现在可以发展出一个复合的干涉模型(complex intervention model),这一模型既可使用回归技术也可使用 ARIMA 技术,但是这个模型针对不同案例会有差异,不存在一个单一的、理论上的解。任何人都没有充足的理由预测某一年(而不是另一年)事件会突然发生。同样,我们对间断均衡系统的理解是在系统水平上给出准确的描述,这一理解不能为特定议题的行为提供准确的评估。我们并不能直接知道什么时候临界点出现,何时沙特施奈德式动员可能成功,何时机构被重新设计,或者何时其它一些因素联合形成负反馈并导致快速的变革。尽管可以通过回归方程重新描述时间序列,但是任何方式的描述都没有预测的功能。

在处理议程时间序列的时候,进行了第一次差分(first differences)之后,发现序列的变化是不固定的,因为指向均值时序列才能达到稳定。即使当这一序列的均值是零的时候,变化也是不稳定的。我们认为公共议程过程的研究应该研究序列的变化(variances of series)和干涉(intervention)的构成。变化表明序列是不稳定的,并且是由临界点的交互过程引起的。间断均衡理论意味着一些特定的、大幅度不稳定时期(这是第一次差分的高度变异),这个统计模型在政治科学中最为常见。经济学则倾向于假定连续的变化。

此处存在另一种理解普通点(general point)变化的方式。在受非充分限定(underspecification)困扰的时间序列模型中的自相关(autocorrelation)可能成为一个问题,也就是说分析者在回归模型中全面考虑所有相关因素的时候会遭遇失败。① 在我们的案例中,数据通常按照年度为基础进行收集,加上一些不同来源的不稳定的可能性,这些资料有很多是相互关联的,因此我们不可能结合大量的案例,就某一点前后不断地提供复杂的统计说明。在任何一个合理的议程过

---

① 自相关是指在古典线性回归模型中,我们假定随机扰动项序列的各项之间不相关。如果这一假定不满足,则称之为自相关。——译者

附录B 议程动力学的回归分析

程的简单回归分析模型中,自相关都可能成为一个问题。因为在议程地位降低和提高的时候,成分变量(component variables)之间的关系不同。图 B.1 就给出了一个例子。

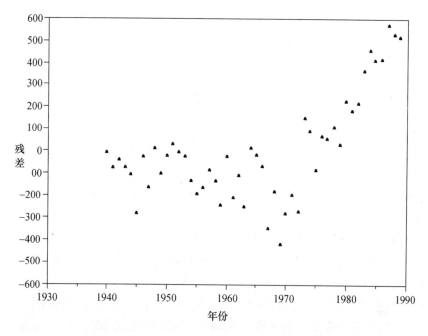

图 B.1 根据城市事务听证推测的拨款的回归残差

在第七章中我们列出了国会城市事务听证与对州、地方拨款之间的相关性。图 7.2 展示了 60 年代和 70 年代听证和拨款的增长。图 B.1 描绘了回归残差(residuals of a regression),它在没有时滞的情况下简单地模拟了国会听证的拨款作用。这个图说明了自相关问题是何等严重:在序列的早期,误差实质上是负的,随后在 70 年代和 80 年代稳步地增长。原因是双重的。首先,60 年代后期和 70 年代早期预期的拨款总数(基于听证的次数)超过了实际的数量。这一点可以用随后的听证数量进行校正,因为将听证转化为拨款有一段时间间隔。其次,在 20 世纪 80 年代,实际的拨款数量超过了基于听证预期的拨款数量。国会对城市事务失去了兴趣,但是拨款的惯性(grant legacy)却在继续。使用简单互动的术语,或者新序列的滞后,任何人都能够很容易对兴趣的丧失这一事实做出修正。我们已经作了些修正,并且我们建立了一个模型,它比任何一个同时模型都吻合得更好。使用适当的干涉(appropriate interventions)和互动(interaction)这两个术语,我们可以全部解决掉自相关问题。不幸的是,适用于个别情况的统计改进倾向于将政策特殊化,很少有通用于所有研究议题的统计模型适用性方面的改进。举例而言,国会城市事务的听证经过起初的高涨后迅速衰退,但在毒品案例中,大约在1969年毒品议题在公共议程中出现高涨之后,持续地维持在较高水平(参见图8.2)。我们的观点很简单:任何情况都可以与议程切入的时间序列模型相吻合,但是在某一议题运用成功的模型并不能一般化地运用到其它议题中。

解决了疑问过后,我们感到使用简单的图表就可以最好地实现我们的意图,我们在下面将列举一些我们使用过的回归模型。

回归分析的结果和解释

在本书关于城市事务的案例中,下述方程式的意图仅仅在于证明滞后模型与事件同时发生模型相比显得更加适合。下表展示了国会听证和政府间拨款之间的关系以及《读者期刊指南》中的媒体事件索引与听证之间的关系进行回归分析的详细结果。表B.1展示了《读者期刊指南》引用与国会听证之间关系的回归分析结果,该分析结果分为1911年到1989年的整个序列和1959年到1989年的近期序列。后者的结果在正文中已经进行了详细分析,因为全部序列是不稳定的(也就是说两个序列的趋势都是向上的),但是更近期的序列没有这样的问题。图7.1描绘了全部系列,这一系列构成了回归分析的基础。表B.1中的回归系数意味着:相对于《读者期刊指南》上出现的任何一篇文章而言,国会年度听证的预期增长。吻合很好的测量(goodness-of-fit)、系数的大小和显著性水平说明了滞后模型具有相对较好的适用性。

表B.1 《读者期刊指南》对城市事务的报道以及国会的城市事务听证

	数量	回归系数	标准误差	R方	Durbin-Watson值
整个序列(1911=1989)					
同时	79	0.579	0.078	0.415	0.354
滞后(5)	79	0.753	0.540	0.729	
最近的序列(1959—1989)					
同时	31	-0.012	0.133	0.003	0.391
滞后(5)	31	0.410	0.095	0.449	

注意:两个模型都使用国会听证的次数作为因变量。自变量要么是同一年,要么是四年前《读者期刊指南》上的文章数量。模型中包括常数,他们的值没有列出来。

附录B 议程动力学的回归分析

表B.2详细列举了相似的回归分析结果,在该表中因变量是拨给州和地方政府通货膨胀调整后的援助拨款(inflation-adjusted grants-in-aid),自变量是国会听证的次数。该报告将城市拨款分为四类进行单独分析。在每一类中,可以推测出两个模型:一个模型认为听证与拨款是同步的;另一个模型认为听证有些时滞。在滞后模型中,假设前一年的听证与后一年的拨款相关。回归系数代表拨款基金美元数(以百万计)与国会听证的关系。我们的理论并不意味着某一个听证会导致更多的金钱开支,而是导致注意力的增加(在此注意力使用听证指标进行测量)。我们将听证作为一个测量国会注意力水平的指标,而不简单地把它看作一种政策工具。

表B.2 每年国会听证的总量对联邦政府向州和地方的拨款数量的影响,按不同类型的城市事务来分类(1959—1989)

	数量	回归系数	标准误差	R方	Durbin-Watson值
总拨款					
同时	79	0.579	0.078	0.415	0.354
滞后(5)	79	0.753	0.540	0.729	
社会议题					
同时	31	−0.012	0.133	0.003	0.391
滞后(6)	31	0.410	0.095	0.449	
社区发展					
同时	47	0.31	0.035	0.639	0.921
滞后(5)	47	0.32	0.032	0.704	0.915
基础设施					
同时	47	1.02	0.277	0.231	0.375
滞后(3)	47	1.27	0.247	0.386	0.582
环境					
同时	47	0.17	0.118	0.121	0.566

对于除了环境类的其余预算种类,时滞模型的吻合度要优于同时模型。因为我们没有理由预期任何特定的听证与预算之间的滞后,我们已经检验了所有的2到6年的时滞。除了环境政策以外,对于其余的政策领域而言,任何时滞模型都比同时模型吻合得更好。表B.2列出了与方程吻合最好的时滞。

自相关的难题困扰着这个方程,因为听证和拨款并不是简单相关的。通常一个议题进入议程之后,听证和拨款的关系会随着时间的推移而发生改变。因此我们无法寻求更加准确的关于正式议程与政策产出的模型。从另一个角度看,自相关的原因显然与议程设置的理论和认知相联系。在一些人自发地强调某一个特定的议题之时,机构就会突然发生改变,在统计学上,这意味着在改变之前的一段时期内,随着变革压力的增大,错误将不断地被负相关纠正,稍后的时期就会代之以正相关,这些在表 B.1 中有所描述。通过比较我们发现:任何一个案例都可以找到一个适用的精确的模型,不存在一个单一的模型通用于所有的案例。本书的各章已经描述了我们对差异存在原因的理解;我们没有选择对统计描述进行再创造,尽管我们知道对这些改变的统计描述可能刚好适合通过绘图进行表现。

在政策议程的研究中,人们可能根本不会对变量的层次感兴趣。有时候人们可能对涉及短期行为变量的相对倾斜度(comparing slopes)感兴趣。换言之,在城市事务的案例当中,60 年代末期和 70 年代早期,政策回应倾斜度的增加可能比一些绝对水平的行为(absolute level of such activity)显得更重要(参见图 7.3)。相似的观点可以应用于媒体报道到与听证之间的关系上。回归分析和时间序列分析的技术能够用以展示一些坡度的改变。表 B.3 用统计数据列出了图 8.2 所含的信息。

表 B.3　国会关于毒品滥用的行列式(1945—1986)

	模型 1 所有的毒品滥用听证	模型 2 以教育为焦点	模型 3 以强制执行为焦点
常量	-1.50 (1.81)	-2.41 (1.27)	0.91 (1.34)
关于尼克松对毒品开战的干预变项(1969)	31.35 (3.50)	25.09 (2.45)	6.26 (2.57)
始于 1970 年的趋势	0.94 (0.36)	-1.07 (0.25)	2.01 (0.27)
《读者期刊指南》上关于毒品滥用的移动平均数,早先的 5 年	0.34(0.087)	0.23 (0.061)	0.11 (0.064)
R 平方	0.94	0.88	0.92
N	42	42	42
Durbin-Watson 统计量	2.31	1.74	2.06

注意:表格中的数字是非标准回归系数,圆括号中的是标准误(standard errors)。

附录 B　议程动力学的回归分析

表 B.3 表明了简单的统计分析如何能够被更为系统地用于展示两个变量关系改变的性质。随着 70 年代毒品滥用进入国会议程,原来每年大约一次附加听证会形成了双方相对的因素:一方面是关于教育方面问题听证的增加;一方面是每年大约增加两次关于强制执行问题的听证。图 8.2 以图的形式展示了这些信息,表 B.3 相对精确地告诉我们同样的内容。

在第十一章中,我们以图的形式展示了州投资比率与拨款效果之间的关系,以百分比的形式界定了州和地方属于消费目标的预算,这些预算来自于联邦拨款(以拨给个体的拨款进行评估),表 B.4 中的方程式量化了这一关系。

表 B.4　州投资率与基于消费的联邦拨款的影响(1955)

	模型 1 单纯的拨款影响	模型 2 加入联邦投资率因素
常量	4.036 (0.685)	3.862 (0.876)
拨款影响	−0.251 (0.0093)	−0.246 (0.0085)
联邦投资率		0.571 (0.197)
R 平方	0.958	0.967
N	34	34
Durbin-Watson 统计量	0.991	1.17

注意:表格当中的是非标准回归系数,注意圆括号中的是标准误(standard errors)。

表 B.4 列举了对两种模型的评价。模型 I 假设州投资率的改变仅仅是因为联邦拨款和外生(exogenous)因素的影响。模型 II 将联邦投资率放入方程中去看联邦政府的优先事项是否以拨款结构无法解释的方式影响到州政府的优先事项。这些方程表明联邦政府是以其他的方式而不是拨款结构的方式影响到州政府优先事项的,但影响的最初模型通过拨款结构发挥作用。(拨款影响的负系数意味着联邦政府的消费优先事项引起了州投资优先事项的削弱,这一点可以预期到。)

Durbin-Watson 统计量意味着两个方程的自相关问题。这源自于关键变量之间关系的变化。正如我们在第十一章中所探讨的那样,在 50 年代和 60 年代早期,联邦政府拨款很少影响到州的优先事项。在 1967 年到 1978 年间,州投资优先事项和拨款影响之间的联系变得紧密起来。这段时间以后,这种联系再次变得不紧密了。

我们可以用两种方式处理自相关问题,要么按照不同时期分别用线性回归评估数据,要么用曲线模型评估数据。两者都是可取的,但是曲线模型有明显的优势。例如,州投资对拨款的影响进行三次多项式回归分析单独产生的 R 平方(R-squared)是 0.95,还包括三个回归量(x, x 平方和 x 立方)的统计显著性,Durbin-Watson 统计量是 1.26。这一模型意味着拨款影响和州投资率的 S 型曲线,这与位于曲线中间的投资率的大幅度改变相一致。早期,当拨款水平很低的时候,它们对州行为影响非常小。稍后,随着拨款突破阈值,这一关系变得非常明显;最后饱和点(saturation point)出现了,这一关系再次变得很微弱。

上述演算是为了强调附录中的关键点:政治中的无规律时期强相互作用的出现意味着我们绝不可能预先知道何时正反馈会出现。我们可以通过非线性方程模拟这一过程的出现(比如上面提及的三次多项回归)或者通过断开的时间序列设计,但是这些都是对过程的事后描述,而不是严格的预测。我们可以预料到曲线模型中的一些关系,但是我们不可能对过程何时开始、何时饱和进行精确的预测。因此我们总要不断地面对科学中解释与预测的权衡。我们能够预测可能发生的变迁的类型,通常却不能精确地预测它的出现或者它在某种情况下的发生时机。事后的描述与我们对此事的理解完全没有关系。这一基本原则不会使政治科学感到灰心,而只会将其解放出来。

参 考 文 献

Aberbach, Joel D. 1990. *Keeping a Watchful Eye: The Politics of Congressional Oversight.* Washington, D.C.: Brookings Institution.
Aberbach, Joel D., Robert D. Putnam, and Bert A. Rockman. 1981. *Bureaucrats and Politicians in Western Europe.* Cambridge: Harvard University Press.
Aldrich, Howard, and Udo Staber. 1986. The Dynamics of Trade Association Evolution in the United States: Birth, Death, and Transformation. Paper presented at the annual meeting of the American Political Science Association, Washington, D.C.
American Humane Association. 1989. *Highlights of Official Aggregate Child Neglect and Abuse Reporting, 1987.* Denver, Colo.
Anton, Thomas. 1989. *American Federalism and Public Policy.* Philadelphia: Temple University Press.
Arthur, W. Brian. 1988. Self-Reinforcing Mechanisms in Economics. In Philip W. Anderson, Kenneth J. Arrow, and David Pines, eds., *The Economy as an Evolving Complex System.* Reading, Mass.: Addison-Wesley.
———. 1989. Competing Technologies, Increasing Returns, and Lock-in by Historical Events. *Economic Journal* 99: 116–31.
———. 1990. Positive Feedbacks in the Economy. *Scientific American,* February, 92–99.
Atomic Energy Commission/Nuclear Regulatory Commission. Annual. *Annual Report.* Washington D.C.
Bach, Stanley, and Steven S. Smith. 1988. *Managing Uncertainty in the House of Representatives.* Washington, D.C.: Brookings Institution.
Bachrach, Peter, and Morton Baratz. 1962. The Two Faces of Power. *American Political Science Review* 56: 947–52.
Barrett, Paul. 1990. Moving On: Though the Drug War Isn't Over, Spotlight Turns to Other Issues. *Wall Street Journal,* 11 November.
Baumgartner, Frank R. 1987. Parliament's Capacity to Expand Political Controversy in France. *Legislative Studies Quarterly* 12: 33–54.

―――. 1989. *Conflict and Rhetoric in French Policymaking.* Pittsburgh, Penn.: University of Pittsburgh Press.

Baumgartner, Frank R., and Bryan D. Jones. 1991. Agenda Dynamics and Policy Subsystems. *Journal of Politics* 53: 1044–74.

Baumgartner, Frank R., and Jack L. Walker, Jr. 1988. Survey Research and Membership in Voluntary Associations. *American Journal of Political Science* 32: 908–28.

―――. 1990. Response to Smith's "Trends in Voluntary Group Membership: Comments on Baumgartner and Walker": Measurement Validity and the Continuity of Results in Survey Research. *American Journal of Political Science* 34: 662–70.

Beecher, Janice A., Robert J. Lineberry, and Michael J. Rich. 1981. Political Power, the Urban Agenda, and Crime Policies. *Social Science Quarterly* 62: 630–43.

Beer, Samuel. 1976. The Adoption of General Revenue Sharing: A Case Study of Public Sector Politics. *Public Policy* 24: 127–95.

―――. 1977. Political Overload and Federalism. *Polity* 10: 5–17.

―――. 1978. Federalism, Nationalism, and Democracy in America. *American Political Science Review* 72: 9–22.

Bennett, Linda M., and Stephen Bennett. 1990. *Living with Leviathan.* Lawrence: University Press of Kansas.

Bennett, R. R. and D. J. Kettler. 1978. Dramatic Changes in the Costs of Nuclear and Fossil-Fueled Plants. Monograph, EBASCO Services, Inc.

Bentley, Arthur F. 1908. *The Process of Government.* Chicago: University of Chicago Press.

Berry, Jeffrey M. 1977. *Lobbying for the People.* Princeton, N.J.: Princeton University Press.

―――. 1989a. *The Interest Group Society.* 2d ed. Glenview, Ill.: Scott, Foresman.

―――. 1989b. Subgovernments, Issue Networks, and Political Conflict. In Richard Harris and Sidney Milkis, eds., *Remaking American Politics,* 239–60. Boulder, Colo.: Westview Press.

Berry, William. 1979. Utility Regulation in the States: The Policy Effects of Professionalism and Salience to the Consumer. *American Journal of Political Science* 23: 263–77.

―――. 1984. An Alternative to the Capture Theory of Regulation: The Case of State Public Utility Commissions. *American Journal of Political Science* 28: 524–58.

Best, Joel. 1990. *Threatened Children: Rhetoric and Concern about Child-Victims.* Chicago: University of Chicago Press.

Boeckelman, Keith A. 1989. Industrial Policy in the American States. Ph.D. dissertation, University of Illinois, Urbana.

Bosso, Christopher J. 1987. *Pesticides and Politics: The Life Cycle of a Public Issue.* Pittsburgh, Penn.: University of Pittsburgh Press.

―――. 1989. Setting the Agenda: Mass Media and the Discovery of Famine in Ethiopia. In Michael Margolils and Gary Mauser, eds., *Manipulating Public Opinion.* Pacific Grove, Calif.: Brooks-Cole.

―――. 1991. Adaptation and Change in the Environmental Movement. In Allan J. Cigler and Burdett A. Loomis, eds., *Interest Group Politics,* 3d ed., 151–76. Washington, D.C.: Congressional Quarterly Inc.

Box, George E. P., and Gwilym M. Jenkins. 1976. *Time Series Analysis: Forecasting and Control.* San Francisco: Holden-Day.

Brinkley, Joel. 1986. Expedient Drug Law: Politics Plays Role in Bull's Emphasis on Enforcement Instead of Education. *New York Times,* 27 October.

Brown, JoAnne. 1990. The Social Construction of Invisible Danger: Two Historical Examples. In Andrew Kirby, ed., *Nothing to Fear: Risks and Hazards in American Society.* Tucson: University of Arizona Press

Browne, William P. 1988. *Private Interests, Public Policy, and American Agriculture.* Lawrence: University Press of Kansas.

———. 1990. Organized Interests and Their Issue Niches: A Search for Pluralism in a Policy Domain. *Journal of Politics* 52: 477–509.

Bureau of the Census. 1970. *Historical Statistics of the U.S.: Colonial Times to 1970.* Washington, D.C.: Department of Commerce.

———. 1990. *State Government Finances, 1989–90.* Washington, D.C.: Department of Commerce.

———. 1991. *Statistical Abstract of the United States.* Washington, D.C.: Department of Commerce.

Bureau of Justice Statistics. n.d. *Drug Law Violators, 1980–86.* Washington, D.C.: Department of Justice.

Bureh, Deborah M., Karin E. Kock, and Annette Novallo, eds. Annual. *Encyclopedia of Associations.* Detroit: Gale Research.

Burns, James MacGregor. 1978. *Leadership.* New York: Harper and Row.

Campbell, John C. 1979. The Old People Boom and Japanese Policy Making. *Journal of Japanese Studies* 5:321–57.

Campbell, John L. 1988. *Collapse of an Industry: Nuclear Power and the Contradictions of U.S. Policy.* Ithaca, N.Y.: Cornell University Press.

Carmines, Edward G., and James A. Stimson. 1986. On the Structure and Sequence of Issue Evolution. *American Political Science Review* 80: 901–20.

———. 1989. *Issue Evolution: Race and the Transformation of American Politics.* Princeton, N.J.: Princeton University Press.

Carson, Rachel. 1962. *Silent Spring.* Boston: Houghton Mifflin.

Casstevens, Thomas. 1980. Birth and Death Processes of Governmental Bureaus in the United States. *Behavioral Science* 25: 161–65.

Chubb, John E., 1985. The Political Economy of Federalism. *American Political Science Review* 79: 994–1015.

Chubb, John E., and Paul E. Peterson, eds. 1989. *Can the Government Govern?* Washington, D.C.: Brookings Institution.

Clymer, Adam. 1989. Polls Contrast U.S.'s and Public's Views. *New York Times,* 22 May.

Cobb, Roger W., and Charles D. Elder. 1983. *Participation in American Politics: The Dynamics of Agenda-Building.* Baltimore: Johns Hopkins University Press.

Cobb, Roger W., Jeannie-Keith Ross, and Marc Howard Ross. 1976. Agenda Building as a Comparative Political Process. *American Political Science Review* 70: 126–38.

Cohen, Bernard. 1980. Society's Valuation of Life Saving in Radiation Protection and Other Contexts. *Health Physics* 38: 33–51.

———. 1981. Nuclear Journalism: Lies, Damned Lies, and News Reports. *Policy Review,* 70–74.

Cohen, Michael, James G. March, and Johan P. Olsen. 1972. A Garbage Can Theory of Organizational Choice. *Administrative Science Quarterly* 17: 1–25.

Congressional Information Service, Inc. Annual. *CIS/Annual: Abstracts of Congressional Publications and Legislative History Citations.* Washington, D.C.

Conlon, Timothy. 1988. *New Federalism: Intergovernmental Reform from Nixon to Reagan.* Washington, D.C.: Brookings Institution.

Conn, Richard L., Marguerite L. Leng, and Joseph R. Solga. 1983. *Pesticide Regulation Handbook.* New York: Executive Enterprises.

Cook, Fay Lomax, and Wesley G. Skogan. 1989. Agenda Setting: Convergent and Divergent Voice Models of the Rise and Fall of Policy Issues. Paper.

Costain, W. Douglas. 1991. "Up and Down with Ecology" Revisited: Anthony Downs and the Political Evolution of the Environmental Movement. Paper presented at the annual meeting of the Western Political Science Association, Seattle, Washington, 21–23 March.

Crenson, Matthew A. 1971. *The Unpolitics of Air Pollution.* Baltimore: Johns Hopkins University Press.

Dahl, Robert A. 1961. *Who Governs?* New Haven: Yale University Press.

Davidson, Roger H. 1989. Multiple Referral of Legislation in the U.S. Senate. *Legislative Studies Quarterly* 14: 375–92.

Davidson, Roger H., and Walter J. Oleszek. 1977. *Congress against Itself.* Bloomington: Indiana University Press.

Davidson, Roger H., Walter J. Oleszek, and Thomas Kephart. 1988. One Bill, Many Committees: Multiple Referrals in the U.S. House of Representatives. *Legislative Studies Quarterly* 13: 3–28.

Del Sesto, Steven L. 1980. Conflicting Ideologies of Nuclear Power: Congressional Testimony on Nuclear Reactor Safety. *Public Policy* 28: 39–70.

Derthick, Martha. 1979. *Policymaking for Social Security.* Washington, D.C.: Brookings Institution.

Derthick, Martha, and Paul J. Quirk. 1985. *The Politics of Deregulation.* Washington, D.C.: Brookings Institution.

Dodd, Lawrence, and Richard Schott. 1979. *Congress and the Administrative State.* New York: Wiley.

Downs, Anthony. 1972. Up and Down with Ecology: The Issue Attention Cycle. *Public Interest* 28: 38–50.

Dunlap, Thomas. 1981. *DDT: Scientists, Citizens, and Public Policy.* Princeton, N.J.: Princeton University Press.

Dye, Thomas. 1980. Taxing, Spending, and Economic Growth in the States. *Journal of Politics* 42: 1085–1117.

Edelman, Murray. 1964. *The Symbolic Uses of Politics.* Urbana: University of Illinois Press.

———. 1989. *Constructing the Political Spectacle.* Chicago: University of Chicago Press.

Edwards, George C., III. 1989. *At the Margins: Presidential Leadership of Congress.* New Haven: Yale University Press.

Eisinger, Peter K. 1988. *Rise of the Entrepreneurial State.* Madison: University of Wisconsin Press.

Elder, Charles D., and Roger W. Cobb. 1983. *The Political Uses of Symbols.* New York: Longman.

Eldredge, Niles. 1985. *Time Frames.* New York: Simon and Shuster.

Eldredge, Niles, and Stephen Jay Gould. 1972. Punctuated Equilibria: An Alternative to Phyletic Gradualism. In Thomas J. M. Schopf, ed., *Models in Paleobiology*. San Francisco: Freeman Cooper.

Elkin, Stephen. 1987. *City and Regime in the American Republic*. Chicago: University of Chicago Press.

Eyestone, Robert. 1978. *From Social Issues to Public Policy*. New York: Wiley.

Falco, Mathea. 1989. *Winning the Drug War: A National Strategy*. New York: Priority Press.

Fiorina, Morris P. 1989. *Congress: Keystone of the Washington Establishment*. 2d ed. New Haven: Yale University Press.

Fischhoff, Baruch, Paul Slovic, Sarah Lichtenstein, Stephen Read, and Barbara Combs. 1978. How Safe Is Safe Enough? A Psychometric Study of Attitudes towards Technological Risks and Benefits. *Policy Science* 9: 127–52.

Foard, Ashley and Hilbert Fefferman. 1966. Federal Urban Renewal Legislation. In James Q. Wilson, ed., *Urban Renewal: The Record and the Controversy*. Cambridge: MIT Press.

Foster, Mary Lecron. 1977. Speaking of Energy. Department of Anthropology, University of California, Berkeley. Paper.

Freudenburg, William R., and Eugene A. Rosa, eds. 1984. *Public Reaction to Nuclear Power: Are there Critical Masses?* Boulder, Colo.: Westview Press.

Fritschler, A. Lee. 1989. *Smoking and Politics*. 4th ed. Englewood Cliffs, N.J.: Prentice-Hall.

Gais, Thomas L., Mark A. Peterson, and Jack L. Walker. 1984. Interest Groups, Iron Triangles, and Representative Institutions in American National Government. *British Journal of Political Science* 14: 161–85.

Gamson, William. 1990. *The Strategy of Social Protest*. 2d ed. Belmont, Calif.: Wadsworth Publishing Co.

Golay, Michael W. 1980. How Prometheus Came to Be Bound: Nuclear Regulation in America. *Technology Review* 82: 29–39.

Goldberg, Peter. 1980. The Federal Government's Response to Illicit Drugs, 1969–1978. In Drug Abuse Council, *The Facts about Drug Abuse*. New York: Free Press.

Goodman, Marshall R., and Margaret T. Wrightson. 1987. *Managing Regulatory Reform*. New York: Praeger.

Gormley, William T, Jr. 1983. *The Politics of Public Utility Regulation*. Pittsburgh, Penn.: University of Pittsburgh Press.

Gould, Stephen Jay. 1989. *Wonderful Life*. New York: Norton.

Greenberg, George D., Jeffrey A. Miller, Lawrence B. Mohr, and Bruce C. Vladeck. 1977. Developing Public Policy Theory: Perspectives from Empirical Research. *American Political Science Review* 71: 1532–43.

Greenberg, Michael R., David B. Sachsman, Peter M. Sandman, and Kandice L. Salomone. 1989. Risk, Drama and Geography in Coverage of Environmental Risk by Network TV. *Journalism Quarterly* 66: 267–76.

Greenstone, J. David, and Paul Peterson. 1976. *Race and Authority in Urban Politics*. Chicago: University of Chicago Press.

Griffith, Ernest S. 1939. *The Impasse of Democracy*. New York: Harrison-Hilton Books.

———. 1961. *Congress: Its Contemporary Role*. New York: New York University Press.

Gusfield, Joseph. 1963. *Symbolic Crusade: Status Politics and the American Temperance Movement*. Urbana, Ill.: University of Illinois Press.

———. 1981. *The Culture of Public Problems: Drinking-Driving and the Symbolic Order*. Chicago: University of Chicago Press.

Hall, Richard L., and Bernard Grofman. 1990. The Committee Assignment Process and the Conditional Nature of Committee Bias. *American Political Science Review* 84: 1149–66.

Hamm, Keith. 1983. Patterns of Influence among Committees, Agencies, and Interest Groups. *Legislative Studies Quarterly* 8: 379–426.

Hansen, John Mark. 1985. The Political Economy of Group Membership. *American Political Science Review* 79: 79–81.

Hayes, Michael T. 1992. *Incrementalism and Public Policy*. New York: Longman.

Heclo, Hugh. 1978. Issue Networks in the Executive Establishment. In Anthony King, ed., *The New American Political System*. Washington, D.C.: American Enterprise Institute.

Hilgartner, Stephen, and Charles L. Bosk. 1988. The Rise and Fall of Social Problems: A Public Arenas Model. *American Journal of Sociology* 94: 53–78.

Huntington, Samuel P. 1981. *American Politics: The Promise of Disharmony*. Cambridge: Harvard University Press.

Hurley, Patricia A., and Rick K. Wilson. 1989. Partisan Voting Patterns in the U.S. Senate, 1877–1986. *Legislative Studies Quarterly* 14: 225–50.

Inglehart, Ronald. 1984. The Fear of Living Dangerously: Public Attitudes toward Nuclear War. *Public Opinion* 7: 41–44.

Is Government Dead? 1989. *Time,* 23 October.

Jacob, Hebert. 1988. *Silent Revolution*. Chicago: University of Chicago Press.

Jacobs, James. 1989. *Drunk Driving: An American Dilemma*. Chicago: University of Chicago Press.

Jenkins-Smith, Hank C., Gilbert K. St. Clair, and Brian Woods. 1991. Explaining Change in Policy Subsystems: Analysis of Coalition Stability and Defection over Time. *American Journal of Political Science* 35: 851–80.

Johnson, Eric J., and Amos Tversky. 1984. Representations of Perceptions of Risks. *Journal of Experimental Psychology* 113: 55–70.

Jones, Bryan D. 1986. Government and Business: The Automobile Industry and the Public Sector in Michigan. *Political Geography Quarterly* 5: 369–84.

———. 1989. Why Weakness Is a Strength. *Urban Affairs Quarterly* 25: 30–40.

———. 1990. Public Policies and Economic Growth in the American States. *Journal of Politics* 52: 219–33.

Jones, Bryan D., and Lynn W. Bachelor. 1986. *The Sustaining Hand*. Lawrence: University Press of Kansas.

Jones, Charles O. 1975. *Clean Air*. Pittsburgh, Penn.: University of Pittsburgh Press.

———. 1979. American Politics and the Organization of Energy Decision Making. *Annual Review of Energy* 4: 99–121.

Jones, Charles O., and Randall Strahan. 1985. The Effect of Energy Politics on Congressional and Executive Organization in the 1970s. *Legislative Studies Quarterly* 10: 151–79.

Kantor, Paul. 1988. *The Dependent City.* Glenview, Ill.: Scott, Foresman.

Kaufman, Herbert. 1976. *Are Government Organizations Immortal?* Washington, D.C.: Brookings Institution.

Kerr, Peter. 1986. Anatomy of an Issue: Drugs, the Evidence, the Reaction. *New York Times,* 17 November.

King, David C. 1991. Congressional Committee Jurisdictions and the Consequences of Reforms. Paper presented at the annual meeting of the Midwest Political Science Association, Chicago, Ill., 18–20 April.

Kingdon, John W. 1984. *Agendas, Alternatives, and Public Policies.* Boston: Little, Brown.

Kirp, David L. 1982. Professionalization as a Policy Choice. *World Politics* 34: 137–74.

Kitschelt, Herbert B. 1986. Political Opportunity Structures and Political Protest: Anti-Nuclear Movements in Four Democracies. *British Journal of Political Science* 16: 57–85.

Knoke, David. 1990. *Organizing for Collective Action: The Political Economies of Associations.* New York: Aldine de Gruyter.

Komonoff, Charles. 1981. *Power Plant Cost Escalation.* New York: Van Nostrand Reinhold.

Krehbiel, Keith. 1990. Are Congressional Committees Composed of Preference Outliers? *American Political Science Review* 84: 149–63.

———. 1991. *Information and Legislative Organization.* Ann Arbor: University of Michigan Press.

Kuklinski, James, Daniel S. Metlay, and W. D. Kay. 1982. Citizen Knowledge and Choices on the Complex Issue of Nuclear Energy. *American Journal of Political Science* 26: 615–42.

Lanouette, William. 1990. How Atomic Agency Managed the News in Early Years. *Newsletter of the National Association of Science Writers* 38: 1–3.

Larson, Stephanie, and David Grier. 1990. Agenda Setting and AIDS. Paper prepared for presentation at the annual meeting of the American Political Science Association, San Francisco, Calif., August 29–September 2.

Laurence, Michael. 1988. The Legal Context in the United States. In Michael Laurence, John Snortum, and Franklin Zimring, eds., *Social Control of the Drinking Driver.* Chicago: University of Chicago Press.

Lender, Mark, and James Martin. 1987. *Drinking in America.* Rev. ed. New York: Free Press.

Lester, James P., and W. Douglas Costain. 1991. The Evolution of Environmentalism, 1890–1990: From Elitism to Participatory Democracy? Paper presented at the annual meeting of the American Political Science Association, Washington, D.C., August 29–September 1.

Lindblom, Charles E. 1959. The Science of Muddling Through. *Public Administration Review* 19: 79–88.

———. 1977. *Politics and Markets.* New York: Basic Books.

Livingston, William. 1952. A Note on the Nature of Federalism. *Political Science Quarterly* 63: 81–95.

Logan, John, and Harvey Molotch. 1987. *Urban Fortunes.* Berkeley: University of California Press.

Lowe, Philip, and Jane Goyder. 1983. *Environmental Groups in Politics*. London: George Allen and Unwin.

Lowi, Theodore J. 1964. American Business, Public Policy, Case Studies and Political Theory. *World Politics* 16: 677–93.

———. 1979. *The End of Liberalism*. 2d ed. New York: Norton.

Maass, Arthur. 1951. *Muddy Waters: The Army Engineers and the Nation's Rivers*. Cambridge: Harvard University Press.

McCleary, Richard, and Richard Hay. 1980. *Applied Time Series Analysis for the Social Sciences*. Beverly Hills, Calif.: Sage.

McCombs, Maxwell E. 1981. The Agenda-Setting Approach. In Dan D. Nimmo and Keith R. Sanders, eds., *Handbook of Political Communication*. Beverly Hills, Calif.: Sage.

McConnell, Grant. 1967. *Private Power and American Democracy*. New York: Alfred A. Knopf.

McCubbins, Matthew, and Thomas Schwartz. 1984. Congressional Oversight Overlooked: Police Patrols versus Fire Alarms. *American Journal of Political Science* 28: 165–79.

McFarland, Andrew S. 1987. Interest Groups and Theories of Power in America. *British Journal of Political Science* 17: 129–47.

———. 1991. Interest Groups and Political Time: Cycles in America. *British Journal of Political Science* 21: 257–84.

Majone, Giandomenico. 1989. *Evidence, Argument, and Persuasion in the Policy Process*. New Haven: Yale University Press.

Marcus, Ruth. 1991. Bush Wants More Drug War Funding. *Houston Chronicle*, 1 February.

Mayhew, David. 1991. *Divided We Govern*. New Haven: Yale University Press.

Mazur, Allan. 1981a. *The Dynamics of Technical Controversy*. Washington, D.C.: Communications Press.

———. 1981b. Media Coverage and Public Opinion on Scientific Controversies. *Journal of Communication* 31: 106–16.

Meier, Kenneth. 1985. *Regulation: Politics, Bureaucracy, and Economics*. New York: St. Martin's.

Milward, H. Brinton, and Wendy Laird. 1990. Where Does Policy Come From? Paper presented at the annual meeting of the Western Political Science Association, Newport Beach, Calif., 23–25 March.

Mitchell, Robert C. 1981. From Elite Quarrel to Mass Movement. *Society* 18: 76–84.

Molotch, Harvey, and Marilyn Lester. 1974. News as Purposive Behavior: On the Strategic Uses of Routine Events, Accidents, and Scandals. *American Sociological Review* 39: 101–12.

Montgomery, T. L. and D. J. Rose. 1979. Some Institutional Problems of the U.S. Nuclear Industry. *Technology Review* 81: 53–62.

Mooz, William E. 1979. *A Second Cost Analysis of Light Water Reactor Power Plants*. Santa Monica, Calif.: Rand Corporation.

Morone, Joseph G., and Edward J. Woodhouse. 1989. *The Demise of Nuclear Energy?* New Haven: Yale University Press.

Musto, David. 1987. *The American Disease*. Exp. ed. New York: Oxford University Press.

Myers, John. 1986. A Survey of Child Abuse and Neglect Reporting Statutes. *Journal of Juvenile Law* 10: 1–72.

Nader, Ralph. 1965. *Unsafe at Any Speed*. New York: Grossman.

National Advisory Commission on Civil Disorders. 1968. *Report*. New York: New York Times.

National Institute on Drug Abuse. 1989. *Annual Data 1988: Data from the Drug Abuse Warning Network*. Washington, D.C.: U.S. Department of Health and Human Services, Public Health Service.

———. N.d. *Drug Abuse, Drinking, and Smoking: National Survey Results from High School, College, and Young Adult Populations, 1975–1988*. Washington, D.C.: U.S. Department of Health and Human Services, Public Health Service.

Nelkin, Dorothy. 1971. *Nuclear Power and Its Critics*. Ithaca, N.Y.: Cornell University Press.

———. 1987. *Selling Science*. New York: W. H. Freeman.

Nelkin, Dorothy, and Susan Fallows. 1978. The Evolution of the Nuclear Debate: The Role of Public Participation. *Annual Review of Energy* 3: 275–312.

Nelson, Barbara J. 1984. *Making an Issue of Child Abuse: Political Agenda Setting for Social Problems*. Chicago: University of Chicago Press.

O'Connor, James 1973. *The Fiscal Crisis of the State*. New York: St. Martin's.

Office of Managment and Budget. 1991. Historical Tables. Budget of the United States Government, Fiscal Year 1992. Washington, D.C.: Government Printing Office.

Olson, Mancur. 1965. *The Logic of Collective Action: Public Goods and the Theory of Groups*. Cambridge: Harvard University Press.

———. 1982. *The Rise and Decline of Nations*. New Haven: Yale University Press.

Olson, Susan M. 1990. Interest Group Litigation in Federal District Court: Beyond the Political Disadvantage Theory. *Journal of Politics* 52: 854–82.

Oreskes, Michael. 1990. Drug War Underlines Fickleness of Public. *New York Times*, 6 September.

Ornstein, Norman J., Thomas E. Mann, and Michael J. Malbin. 1990. *Vital Statistics on Congress, 1989–1990*. Washington, D.C.: Congressional Quarterly Press.

Page, Benjamin. 1983. *Who Gets What from Government*. Berkeley: University of California Press.

Paik, Soon, and William R. Schriver. 1981. The Effect of Increased Regulation on Capital Costs and Manual Labor Requirements of Nuclear Power Plants. *Engineering Economist* 26: 223–44.

Patterson, Samuel C., and Gregory A. Caldeira. 1990. Standing up for Congress: Variations in Public Esteem since the 1960s. *Legislative Studies Quarterly* 15: 25–47.

Pecorella, Robert. 1987. Fiscal Crisis and Regime Change. In Clarence N. Stone and Haywood T. Sanders, eds., *The Politics of Urban Development*. Lawrence: University Press of Kansas.

Peters, B. Guy, and Brian W. Hogwood. 1985. In Search of the Issue-Attention Cycle. *Journal of Politics* 47: 239–53.

Peterson, Mark A. 1990. *Legislating Together*. Cambridge: Harvard University Press.

Peterson, Paul. 1981. *City Limits*. Chicago: University of Chicago Press.

Peterson, Paul, and Mark Rom. 1990. *Welfare Magnets*. Washington, D.C.: Brookings Institution.

Peterson, Paul, and Kenneth Wong. 1986. *When Federalism Works*. Washington, D.C.: Brookings Institution.

Plaut, Thomas, and Joseph Pluta. 1983. Business Climate, Taxes, and Expenditures and State Economic Growth in the United States. *Southern Economic Journal* 50: 99–119.

Plein, L. Christopher. 1991. Popularizing Biotechnology: The Influence of Issue Definition. *Science, Technology, and Human Values* 16: 474–90.

Polsby, Nelson W. 1984. *Policy Innovation in America: The Politics of Policy Initiation*. New Haven: Yale University Press.

Popkin, Samuel L. 1991. *The Reasoning Voter*. Chicago: University of Chicago Press.

Prigogine, Ilya, and Isabelle Stengers. 1984. *Order Out of Chaos*. New York: Bantam Books.

Rankin, William L., Stanley M. Nealey, and Barbara Desow Melber. 1984. Overview of National Attitudes toward Nuclear Energy: A Longitudinal Analysis. In William R. Freudenburg and Eugene A. Rosa, eds., *Public Reaction to Nuclear Power: Are There Critical Masses?* Boulder, Colo.: Westview Press.

Raver, Ann. 1991. Audobon Society Pursues an Identity beyond Birds. *New York Times*, 9 June.

Redford, Emmette S. 1960. A Case Analysis of Congressional Activity: Civil Aviation, 1957–58. *Journal of Politics* 22: 228–58.

———. 1969. *Democracy in the Administrative State*. New York: Oxford University Press.

Rich, Michael J. 1989. Distributive Politics and the Allocation of Federal Grants. *American Political Science Review* 83: 193–213.

Riker, William H. 1980. Implications from the Disequilibrium of Majority Rule for the Study of Institutions. *American Political Science Review* 74: 432–46.

———. 1982. *Liberalism against Populism*. Prospect Heights, Ill.: Waveland Press.

———. 1983. Political Theory and the Art of Heresthetics. In Ada Finifter, ed., *Political Science: The State of the Discipline*. Washington D.C.: American Political Science Association.

———. 1984. The Heresthetics of Constitution-Making: The Presidency in 1787, with Comments on Determinism and Rational Choice. *American Political Science Review* 78: 1–16.

———. 1986. *The Art of Political Manipulation*. New Haven: Yale University Press.

Ripley, Randall B., and Grace A. Franklin. 1987. *Congress, the Bureaucracy, and Public Policy*. Chicago: Dorsey Press.

———. 1991. *Congress, the Bureaucracy, and Public Policy*. 5th ed. Pacific Grove, Calif.: Brooks-Cole.

Robinson, Michael J. 1981. Three Faces of Congressional Media. In Thomas E. Mann and Norman J. Ornstein, eds., *The New Congress*. Washington, D.C.: American Enterprise Institute.

Rogers, Everett M., James W. Dearing, and Soonbum Chang. 1991. *AIDS in the 1980s: The Agenda-Setting Process for a Public Issue*. Journalism Monographs no. 126. Lexington, Ken.: Association for Education and Journalism.

Rolph, Elizabeth. 1979. *Nuclear Power and the Public Safety*. Lexington, Mass.: Lexington Books.

Rose, Mark H. 1979. *Interstate: Express Highway Politics, 1941–1956.* Lawrence: University Press of Kansas.

Rosenberg, Gerald N. 1991. *The Hollow Hope: Can the Courts Bring about Social Change?* Chicago: University of Chicago Press.

Rothman, Stanley, and S. Robert Lichter. 1982. The Nuclear Energy Debate: Scientists, the Media, and the Public. *Public Opinion* 5: 47–52.

———. 1987. Elite Ideology and Risk Perception in Nuclear Energy Policy. *American Political Science Review* 81: 383–404.

Sabatier, Paul A. 1987. Knowledge, Policy–Oriented Learning, and Policy Change. *Knowledge. Creation, Diffusion, Utilization* 8: 649–92.

———. 1988. An Advocacy Coalition Framework of Policy Change and the Role of Policy-Oriented Learning Therein. *Policy Sciences* 21: 129–68.

———. 1991. Political Science and Public Policy. *PS: Political Science and Politics* 24: 144–47.

Salisbury, Robert H. 1984. Interest Representation: The Dominance of Institutions. *American Political Science Review* 78: 64–76.

Saunders, Peter 1979. *Urban Politics.* London: Hutchinson.

Sayre, Wallace S., and Herbert Kaufman. 1965. *Governing New York City: Politics in the Metropolis.* New York: Norton.

Schattschneider, E. E. 1935. *Politics, Pressures, and the Tariff.* New York: Prentice-Hall.

———. 1960. *The Semi-Sovereign People.* New York: Holt, Rinehart and Winston.

———. 1969. *Two Hundred Million Americans in Search of a Government.* New York: Holt, Rinehart and Winston.

Scheiber, Harry N. 1987. State Law and Industrial Policy in American Development, 1790–1987. *California Law Review* 75: 414–44.

Schlesigner, Arthur M. 1986. *The Cycles of American History.* Boston: Houghton Mifflin.

Schneider, Judy. 1980. Multiple Referrals and Jurisdictional Overlaps, House of Representatives, 94th and 95th Congress. In U.S. Congress, House Select Committee on Committees, *Final Report.* H. Rept. 96–866. 96th Cong., 2d ses. Washington, D.C.: Government Printing Office.

Schoenfeld, A. Clay, Robert F. Meier, and Robert J. Griffin. 1979. Constructing a Social Problem: The Press and the Environment. *Social Problems* 27: 38–61.

Shaiko, Ronald G. 1991. More Bang for the Buck: The New Era of Full-Service Public Interest Organizations. In Allan J. Cigler and Burdett A. Loomis, eds., *Interest Group Politics*, 3d ed. Washington, D.C.: Congressional Quarterly.

Sharp, Elaine B. 1991. Interest Groups and Symbolic Policy Formation: The Case of Anti-Drug Policy. Paper presented at the annual meeting of the American Political Science Association, Washington, D.C., 29 August–1 September.

———. N.d. Agenda Setting and Policy Results: Lessons from Three Drug Policy Episodes. Manuscript.

Shefter, Martin. 1985. *Political Crisis/Fiscal Crisis.* New York: Basic.

Shepsle, Kenneth A. 1979. Institutional Arrangements and Equilibrium in Multidimensional Voting Models. *American Journal of Political Science* 23: 27–59.

Simon, Herbert A. 1977. *Models of Discovery.* Boston: D. Reidel.

———. 1983. *Reason in Human Affairs.* Stanford, Calif.: Stanford University Press.

———. 1985. Human Nature in Politics: The Dialogue of Psychology with Political Science. *American Political Science Review* 79: 293–304.

Smith, Tom. 1985. The Polls: America's Most Important Problems, Part I: National and International. *Public Opinion Quarterly* 49: 264–74.

Stein, Robert. 1990. Economic Voting for Governor and U.S. Senator: The Electoral Consequences of Federalism. *Journal of Politics* 52: 29–53.

Stimson, James A. 1991. *Public Opinion in America: Moods, Cycles, and Swings.* Boulder, Colo.: Westview Press.

Stone, Clarence N. 1976. *Economic Growth and Neighborhood Discontent.* Chapel Hill: University of North Carolina Press.

———. 1980. Systemic Power in Community Decision-Making. *American Political Science Review* 74: 978–90.

———. 1989. *Regime Politics.* Lawrence: University Press of Kansas.

Stone, Deborah A. 1988. *Policy Paradox and Political Reason.* Glenview, Ill.: Scott, Foresman.

———. 1989. Causal Stories and the Formation of Policy Agendas. *Political Science Quarterly* 104: 281–300.

Subcommittee on Legislative Branch Appropriations. Annual. *Hearings.* Washington, D.C.: Government Printing Office.

Summary of Comparative Data on the U.S. House of Representatives. 1991. In *Congressional Record, House,* 3 January, pp. 15–18. Washington D.C.: Government Printing Office.

Sundquist, James. 1969. *Making Federalism Work.* Washington, D.C.: Brookings Institution.

Taylor, Leon. 1991. The Race to Build: Infrastructure Competition among Communities. *Economic Development Quarterly* 5: 60–63.

Thurber, James A. 1991. Dynamics of Policy Subsystems in American Politics. In Allan J. Cigler and Burdett A. Loomis, eds., *Interest Group Politics,* 3d ed. Washington, D.C.: Congressional Quarterly.

Tidmarch, Charles M., and John J. Pitney, Jr. 1985. Covering Congress. *Polity* 17: 463–83.

Treaster, Joseph. 1991. Cocaine Use Found on the Way Down among U.S. Youths. *New York Times,* 25 January.

Truman, David B. 1951. *The Governmental Process: Political Interests and Public Opinion.* New York: Alfred A. Knopf.

Veblen Eric P. 1981. Liberalism and National Newspaper Coverage of Members of Congress. *Polity* 14: 153–59.

Vogel, David. 1989. *Fluctuating Fortunes: The Political Power of Business in America.* New York: Basic Books.

Walker, Jack L., Jr. 1969. The Diffusion of Innovations among the American States. *American Political Science Review* 63: 880–99.

———. 1977. Setting the Agenda in the U.S. Senate. *British Journal of Political Science* 7: 423–45.

———. 1983. The Origins and Maintenance of Interest Groups in America. *American Political Science Review* 77: 390–406.

———. 1991. *Mobilizing Interest Groups in America*. Ann Arbor: University of Michigan Press.

Waste, Robert. 1990. Of the Things That Policymaking Isn't, Which Is It Most Like? Paper presented at the annual meeting of the American Political Science Association, San Francisco, Calif., 29 August–2 September.

Wayne, Leslie. 1991. Bank Bill Becomes Snagged on Egos and House Politics. *New York Times*, 14 October.

Weart, Spencer. 1988. *Nuclear Fear: A History of Images*. Cambridge: Harvard University Press.

Weingast, Barry R. 1980. Congress, Regulation, and the Decline of Nuclear Power. *Public Policy* 28: 231–55.

———. 1989. Floor Behavior in the U.S. Congress: Committee Power under the Open Rule. *American Political Science Review* 83: 795–815.

Weisberg, Herbert, and Jerrold Rusk. 1970. Dimensions of Candidate Evaluation. *American Political Science Review* 64: 1167–85.

Wessel, David. 1991. The Bond Club: Treasury and the Fed Have Long Caved in to "Primary Dealers." *Wall Street Journal*, 25 September.

Wildavsky, Aaron. 1984. *The Politics of the Budgetary Process*. 4th ed. Boston: Little, Brown.

Wilsford, David. 1991. *Doctors and the State: The Politics of Health Care in France and the United States*. Durham, N.C.: Duke University Press.

Wilson, James Q. 1973. *Political Organizations*. New York: Basic Books.

Wood, B. Dan. 1988. Principals, Bureaucrats, and Responsiveness in Clean Air Enforcements. *American Political Science Review* 82: 213–34.

———. 1991. Federalism and Policy Responsiveness: The Clean Air Case. *Journal of Politics* 53: 851–59.

Wright, Deil. 1988. *Understanding Intergovernmental Relations*. Pacific Grove, Calif.: Brooks-Cole.

后 记

《美国政治中的议程与不稳定性》是张国庆教授主持的美国公共政策经典译丛之一。全书分为前言、正文十二章、附录 A、附录 B 和参考文献。参加翻译工作的团队由 4 位专家组成。任务的分工如下：**张国庆教授**（北京大学政府管理学院）和**刘新胜研究员**（LBJ School of Public Affairs）对翻译的前后三稿进行了校对和修订，并重新翻译了前言、第一章作为全书的规范。**曹堂哲博士**（中央财经大学政府管理学院）翻译了前言和第一章的初稿、第二章、第三章、第四章、第五章、第六章、附录 A 和附录 B。**文雅博士**（北京大学哲学系）翻译了第七章、第八章、第九章、第十章、第十一章、第十二章。感谢**耿协峰博士**（北京大学出版社）和**万梅**女士（北京大学英语系）在翻译过程中给予的支持和帮助。

本书从翻译到出版历时将近三年，这三年是团队共同努力、思想碰撞、学习提高的过程；是从"文字翻译"到"语言翻译"再深入到"思想翻译"的过程；是从"背景知识学习"到"著作学习"再深入到"知识创新"学习的过程。

本书英文原版在美国刚出版之时，被《政治学杂志》（Journal of Politics）誉为"公共政策和美国政治研究的里程碑"。我们相信本书所开发的概念工具、研究方法和理论成果也一定能成为我国公共政策和政治学研究的"新范式"。

本书翻译组
2010 年 8 月 8 日